编 委 会

湖南省普通高校 2024 届毕业生
就业质量年度报告

周韶峰　彭艳霞◎主编

HUNANSHENG PUTONG GAOXIAO 2024 JIE BIYESHENG
JIUYE ZHILIANG NIANDU BAOGAO

湘潭大學出版社
XIANGTAN UNIVERSITY PRESS

图书在版编目（CIP）数据

湖南省普通高校2024届毕业生就业质量年度报告 / 周韶峰，彭艳霞主编. -- 湘潭 : 湘潭大学出版社，2025. 7. -- ISBN 978-7-5687-1821-9
Ⅰ. G647.38
中国国家版本馆CIP数据核字第2025E7K063号

湖南省普通高校2024届毕业生就业质量年度报告

HUNANSHENG PUTONG GAOXIAO 2024 JIE BIYESHENG JIUYE ZHILIANG NIANDU BAOGAO

周韶峰 彭艳霞 主编

策划编辑：张宝香 郭 瑜
责任编辑：张宝香 郭 瑜
封面设计：李 平
出版发行：湘潭大学出版社
社　　址：湖南省湘潭大学工程训练大楼
电　　话：0731-58298960 0731-58298966（传真）
邮　　编：411105
网　　址：http://press.xtu.edu.cn/
印　　刷：长沙超峰印刷有限公司
经　　销：湖南省新华书店
开　　本：787 mm×1092 mm 1/16
印　　张：19.75
字　　数：448千字
版　　次：2025年7月第1版
印　　次：2025年7月第1次印刷
书　　号：ISBN 978-7-5687-1821-9
定　　价：85.00元

序 言

中共湖南省委教育工委委员，湖南省教育厅党组成员、副厅长 兰 勇

就业是家事，更是国事，一头连着万家灯火，一头连着高质量发展大局。党的十八大以来，习近平总书记对就业工作始终念兹在兹，对做好高校毕业生就业工作更是“时时放心不下”，反复强调要“坚持把高校毕业生等青年群体就业作为重中之重”。党中央、国务院坚持把就业工作摆在治国理政的突出位置，出台《关于加快构建普通高等学校毕业生高质量就业服务体系的意见》等一系列政策文件，为我们做好新时代新征程高校毕业生就业工作指明了前进方向、提供了根本遵循。

国以才立，业以才兴。高校毕业生是党和国家宝贵的人才资源，高校毕业生就业工作是高等教育与经济社会发展需求的有效连接点，做好高校毕业生就业工作，是党之大业、国之大者、民之大计。2024 年，湖南省教育厅坚持以习近平新时代中国特色社会主义思想为指导，深入领会新时代新征程就业工作的新定位、新使命，深刻把握高校毕业生就业工作的鲜明政治属性、人民属性、战略属性，认真落实就业优先战略，坚持需求牵引和市场导向，牵头制定促毕业生就业 23 条，推动明确毕业生应届身份认定，常态化开展就业促进月、寒假促就业送温暖、春季攻坚行动、百日冲刺等暖心活动，加快构建高质量就业服务体系，工作成效稳居全国前列。这份沉甸甸的工作答卷，靠的是省委、省政府的高度重视、高位谋划、高频推动，离不开全省高校就业一线同志们的辛勤耕耘、攻坚克难，殊为来之不易。

事非经历，难知其艰。当今世界百年未有之大变局加速演进，我国经济增长正处于新旧动能转换的关键时期，部分群体、行业就业的结构性矛盾问题仍然相对突出。面对复杂多变的国内外经济形势和日益激烈的就业竞争环境，湖南省教育厅坚持胸怀大局、把握大势、着眼大事，做实“规定动作”，创新“自选动作”，接续跑出高校毕业生就业工作量质齐升的“加速度”。一是聚焦“固本”下好先手棋，深入实施高校就业创业“一把手”工程，将就业工作成效纳入《高校领导班子高质量发展成效评价

方案》《省属本科高校学科差异化生均经常性拨款实施方案》，用动真碰硬的“硬杠杠”压实主体责任、扛稳主责主业。二是聚焦“强基”激发源动力，加快落实全省高等院校布局和学科专业“两优方案”，从源头发力构建“招生—培养—就业”协同联动闭环，不断提升人才供给与发展需求适配度。三是聚焦“赋能”挖掘增长点，以超常规举措落实《湖南省大力支持大学生创业若干政策措施》，打造大学生创业热土，着力提升创业带动就业的辐射力、推动力；擦亮“校友回湘”大品牌，推动教育、科技、人才、产业同频共振、良性循环；承办第二届全国大学生职业规划大赛，通过以赛促学，以赛促教，以赛促就，进一步提高大学生就业、创业与实践能力。

志之所趋，无远弗届。当前，高校毕业生就业的有利条件在不断增多；高校青年学子对职业成长与发展的期盼，也已从“有业就”向“就好业”转变。助力毕业生走稳踏入社会第一步、找到心仪工作、成就美好前程，彰显的是高等院校落实以人民为中心的发展思想、满足青年学子对美好生活向往的站位和担当。湖南省教育厅多措并举、频出实招，推动全省各高校共同落实访企拓岗“两个 100”要求，深化访企拓岗促就业专项行动；充分发挥就业常设市场示范引领作用，带动区域内行业内高校共同发展；整合全省高校招聘大数据、就业服务等信息，为毕业生提供精准岗位匹配、职业规划指导服务；切实兜牢民生底线，千方百计做好困难群体毕业生就业帮扶，实现有就业意愿的困难毕业生百分之百就业；常态化开展毕业生就业状况跟踪调查和高校毕业生就业质量专项研究，架起人才培养与用人需求之间的桥梁纽带，进一步破解工作难点、堵点。

近年来，我厅坚持以湖南省教育科学“十四五”规划决策咨询专项课题的形式，立项支持开展相关研究，撰写、出版全省普通高校毕业生就业质量年度报告，这份坚守与传承，难能可贵！立足新时代，奋进新征程，帮助高校毕业生立强国志、走踏实路，更好择业、更快就业，以担当之我、挑起时代重任，始终在激励着我们矢志不渝、笃行不怠，增加岗位资源“供给量”、提升人才供需“适配度”、弘扬建功立业“主旋律”、唱响就业创业工作“大合唱”，我们一直在全力护航，一直在奋力托举。

是为序。

2025 年 7 月

报告说明

一、数据说明

本书所用数据均由湖南省大中专学校学生信息咨询与就业指导中心提供。数据分为两部分：一是2024届普通高校毕业生就业管理系统数据；二是2024届普通高校毕业生就业相关调查数据，调查对象包括毕业生与用人单位。

就业管理系统数据统计截止日期为2024年8月31日。数据显示，湖南省普通高校2024届毕业生共计509128人，毕业生毕业去向落实率为88.01%。

调查数据包括2024届毕业生离校前调查、2024届毕业生离校后调查及用人单位调查，具体的回收情况与调查内容如下：

1. 2024届毕业生离校前调查时间段为2024年3月7日到2024年5月16日，调查回收有效数据为492384条，样本量十分充足，调查内容主要是毕业生对教育教学的评价与建议等。

2. 2024届毕业生离校后调查及用人单位调查的时间段为2024年6月1日至9月30日，毕业生调查回收有效样本量295830条，调查内容主要包括毕业生就业相关分析、毕业生专项就业分析、毕业生就业影响因素分析、毕业生就业质量评价分析等；用人单位调查回收有效样本量7208条，调查内容主要包括单位对毕业生工作表现评价和对高校人才培养与就业服务的评价与建议等。

表1至表4为2024届毕业生调查样本的分布，从表中可知样本结构与毕业生总体结构比值差异较小，因此选取的样本具有较高代表性。

表1　湖南省普通高校2024届毕业生及回收样本量的分布

学历	毕业生		离校前样本量		离校后样本量	
	人数（人）	比例（%）	人数（人）	比例（%）	人数（人）	比例（%）
毕业研究生	33038	6.49	28256	5.74	13305	4.50

续表

学历	毕业生		离校前样本量		离校后样本量	
	人数（人）	比例（%）	人数（人）	比例（%）	人数（人）	比例（%）
本科毕业生	216556	42.53	213572	43.38	128738	43.52
高职专科毕业生	259534	50.98	250556	50.89	153787	51.98
总计	509128	100.00	492384	100.00	295830	100.00

表 2　湖南省普通高校 2024 届毕业研究生的样本分布

学科门类	毕业生		离校前样本量		离校后样本量	
	人数（人）	比例（%）	人数（人）	比例（%）	人数（人）	比例（%）
农学	1934	5.85	1782	6.31	1210	9.09
医学	4400	13.32	3563	12.61	1622	12.19
历史学	176	0.53	166	0.59	92	0.69
哲学	255	0.77	220	0.78	83	0.62
工学	11403	34.51	9822	34.76	4351	32.70
教育学	2410	7.29	2144	7.59	1054	7.92
文学	1573	4.76	1452	5.14	694	5.22
法学	2035	6.16	1790	6.33	915	6.88
理学	2599	7.87	2160	7.64	955	7.18
管理学	3639	11.01	2720	9.63	1227	9.22
经济学	1475	4.46	1379	4.88	634	4.77
艺术学	1139	3.45	1058	3.74	468	3.52
总计	33038	100.00	28256	100.00	13305	100.00

表 3　湖南省普通高校 2024 届本科毕业生的样本分布

学科门类	毕业生		离校前样本量		离校后样本量	
	人数（人）	比例（%）	人数（人）	比例（%）	人数（人）	比例（%）
农学	2853	1.32	2835	1.33	1882	1.46
医学	20732	9.57	20568	9.63	11795	9.16
历史学	1027	0.47	1019	0.48	649	0.50
哲学	142	0.07	142	0.07	56	0.04
工学	71829	33.17	70405	32.97	42944	33.36
教育学	8294	3.83	8251	3.86	5307	4.12
文学	23763	10.97	23505	11.01	14635	11.37

续表

学科门类	毕业生		离校前样本量		离校后样本量	
	人数（人）	比例（%）	人数（人）	比例（%）	人数（人）	比例（%）
法学	8096	3.74	8026	3.76	4799	3.73
理学	16245	7.50	15953	7.47	10167	7.90
管理学	32284	14.91	31888	14.93	18887	14.67
经济学	9852	4.55	9701	4.54	5508	4.28
艺术学	21439	9.90	21279	9.96	12109	9.41
总计	216556	100.00	213572	100.00	128738	100.00

表 4　湖南省普通高校 2024 届高职专科毕业生的样本分布

专业大类	毕业生		离校前样本量		离校后样本量	
	人数（人）	比例（%）	人数（人）	比例（%）	人数（人）	比例（%）
农林牧渔大类	6624	2.55	6428	2.57	3492	2.27
资源环境与安全大类	4593	1.77	4551	1.82	2950	1.92
装备制造大类	33767	13.01	32793	13.09	19640	12.77
能源动力与材料大类	3156	1.22	3135	1.25	2279	1.48
土木建筑大类	17633	6.79	16747	6.68	9499	6.18
水利大类	970	0.37	956	0.38	395	0.26
生物与化工大类	2477	0.95	2458	0.98	1500	0.98
轻工纺织大类	294	0.11	294	0.12	214	0.14
食品药品与粮食大类	3292	1.27	3247	1.30	1964	1.28
交通运输大类	20288	7.82	17549	7.00	11768	7.65
医药卫生大类	36750	14.16	35897	14.33	20911	13.60
财经商贸大类	36419	14.03	35545	14.19	22777	14.81
旅游大类	5492	2.12	5354	2.14	3190	2.07
文化艺术大类	13618	5.25	13396	5.35	7991	5.20
新闻传播大类	1763	0.68	1688	0.67	1138	0.74
教育与体育大类	32618	12.57	32217	12.86	21499	13.98
公安与司法大类	1239	0.48	947	0.38	338	0.22
公共管理与服务大类	3429	1.32	3247	1.30	2015	1.31
电子与信息大类	35112	13.53	34107	13.61	20227	13.15
总计	259534	100.00	250556	100.00	153787	100.00

二、框架说明

本书由 11 部分构成，分别是毕业生就业基本状况、毕业生专项就业相关分析、近三届毕业生就业发展趋势、毕业生就业影响因素分析、毕业生就业质量调研分析、毕业生对教育教学评价、用人单位对毕业生与高校评价、毕业生留湘就业专项分析、毕业生服务“三高四新”战略定位和使命任务专项分析、毕业生就业工作开展情况及特点、反馈与建议（见图 1）。

就业基本状况	包含毕业生结构、毕业生初次毕业去向落实率、毕业生就业特征分析等。
专项就业相关分析	包含毕业去向为升学、自主创业、自由职业、未就业的毕业生去向基本情况和状态相关分析等。
就业发展趋势	包含毕业生规模变化、毕业去向落实率变化、就业结构变化等。
就业影响因素分析	包含毕业生就业期望、毕业生专业优势、毕业生自身就业能力、毕业生就业过程等维度的探寻等。
就业质量分析	• 包含毕业生就业现状满意度、就业适配情况、就业待遇情况、就业单位质量情况、就业稳定情况、就业导向性等； • 包含总体、科类、专业就业质量评估结论等。
毕业生对教育教学评价	包含毕业生对高校人才培养过程的教学评价、课程设置评价、实践教学评价、双创教育评价、就业服务工作评价、高校影响力等。
用人单位对毕业生与高校评价	包含用人单位对高校毕业生工作表现评价、岗位适应性、职业发展评价，对高校就业服务、人才培养工作，以及高校对毕业生求职方面的评价与建议等。
留湘就业专项分析	包含毕业生留湘就业分布及毕业生留湘就业特征分析；毕业生留湘就业调研分析；近三年毕业生留湘就业变化等。
服务“三高四新”战略定位和使命任务专项分析	包含毕业生服务装备制造业、科学研究和技术服务业发展情况，毕业生在中部地区、长江经济带就业情况，毕业生在民生领域、教育领域和农、林、牧、渔领域就业情况。
就业工作开展情况及特点	展现省级毕业生就业工作部门工作开展情况、省内高校 2024 年度毕业生就业工作情况等。
反馈与建议	总结报告中的主要结论，并通过数据反馈提出针对性的相关改进建议。

图 1　本书框架

三、其他说明

1. 本书基于就业管理系统数据，结合 2024 届毕业生离校前后两次调研和用人单位调研数据，对相关指标进行分析。

2. 调研数据统计中，问卷涉及的多选题均采用多重响应计算原则，即比值为选项回答人数与参与答题的总人数相除得到。

3. 在统计结果中，对各项比例的提取，一般精确到小数点后 2 位，因四舍五入原因，若各分项整体比例之和不等于 100%，但与 100%非常接近，视为正常现象。

4. 在院校类型统计结果中，由于科研院所样本量人数较少，不单独呈现，但被纳入总体分析。

5. 在统计结果中，“其他”选项不参与排序。

目录 CONTENTS

第1章

湖南省普通高校 2024 届毕业生就业基本状况

1.1 规模与结构

1.1.1 总体规模与结构

湖南省普通高校 2024 届毕业生（以下简称“毕业生”）总规模为 509128 人，较上届增加 0.84 万人。其中毕业研究生 33038 人，占毕业生总数的 6.49%；本科毕业生 216556 人，占毕业生总数的 42.53%；高职专科毕业生 259534 人，占毕业生总数的 50.98%。如图 1-1 所示。

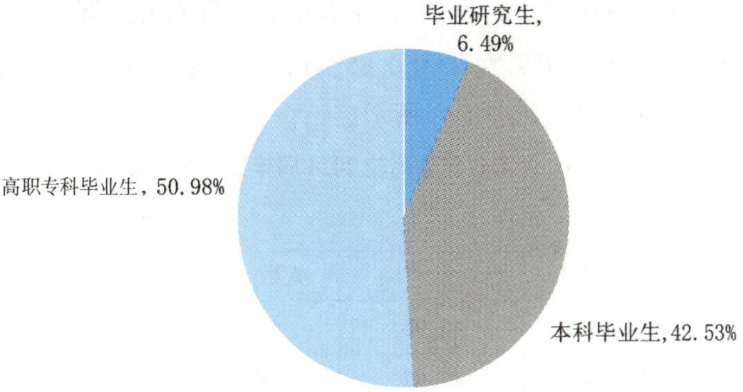

图 1-1　湖南省普通高校 2024 届毕业生总体规模

从入学时的户籍来看，毕业生为湖南省生源人数占比为 79.51%，为非湖南省生源人数占比为 20.49%，其中高职专科毕业生湖南省生源所占比例较本科毕业生与毕业研究生要高。如表 1-1 所示。

表 1-1　湖南省普通高校 2024 届毕业生生源结构

学历	湖南省生源		非湖南省生源	
	人数（人）	比例（%）	人数（人）	比例（%）
毕业研究生	16672	50.46	16366	49.54
本科毕业生	153090	70.69	63466	29.31
高职专科毕业生	235043	90.56	24491	9.44
总体	404805	79.51	104323	20.49

从入学时的城乡类型来看，毕业生为农村生源人数占比为 61.21%，为城镇生源人数占比为 38.79%，其中高职专科毕业生农村生源所占比例较本科毕业生与毕业研究生要高。如表 1-2 所示。

表 1-2　湖南省普通高校 2024 届毕业生城乡类型

学历	城镇生源		农村生源	
	人数（人）	比例（%）	人数（人）	比例（%）
毕业研究生	18925	57.28	14113	42.72
本科毕业生	91949	42.46	124607	57.54
高职专科毕业生	86635	33.38	172899	66.62
总体	197509	38.79	311619	61.21

从性别构成来看，2024 届普通高校男性毕业生人数占比为 48.80%，女性毕业生人数占比为 51.20%，男女比为 0.95：1，其中男性毕业生人数所占比例较上届增加了 0.77 个百分点。具体来看，毕业研究生男女比为 0.85：1，本科毕业生男女比为 0.85：1，高职专科毕业生男女比为 1.07：1。如表 1-3 所示。

表 1-3　湖南省普通高校 2024 届毕业生性别结构

学历	男生		女生		男女比
	人数（人）	比例（%）	人数（人）	比例（%）	
毕业研究生	15184	45.96	17854	54.04	0.85：1
本科毕业生	99324	45.87	117232	54.13	0.85：1
高职专科毕业生	133926	51.60	125608	48.40	1.07：1
总体	248434	48.80	260694	51.20	0.95：1

从入学时的应、往届考生类型来看，应届生源人数占比为 87.16%，往届生源人数占比为 12.84%，其中应届生源人数所占比例较上届减少 0.57 个百分点。具体来看，应届生源中本科毕业生的占比相对较低。如表 1-4 所示。

表 1-4　湖南省普通高校 2024 届毕业生考生类别结构

学历	往届生		应届生	
	人数（人）	比例（%）	人数（人）	比例（%）
毕业研究生	4077	12. 34	28961	87. 66
本科毕业生	32622	15. 06	183934	84. 94
高职专科毕业生	28692	11. 06	230842	88. 94
总体	65391	12. 84	443737	87. 16

1. 1. 2　科类结构

2024 届毕业研究生各学科门类人数占比在 10. 00%以上的有工学（34. 51%）、医学（13. 32%）、管理学（11. 01%），本科各学科门类人数占比在 10. 00%以上的有工学（33. 17%）、管理学（14. 91%）、文学（10. 97%）。如表 1-5 所示。

表 1-5　2024 届普通高校本科毕业生与毕业研究生学科分布

毕业研究生			本科毕业生		
学科门类	人数（人）	比例（%）	学科门类	人数（人）	比例（%）
农学	1934	5. 85	农学	2853	1. 32
医学	4400	13. 32	医学	20732	9. 57
历史学	176	0. 53	历史学	1027	0. 47
哲学	255	0. 77	哲学	142	0. 07
工学	11403	34. 51	工学	71829	33. 17
教育学	2410	7. 29	教育学	8294	3. 83
文学	1573	4. 76	文学	23763	10. 97
法学	2035	6. 16	法学	8096	3. 74
理学	2599	7. 87	理学	16245	7. 50
管理学	3639	11. 01	管理学	32284	14. 91
经济学	1475	4. 46	经济学	9852	4. 55
艺术学	1139	3. 45	艺术学	21439	9. 90
总体	33038	100. 00	总体	216556	100. 00

2024 届高职专科各专业大类中，人数占比在 10. 00%以上的专业大类分别是医药卫生大类（14. 16%）、财经商贸大类（14. 03%）、电子与信息大类（13. 53%）、装备制造大类（13. 01%）、教育与体育大类（12. 57%）。人数占比不足 1. 00%的专业大类有生物与化工大类（0. 95%）、新闻传播大类（0. 68%）、公安与司法大类（0. 48%）、水利大类（0. 37%）、轻工纺织大类（0. 11%）。如表 1-6 所示。

表 1-6 2024 届普通高校高职专科毕业生专业大类分布

专业大类	人数（人）	比例（%）
农林牧渔大类	6624	2.55
资源环境与安全大类	4593	1.77
装备制造大类	33767	13.01
能源动力与材料大类	3156	1.22
土木建筑大类	17633	6.79
水利大类	970	0.37
生物与化工大类	2477	0.95
轻工纺织大类	294	0.11
食品药品与粮食大类	3292	1.27
交通运输大类	20288	7.82
医药卫生大类	36750	14.16
财经商贸大类	36419	14.03
旅游大类	5492	2.12
文化艺术大类	13618	5.25
新闻传播大类	1763	0.68
教育与体育大类	32618	12.57
公安与司法大类	1239	0.48
公共管理与服务大类	3429	1.32
电子与信息大类	35112	13.53
总体	259534	100.00

1.1.3 生源结构

2024 届普通高校毕业生来自湖南省的有 404805 人，占毕业生总人数的 79.51%；来自省外的有 104323 人，占毕业生总人数的 20.49%。分学历来看，高职专科的湖南省生源最多，占比为 90.56%；其次是本科毕业生，占比为 70.69%；再次是毕业研究生，占比为 50.46%。

2024 届高校毕业生省外生源主要来自河南省、江西省、广东省、四川省、河北省、山东省、湖北省、贵州省、安徽省等省份，生源人数均在 5000 人以上。其中毕业研究生的省外生源构成主要有河南省、江西省，所占比例为 4.00%以上。如表 1-7 所示。

表 1-7　湖南省普通高校 2024 届毕业生生源地域结构分布

生源所在地	毕业研究生		本科毕业生		高职专科毕业生		总体	
	人数（人）	比例（%）	人数（人）	比例（%）	人数（人）	比例（%）	人数（人）	比例（%）
湖南省	16672	50. 46	153090	70. 69	235043	90. 56	404805	79. 51
省外	16366	49. 54	63466	29. 31	24491	9. 44	104323	20. 49
总计	33038	100. 00	216556	100. 00	259534	100. 00	509128	100. 00
省外生源分布								
河南省	2368	7. 17	3935	1. 82	1606	0. 62	7909	1. 55
江西省	1543	4. 67	3745	1. 73	1877	0. 72	7165	1. 41
广东省	948	2. 87	3494	1. 61	1944	0. 75	6386	1. 25
四川省	949	2. 87	2769	1. 28	2013	0. 78	5731	1. 13
河北省	706	2. 14	3984	1. 84	771	0. 30	5461	1. 07
山东省	1262	3. 82	3194	1. 47	749	0. 29	5205	1. 02
湖北省	1110	3. 36	2914	1. 35	1132	0. 44	5156	1. 01
贵州省	539	1. 63	1903	0. 88	2590	1. 00	5032	0. 99
安徽省	1125	3. 41	2895	1. 34	995	0. 38	5015	0. 99
广西壮族自治区	489	1. 48	2873	1. 33	1341	0. 52	4703	0. 92
浙江省	457	1. 38	2738	1. 26	730	0. 28	3925	0. 77
江苏省	627	1. 90	2963	1. 37	256	0. 10	3846	0. 76
福建省	457	1. 38	2655	1. 23	677	0. 26	3789	0. 74
山西省	776	2. 35	2351	1. 09	442	0. 17	3569	0. 70
云南省	284	0. 86	1916	0. 88	1015	0. 39	3215	0. 63
重庆市	479	1. 45	1958	0. 90	775	0. 30	3212	0. 63
甘肃省	338	1. 02	2027	0. 94	696	0. 27	3061	0. 60
陕西省	439	1. 33	2096	0. 97	315	0. 12	2850	0. 56
海南省	111	0. 34	2057	0. 95	563	0. 22	2731	0. 54
新疆维吾尔自治区	169	0. 51	1717	0. 79	377	0. 15	2263	0. 44
辽宁省	252	0. 76	1464	0. 68	414	0. 16	2130	0. 42
内蒙古自治区	205	0. 62	1527	0. 71	383	0. 15	2115	0. 42
黑龙江省	224	0. 68	1425	0. 66	310	0. 12	1959	0. 38
西藏自治区	6	0. 02	235	0. 11	1666	0. 64	1907	0. 37
吉林省	153	0. 46	1242	0. 57	374	0. 14	1769	0. 35

续表

生源所在地	毕业研究生		本科毕业生		高职专科毕业生		总体	
	人数（人）	比例（%）	人数（人）	比例（%）	人数（人）	比例（%）	人数（人）	比例（%）
宁夏回族自治区	104	0.31	870	0.40	149	0.06	1123	0.22
天津市	81	0.25	998	0.46	34	0.01	1113	0.22
青海省	42	0.13	713	0.33	266	0.10	1021	0.20
上海市	29	0.09	375	0.17	16	0.01	420	0.08
北京市	67	0.20	276	0.13	11	0.00	354	0.07
香港特别行政区	7	0.02	76	0.04	2	0.00	85	0.02
台湾省	17	0.05	40	0.02	2	0.00	59	0.01
澳门特别行政区	3	0.01	41	0.02	0	0.00	44	0.01

2024 届湖南籍生源的高校毕业生主要来自邵阳市、衡阳市和长沙市，所占比例为 10.00%以上。具体来看，毕业研究生生源来自长沙市的最多，本科毕业生生源来自长沙市、衡阳市和邵阳市较多，高职专科毕业生生源来自邵阳市、衡阳市和永州市较多。如表 1-8 所示。

表 1-8　湖南省普通高校 2024 届毕业生生源在湖南省内的结构分布

省内城市	毕业研究生		本科毕业生		高职专科毕业生		总体	
	人数（人）	比例（%）	人数（人）	比例（%）	人数（人）	比例（%）	人数（人）	比例（%）
邵阳市	1593	9.55	18068	11.80	32858	13.98	52519	12.97
衡阳市	1701	10.20	18269	11.93	28494	12.12	48464	11.97
长沙市	4029	24.17	18558	12.12	20882	8.88	43469	10.74
永州市	741	4.44	12375	8.08	22941	9.76	36057	8.91
郴州市	697	4.18	10947	7.15	20379	8.67	32023	7.91
岳阳市	1358	8.15	12361	8.07	15392	6.55	29111	7.19
怀化市	586	3.51	8506	5.56	17644	7.51	26736	6.60
常德市	1269	7.61	11955	7.81	13147	5.59	26371	6.51
娄底市	1088	6.53	9599	6.27	15381	6.54	26068	6.44
益阳市	1007	6.04	9083	5.93	13037	5.55	23127	5.71
株洲市	936	5.61	8716	5.69	9413	4.00	19065	4.71
湘西土家族苗族自治州	414	2.48	4785	3.13	12202	5.19	17401	4.30

续表

省内城市	毕业研究生		本科毕业生		高职专科毕业生		总体	
	人数（人）	比例（%）	人数（人）	比例（%）	人数（人）	比例（%）	人数（人）	比例（%）
湘潭市	930	5. 58	6229	4. 07	7821	3. 33	14980	3. 70
张家界市	323	1. 94	3639	2. 38	5452	2. 32	9414	2. 33
总体	16672	100. 00	153090	100. 00	235043	100. 00	404805	100. 00

1.2　毕业去向落实率

1.2.1　总体毕业去向落实率

截至 2024 年 8 月 31 日，湖南省普通高校 2024 届毕业生已落实毕业去向的共有 448075 人，总体毕业去向落实率为 88. 01%。其中毕业研究生毕业去向落实率为 92. 07%，本科毕业生毕业去向落实率为 85. 81%，高职专科毕业生毕业去向落实率为 89. 32%。如表 1-9 所示。

表 1-9　湖南省普通高校 2024 届不同学历毕业生毕业去向

毕业去向	毕业研究生		本科毕业生		高职专科毕业生		总体	
	人数（人）	比例（%）	人数（人）	比例（%）	人数（人）	比例（%）	人数（人）	比例（%）
单位就业	27245	82. 47	145405	67. 14	205766	79. 28	378416	74. 33
自主创业	68	0. 21	943	0. 44	1262	0. 49	2273	0. 45
自由职业	453	1. 37	4592	2. 12	1863	0. 72	6908	1. 36
升学	2652	8. 03	34895	16. 11	22931	8. 84	60478	11. 88
待就业	2496	7. 55	28713	13. 26	26674	10. 28	57883	11. 37
暂不就业	124	0. 38	2008	0. 93	1038	0. 40	3170	0. 62
已落实毕业去向	30418	92. 07	185835	85. 81	231822	89. 32	448075	88. 01

1.2.2　各类毕业生的毕业去向落实率

1.2.2.1　不同性别毕业生的毕业去向落实率

截至 2024 年 8 月 31 日，湖南省 2024 届普通高校男性毕业生 248434 人，已落实毕业去向 219280 人，毕业去向落实率为 88.26%；女性毕业生 260694 人，已落实毕业去向 228795 人，毕业去向落实率为 87.76%。分学历来看，男性毕业研究生和本科毕业生的毕业去向落实率均高于同学历的女性毕业生，女性高职专科毕业生的毕业去向落实率高于同学历的男性毕业生。如图 1-2 所示。

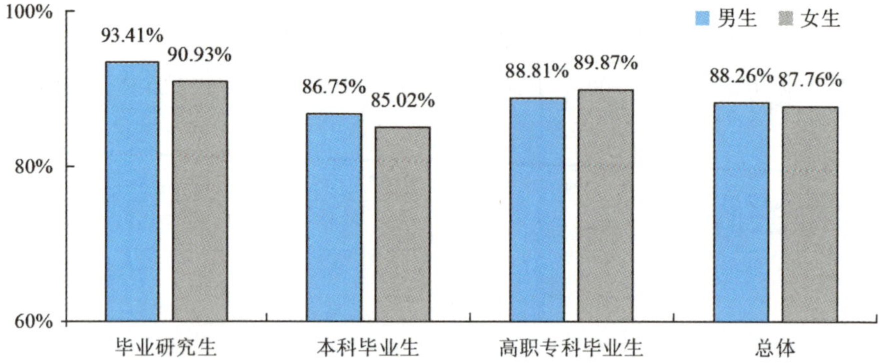

图 1-2 湖南省普通高校 2024 届各学历不同性别毕业生的毕业去向落实率

1.2.2.2 不同省份毕业生的毕业去向落实率

截至 2024 年 8 月 31 日，湖南籍 2024 届普通高校毕业生 404805 人，已落实毕业去向 357951 人，毕业去向落实率为 88.43%；非湖南籍高校毕业生 104323 人，已落实毕业去向 90124 人，毕业去向落实率为 86.39%。各学历湖南籍高校毕业生的毕业去向落实率均高于同学历非湖南籍毕业生。如图 1-3 所示。

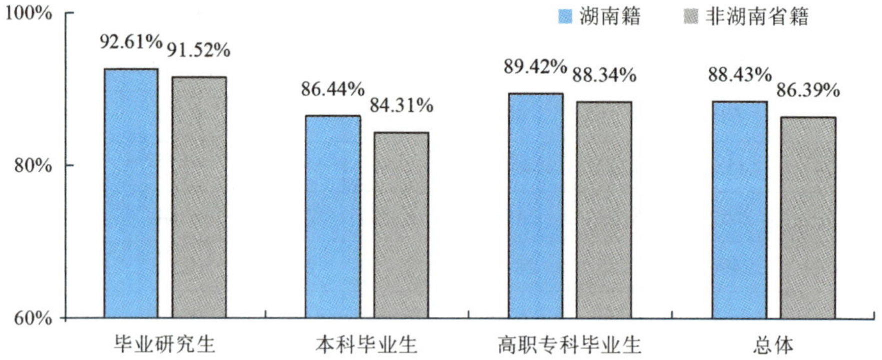

图 1-3 湖南省普通高校 2024 届各学历不同省份毕业生的毕业去向落实率

1.2.2.3 不同生源毕业生的毕业去向落实率

截至 2024 年 8 月 31 日，湖南省 2024 届普通高校城镇生源毕业生 197509 人，已落实毕业去向 171763 人，毕业去向落实率为 86.96%；农村生源毕业生 311619 人，已落实毕业去向 276312 人，毕业去向落实率为 88.67%。各学历农村生源毕业生的毕业去向落实率均高于同学历的城镇生源毕业生。如图 1-4 所示。

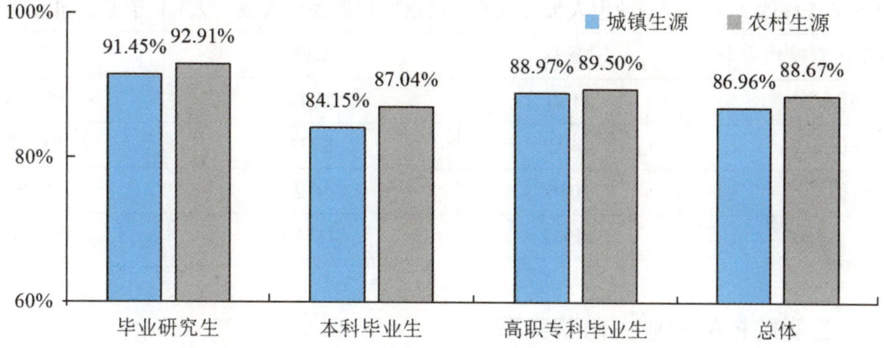

图 1-4　湖南省普通高校 2024 届各学历不同户籍毕业生的毕业去向落实率

1.2.2.4　重点帮扶群体毕业生的毕业去向落实率

截至 2024 年 8 月 31 日，湖南省 2024 届普通高校毕业生中重点帮扶群体（含脱贫家庭、低保家庭、零就业家庭、残疾毕业生四类，下同）44547 人，已落实毕业去向 41115 人，毕业去向落实率为 92. 30%。

分学历来看，毕业研究生重点帮扶群体 961 人，已落实毕业去向 897 人，毕业去向落实率为 93. 34%。本科毕业生重点帮扶群体 15076 人，已落实毕业去向 13826 人，毕业去向落实率为 91. 71%。高职专科毕业生重点帮扶群体 28510 人，已落实毕业去向 26392 人，毕业去向落实率为 92. 57%。如图 1-5 所示。

细分群体来看，脱贫家庭毕业生 32838 人，已落实毕业去向 30379 人，毕业去向落实率为 92. 51%；低保家庭毕业生 9493 人，已落实毕业去向 8721 人，毕业去向落实率为 91. 87%；零就业家庭毕业生 1130 人，已落实毕业去向 1043 人，毕业去向落实率为 92. 30%；残疾毕业生 1086 人，已落实毕业去向 972 人，毕业去向落实率为 89. 50%。如表 1-10 所示。

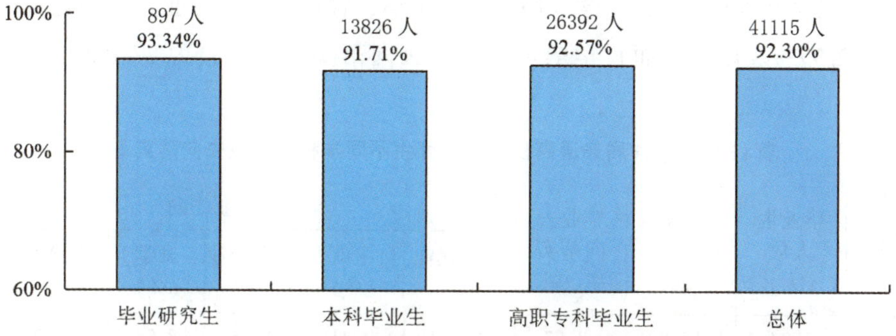

图 1-5　湖南省普通高校 2024 届各学历重点帮扶群体的毕业去向落实率

表 1-10　湖南省普通高校 2024 届毕业生各类重点帮扶群体的毕业去向落实率

重点帮扶群体	毕业生人数（人）	已落实毕业去向人数（人）	毕业去向落实率（%）
脱贫家庭（原建档立卡）	32838	30379	92. 51
零就业家庭	1130	1043	92. 30
低保家庭	9493	8721	91. 87
身体残疾	1086	972	89. 50
总体	44547	41115	92. 30

1. 2. 2. 5　各类院校的毕业去向落实率

从院校类型来看，“双一流”建设高校毕业生毕业去向落实率最高，为 89. 53%；其次是高职专科院校，毕业去向落实率为 89. 41%；再次是职业本科院校，毕业去向落实率为 88. 99%。如表 1-11 所示。

表 1-11　湖南省普通高校 2024 届毕业生分院校类型的毕业去向落实率

院校类型	毕业人数（人）	就业人数（人）	毕业去向落实率（%）	毕业去向					
				单位就业（%）	自主就业（%）	自由职业（%）	升学（%）	待就业（%）	暂不就业（%）
高职专科院校	248295	221993	89. 41	80. 08	0. 49	0. 73	8. 12	10. 18	0. 42
职业本科院校	3534	3145	88. 99	75. 16	0. 34	0. 93	12. 56	10. 95	0. 06
“双一流”建设高校	43979	39376	89. 53	58. 82	0. 14	3. 20	27. 37	8. 28	2. 18
普通本科院校	213202	183493	86. 07	70. 82	0. 47	1. 72	13. 06	13. 39	0. 55
总体	509128	448075	88. 01	74. 33	0. 45	1. 36	11. 88	11. 37	0. 62

1. 2. 3　各学科/专业大类的毕业去向落实率

毕业研究生各学科中，经济学、历史学、工学、管理学 4 个专业大类毕业生毕业去向落实率为 92. 77%及以上，而哲学毕业生毕业去向落实率最低，为 87. 84%。如表 1-12 所示。

表 1-12　2024 届普通高校毕业研究生不同学科的毕业去向落实率

学科门类	毕业生人数（人）	就业人数（人）	毕业去向落实率（%）	毕业去向					
				单位就业（%）	自主就业（%）	自由职业（%）	升学（%）	待就业（%）	暂不就业（%）
农学	1934	1718	88. 83	81. 18	0. 41	1. 65	5. 58	11. 12	0. 05
医学	4400	3970	90. 23	76. 27	0. 11	0. 41	13. 43	9. 34	0. 43
历史学	176	166	94. 32	80. 11	0. 00	2. 84	11. 36	5. 11	0. 57

续表

学科门类	毕业生人数（人）	就业人数（人）	毕业去向落实率(%)	毕业去向					
				单位就业（%）	自主就业（%）	自由职业（%）	升学（%）	待就业（%）	暂不就业（%）
哲学	255	224	87. 84	70. 59	0. 00	3. 53	13. 73	12. 16	0. 00
工学	11403	10665	93. 53	83. 46	0. 11	0. 32	9. 64	6. 12	0. 35
教育学	2410	2223	92. 24	87. 18	0. 33	2. 53	2. 20	7. 34	0. 41
文学	1573	1430	90. 91	82. 39	0. 06	3. 50	4. 96	8. 77	0. 32
法学	2035	1825	89. 68	83. 59	0. 20	0. 59	5. 31	9. 83	0. 49
理学	2599	2383	91. 69	77. 99	0. 12	1. 31	12. 27	8. 04	0. 27
管理学	3639	3376	92. 77	88. 76	0. 52	0. 60	2. 89	6. 62	0. 60
经济学	1475	1407	95. 39	87. 93	0. 07	0. 14	7. 25	4. 07	0. 54
艺术学	1139	1031	90. 52	72. 78	0. 53	14. 66	2. 55	9. 39	0. 09
总体	33038	30418	92. 07	82. 47	0. 21	1. 37	8. 03	7. 55	0. 38

本科各学科中，历史学、理学、农学、教育学 4 个专业大类毕业生毕业去向落实率为 87. 97%及以上，而哲学毕业生毕业去向落实率最低，为 83. 80%。如表 1-13 所示。

表 1-13　湖南省普通高校 2024 届毕业生本科不同学科的毕业去向落实率

学科门类	毕业生人数（人）	就业人数（人）	毕业去向落实率(%)	毕业去向					
				单位就业（%）	自主就业（%）	自由职业（%）	升学（%）	待就业（%）	暂不就业（%）
农学	2853	2535	88. 85	47. 42	0. 25	0. 91	40. 27	10. 48	0. 67
医学	20732	17408	83. 97	62. 05	0. 08	0. 43	21. 40	14. 85	1. 18
历史学	1027	919	89. 48	76. 63	0. 00	0. 19	12. 66	8. 86	1. 66
哲学	142	119	83. 80	28. 87	0. 00	1. 41	53. 52	9. 15	7. 04
工学	71829	62206	86. 60	63. 76	0. 33	1. 80	20. 72	12. 08	1. 32
教育学	8294	7296	87. 97	74. 91	0. 71	2. 71	9. 63	11. 67	0. 36
文学	23763	20089	84. 54	69. 66	0. 18	3. 14	11. 56	14. 89	0. 57
法学	8096	6795	83. 93	68. 79	0. 23	1. 62	13. 29	15. 16	0. 91
理学	16245	14449	88. 94	66. 12	0. 15	2. 15	20. 52	9. 92	1. 14
管理学	32284	27517	85. 23	71. 91	0. 85	2. 39	10. 08	14. 29	0. 47
经济学	9852	8334	84. 59	64. 97	0. 51	2. 45	16. 67	14. 70	0. 71
艺术学	21439	18168	84. 74	74. 02	1. 00	3. 34	6. 38	14. 69	0. 57
总体	216556	185835	85. 81	67. 14	0. 44	2. 12	16. 11	13. 26	0. 93

高职专科各专业大类中，轻工纺织大类、能源动力与材料大类、交通运输大类、水利大类 4 个专业大类毕业生毕业去向落实率为 91.44%及以上，而公安与司法大类毕业生毕业去向落实率最低，为 79.26%。如表 1-14 所示。

表 1-14　湖南省普通高校 2024 届毕业生高职专科不同专业大类的毕业去向落实率

专业大类	毕业生人数（人）	就业人数（人）	毕业去向落实率（%）	毕业去向					
				单位就业（%）	自主创业（%）	自由职业（%）	升学（%）	待就业（%）	暂不就业（%）
农林牧渔大类	6624	5783	87.30	79.24	1.06	0.72	6.28	12.47	0.23
资源环境与安全大类	4593	4090	89.05	78.88	0.72	0.37	9.08	10.43	0.52
装备制造大类	33767	30626	90.70	84.63	0.46	0.59	5.02	8.91	0.39
能源动力与材料大类	3156	2898	91.83	82.92	0.13	0.16	8.62	7.76	0.41
土木建筑大类	17633	15646	88.73	78.21	0.64	0.66	9.23	10.95	0.32
水利大类	970	887	91.44	81.24	0.72	0.00	9.48	8.35	0.21
生物与化工大类	2477	2242	90.51	85.47	0.24	1.29	3.51	6.18	3.31
轻工纺织大类	294	280	95.24	89.12	1.02	0.00	5.10	4.76	0.00
食品药品与粮食大类	3292	2927	88.91	83.57	0.39	0.61	4.34	10.78	0.30
交通运输大类	20288	18568	91.52	85.88	0.37	0.71	4.56	8.20	0.28
医药卫生大类	36750	31969	86.99	73.76	0.29	1.86	11.08	12.59	0.42
财经商贸大类	36419	32795	90.05	78.61	0.81	0.39	10.24	9.56	0.40
旅游大类	5492	4893	89.09	80.68	0.53	0.44	7.45	10.43	0.47
文化艺术大类	13618	12103	88.88	75.05	0.31	0.27	13.25	10.90	0.23
新闻传播大类	1763	1575	89.34	71.19	0.57	0.51	17.07	9.87	0.79
教育与体育大类	32618	28912	88.64	79.40	0.20	0.29	8.75	11.07	0.29
公安与司法大类	1239	982	79.26	55.69	0.24	0.08	23.24	20.66	0.08
公共管理与服务大类	3429	3110	90.70	79.41	0.47	0.15	10.67	9.01	0.29
电子与信息大类	35112	31536	89.82	78.66	0.62	0.81	9.73	9.70	0.48
总体	259534	231822	89.32	79.28	0.49	0.72	8.84	10.28	0.40

1.2.4　毕业去向落实率排名前、后 20 名专业

毕业研究生毕业去向落实率排名前 20 名的专业中，毕业去向落实率为 100.00%的有 14 个；毕业去向落实率排名后 20 名的专业中，毕业去向落实率不足 70.00%的专业有 2 个，分别为应用心理、学前教育。如表 1-15 所示。

表 1-15　2024 届普通高校毕业研究生专业的毕业去向落实率排名前、后 20 名分布

毕业研究生	专业代码	专业	毕业人数（人）	就业人数（人）	毕业去向落实率(%)
毕业去向落实率排名前 20 的专业	081500	水利工程	36	36	100.00
	025500	保险	30	30	100.00
	045109	学科教学（历史）	38	38	100.00
	045100	教育	33	33	100.00
	082700	核科学与技术	42	42	100.00
	125600	工程管理	54	54	100.00
	085801	电气工程	376	376	100.00
	135106	舞蹈	35	35	100.00
	071009	细胞生物学	30	30	100.00
	077400	电子科学与技术	31	31	100.00
	077700	生物医学工程	41	41	100.00
	100512	针灸推拿学	32	32	100.00
	085402	通信工程(含宽带网络、移动通信等)	32	32	100.00
	085300	城市规划	43	43	100.00
	085405	软件工程	110	109	99.09
	025400	国际商务	108	107	99.07
	105703	中医骨伤科学	83	82	98.80
	080700	动力工程及工程热物理	80	79	98.75
	125100	工商管理	917	905	98.69
	045103	学科教学（语文）	225	222	98.67
毕业去向落实率排名后 20 的专业	045400	应用心理	46	28	60.87
	045118	学前教育	55	36	65.45
	105111	眼科学	175	129	73.71
	082500	航空宇航科学与技术	46	34	73.91
	095400	林业	62	46	74.19
	100204	神经病学	30	23	76.67
	090700	林学	117	90	76.92
	070502	人文地理学	46	36	78.26
	030200	政治学	72	57	79.17
	135107	美术	109	87	79.82
	040200	心理学	75	60	80.00
	105300	公共卫生	115	92	80.00

续表

毕业研究生	专业代码	专业	毕业人数（人）	就业人数（人）	毕业去向落实率（%）
毕业去向落实率排名后20的专业	083400	风景园林学	31	25	80.65
	105109	外科学	93	75	80.65
	035200	社会工作	153	124	81.05
	120500	图书情报与档案管理	48	39	81.25
	071300	生态学	120	98	81.67
	105500	药学	55	45	81.82
	081600	测绘科学与技术	78	64	82.05
	120400	公共管理	267	221	82.77

说明：本表只针对专业人数在30人及以上的专业进行统计。

本科毕业生毕业去向落实率排名前20名的专业中，毕业去向落实率为100.00%的有3个，分别是图书馆学、网络安全与执法、治安学；毕业去向落实率排名后20名的专业中，毕业去向落实率不足70.00%的专业为麻醉学专业。如表1-16所示。

表1-16　2024届普通高校本科专业毕业去向落实率排名前、后20名分布

本科毕业生	专业代码	专业	毕业人数（人）	就业人数（人）	毕业去向落实率（%）
毕业去向落实率排名前20的专业	120501	图书馆学	60	60	100.00
	083108	网络安全与执法	99	99	100.00
	030601	治安学	149	149	100.00
	083103	交通管理工程	99	98	98.99
	030606	经济犯罪侦查	50	49	98.00
	083101	刑事科学技术	149	145	97.32
	082204	核化工与核燃料工程	63	61	96.83
	080716	应用电子技术教育	87	84	96.55
	030602	侦查学	101	97	96.04
	081602	服装设计与工程	64	61	95.31
	081601	纺织工程	137	130	94.89
	081505	矿物资源工程	94	89	94.68
	120403	劳动与社会保障	186	176	94.62
	080414	新能源材料与器件	216	204	94.44
	081403	资源勘查工程	125	118	94.40
	040102	科学教育	355	335	94.37

续表

本科毕业生	专业代码	专业	毕业人数（人）	就业人数（人）	毕业去向落实率(%)
毕业去向落实率排名前 20 的专业	040107	小学教育	1154	1088	94. 28
	081701	轻化工程	103	97	94. 17
	080209	机械工艺技术	50	47	94. 00
	090101	农学	346	325	93. 93
毕业去向落实率排名后 20 的专业	100202	麻醉学	232	141	60. 78
	101102	助产学	113	85	75. 22
	130507	工艺美术	236	181	76. 69
	050302	广播电视学	151	117	77. 48
	081402	勘查技术与工程	80	62	77. 50
	130509	艺术与科技	73	57	78. 08
	130512	包装设计	252	197	78. 17
	130310	动画	305	239	78. 36
	080906	数字媒体技术	653	513	78. 56
	020304	投资学	235	187	79. 57
	050103	汉语国际教育	442	352	79. 64
	101001	医学检验技术	1263	1006	79. 65
	101003	医学影像技术	617	493	79. 90
	010101	哲学	117	94	80. 34
	030101	法学	5043	4053	80. 37
	081702	包装工程	241	194	80. 50
	083002	生物制药	118	95	80. 51
	120301	农林经济管理	241	195	80. 91
	081801	交通运输	307	249	81. 11
	081304	能源化学工程	53	43	81. 13

说明：本表只针对专业人数在 50 人及以上的专业进行统计。

高职专科毕业生毕业去向落实率排名前 20 名的专业中，毕业去向落实率超过 98. 00%的有 5 个，分别是船舶工程技术、输配电工程技术、导弹维修技术、复合材料智能制造技术、心理咨询；毕业去向落实率排名后 20 名的专业中，毕业去向落实率不足 70. 00%的专业有 3 个，分别是高尔夫球运动与管理、生态农业技术、社区矫正。如表 1-17 所示。

表 1-17　2024 届普通高校高职专科专业毕业去向落实率排名前、后 20 名分布

高职专科毕业生	专业代码	专业	毕业人数（人）	就业人数（人）	毕业去向落实率（%）
毕业去向落实率排名前 20 的专业	460501	船舶工程技术	77	76	98. 70
	430107	输配电工程技术	211	208	98. 58
	460611	导弹维修技术	394	388	98. 48
	430603	复合材料智能制造技术	64	63	98. 44
	520804	心理咨询	213	209	98. 12
	460607	飞行器维修技术	531	518	97. 55
	500412	通用航空器维修	281	274	97. 51
	540205	营养配餐	74	72	97. 30
	530706	商务数据分析与应用	103	100	97. 09
	460608	航空发动机维修技术	236	229	97. 03
	440404	建筑智能化工程技术	168	163	97. 02
	500109	高速铁路综合维修技术	294	284	96. 60
	410401	水产养殖技术	109	105	96. 33
	500206	道路养护与管理	80	77	96. 25
	530207	国际金融	79	76	96. 20
	430108	供用电技术	308	296	96. 10
	420208	环境地质工程	76	73	96. 05
	500401	民航运输服务	361	346	95. 84
	480101	化妆品技术	168	161	95. 83
	590203	劳动与社会保障	95	91	95. 79
毕业去向落实率排名后 20 的专业	570313	高尔夫球运动与管理	143	84	58. 74
	410104	生态农业技术	106	65	61. 32
	580505	社区矫正	95	61	64. 21
	580501	刑事执行	96	68	70. 83
	570107	小学科学教育	369	274	74. 25
	440201	城乡规划	59	45	76. 27
	530803	航空物流管理	55	42	76. 36
	580402	法律文秘	99	76	76. 77
	580401	法律事务	298	229	76. 85
	530809	智能物流技术	143	110	76. 92
	520402	中医骨伤	108	84	77. 78
	570115	现代教育技术	588	460	78. 23

续表

高职专科毕业生	专业代码	专业	毕业人数（人）	就业人数（人）	毕业去向落实率(%)
毕业去向落实率排名后 20 的专业	410118	休闲农业经营与管理	65	51	78.46
	490209	食品药品监督管理	112	88	78.57
	580601	刑事侦查技术	96	76	79.17
	520702	卫生信息管理	54	43	79.63
	560212	摄影摄像技术	101	81	80.20
	490101	食品智能加工技术	144	116	80.56
	420201	工程地质勘查	88	71	80.68
	570109	美术教育	609	494	81.12

说明：本表只针对专业人数在 50 人及以上的专业进行统计。

1.3　就业特征分布

1.3.1　就业单位性质分布

2024 届普通高校毕业生就业主要去向为企业，占比为 79.48%；其次是机关事业单位，占比为 13.78%；再次是部队，占比为 1.05%。

分学历层次来看，各学历毕业生均在企业单位就业占比最高，毕业研究生就业在机关事业单位的占比较高，达到 40.05%。如表 1-18 所示。

表 1-18　湖南省普通高校 2024 届毕业生就业单位性质分布

类型	类型明细	毕业研究生		本科毕业生		高职专科毕业生		总体	
		人数（人）	比例（%）	人数（人）	比例（%）	人数（人）	比例（%）	人数（人）	比例（%）
企业	其他企业	7929	30.73	92459	68.63	141474	71.76	241862	67.62
	国有企业	6055	23.47	13955	10.36	12094	6.13	32104	8.98
	三资企业	824	3.19	2986	2.22	6506	3.30	10316	2.88
	小计	14808	57.40	109400	81.21	160074	81.19	284282	79.48
机关事业单位	其他事业单位	2137	8.28	4496	3.34	8786	4.46	15419	4.31
	医疗卫生单位	2371	9.19	5039	3.74	5175	2.62	12585	3.52
	其他教学单位	1787	6.93	6560	4.87	3334	1.69	11681	3.27
	机关	1637	6.35	3839	2.85	879	0.45	6355	1.78
	高等学校	2180	8.45	522	0.39	96	0.05	2798	0.78
	科研设计单位	221	0.86	115	0.09	114	0.06	450	0.13
	小计	10333	40.05	20571	15.27	18384	9.32	49288	13.78

续表

类型	类型明细	毕业研究生		本科毕业生		高职专科毕业生		总体	
		人数（人）	比例（%）	人数（人）	比例（%）	人数（人）	比例（%）	人数（人）	比例（%）
部队	部队	82	0.32	106	0.08	3562	1.81	3750	1.05
乡镇单位	城镇社区	15	0.06	132	0.10	287	0.15	434	0.12
	农村建制村	3	0.01	60	0.04	351	0.18	414	0.12
	小计	18	0.07	192	0.14	638	0.32	848	0.24
其他	个体工商户	60	0.23	1994	1.48	8039	4.08	10093	2.82
	其他(含社会组织、国际组织等)	498	1.93	2449	1.82	6462	3.28	9409	2.63
	小计	558	2.16	4443	3.30	14501	7.35	19502	5.45
总计		25799	100.00	134712	100.00	197159	100.00	357670	100.00

注：本表将就业去向为签就业协议形式就业、签劳动合同形式就业和其他录用形式就业三类情况作为统计基数。

1.3.2 就业单位行业分布

从毕业生就业单位行业来看，“制造业”“教育”“信息传输、软件和信息技术服务业”“批发和零售业”“建筑业”“卫生和社会工作”吸纳了湖南省普通高校 63.51%的 2024 届毕业生。

具体来看，毕业研究生和本科毕业生在“教育”就业的人数比例最高，高职专科毕业生在“制造业”就业的人数比例最高。如表 1–19 所示。

表 1–19 湖南省普通高校 2024 届毕业生就业单位行业分布

单位行业	毕业研究生		本科毕业生		高职专科毕业生		总体	
	人数（人）	比例（%）	人数（人）	比例（%）	人数（人）	比例（%）	人数（人）	比例（%）
制造业	4480	16.45	21187	14.70	33282	16.66	58949	15.88
教育	6299	23.12	24540	17.02	21442	10.74	52281	14.09
信息传输、软件和信息技术服务业	2067	7.59	16679	11.57	17917	8.97	36663	9.88
批发和零售业	501	1.84	11366	7.88	20712	10.37	32579	8.78
建筑业	1072	3.94	11451	7.94	16355	8.19	28878	7.78
卫生和社会工作	3032	11.13	10082	6.99	13256	6.64	26370	7.10
租赁和商务服务业	594	2.18	7263	5.04	10681	5.35	18538	4.99
文化、体育和娱乐业	400	1.47	7372	5.11	9734	4.87	17506	4.72
科学研究和技术服务业	1631	5.99	6117	4.24	6374	3.19	14122	3.80
居民服务、修理和其他服务业	235	0.86	3762	2.61	9412	4.71	13409	3.61

续表

单位行业	毕业研究生		本科毕业生		高职专科毕业生		总体	
	人数（人）	比例（%）	人数（人）	比例（%）	人数（人）	比例（%）	人数（人）	比例（%）
交通运输、仓储和邮政业	477	1.75	2319	1.61	9868	4.94	12664	3.41
公共管理、社会保障和社会组织	2549	9.36	6361	4.41	3076	1.54	11986	3.23
住宿和餐饮业	48	0.18	2078	1.44	9096	4.55	11222	3.02
金融业	1507	5.53	4472	3.10	2436	1.22	8415	2.27
电力、热力、燃气及水生产和供应业	1153	4.23	3641	2.53	3387	1.70	8181	2.20
农、林、牧、渔业	597	2.19	1802	1.25	3907	1.96	6306	1.70
水利、环境和公共设施管理业	278	1.02	1864	1.29	2591	1.30	4733	1.28
军队	65	0.24	46	0.03	3563	1.78	3674	0.99
房地产业	99	0.36	1202	0.83	2115	1.06	3416	0.92
采矿业	157	0.58	566	0.39	520	0.26	1243	0.33
国际组织	0	0.00	3	0.00	16	0.01	19	0.01
总体	27241	100.00	144173	100.00	199740	100.00	371154	100.00

注：本表将就业去向为签就业协议形式就业、签劳动合同形式就业、其他录用形式就业、科研助理/管理助理、国家基层项目就业与地方基层项目就业等情况作为统计基数。

1.3.3 工作职位类别分布

从毕业生就业的工作职位类别来看，“其他人员”“教学人员”“工程技术人员”“其他专业技术人员”为湖南省普通高校 2024 届毕业生提供了大量的职位，职位人数合计占比高达 61.44%。

具体来看，“教学人员”“工程技术人员”“卫生专业技术人员”“金融业务人员”“公务员”“科学研究人员”“法律专业人员”所占比例与学历呈正相关，即学历越高，毕业生在上述 7 个职位就业的比例越高。如表 1–20 所示。

表 1–20 湖南省普通高校 2024 届毕业生就业职位类别分布

工作职位类别	毕业研究生		本科毕业生		高职专科毕业生		总体	
	人数（人）	比例（%）	人数（人）	比例（%）	人数（人）	比例（%）	人数（人）	比例（%）
其他人员	3029	11.12	29453	20.43	67178	33.63	99660	26.85
教学人员	4998	18.35	21468	14.89	18730	9.38	45196	12.18
工程技术人员	5047	18.53	20823	14.44	16432	8.23	42302	11.40

续表

工作职位类别	毕业研究生		本科毕业生		高职专科毕业生		总体	
	人数（人）	比例（%）	人数（人）	比例（%）	人数（人）	比例（%）	人数（人）	比例（%）
其他专业技术人员	2961	10.87	15996	11.10	21896	10.96	40853	11.01
商业和服务业人员	373	1.37	7990	5.54	23314	11.67	31677	8.53
办事人员和有关人员	1225	4.50	18626	12.92	10530	5.27	30381	8.19
卫生专业技术人员	2767	10.16	7885	5.47	10286	5.15	20938	5.64
生产和运输设备操作人员	135	0.50	1159	0.80	13960	6.99	15254	4.11
经济业务人员	421	1.55	4939	3.43	4009	2.01	9369	2.52
金融业务人员	1127	4.14	3753	2.60	2420	1.21	7300	1.97
公务员	2011	7.38	3603	2.50	300	0.15	5914	1.59
科学研究人员	2012	7.39	2048	1.42	317	0.16	4377	1.18
文学艺术工作人员	87	0.32	1972	1.37	2038	1.02	4097	1.10
农林牧渔业技术人员	320	1.17	669	0.46	2817	1.41	3806	1.03
军人	26	0.10	27	0.02	3554	1.78	3607	0.97
体育工作人员	99	0.36	1093	0.76	1147	0.57	2339	0.63
法律专业人员	500	1.84	1709	1.19	102	0.05	2311	0.62
新闻出版和文化工作人员	103	0.38	960	0.67	710	0.36	1773	0.48
总体	27241	100.00	144173	100.00	199740	100.00	371154	100.00

注：本表将就业去向为签就业协议形式就业、签劳动合同形式就业、其他录用形式就业、科研助理/管理助理、国家基层项目就业与地方基层项目就业等情况作为统计基数。

1.4 就业地域流向分布

1.4.1 就业单位地域分布

2024届普通高校毕业生有371154人分布在不同区域的工作单位就业（“毕业生就业分布”部分仅分析毕业去向为签就业协议形式就业、签劳动合同形式就业、其他录用形式就业、科研助理/管理助理、国家基层项目与地方基层项目就业等情况），其中在湖南省内就业213808人，比例为57.61%。分学历来看，高职专科毕业生在湖南省内就业的比例为59.81%，本科毕业生在湖南省内就业的比例为56.42%，毕业研究生在湖南省内就业的比例为47.75%。毕业生省外落实就业去向地主要有广东省（19.88%）、浙江省（3.86%）、江苏省（2.34%）。如表1-21所示。

表 1-21　湖南省普通高校 2024 届毕业生就业地域分省份分布

就业地域	毕业研究生		本科毕业生		高职专科毕业生		总体	
	人数（人）	比例（%）	人数（人）	比例（%）	人数（人）	比例（%）	人数（人）	比例（%）
湖南省	13007	47.75	81338	56.42	119463	59.81	213808	57.61
省外	14234	52.25	62835	43.58	80277	40.19	157346	42.39
总体	27241	100.00	144173	100.00	199740	100.00	371154	100.00
省外就业地域分布								
广东省	4419	16.22	27719	19.23	41665	20.86	73803	19.88
浙江省	861	3.16	5457	3.79	8023	4.02	14341	3.86
江苏省	802	2.94	3516	2.44	4367	2.19	8685	2.34
上海市	666	2.44	2622	1.82	2602	1.30	5890	1.59
湖北省	879	3.23	2289	1.59	2285	1.14	5453	1.47
江西省	596	2.19	1471	1.02	2974	1.49	5041	1.36
福建省	366	1.34	1723	1.20	2131	1.07	4220	1.14
北京市	783	2.87	1939	1.34	1109	0.56	3831	1.03
四川省	582	2.14	1420	0.98	1735	0.87	3737	1.01
贵州省	416	1.53	920	0.64	1706	0.85	3042	0.82
安徽省	413	1.52	1072	0.74	1512	0.76	2997	0.81
广西壮族自治区	369	1.35	1288	0.89	1292	0.65	2949	0.79
河南省	620	2.28	982	0.68	1090	0.55	2692	0.73
山东省	570	2.09	1191	0.83	850	0.43	2611	0.70
河北省	188	0.69	1046	0.73	837	0.42	2071	0.56
云南省	172	0.63	760	0.53	833	0.42	1765	0.48
海南省	121	0.44	967	0.67	640	0.32	1728	0.47
新疆维吾尔自治区	79	0.29	1145	0.79	473	0.24	1697	0.46
重庆市	315	1.16	678	0.47	605	0.30	1598	0.43
陕西省	283	1.04	853	0.59	438	0.22	1574	0.42
西藏自治区	22	0.08	220	0.15	1011	0.51	1253	0.34
山西省	164	0.60	590	0.41	304	0.15	1058	0.29
天津市	152	0.56	550	0.38	278	0.14	980	0.26
辽宁省	89	0.33	400	0.28	445	0.22	934	0.25
甘肃省	80	0.29	537	0.37	268	0.13	885	0.24
内蒙古自治区	62	0.23	403	0.28	200	0.10	665	0.18

续表

就业地域	毕业研究生		本科毕业生		高职专科毕业生		总体	
	人数（人）	比例（%）	人数（人）	比例（%）	人数（人）	比例（%）	人数（人）	比例（%）
吉林省	44	0.16	320	0.22	169	0.08	533	0.14
青海省	14	0.05	217	0.15	231	0.12	462	0.12
黑龙江省	47	0.17	222	0.15	112	0.06	381	0.10
宁夏回族自治区	27	0.10	261	0.18	59	0.03	347	0.09
境外	17	0.06	26	0.02	18	0.01	61	0.02
香港特别行政区	14	0.05	27	0.02	5	0.00	46	0.01
澳门特别行政区	2	0.01	2	0.00	9	0.00	13	0.00
台湾省	0	0.00	2	0.00	1	0.00	3	0.00

2024 届普通高校毕业生在湖南省内就业 213808 人，其中在长沙市就业的占 47.69%，在长沙市以外地区就业占比在 4.00%以上的市（州）有衡阳市、株洲市、邵阳市、岳阳市、郴州市、永州市、湘潭市。如表 1-22 所示。

表 1-22　湖南省普通高校 2024 届毕业生就业地域在湖南省内各市（州）的分布

就业市（州）	毕业研究生		本科毕业生		高职专科毕业生		总体	
	人数（人）	比例（%）	人数（人）	比例（%）	人数（人）	比例（%）	人数（人）	比例（%）
长沙市	7525	57.85	36642	45.05	57789	48.37	101956	47.69
衡阳市	686	5.27	5275	6.49	6743	5.64	12704	5.94
株洲市	1071	8.23	4363	5.36	5566	4.66	11000	5.14
邵阳市	326	2.51	4038	4.96	6464	5.41	10828	5.06
岳阳市	533	4.10	4109	5.05	5401	4.52	10043	4.70
郴州市	277	2.13	4372	5.38	5303	4.44	9952	4.65
永州市	225	1.73	3449	4.24	5655	4.73	9329	4.36
湘潭市	770	5.92	3368	4.14	4513	3.78	8651	4.05
常德市	458	3.52	3954	4.86	4034	3.38	8446	3.95
怀化市	259	1.99	3050	3.75	4981	4.17	8290	3.88
娄底市	258	1.98	2594	3.19	4219	3.53	7071	3.31
益阳市	322	2.48	3149	3.87	3109	2.60	6580	3.08
湘西土家族苗族自治州	179	1.38	1719	2.11	3745	3.13	5643	2.64
张家界市	118	0.91	1256	1.54	1941	1.62	3315	1.55
总体	13007	100.00	81338	100.00	119463	100.00	213808	100.00

1.4.2　就业经济地区分布

从毕业生就业的四大经济地区来看，2024 届毕业生主要就业在中部地区与东部地区，两地区吸纳毕业生人数比例高达 94.12%，其中本科毕业生与毕业研究生流向东部地区、西部地区和东北地区就业的占比均明显高于高职专科毕业生。如表 1-23 所示。

表 1-23　湖南省普通高校 2024 届毕业生在四大地区的就业分布

地区	毕业研究生		本科毕业生		高职专科毕业生		总体	
	人数（人）	比例（%）	人数（人）	比例（%）	人数（人）	比例（%）	人数（人）	比例（%）
中部地区	15679	57.59	87742	60.87	127628	63.90	231049	62.26
东部地区	8944	32.85	46761	32.44	62517	31.30	118222	31.86
西部地区	2421	8.89	8702	6.04	8851	4.43	19974	5.38
东北地区	180	0.66	942	0.65	726	0.36	1848	0.50
总体	27224	100.00	144147	100.00	199722	100.00	371093	100.00

注：上表中所涉及东部、中部、西部和东北地区的具体划分为：东部地区包括北京、天津、河北、上海、江苏、浙江、福建、山东、广东和海南 10 省（市）；中部地区包括山西、安徽、江西、河南、湖北和湖南 6 省；西部地区包括内蒙古、广西、重庆、四川、贵州、云南、西藏、陕西、甘肃、青海、宁夏和新疆 12 省（区、市）；东北地区包括辽宁、吉林和黑龙江 3 省。

从毕业生就业的各经济区域来看，毕业生集中在中原区域经济体就业的最多，占 59.81%；其次是泛珠江三角洲区域经济体，占 22.29%；第三是泛长江三角洲区域经济体，占 9.96%。如表 1-24 所示。

表 1-24　湖南省普通高校 2024 届毕业生在各经济区域的就业分布

就业地域	毕业研究生		本科毕业生		高职专科毕业生		总体	
	人数（人）	比例（%）	人数（人）	比例（%）	人数（人）	比例（%）	人数（人）	比例（%）
中原区域经济体	14506	53.28	84609	58.70	122838	61.50	221953	59.81
泛珠江三角洲区域经济体	5275	19.38	31697	21.99	45728	22.90	82700	22.29
泛长江三角洲区域经济体	3338	12.26	14138	9.81	19478	9.75	36954	9.96
泛渤海湾区域经济体	1919	7.05	5719	3.97	3578	1.79	11216	3.02
西南区域经济体	1485	5.45	3778	2.62	4879	2.44	10142	2.73
陕甘宁青区域经济体	404	1.48	1868	1.30	996	0.50	3268	0.88
西部生态经济区	101	0.37	1365	0.95	1484	0.74	2950	0.79
东北区域经济体	180	0.66	942	0.65	726	0.36	1848	0.50
其他地区	16	0.06	31	0.02	15	0.01	62	0.02
总体	27224	100.00	144147	100.00	199722	100.00	371093	100.00

1.4.3 不同生源留湖南省的就业情况

2024 届普通高校毕业生通过协议和合同形式留湘落实就业的毕业生占 57.61%，其中湖南籍毕业生有 64.84%留湘就业，非湖南籍毕业生有 25.81%留湘就业。如表 1-25 所示。

表 1-25 湖南省普通高校 2024 届毕业生不同生源的就业地域分布

类型	类型明细	毕业研究生		本科毕业生		高职专科毕业生		总体	
		人数（人）	比例（%）	人数（人）	比例（%）	人数（人）	比例（%）	人数（人）	比例（%）
湖南生源	湖南省	10376	73.99	71200	66.72	114465	63.03	196041	64.84
	省外	3648	26.01	35509	33.28	67127	36.97	106284	35.16
	小计	14024	100.00	106709	100.00	181592	100.00	302325	100.00
非湖南生源	湖南省	2631	19.91	10138	27.06	4998	27.54	17767	25.81
	省外	10586	80.09	27326	72.94	13150	72.46	51062	74.19
	小计	13217	100.00	37464	100.00	18148	100.00	68829	100.00
总体	湖南省	13007	47.75	81338	56.42	119463	59.81	213808	57.61
	省外	14234	52.25	62835	43.58	80277	40.19	157346	42.39
	小计	27241	100.00	144173	100.00	199740	100.00	371154	100.00

第2章

湖南省普通高校2024届毕业生专项就业相关分析

2.1 升学相关分析

2.1.1 升学基本情况分布

就业管理系统数据显示，湖南省普通高校2024届毕业生升学（含专科升普通本科、研究生、第二学士学位、以及出国出境留学）的共有60478人，升学率为11.88%。具体来看，高职专科毕业生升学率为8.84%，本科毕业生升学率为16.11%，毕业研究生升学率为8.03%。如图2-1所示。

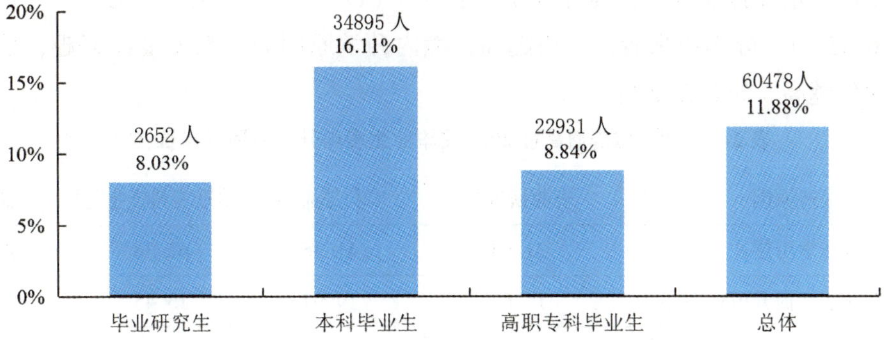

图2-1 湖南省普通高校2024届毕业生升学率及人数分布

2024届毕业研究生中，升学率排名前三名的学科是哲学（13.73%）、医学（13.43%）、理学（12.27%）；比例排名后三名的学科是教育学（2.20%）、艺术学（2.55%）、管理学（2.89%）。2024届本科毕业生中，升学率排名前三名的学科是哲学（53.52%）、农学（40.27%）、医学（21.40%）；比例排名后三名的学科是艺术学（6.38%）、教育学（9.63%）、管理学（10.08%）。如表2-1所示。

表 2-1 湖南省普通高校 2024 届本科毕业生与毕业研究生升学情况的学科分布

学科门类	毕业研究生		本科毕业生	
	升学人数（人）	升学率（%）	升学人数（人）	升学率（%）
农学	108	5. 58	1149	40. 27
医学	591	13. 43	4437	21. 40
历史学	20	11. 36	130	12. 66
哲学	35	13. 73	76	53. 52
工学	1099	9. 64	14884	20. 72
教育学	53	2. 20	799	9. 63
文学	78	4. 96	2746	11. 56
法学	108	5. 31	1076	13. 29
理学	319	12. 27	3334	20. 52
管理学	105	2. 89	3254	10. 08
经济学	107	7. 25	1642	16. 67
艺术学	29	2. 55	1368	6. 38

2. 1. 2 境内升学原因

调研数据显示，2024 届普通高校毕业生境内升学的原因主要有“提升学历层次”（48. 81%）、“增加择业资本，提升就业竞争力”（17. 47%）、“对专业感兴趣，愿深入学习”（16. 43%）。分学历来看，学历越高，境内升学原因为“对专业感兴趣，愿深入学习”的比例越高。如表 2-2 所示。

表 2-2 湖南省普通高校 2024 届毕业生境内升学原因（单位:%）

深造原因	毕业研究生	本科毕业生	高职专科毕业生	总体
提升学历层次	31. 94	41. 36	62. 38	48. 81
增加择业资本，提升就业竞争力	15. 63	19. 97	13. 45	17. 47
对专业感兴趣，愿深入学习	34. 43	18. 91	11. 05	16. 43
提升综合能力	9. 06	10. 04	5. 34	8. 29
延缓面对择业的困难	6. 34	6. 57	4. 10	5. 66
家人期望	1. 02	1. 33	1. 68	1. 45
受身边同学升学的影响	0. 11	0. 67	0. 46	0. 58
其他	1. 47	1. 15	1. 53	1. 30

2.1.3 境内升学前后专业一致度

调研数据显示，2024 届普通高校毕业生总体境内升学前后专业一致度为 84.79%，其中“非常一致”占比为 34.68%，“比较一致”占比为 33.67%，“一致”占比为 16.44%。其中毕业研究生境内升学前后专业一致度最高，为 88.45%。如图 2-2 所示。

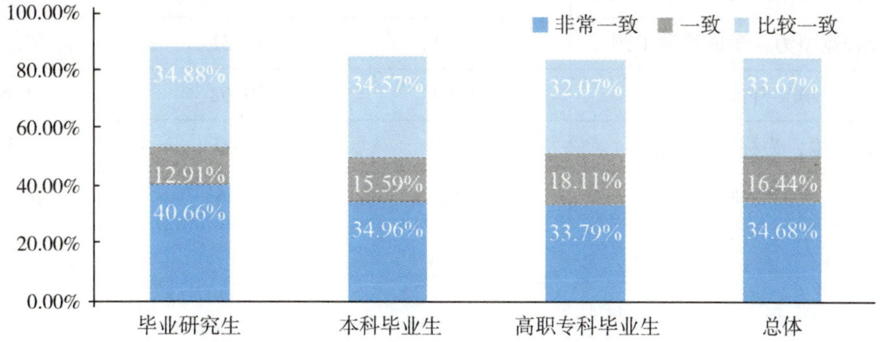

图 2-2 湖南省普通高校 2024 届毕业生境内升学前后专业一致度

2.1.4 境外留学原因

调研数据显示，2024 届普通高校毕业生境外留学的主要目的为“增长见识，了解不同地域习俗与文化”（42.82%）与“提升综合竞争力，学成建设祖国”（41.45%）。如图 2-3 所示。分学历来看，毕业研究生境外留学主要原因，位居前三的是“提升综合竞争力，学成建设祖国”“教学、科研水平先进”“增长见识，了解不同地域习俗与文化”；本科毕业生境外留学主要原因，位居前三的是“增长见识，了解不同地域习俗与文化”“提升综合竞争力，学成建设祖国”“教育条件及教育方式好”；高职专科毕业生境外留学主要原因，位居前三的是“增长见识，了解不同地域习俗与文化”“提升综合竞争力，学成建设祖国”“教育条件及教育方式好”。如表 2-3 所示。

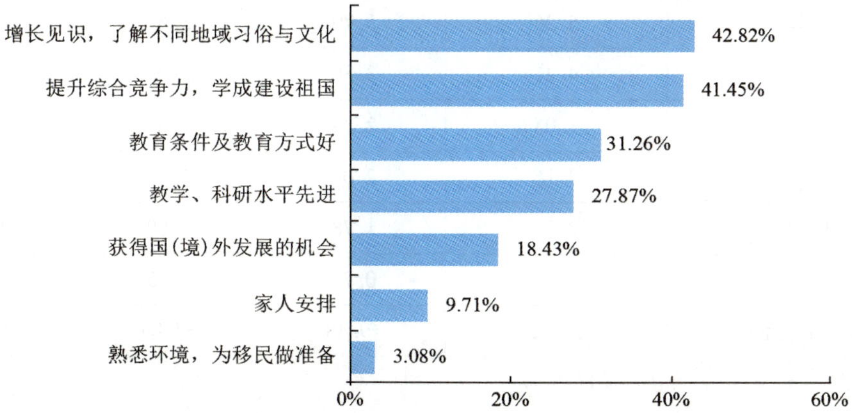

图 2-3 湖南省普通高校 2024 届毕业生境外留学原因（多选题）

表 2-3　湖南省普通高校 2024 届毕业生分学历层次的境外留学原因（多选题）（单位:%）

境外留学原因	毕业研究生	本科毕业生	高职专科毕业生
教学、科研水平先进	46.60	29.20	20.52
教育条件及教育方式好	41.75	31.37	29.25
增长见识，了解不同地域习俗与文化	44.66	44.83	35.83
提升综合竞争力，学成建设祖国	56.31	43.31	32.93
获得国（境）外发展的机会	15.53	20.62	11.64
熟悉环境，为移民做准备	1.94	3.00	3.52
家人安排	0.97	8.16	16.23

2.1.5　境外留学地区

调研数据显示，2024 届普通高校毕业生境外留学去往我国港澳台地区、英国、澳大利亚的位居前三位，占比分别为 20.90%、18.74%、11.63%。分学历层次来看，各学历毕业生境外留学去往我国港澳台地区的均为最多，毕业研究生、本科毕业生和高职专科毕业生占比依次为 15.79%、22.27%和 16.24%。如表 2-4 所示。

表 2-4　湖南省普通高校 2024 届毕业生分学历层次的境外留学去向（单位:%）

境外留学地区	毕业研究生	本科毕业生	高职专科毕业生	总体
我国港澳台地区	15.79	22.27	16.24	20.90
英国	12.63	21.85	6.70	18.74
澳大利亚	11.58	12.95	5.93	11.63
美国	14.74	7.42	8.25	7.89
日本	5.26	5.70	5.67	5.68
韩国	4.21	3.38	10.57	4.71
俄罗斯	1.05	2.38	3.61	2.54
德国	3.16	2.08	1.80	2.08
加拿大	2.11	1.78	1.80	1.80
法国	1.05	0.71	1.55	0.88
其他国家或地区	28.42	19.48	37.89	23.17

2.2　自主创业相关分析

2.2.1　创业基本情况分布

就业管理系统数据显示，2024 届普通高校毕业生共有 2273 人选择自主创业，总体创业比例为 0.45%。其中高职专科毕业生自主创业比例最高，为 0.49%。如图 2-4 所示。

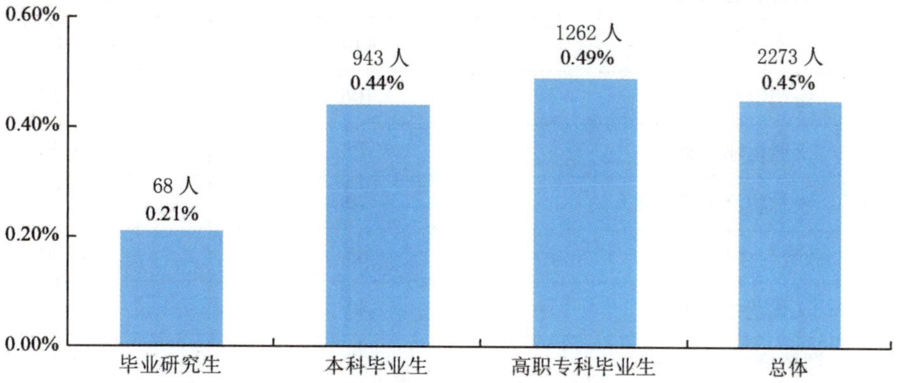

图 2-4　湖南省普通高校 2024 届毕业生创业总体分布

2024 届毕业研究生创业人数整体较少。本科毕业生创业人数为 943 人，分不同学科来看，管理学、工学、艺术学毕业生创业人数较多，分别为 274 人、235 人、214 人。如表 2-5 所示。

表 2-5　湖南省普通高校 2024 届本科、研究生不同学科毕业生创业人数及创业率

学科门类	毕业研究生		本科毕业生	
	创业人数（人）	创业率（%）	创业人数（人）	创业率（%）
管理学	19	0.52	274	0.85
工学	13	0.11	235	0.33
教育学	8	0.33	59	0.71
农学	8	0.41	7	0.25
艺术学	6	0.53	214	1.00
医学	5	0.11	17	0.08
法学	4	0.20	19	0.23
理学	3	0.12	25	0.15
经济学	1	0.07	50	0.51
文学	1	0.06	43	0.18

2024届高职专科毕业生创业人数为1262人，分不同专业大类来看，财经商贸大类、电子与信息大类毕业生创业人数最多，分别为295人和216人。如表2-6所示。

表2-6 湖南省普通高校2024届高职专科不同专业大类毕业生创业人数及创业率

专业大类	创业人数（人）	创业率（%）
财经商贸大类	295	0.81
电子与信息大类	216	0.62
装备制造大类	156	0.46
土木建筑大类	113	0.64
医药卫生大类	106	0.29
交通运输大类	75	0.36
农林牧渔大类	70	1.06
教育与体育大类	65	0.20
文化艺术大类	42	0.31
资源环境与安全大类	33	0.71
旅游大类	29	0.53
公共管理与服务大类	16	0.47
食品药品与粮食大类	13	0.39
新闻传播大类	10	0.57
水利大类	7	0.72
生物与化工大类	6	0.24
能源动力与材料大类	4	0.13
轻工纺织大类	3	1.02
公安与司法大类	3	0.24

2.2.2 创业原因

调研数据显示，2024届普通高校毕业生创业原因主要有“实现个人理想及价值”（48.82%）、“预期可能有更高的收入”（31.38%）。分学历来看，高职专科毕业生因“实现个人理想及价值”的比例明显高于毕业研究生与本科毕业生，而本科毕业生因“预期可能有更高的收入”比例高于高职专科毕业生与毕业研究生。如图2-5、表2-7所示。

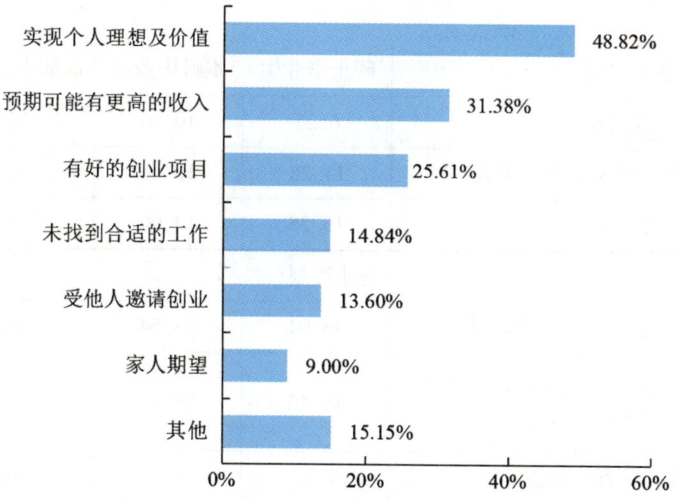

图 2-5　湖南省普通高校 2024 届毕业生创业原因（多选题）

表 2-7　湖南省普通高校 2024 届毕业生分学历层次的创业原因（多选题）（单位:%）

创业原因	毕业研究生	本科毕业生	高职专科毕业生	总体
实现个人理想及价值	48.65	45.63	50.29	48.82
预期可能有更高的收入	28.38	33.75	30.37	31.38
有好的创业项目	25.68	24.08	26.32	25.61
未找到合适的工作	16.22	16.99	13.81	14.84
受他人邀请创业	8.11	13.14	13.96	13.60
家人期望	5.41	8.73	9.22	9.00
其他	12.16	13.69	15.91	15.15

2.2.3　创业类型与方式

调研数据显示，2024 届普通高校毕业生创业主要方式是“个人独立创业”（38.14%）与“与人合伙创业（参与项目团队创业）”（28.21%）；创业的主要类型是“在独立的场地创立公司（含个体工商户）”（31.78%）。如表 2-8 所示。

表 2-8　湖南省普通高校 2024 届毕业生创业类型与创业方式（单位:%）

创业方式	硕士毕业生	本科毕业生	高职专科毕业生	总体
创业方式				
个人独立创业	33.75	36.13	39.21	38.14
与人合伙创业（参与项目团队创业）	32.50	29.53	27.46	28.21

续表

创业方式	硕士毕业生	本科毕业生	高职专科毕业生	总体
家族创业	6. 25	10. 80	10. 87	10. 76
带领团队创业（创业主要负责人）	11. 25	10. 64	9. 37	9. 81
其他	16. 25	12. 90	13. 09	13. 09
创业类型				
在独立的场地创立公司（含个体工商户）	43. 04	33. 54	30. 63	31. 78
电子商务创业，利用互联网平台从事经营活动，如开设网店等	16. 46	23. 40	21. 70	22. 13
加盟创业，如餐饮加盟等	1. 27	7. 49	10. 90	9. 65
在孵化机构中创业，含暂未注册或正在注册中	10. 13	7. 72	6. 37	6. 86
其他	29. 11	27. 85	30. 41	29. 58

2. 2. 4 创业领域与专业相关度

调研数据显示，2024 届普通高校毕业生创业领域与所学专业的整体相关度为 38. 36%。分学历来看，毕业研究生创业领域与专业相关度为 62. 03%，本科毕业生创业领域与专业相关度为 41. 36%，高职专科毕业生创业领域与专业相关度为 36. 27%，毕业生创业领域与所学专业相关度随学历层次的提高而明显提升。如图 2-6 所示。

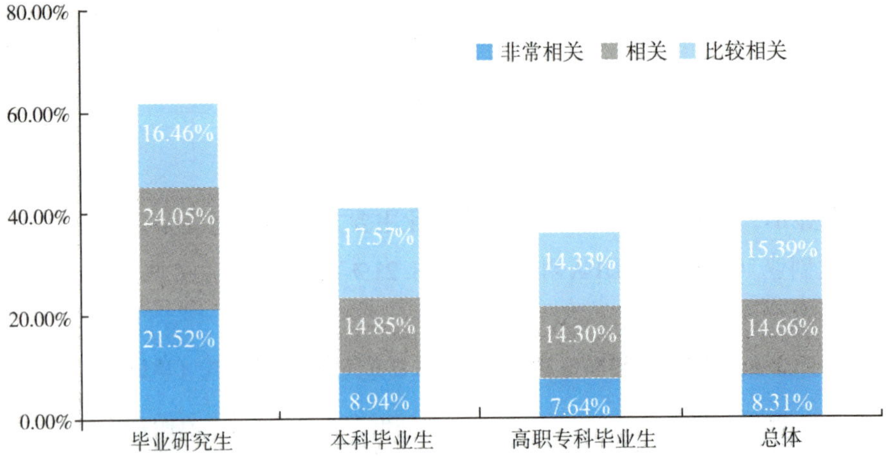

图 2-6 湖南省普通高校 2024 届毕业生创业领域与所学专业相关度

2.2.5 创业家人支持度

调研数据显示，2024 届普通高校毕业生创业资金来源主要是“个人积累”（38.02%）与“父母资助”（36.87%）。如图 2-7 所示。

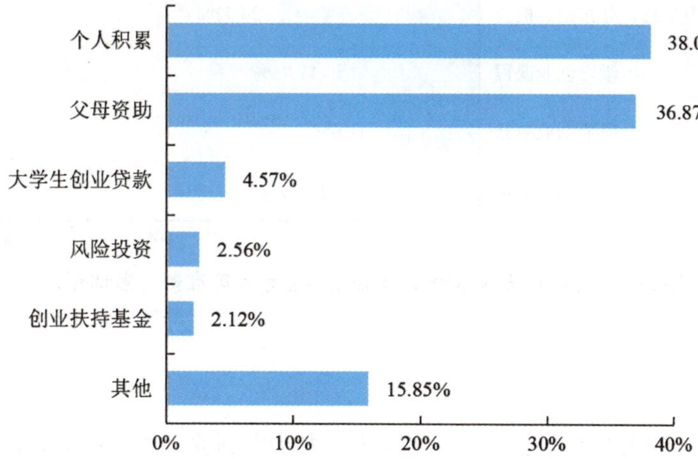

图 2-7　湖南省普通高校 2024 届毕业生创业资金来源

进一步调研“自主创业”的 2024 届普通高校毕业生了解到，有 62.47%的家长对毕业生选择创业持支持态度。其中高职专科毕业生的家人对自主创业的支持度最高，占比为 64.85%。如图 2-8 所示。

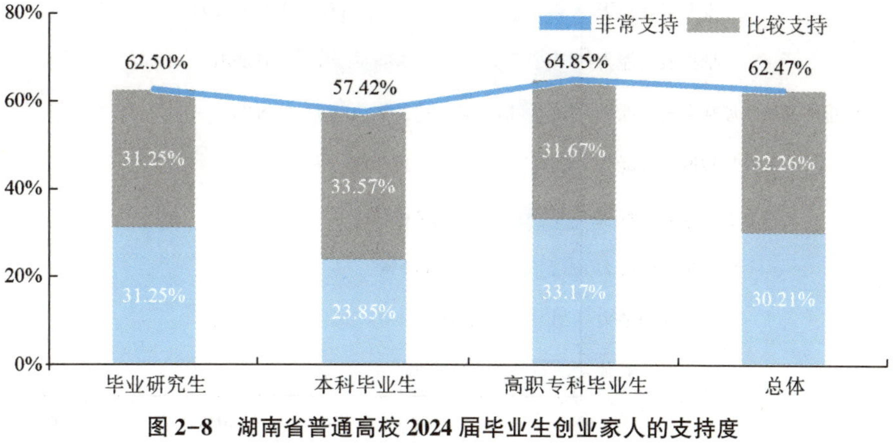

图 2-8　湖南省普通高校 2024 届毕业生创业家人的支持度

2.2.6 创业前准备

调研数据显示，2024 届普通高校毕业生在创业前所做的准备主要是“在社会实践中积累经验”（45.14%）、“向成功创业者学习”（41.03%）、“多和朋友沟通，整合身边资源”（40.58%）。如图 2-9 所示。

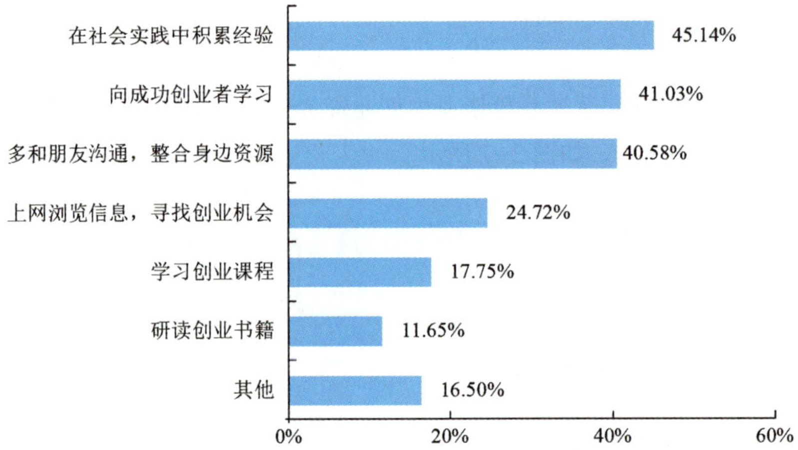

图 2-9　湖南省普通高校 2024 届毕业生创业前准备（多选题）

2.2.7　大学生创业应具备能力

调研数据显示，2024 届普通高校毕业生认为大学生创业应具备的关键能力位居前三的是“持续学习能力”（40.34%）、“管理领导能力”（36.86%）、“专业基础知识”（34.89%），具备这些能力能够为大学生创业提供较大的帮助。如图 2-10 所示。

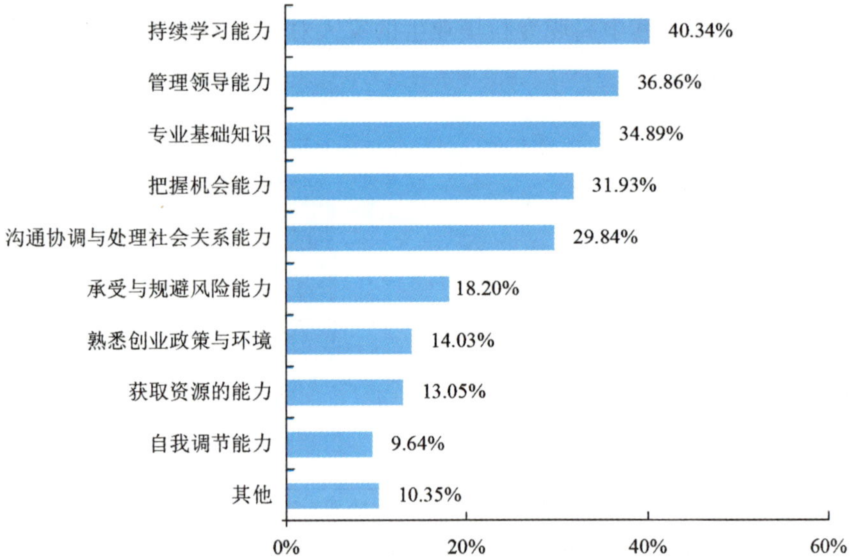

图 2-10　湖南省普通高校 2024 届大学生创业应具备能力（多选题）

2.2.8　创业遇到困难

调研数据显示，2024 届普通高校毕业生在创业过程中遇到的困难主要表现在“资金筹备”（38.37%）、“市场推广”（22.97%）。如图 2-11 所示。分学历来看，毕业研究生选择“资金筹备”“产品、服务的变现”“市场推广”“企业创办手续审批”“政策环境不利”和“创业团队组建”的比例高于本科毕业生与高职专科毕业生。如表 2-9 所示。

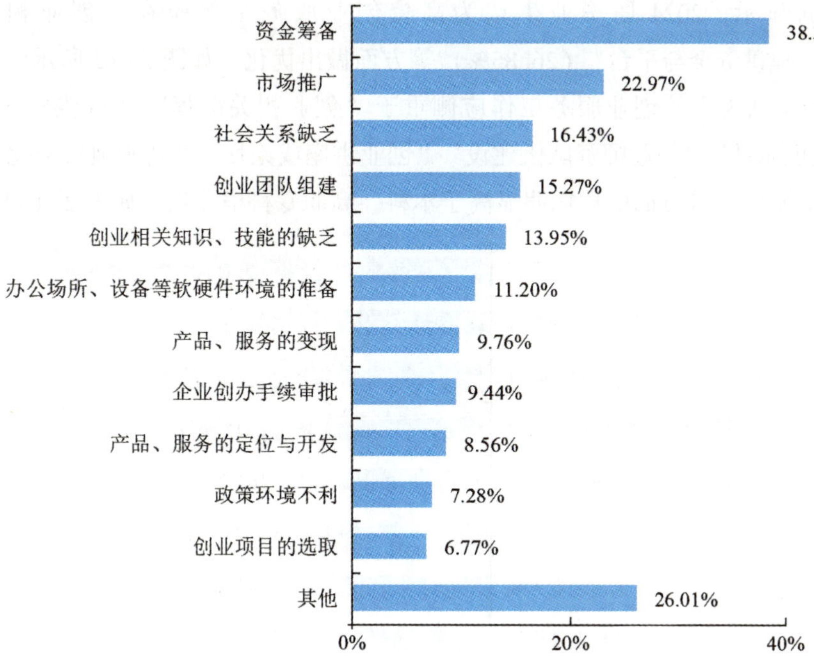

图 2-11　湖南省普通高校 2024 届毕业生创业遇到主要困难（多选题）

表 2-9　湖南省普通高校 2024 届毕业生分学历层次的创业遇到主要困难（多选题）（单位:%）

困难	毕业研究生	本科毕业生	高职专科毕业生
资金筹备	43. 24	39. 09	37. 90
市场推广	35. 14	25. 06	21. 67
创业团队组建	28. 38	14. 58	15. 24
产品、服务的变现	16. 22	11. 66	8. 70
社会关系缺乏	12. 16	17. 81	15. 90
企业创办手续审批	10. 81	8. 98	9. 61
政策环境不利	9. 46	6. 86	7. 42
产品、服务的定位与开发	6. 76	10. 24	7. 82
办公场所、设备等软硬件环境的准备	5. 41	11. 11	11. 40
创业相关知识、技能的缺乏	5. 41	14. 34	14. 00
创业项目的选取	5. 41	6. 23	7. 05
其他	21. 62	22. 38	27. 81

2.2.9 创业服务工作改进建议

调研数据显示，2024 届毕业生认为高校创业服务工作应在“创业相关课程”(28.67%)、“提供资金与平台”(26.85%) 等方面做出优化。如图 2-12 所示。分学历来看，毕业研究生认为高校创业服务工作应侧重于“创业相关课程”“提供资金与平台”“创业协会或俱乐部”“创业师资队伍建设”“创业讲座或论坛”“创业项目孵化（如创业基地、孵化园等）”等方面的比例明显高于本科、高职专科毕业生。如表 2-10 所示。

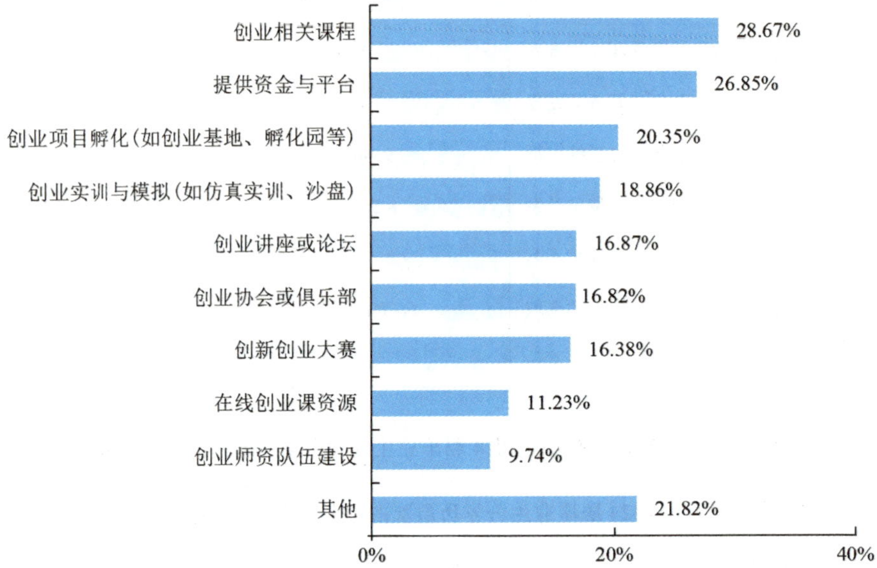

图 2-12　湖南省普通高校 2024 届毕业生建议高校开展创业教育应重点加强方面（多选题）

表 2-10　湖南省普通高校 2024 届毕业生分学历层次建议高校开展创业教育应重点加强方面（多选题）（单位:%）

创业教育应重点加强方面	毕业研究生	本科毕业生	高职专科毕业生
提供资金与平台	36.49	30.18	25.05
创业相关课程	29.73	26.48	29.65
创业协会或俱乐部	25.68	16.86	16.56
创业项目孵化（如创业基地、孵化园等）	24.32	22.46	19.27
创业讲座或论坛	24.32	14.34	17.84
创业师资队伍建设	14.86	10.40	9.29
创新创业大赛	10.81	15.68	16.86
创业实训与模拟（如仿真实训、沙盘）	9.46	19.78	18.68
在线创业课资源	8.11	10.56	11.63
其他	17.57	18.83	23.33

2.3　自由职业相关分析

2.3.1　自由职业与专业相关度

调研数据显示，2024 届普通高校毕业生从事的自由职业与专业相关度为 40.77%，其中“非常相关”占比为 4.56%，“相关”占比为 19.61%，“比较相关”占比为 16.60%。分学历来看，学历越高，毕业生从事的自由职业与专业相关度越高。如图 2-13 所示。

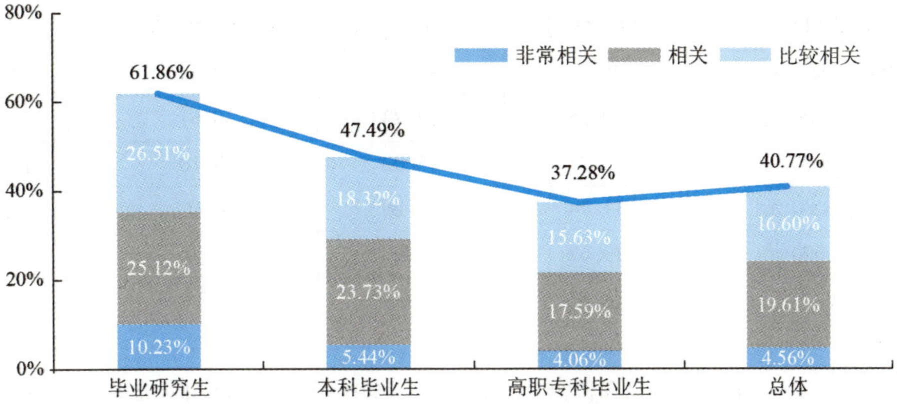

图 2-13　湖南省普通高校 2024 届毕业生从事自由职业与专业相关度

2.3.2　自由职业与理想职业一致度

调研数据显示，2024 届普通高校毕业生所从事的自由职业与理想职业一致度为 47.21%，可见自由职业从业者当前工作与理想职业差距较大。分学历来看，自由职业者学历越高，从事的职业与理想一致度越高。如图 2-14 所示。

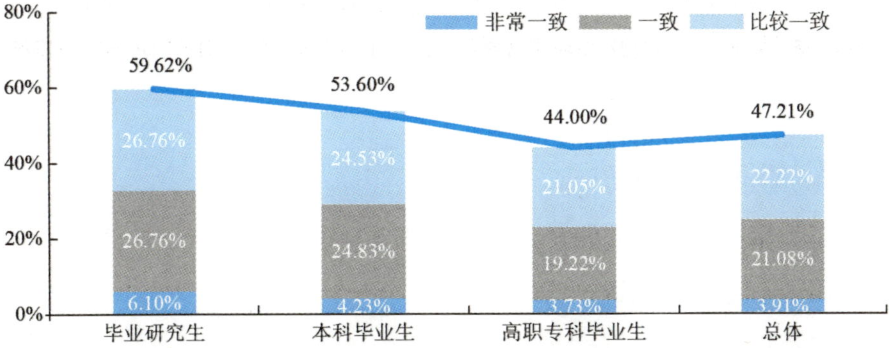

图 2-14　湖南省普通高校 2024 届毕业生从事的自由职业与理想职业一致度

2.3.3 自由职业平均月薪与增值情况

调研数据显示，2024 届毕业生从事自由职业的平均月薪在 4000 元以上的比例为 38.81%。分学历来看，毕业研究生从事自由职业的平均月薪 4000 元以上的占比为 54.00%，高于本科、高职专科毕业生。如表 2-11 所示。2024 届毕业研究生反馈所从事岗位一年后平均月薪增值在 500—2000 元区间的比例为 33.80%，高于本科、高职专科毕业生。如图 2-15 所示。

表 2-11 湖南省普通高校 2024 届各学历毕业生中从事自由职业的平均月薪分布（单位:%）

薪酬区间	毕业研究生	本科毕业生	高职专科毕业生	总体
3000 元及以下	26.76	32.93	32.44	32.53
3001—4000 元	19.25	24.83	30.61	28.66
4001—5000 元	12.21	16.90	19.10	18.33
5001—6000 元	11.74	11.26	9.41	10.02
6001—8000 元	13.62	8.48	5.10	6.26
8000 元以上	16.43	5.60	3.35	4.20

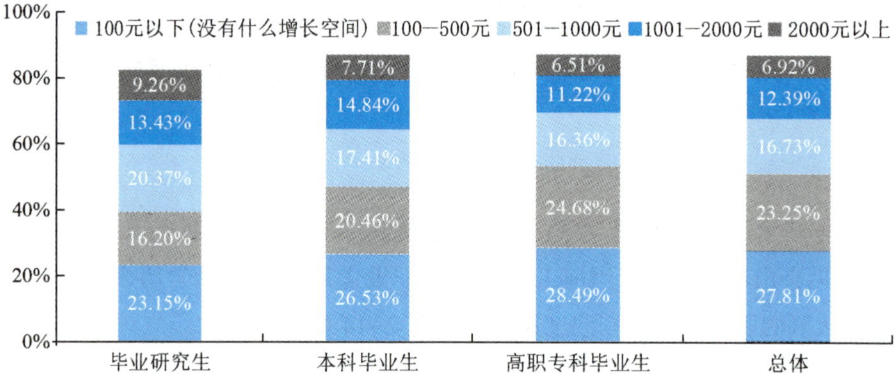

图 2-15 湖南省普通高校 2024 届各学历毕业生中从事自由职业的平均月薪增值情况

2.4 未就业相关分析

2.4.1 未就业基本情况分布

就业管理系统数据显示，2024 届未就业毕业生共有 61053 人，其中待就业 57883 人，占未就业人数的 94.81%；暂不就业 3170 人，占未就业人数的 5.19%。分学历来看，本科毕业生暂不就业比例最高，达到了 6.54%。如表 2-12 所示。

表 2-12　湖南省普通高校 2024 届毕业生未就业总体分布（单位:%）

学历	待就业		暂不就业		总人数
	人数（人）	比例（%）	人数（人）	比例（%）	
毕业研究生	2496	95. 27	124	4. 73	2620
本科毕业生	28713	93. 46	2008	6. 54	30721
高职专科毕业生	26674	96. 25	1038	3. 75	27712
总体	57883	94. 81	3170	5. 19	61053

2. 4. 2　未就业原因

调研数据显示，2024 届未就业的高校毕业生中有 75. 45%的人处于求职中，其他 24. 55%的人有相应的职业规划。其中高职专科毕业生处于求职状态的比例较高，占比为 84. 98%，而本科毕业生与毕业研究生拟参加公招考试的比例明显高于高职专科毕业生。如图 2-16、表 2-13 所示。

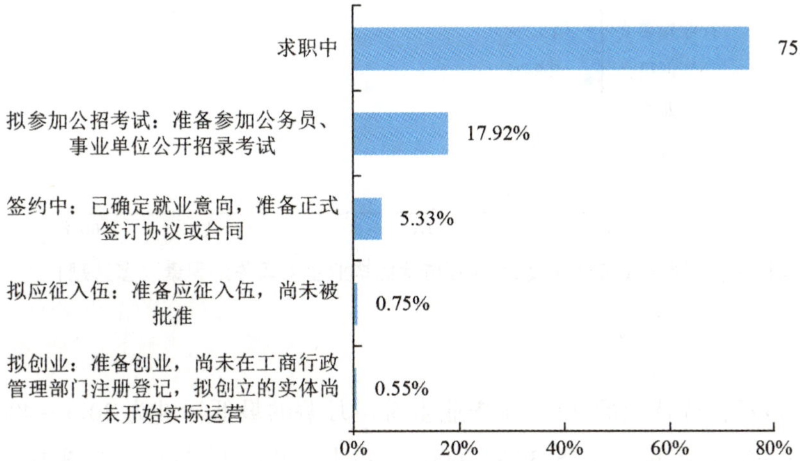

图 2-16　湖南省普通高校 2024 届毕业生未就业原因

表 2-13　湖南省普通高校 2024 届毕业生分学历未就业原因（单位:%）

原因	毕业研究生	本科毕业生	高职专科毕业生
求职中	62. 41	70. 15	84. 98
拟参加公招考试：准备参加公务员、事业单位公开招录考试	30. 28	24. 59	6. 44
签约中：已确定就业意向，准备正式签订协议或合同	7. 18	4. 48	6. 35
拟创业：准备创业，尚未在工商行政管理部门注册登记，拟创立的实体尚未开始实际运营	0. 13	0. 39	0. 86
拟应征入伍：准备应征入伍，尚未被批准	0. 00	0. 39	1. 38

2.4.3 求职关注因素

调研数据显示，2024 届待就业毕业生求职关注的首要因素为“工作稳定性”，占比为 54.80%；其次是“薪酬水平”和“岗位发展前景”，占比分别为 52.51%、38.54%。如图 2-17 所示。

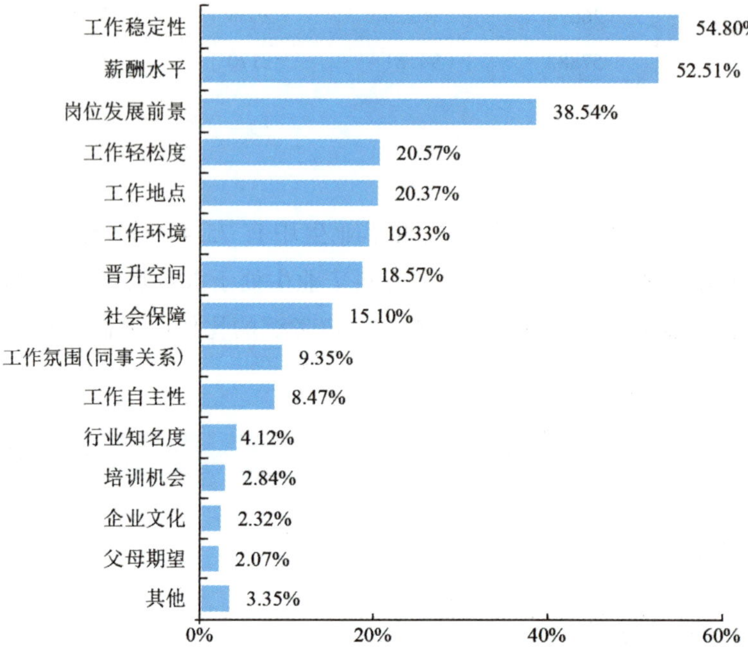

图 2-17 湖南省普通高校 2024 届待就业毕业生求职关注因素（多选题）

2.4.4 就业起薪标准

调研数据显示，待就业的 2024 届毕业生希望月薪的最低标准为 3001—4000 元的占 25.71%，4001—6000 元的共占 55.39%，6000 元以上的共占 18.90%。如图 2-18 所示。

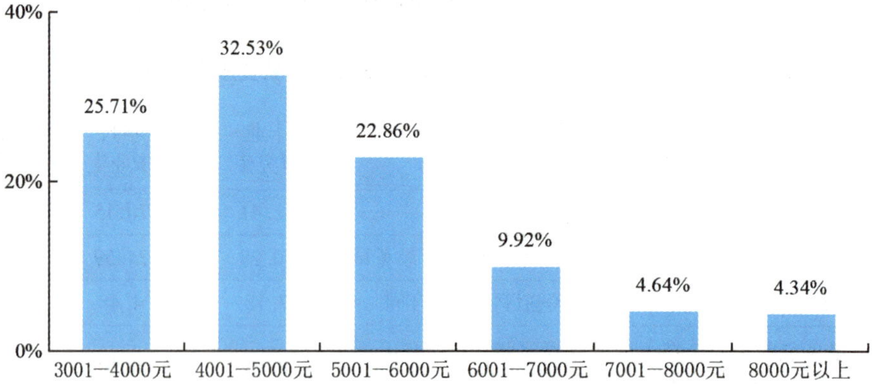

图 2-18 湖南省普通高校 2024 届毕业生就业平均月薪期望值

分学历层次来看，待就业的毕业研究生希望月薪的最低标准为 6001—7000 元、7001—8000 元及 8000 元以上的比例明显高于待就业的本科、高职专科毕业生，比例分别达 19. 17%、18. 41%和 30. 33%。如表 2-14 所示。

表 2-14　湖南省普通高校 2024 届毕业生分学历层次的就业平均月薪期望值（单位:%）

平均月薪	毕业研究生	本科毕业生	高职专科毕业生
3001—4000 元	3. 28	18. 79	36. 69
4001—5000 元	9. 90	32. 13	35. 32
5001—6000 元	18. 92	26. 80	18. 31
6001—7000 元	19. 17	12. 33	5. 96
7001—8000 元	18. 41	5. 58	2. 07
8000 元以上	30. 33	4. 37	1. 65

2. 4. 5　求职过程遇到困难

调研数据显示，2024 届待就业毕业生求职过程中遇到的主要困难有“适合自己专业和学历的岗位不多”（48. 88%）、“实践经验缺乏”（41. 76%）和“用人单位待遇和条件不符合预期”（36. 44%）。值得注意的是，有 10. 31%的待就业毕业生求职过程中遇到的主要困难是“存在就业歧视”。如图 2-19 所示。分学历来看，各学历毕业生主要遇到的困难均为“适合自己专业和学历的岗位不多”。如表 2-15 所示。

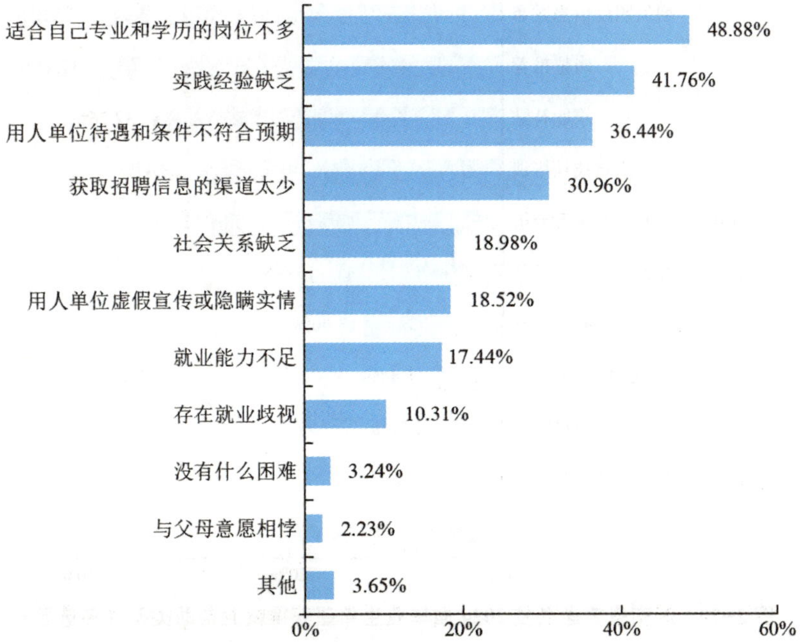

图 2-19　湖南省普通高校 2024 届待就业毕业生求职过程中遇到的主要困难（多选题）

表 2-15　湖南省普通高校 2024 届待就业毕业生分学历求职过程中遇到的主要困难（多选题）（单位:%）

主要困难	毕业研究生	本科毕业生	高职专科毕业生
适合自己专业和学历的岗位不多	62.04	46.45	50.56
用人单位待遇和条件不符合预期	33.14	36.81	36.32
实践经验缺乏	33.02	46.26	37.13
获取招聘信息的渠道太少	20.03	28.14	35.44
存在就业歧视	18.25	11.90	7.62
社会关系缺乏	17.43	18.62	19.57
就业能力不足	13.69	20.07	14.61
用人单位虚假宣传或隐瞒实情	7.16	16.84	21.66
没有什么困难	2.98	2.90	3.67
与父母意愿相悖	1.33	2.29	2.25
其他	4.06	2.89	4.53

2.4.6　希望获得就业帮助类型

调研数据显示，2024 届普通高校待就业毕业生主要希望“增加职位信息发布”“岗位推荐”“求职补贴”，占比分别为 38.18%、37.81%、32.76%。如图 2-20 所示。

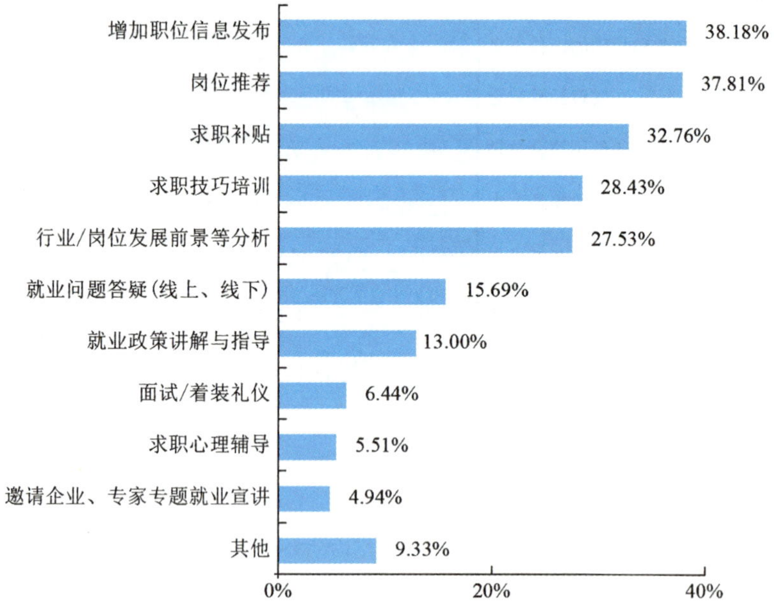

图 2-20　湖南省普通高校 2024 届毕业生希望获得就业帮助类型（多选题）

分学历来看，毕业研究生希望获得“增加职位信息发布”“求职技巧培训”“行业/岗位发展前景等分析”等就业帮助的比例高于本科、高职专科毕业生，本科和高职专科毕业生更希望获得“岗位推荐”“求职补贴”。如表 2-16 所示。

表 2-16　湖南省普通高校 2024 届毕业生分学历希望获得就业帮助类型（多选题）（单位:%）

希望获得的就业帮助类型	毕业研究生	本科毕业生	高职专科毕业生
增加职位信息发布	38.91	38.42	37.81
岗位推荐	36.50	36.86	39.09
求职技巧培训	31.12	29.96	26.31
行业/岗位发展前景等分析	28.01	27.16	27.93
求职补贴	24.71	32.97	33.29
就业问题答疑（线上、线下）	16.16	15.96	15.32
就业政策讲解与指导	14.58	13.07	12.76
面试/着装礼仪	8.56	7.39	5.08
邀请企业、专家专题就业宣讲	7.10	5.02	4.63
求职心理辅导	5.45	5.58	5.43
其他	6.65	7.84	11.40

2.4.7　求职过程中发现的自身短板

调研数据显示，2024 届普通高校毕业生在求职过程中发现的自身短板主要是“对社会的了解”（35.50%）、“专业知识和技能”（34.27%）、“沟通协调能力”（31.69%）。如图 2-21 所示。

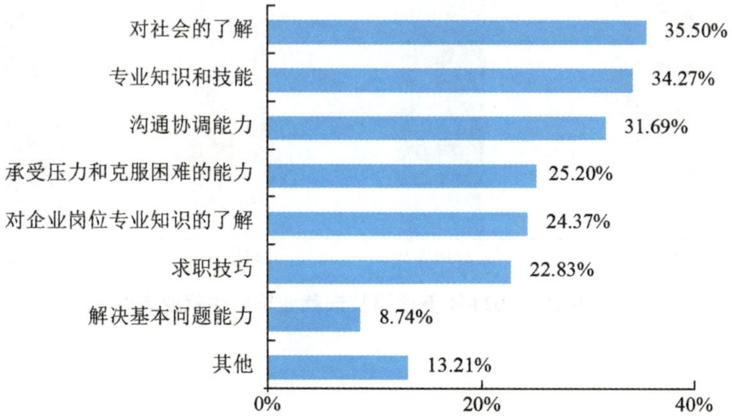

图 2-21　湖南省普通高校 2024 届毕业生在求职过程中发现的自身短板（多选题）

分学历来看，毕业研究生在“求职技巧”方面的短板较本科和高职专科毕业生更为明显，而本科和高职专科毕业生在“对社会的了解”“专业知识和技能”“沟通协调能力”

“承受压力和克服困难的能力”“解决基本问题能力”等方面的短板较毕业研究生更为突出。如表 2-17 所示。

表 2-17 湖南省普通高校 2024 届毕业生分学历层次在求职过程中发现的自身短板（多选题）（单位:%）

自身短板	毕业研究生	本科毕业生	高职专科毕业生
对社会的了解	34. 55	35. 80	35. 41
沟通协调能力	30. 06	30. 70	32. 47
专业知识和技能	28. 90	35. 83	33. 82
求职技巧	28. 25	24. 16	21. 46
对企业岗位专业知识的了解	27. 35	27. 95	21. 82
承受压力和克服困难的能力	21. 83	24. 18	26. 17
解决基本问题能力	7. 01	8. 71	8. 92
其他	10. 51	10. 51	15. 17

2. 4. 8 未就业毕业生的就业态度

调研数据显示，2024 届未就业毕业生对待就业态度主要以“没有做好就业准备”（53. 14%）、“想先放松一下自己再就业”（37. 18%）为主。其中本科未就业毕业生就业态度为“没有做好就业准备”的比例高于高职专科毕业生及毕业研究生。如图 2-22 所示。

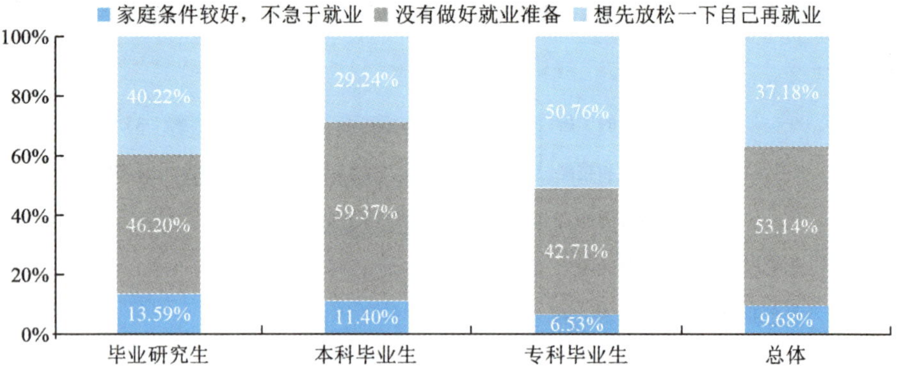

图 2-22 2024 届普通高校未就业毕业生就业态度

第3章

湖南省普通高校 2022—2024 届毕业生就业发展趋势

3.1 规模变化

3.1.1 总体规模变化

就业管理系统数据显示，湖南省 2022—2024 届普通高校毕业生规模呈逐年上升趋势，其中本科毕业生和毕业研究生规模与总体趋势保持一致，高职专科毕业生规模呈现先上升后下降趋势。如图 3-1 所示。可见，湖南省普通高校近年来生源充足，毕业生规模持续扩大。

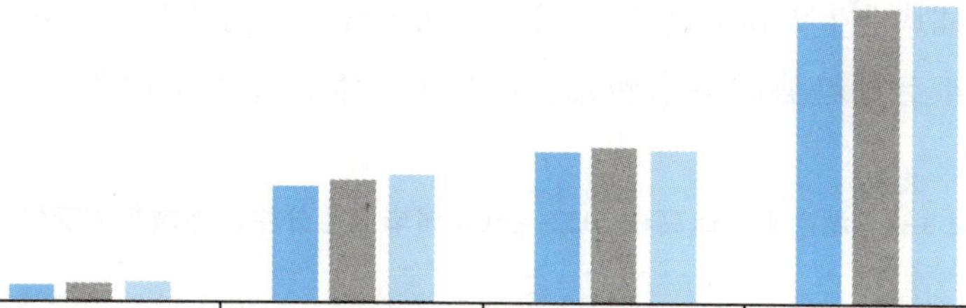

	毕业研究生	本科毕业生	高职专科毕业生	总体
2022届	26959	196608	256305	479872
2023届	30536	207166	262979	500681
2024届	33038	216556	259534	509128

图 3-1　湖南省普通高校 2022—2024 届毕业生规模分布

3.1.2 性别规模变化

就业管理系统数据显示，湖南省 2022—2024 届普通高校毕业生男女比例基本稳定，其中男性毕业生的比例呈逐年增长趋势。分学历来看，毕业研究生、本科毕业生近三届的男性毕业生占比均低于女性毕业生，而高职专科毕业生近三届的男性毕业生占比高于女性毕业生。如表 3-1 所示。

表 3-1　湖南省普通高校 2022—2024 届毕业生分性别的规模变化（单位:%）

学历	届别	男性		女性	
		人数（人）	比例（%）	人数（人）	比例（%）
毕业研究生	2022	11680	43.33	15279	56.67
	2023	13598	44.53	16938	55.47
	2024	15184	45.96	17854	54.04
本科毕业生	2022	86121	43.80	110487	56.20
	2023	93275	45.02	113891	54.98
	2024	99324	45.87	117232	54.13
高职专科毕业生	2022	128373	50.09	127932	49.91
	2023	133629	50.81	129350	49.19
	2024	133926	51.60	125608	48.40
总体	2022	226174	47.13	253698	52.87
	2023	240502	48.03	260179	51.97
	2024	248434	48.80	260694	51.20

3.1.3　生源地域变化

就业管理系统数据显示，2022—2024 届普通高校毕业生为湖南籍的比例呈逐年上升趋势，2024 届毕业生为湖南籍的比例达到 79.51%。湖南省各市（州）生源中，毕业生人数比例呈逐年上升趋势的有永州市、郴州市，张家界市生源近三届均最少。如表 3-2 所示。

表 3-2　湖南省普通高校 2022—2024 届毕业生分生源地域规模变化（单位:%）

生源地域	2022 届	2023 届	2024 届
湖南籍	79.22	79.35	79.51
非湖南籍	20.78	20.65	20.49
湖南省各市（州）生源变化			
邵阳市	12.63	12.44	12.97
衡阳市	12.13	11.84	11.97
长沙市	10.94	11.75	10.74
永州市	8.42	8.65	8.91
郴州市	7.32	7.62	7.91
岳阳市	7.31	7.28	7.19

续表

生源地域	2022 届	2023 届	2024 届
怀化市	6. 38	6. 31	6. 60
常德市	6. 74	6. 43	6. 51
娄底市	6. 87	6. 52	6. 44
益阳市	5. 88	5. 70	5. 71
株洲市	4. 92	4. 91	4. 71
湘西土家族苗族自治州	4. 33	4. 40	4. 30
湘潭市	3. 83	3. 76	3. 70
张家界市	2. 30	2. 40	2. 33

3. 2　毕业去向落实率变化

就业管理系统数据显示，近三届毕业生的毕业去向落实率比较稳定，均达到 88. 00% 以上。分学历来看，近三届毕业研究生的毕业去向落实率均最高，本科毕业生的毕业去向落实率均最低。如图 3-2 所示。整体来看，实现了“稳就业”“保就业”的目标，毕业生就业大局整体稳定。

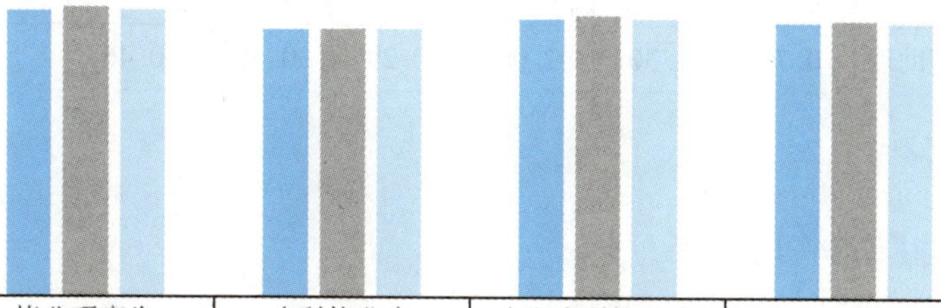

	毕业研究生	本科毕业生	高职专科毕业生	总体
2022届	91. 63%	85. 99%	89. 23%	88. 04%
2023届	92. 81%	85. 76%	90. 39%	88. 62%
2024届	92. 07%	85. 81%	89. 32%	88. 01%

图 3-2　湖南省普通高校 2022—2024 届毕业生毕业去向落实率变化

3. 3　专项毕业去向变化

就业管理系统数据显示，湖南省普通高校近三届毕业生专项就业情况中，毕业生继续深造比例三届均保持最高；“基层项目”和“出国、出境”比例，2024 届相比 2023 届有所增长；毕业生自主创业比例近三年稳定在 0. 40%以上；2024 届“科研助理、管理助理”的比例与 2023 届持平。如表 3-3 所示。

表 3-3 湖南省普通高校 2022—2024 届毕业生专项就业比例变化（单位:%）

专项就业	2022 届	2023 届	2024 届
继续深造	10.96	11.25	11.24
基层项目	3.88	2.01	2.32
出国、出境	0.54	0.54	0.64
自主创业	0.43	0.46	0.45
科研助理、管理助理	0.17	0.33	0.33

分学历来看，本科毕业生、毕业研究生近三年选择继续深造的占比呈现持续上升趋势；毕业研究生就业为“科研助理、管理助理”的占比高于本科毕业生。如表 3-4 所示。

表 3-4 湖南省普通高校 2022—2024 届毕业生分学历层次专项就业比例变化（单位:%）

专项就业	毕业研究生			本科毕业生			高职专科毕业生		
	2022 届	2023 届	2024 届	2022 届	2023 届	2024 届	2022 届	2023 届	2024 届
继续深造	6.24	6.78	7.10	14.17	14.76	14.81	8.99	9.01	8.79
基层项目	1.59	2.00	2.30	3.67	3.48	3.91	4.27	0.85	0.99
出国、出境	0.66	0.92	0.92	1.15	1.10	1.30	0.07	0.06	0.05
自主创业	0.18	0.21	0.21	0.38	0.41	0.44	0.49	0.53	0.49
科研助理、管理助理	0.78	1.30	2.06	0.29	0.59	0.46	-	0.01	0.00

3.4 就业结构变化

3.4.1 就业行业变化

就业管理系统数据显示，“制造业”“教育”“信息传输、软件和信息技术服务业”“批发和零售业”“建筑业”“卫生和社会工作”为近三届毕业生就业的主要行业，这 6 个行业近三年吸纳的毕业生总人数占比均超 6 成。近三届毕业生就业在“制造业”“文化、体育和娱乐业”“居民服务、修理和其他服务业”“住宿和餐饮业”“电力、热力、燃气及水生产和供应业”“军队”“农、林、牧、渔业”“采矿业”的占比呈逐年上升趋势。“信息传输、软件和信息技术服务业”“卫生和社会工作”“房地产业”的占比呈逐年下降趋势。如表 3-5 所示。

表 3-5　湖南省普通高校 2022—2024 届毕业生就业行业变化（单位:%）

就业行业	2022 届	2023 届	2024 届
制造业	14. 26	15. 87	16. 48
教育	10. 77	12. 35	12. 30
信息传输、软件和信息技术服务业	11. 07	10. 80	10. 25
批发和零售业	9. 65	8. 50	9. 11
建筑业	8. 75	8. 76	8. 07
卫生和社会工作	8. 93	8. 22	7. 34
租赁和商务服务业	6. 33	4. 99	5. 18
文化、体育和娱乐业	4. 19	4. 76	4. 89
科学研究和技术服务业	4. 89	3. 89	3. 95
居民服务、修理和其他服务业	3. 43	3. 66	3. 75
交通运输、仓储和邮政业	4. 21	3. 29	3. 54
住宿和餐饮业	2. 34	2. 91	3. 14
公共管理、社会保障和社会组织	2. 31	2. 52	2. 44
金融业	2. 46	2. 52	2. 35
电力、热力、燃气及水生产和供应业	2. 04	2. 14	2. 29
农、林、牧、渔业	1. 21	1. 66	1. 76
军队	0. 82	0. 87	1. 03
房地产业	1. 16	0. 99	0. 96
水利、环境和公共设施管理业	0. 94	0. 97	0. 82
采矿业	0. 25	0. 34	0. 35
国际组织	0. 00	0. 00	0. 01

注：为了与 2022 届、2023 届统计范围保持一致，本表将就业去向为签就业协议形式就业、签劳动合同形式就业和其他录用形式就业三类情况作为统计基数。

3. 4. 2　就业职位类别变化

就业管理系统数据显示，“其他人员”“工程技术人员”“其他专业技术人员”“教学人员”“商业和服务业人员”“办事人员和有关人员”“卫生专业技术人员”为近三届高校毕业生就业的主要职位，这 7 个职位近三年吸纳的毕业生总人数比例均在 84. 00% 以上。其中毕业生就业职位为“其他人员”“教学人员”“商业和服务业人员”“公务员”“文学艺术工作人员”“军人”“农林牧渔业技术人员”“体育工作人员”“法律专业人员”的比例呈逐年上升趋势，毕业生就业职位为“工程技术人员”“其他专业技术人员”“办事人员和有关人员”“卫生专业技术人员”“经济业务人员”“科学研究人员”的比例呈逐年下降趋势。如表 3-6 所示。

表 3-6　湖南省普通高校 2022—2024 届毕业生就业职位类别变化（单位:%）

就业职位类别	2022 届	2023 届	2024 届
其他人员	25.64	26.13	27.86
工程技术人员	13.89	13.27	11.83
其他专业技术人员	12.10	11.86	10.91
教学人员	9.29	10.58	10.79
商业和服务业人员	6.70	8.01	8.86
办事人员和有关人员	10.17	8.35	8.12
卫生专业技术人员	7.41	6.89	5.82
生产和运输设备操作人员	3.97	3.62	4.26
经济业务人员	3.29	2.89	2.62
金融业务人员	2.08	2.19	2.04
公务员	0.80	1.14	1.32
文学艺术工作人员	0.76	0.88	1.15
军人	0.82	0.85	1.01
农林牧渔业技术人员	0.54	0.80	0.86
科学研究人员	0.86	0.81	0.75
体育工作人员	0.57	0.62	0.65
法律专业人员	0.57	0.63	0.65
新闻出版和文化工作人员	0.53	0.48	0.50

注：为了与 2022 届、2023 届统计范围保持一致，本表将就业去向为签就业协议形式就业、签劳动合同形式就业和其他录用形式就业三类情况作为统计基数。

3.4.3　就业地域变化

就业管理系统数据显示，近三届毕业生留湘就业的比例呈下降趋势。具体到湖南各城市就业人数比例来看，长沙市一直是毕业生就业的首选城市，且近三年衡阳市、株洲市、邵阳市、郴州市、永州市、怀化市、张家界市就业人数比例均呈逐年上升趋势，但近三年在长沙市、娄底市就业人数比例均呈逐年下降趋势。如表 3-7 所示。

表 3-7　2022—2024 届毕业生就业地域变化（单位:%）

地域	2022 届	2023 届	2024 届
湖南地区	57.92	57.29	56.56
非湖南地区	42.08	42.71	43.44

续表

地域	2022 届	2023 届	2024 届
省内各市（州）就业比例变化			
长沙市	54. 14	51. 21	49. 58
衡阳市	5. 57	5. 73	5. 92
株洲市	4. 71	5. 06	5. 15
邵阳市	4. 14	4. 67	4. 93
岳阳市	4. 46	4. 73	4. 43
郴州市	3. 91	4. 07	4. 32
永州市	3. 44	3. 98	4. 14
湘潭市	3. 40	3. 35	3. 94
常德市	3. 49	3. 38	3. 85
怀化市	3. 44	3. 67	3. 74
娄底市	3. 48	3. 35	3. 23
益阳市	2. 58	2. 89	2. 73
湘西土家族苗族自治州	2. 05	2. 55	2. 55
张家界市	1. 19	1. 36	1. 50

注：为了与 2022 届、2023 届统计范围保持一致，本表将就业去向为签就业协议形式就业、签劳动合同形式就业和其他录用形式就业三类情况作为统计基数。

近三届本科毕业生和毕业研究生留湘就业的比例均呈先下降后上升的趋势，高职专科毕业生留湘就业的比例呈持续下降的趋势。近三届高职专科毕业生留湘就业比例均高于 59. 00%，本科毕业生留湘就业比例均高于 52. 00%，毕业研究生留湘就业比例均高于 46. 00%。如表 3-8 所示。

表 3-8　湖南省普通高校 2022—2024 届毕业生分学历层次就业地域变化（单位:%）

地域	毕业研究生			本科毕业生			高职专科毕业生		
	2022 届	2023 届	2024 届	2022 届	2023 届	2024 届	2022 届	2023 届	2024 届
湖南地区	48. 26	46. 60	47. 15	53. 15	52. 93	54. 33	62. 16	61. 47	59. 31
非湖南地区	51. 74	53. 40	52. 85	46. 85	47. 07	45. 67	37. 84	38. 53	40. 69
省内各市（州）就业比例变化									
长沙市	62. 87	59. 38	56. 84	52. 79	50. 42	48. 66	54. 12	50. 88	49. 41
衡阳市	4. 74	4. 88	5. 34	6. 09	6. 60	6. 53	5. 35	5. 32	5. 60
株洲市	6. 99	8. 01	8. 67	5. 37	5. 38	5. 38	4. 14	4. 60	4. 65
邵阳市	1. 86	2. 43	2. 56	3. 73	4. 31	4. 56	4. 57	5. 09	5. 41

续表

地域	毕业研究生			本科毕业生			高职专科毕业生		
	2022 届	2023 届	2024 届	2022 届	2023 届	2024 届	2022 届	2023 届	2024 届
岳阳市	4. 64	4. 68	4. 14	4. 63	4. 63	4. 85	4. 35	4. 79	4. 20
郴州市	1. 73	2. 43	2. 18	3. 96	4. 32	4. 48	4. 08	4. 08	4. 44
永州市	1. 27	1. 55	1. 78	3. 19	3. 41	3. 85	3. 77	4. 52	4. 57
湘潭市	5. 06	5. 51	5. 80	3. 16	3. 30	3. 84	3. 39	3. 17	3. 81
常德市	3. 12	3. 05	3. 67	4. 72	4. 13	4. 72	2. 84	2. 99	3. 32
怀化市	1. 33	1. 56	2. 04	3. 28	3. 72	3. 46	3. 71	3. 84	4. 09
娄底市	1. 95	1. 98	2. 01	3. 47	3. 35	2. 99	3. 62	3. 48	3. 50
益阳市	2. 15	2. 29	2. 59	2. 82	3. 22	3. 05	2. 48	2. 76	2. 54
湘西土家族苗族自治州	1. 46	1. 50	1. 42	1. 59	1. 84	2. 15	2. 36	3. 05	2. 92
张家界市	0. 82	0. 78	0. 95	1. 20	1. 36	1. 48	1. 22	1. 42	1. 57

注：为了与 2022 届、2023 届统计范围保持一致，本表将就业去向为签就业协议形式就业、签劳动合同形式就业和其他录用形式就业三类情况作为统计基数。

第4章

湖南省普通高校2024届毕业生就业影响因素分析

4.1 毕业生就业期望影响

4.1.1 就业心态

调研数据显示，2024届普通高校毕业生总体就业心态乐观度为79.72%，其中“非常乐观”占比为22.75%，“乐观”占比为25.07%，“比较乐观”占比为31.90%。如图4-1所示。博士毕业生就业乐观度最高，占比为85.55%。

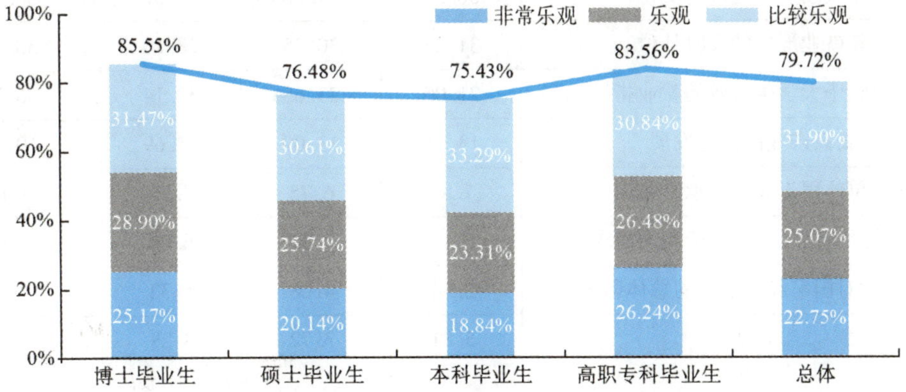

图4-1 湖南省普通高校2024届毕业生就业心态乐观度

对促进高校2024届毕业生就业自信度提升的主要因素分析显示，“学校提供的就业指导、岗位推荐等服务”（52.21%）、“政府就业帮扶政策”（42.77%）、“家人朋友的建议与支持”（39.25%）等因素均有助于提振毕业生就业自信心。如图4-2、表4-1所示。

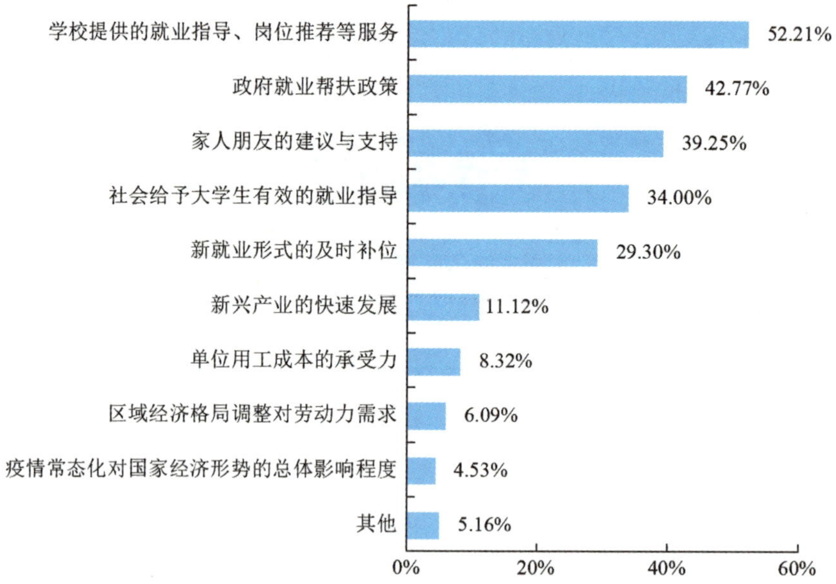

图 4-2 促进湖南省普通高校 2024 届毕业生就业自信度提升的主要因素（多选题）

表 4-1 促进湖南省普通高校 2024 届毕业生分学历层次就业自信度提升因素（多选题）（单位:%）

就业自信度提升因素	博士毕业生	硕士毕业生	本科毕业生	高职专科毕业生
学校提供的就业指导、岗位推荐等服务	58.69	54.52	50.61	53.30
政府就业帮扶政策	43.85	42.05	43.07	42.59
家人朋友的建议与支持	36.52	39.26	39.59	38.97
新就业形式的及时补位	31.25	30.25	28.20	30.13
社会给予大学生有效的就业指导	21.00	23.65	32.14	36.76
新兴产业的快速发展	13.18	13.09	11.69	10.41
单位用工成本的承受力	7.81	6.75	7.53	9.16
区域经济格局调整对劳动力需求	6.15	5.71	6.06	6.16
疫情常态化对国家经济形势的总体影响程度	2.54	4.08	4.32	4.77
其他	3.81	3.72	4.28	6.06

4.1.2 期望工作地区

调研数据显示，2024 届普通高校毕业生期望就业的工作地区以湖南省内、北京、上海、广州、深圳为主。期望留在湖南省内就业的比例为 50.45%，期望留在北京、上海、广州、深圳就业的比例为 29.33%，期望留在长沙市内就业的比例为 28.11%。如图 4-3 所示。分学历来看，学历越高，期望留在长沙市内工作的比例越高，52.45%的博士毕业生趋向于留在长沙市内就业。如表 4-2 所示。

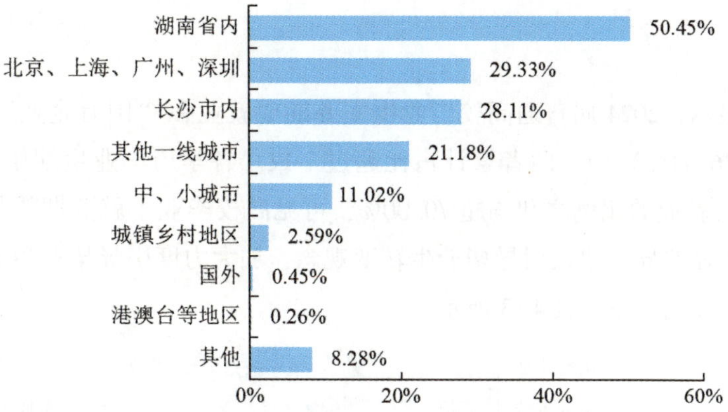

图 4-3　湖南省普通高校 2024 届毕业生期望工作地区（多选题）

表 4-2　湖南省普通高校 2024 届分学历毕业生期望工作地区（多选题）（单位:%）

期望工作地点	博士毕业生	硕士毕业生	本科毕业生	高职专科毕业生
长沙市内	52. 45	38. 34	29. 01	23. 25
湖南省内	31. 47	36. 65	47. 41	60. 58
其他一线城市	23. 54	25. 62	23. 49	15. 22
北京、上海、广州、深圳	16. 55	22. 92	32. 05	25. 52
中、小城市	9. 79	12. 05	11. 26	10. 28
国外	0. 47	0. 29	0. 46	0. 48
港澳台等地区	0. 00	0. 14	0. 27	0. 28
城镇乡村地区	0. 00	0. 66	2. 13	4. 09
其他	8. 39	10. 37	7. 96	8. 41

4. 1. 3　回生源地就业意愿度

调研数据显示，2024 届普通高校毕业生总体回生源地就业意愿度较高，为 87. 25%。其中，高职专科毕业生回生源地就业意愿度最高，达 88. 77%，随着学历的提高，这种意愿有所减缓。如图 4-4 所示。

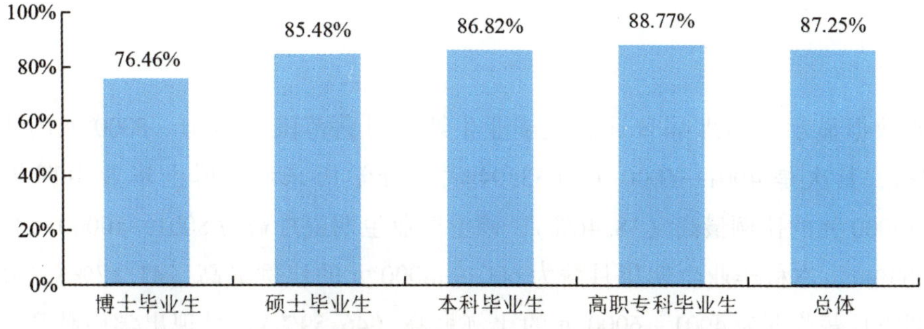

图 4-4　湖南省普通高校 2024 届毕业生回生源地就业意愿

4.1.4 期望就业单位类型

调研数据显示，2024 届普通高校毕业生主要期望就业在“国有企业”（38.29%）与“事业单位”（36.41%）中，两者累计占比超过 7 成。各学历毕业生期望到“国有企业”和“事业单位”就业的比例之和均超 70.00%，可见高校毕业生就业期望与国家当前实际企业分布存在明显差异，建议引导毕业生转变观念，加大力度引导毕业生到民营企业、三资企业等就业。如图 4-5、表 4-3 所示。

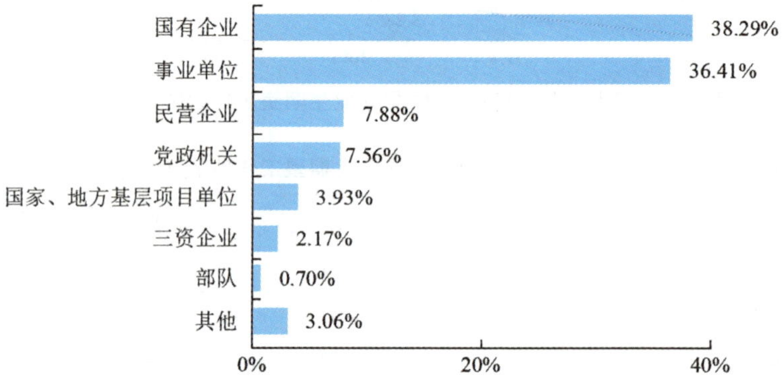

图 4-5 湖南省普通高校 2024 届毕业生期望就业单位类型

表 4-3 湖南省普通高校 2024 届分学历毕业生期望就业单位类型（单位:%）

单位类型	博士毕业生	硕士毕业生	本科毕业生	高职专科毕业生
事业单位	79.25	49.86	35.01	35.18
党政机关	7.69	15.84	7.72	5.09
国有企业	7.23	25.89	39.89	38.62
国家、地方基层项目单位	0.70	1.33	2.98	6.62
民营企业	0.47	3.38	8.60	7.66
三资企业	0.47	1.23	2.67	1.40
部队	0.00	0.35	0.44	1.34
其他	4.20	2.12	2.68	4.07

4.1.5 期望签约的月薪

调研数据显示，2024 届普通高校毕业生期望月薪范围为 6001—8000 元的比例最高（36.99%），其次是 4001—6000 元（33.04%）。分学历来看，博士毕业生期望月薪为 10001—15000 元的比例最高（38.46%），硕士毕业生期望月薪为 8001—10000 元的比例最高（34.63%），本科毕业生期望月薪为 6001—8000 元的比例最高（41.17%），高职专科毕业生期望月薪范围为 4001—6000 元的比例最高（46.59%），呈现出学历越高，期望薪资水平越高的趋势。如图 4-6、表 4-4 所示。

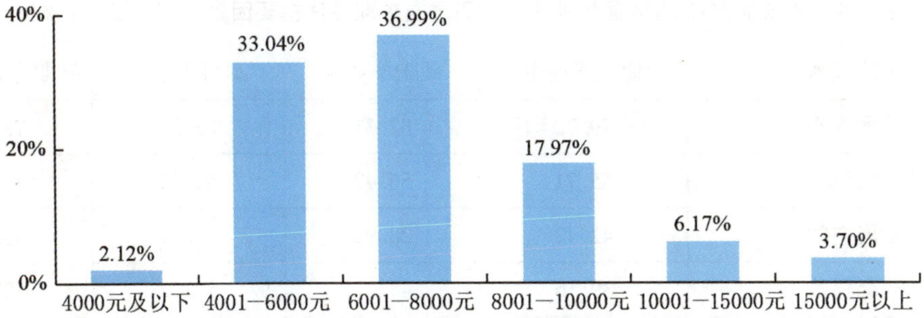

图 4-6　湖南省普通高校 2024 届毕业生期望签约月薪（单位：元）

表 4-4　湖南省普通高校 2024 届毕业生分学历层次期望签约月薪（单位:%）

月薪区间	博士毕业生	硕士毕业生	本科毕业生	高职专科毕业生
4000 元及以下	0. 23	0. 25	1. 31	4. 32
4001—6000 元	0. 70	7. 41	29. 93	46. 59
6001—8000 元	6. 29	23. 03	41. 17	32. 38
8001—10000 元	19. 58	34. 63	19. 53	10. 43
10001—15000 元	38. 46	27. 85	5. 08	2. 37
15000 元以上	34. 73	6. 82	2. 98	3. 90

4.1.6　求职关注因素

调研数据显示，2024 届普通高校毕业生求职关注的主要因素是“薪酬水平”，比例高达 81. 05%；其次是“工作稳定度”（58. 69%）、“社会保障”（50. 52%）、“发展空间”（32. 01%）。如图 4-7、表 4-5 所示。建议高校应引导毕业生从长远职业生涯发展的角度来找准就业定位。

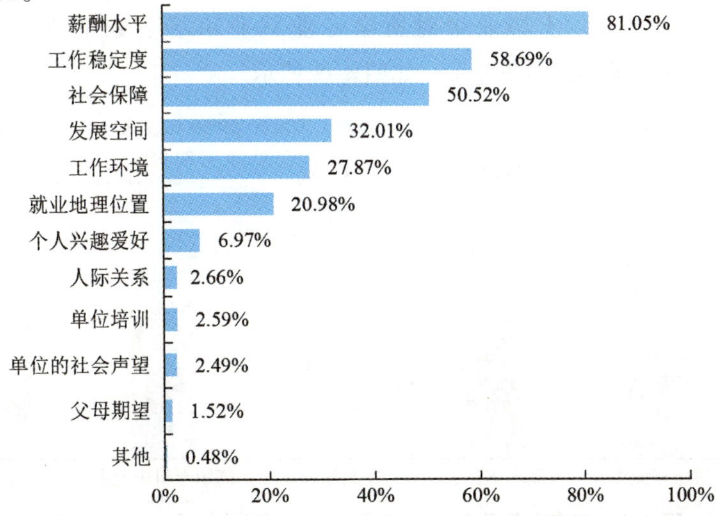

图 4-7　湖南省普通高校 2024 届毕业生求职关注主要因素（多选题）

表 4-5　湖南省普通高校 2024 届毕业生分学历层次求职关注主要因素（多选题）（单位:%）

关注因素	博士毕业生	硕士毕业生	本科毕业生	高职专科毕业生
薪酬水平	79. 72	82. 31	82. 35	78. 03
工作稳定度	55. 71	56. 42	56. 52	63. 83
发展空间	42. 42	28. 92	31. 71	33. 26
社会保障	39. 16	45. 07	51. 22	50. 64
就业地理位置	28. 21	35. 95	23. 12	12. 58
工作环境	22. 14	22. 64	27. 34	30. 40
单位的社会声望	10. 72	4. 64	2. 47	1. 86
个人兴趣爱好	4. 43	5. 16	6. 79	7. 86
人际关系	1. 17	2. 31	2. 26	3. 60
单位培训	0. 93	1. 02	2. 79	2. 59
父母期望	0. 70	1. 34	1. 49	1. 65
其他	0. 00	0. 50	0. 39	0. 68

4. 2 毕业生专业优势影响

4. 2. 1　专业就业前景

调研数据显示，2024 届普通高校毕业生对所学专业就业前景持肯定态度的比例为 78. 79%。分学历来看，硕士毕业生对所学专业就业市场前景的肯定程度最低，为 75. 03%，不及其他学历层次的毕业生。如图 4-8 所示。

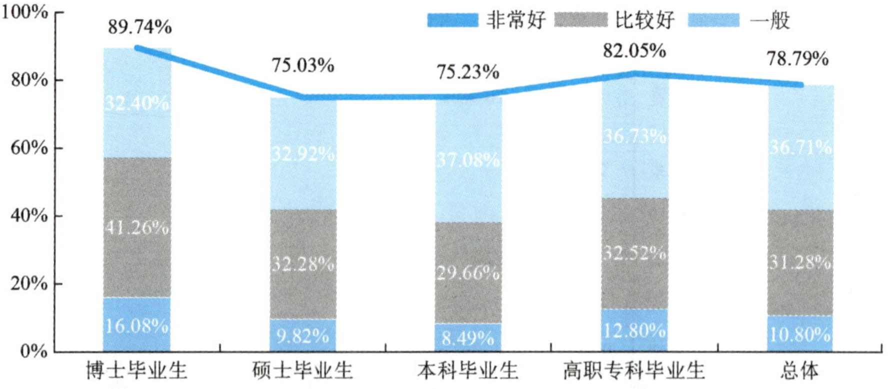

图 4-8　湖南省普通高校 2024 届毕业生对所学专业就业前景预判

4.2.2　专业了解比例

调研数据显示，2024 届普通高校毕业生对所学专业能够“完全了解”和“了解”的比例之和为 75.51%。高校毕业生对所学专业“完全了解”的比例为 14.26%，“了解”的比例为 61.25%。分学历来看，学历越高，毕业生对所学专业能够“完全了解”和“了解”的比例之和越高。如图 4-9 所示。

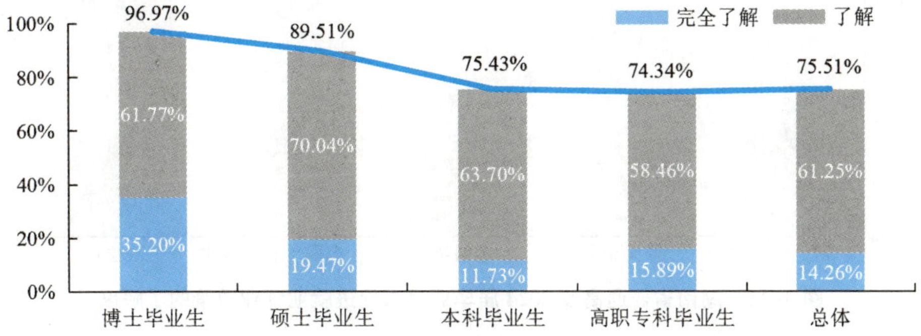

图 4-9　湖南省普通高校 2024 届毕业生对所学专业了解度

4.2.3　专业课程满足度

调研数据显示，2024 届普通高校毕业生认为所学专业课程能够满足工作需求的比例为 67.08%，其中表示“非常满足”的占比仅为 9.55%，“满足”占比为 27.49%。如图 4-10 所示。总体上，高校专业课程设置与实际岗位需求间的契合度不高，特别是高职专科及本科学历专业课程与工作需求差距较为明显，高校的专业课程设置仍存在较大提升空间。

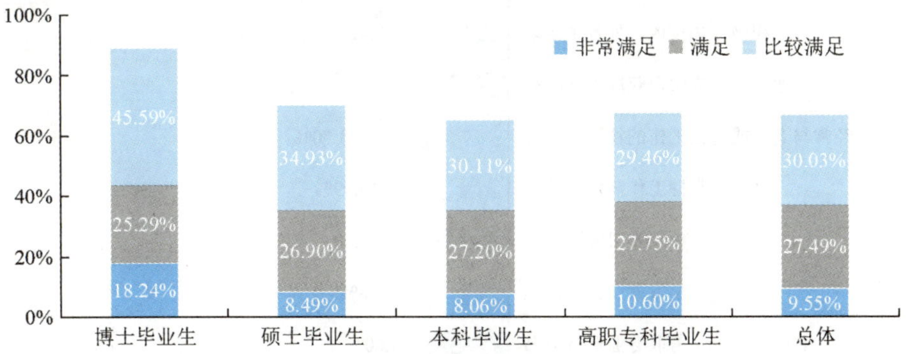

图 4-10　湖南省普通高校 2024 届毕业生所学专业的课程满足岗位需求度

4.3　毕业生自身就业能力影响

4.3.1　毕业生对促进就业创业政策的了解度

调研数据显示，2024 届毕业生对促进就业创业政策的了解度为 39.99%，其中“非常了解”占比为 3. 53%，“了解”占比为 13. 43%，“比较了解”占比为 23. 03%。如图 4-11 所示。总体上，高校毕业生对促进就业创业政策了解度相对较低，建议高校加大对促进毕业生就业创业政策进行推广与宣传的力度。

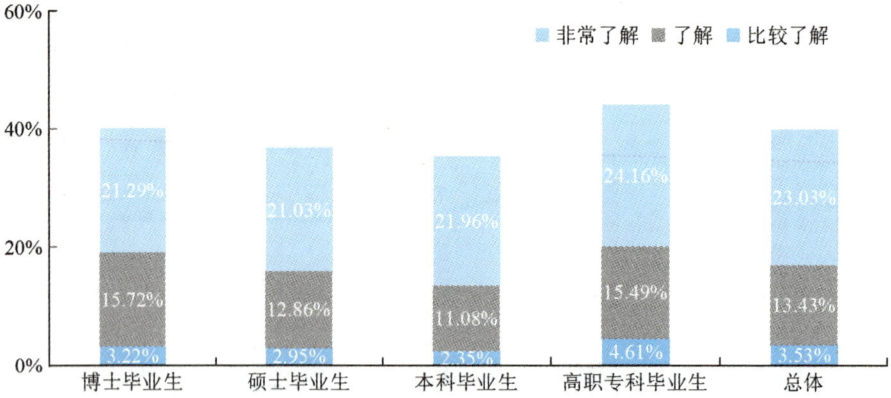

图 4-11　湖南省普通高校 2024 届毕业生对促进就业创业政策的了解度

4. 3. 2　毕业生求职准备

调研数据显示，2024 届毕业生在求职前所做的准备工作主要有“努力学好专业知识”（68. 95%）、“积极参加校内、外各种活动”（38. 90%）、“通过兼职或实习获取工作经验”（33. 52%）等。如图 4-12 所示。分学历来看，求职所做准备中，“学习就业指导课程”“参加职业资格培训”与学历层次呈负相关。如表 4-6 所示。

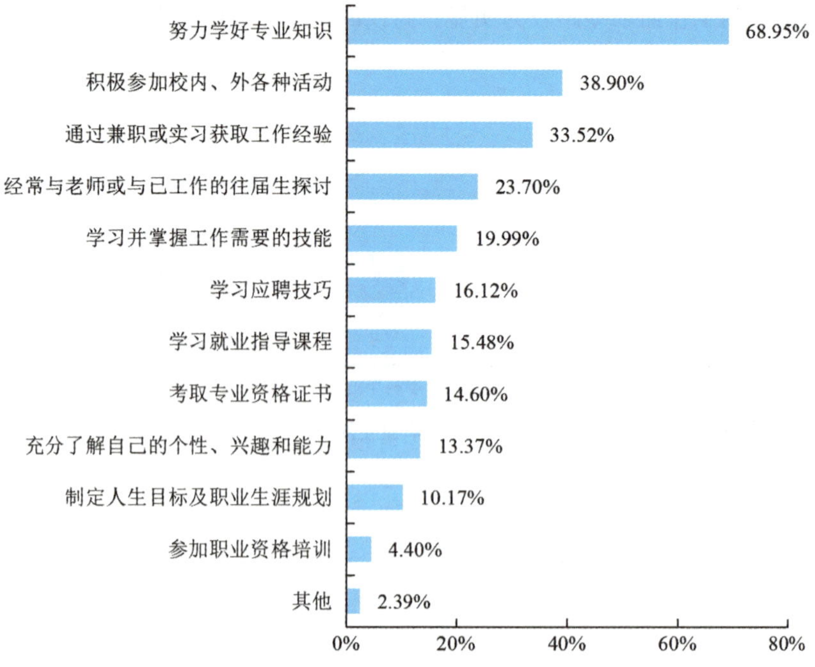

图 4-12　湖南省普通高校 2024 届毕业生求职前所做的准备（多选题）

表 4-6　湖南省普通高校 2024 届毕业生求职前所做的准备（多选题）（单位：%）

求职准备	博士毕业生	硕士毕业生	本科毕业生	高职专科毕业生
努力学好专业知识	84. 77	75. 59	68. 31	68. 71
经常与老师或与已工作的往届生探讨	50. 88	36. 56	21. 60	23. 99
积极参加校内、外各种活动	39. 16	40. 83	39. 00	38. 60
学习并掌握工作需要的技能	20. 02	19. 01	19. 45	20. 56
制定人生目标及职业生涯规划	14. 65	9. 40	9. 35	10. 93
学习应聘技巧	11. 23	17. 71	17. 71	14. 60
充分了解自己的个性、兴趣和能力	10. 55	9. 14	13. 05	14. 11
通过兼职或实习获取工作经验	10. 45	26. 29	34. 11	33. 90
考取专业资格证书	8. 30	14. 42	16. 12	13. 35
学习就业指导课程	6. 25	8. 08	14. 74	16. 94
参加职业资格培训	2. 83	3. 62	4. 10	4. 75
其他	0. 88	1. 23	1. 76	3. 05

4. 3. 3　毕业生就业面临主要困难

调研数据显示，2024 届普通高校毕业生在求职过程中面临的主要困难有“学历层次不够”（46. 52%）、“缺乏符合岗位要求的职业能力，缺乏工作经验”（43. 29%）、“自身定位不清晰”（39. 86%）。如图 4-13 所示。

分学历来看，博士毕业生面临的主要困难是“自身定位不清晰”，本科毕业生和硕士毕业生主要面临的困难是“缺乏符合岗位要求的职业能力，缺乏工作经验”，高职专科毕业生主要面临的困难是“学历层次不够”。如表 4-7 所示。

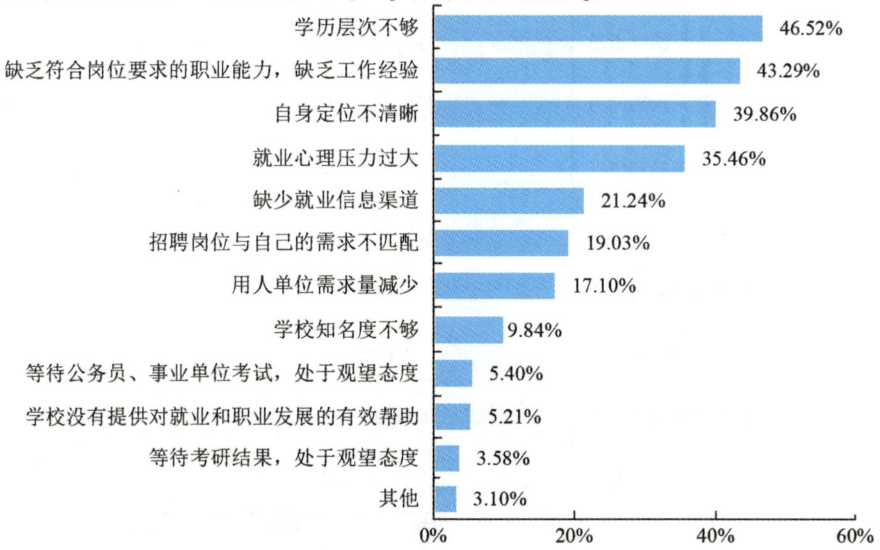

图 4-13　湖南省普通高校 2024 届毕业生就业面临主要困难（多选题）

表 4-7　湖南省普通高校 2024 届毕业生分学历层次就业面临主要困难（多选题）（单位:%）

就业面临困难	博士毕业生	硕士毕业生	本科毕业生	高职专科毕业生
自身定位不清晰	35. 55	34. 87	37. 15	42. 73
用人单位需求量减少	34. 57	29. 01	17. 91	15. 03
缺乏符合岗位要求的职业能力,缺乏工作经验	31. 54	40. 14	43. 90	43. 16
招聘岗位与自己的需求不匹配	29. 88	27. 73	19. 53	17. 61
就业心理压力过大	27. 44	31. 03	33. 38	37. 74
缺少就业信息渠道	17. 19	18. 32	19. 87	22. 73
学历层次不够	13. 09	23. 37	41. 35	53. 57
学校知名度不够	9. 86	11. 78	13. 34	6. 64
等待公务员、事业单位考试，处于观望态度	3. 81	11. 64	7. 86	2. 63
学校没有提供对就业和职业发展的有效帮助	3. 61	3. 86	4. 69	5. 81
等待考研结果，处于观望态度	0. 59	1. 10	6. 40	1. 46
其他	4. 98	2. 46	2. 14	3. 98

4. 3. 4　毕业生自身需加强就业竞争力

调研数据显示，2024 届普通高校毕业生认为自身主要需加强“专业能力”（56. 13%）和“综合素质”（49. 47%），其次是加强“人际交往与沟通能力”（30. 46%）、“就业政策熟知情况”（25. 84%）和“心理素质，抗压能力”（20. 94%）。如图 4-14 所示。各学历的毕业生均认为自身主要需加强“专业能力”和“综合素质”这两方面。如表 4-8 所示。

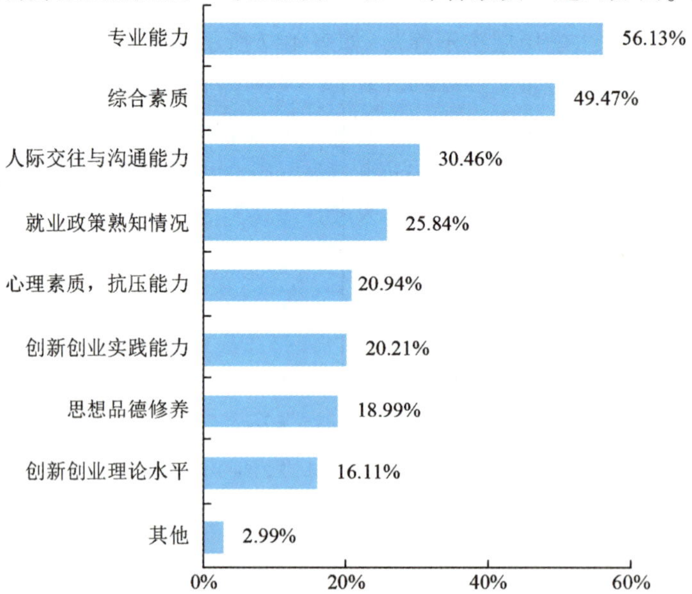

图 4-14　湖南省普通高校 2024 届毕业生自身需要加强就业竞争力（多选题）

表 4-8 湖南省普通高校 2024 届毕业生分学历层次自身需要加强就业竞争力（多选题）（单位：%）

自身需加强的就业竞争力	博士毕业生	硕士毕业生	本科毕业生	高职专科毕业生
综合素质	54. 10	51. 36	49. 58	49. 15
专业能力	40. 43	49. 09	57. 02	56. 20
人际交往与沟通能力	29. 98	29. 01	30. 11	30. 92
就业政策熟知情况	22. 07	25. 17	26. 75	25. 16
创新创业实践能力	20. 12	19. 47	20. 19	20. 31
心理素质，抗压能力	18. 46	21. 07	20. 74	21. 09
创新创业理论水平	15. 82	15. 51	15. 16	17. 00
思想品德修养	13. 28	13. 71	15. 64	22. 44
其他	2. 25	2. 11	2. 19	3. 77

4. 3. 5 影响毕业生成功求职因素

调研数据显示，2024 届普通高校毕业生认为影响成功求职的因素主要有“就业信息量少”（38. 46%）、“岗位专业知识不够”（33. 96%）、“自身专业技能不强”（33. 72%）、“缺乏社会实践能力”（33. 56%），所占比例均超三成。如图 4-15 所示。“就业信息量少”仍然是制约毕业生顺利就业的最主要因素，针对就业信息的普及是关键所在。如表 4-9 所示。

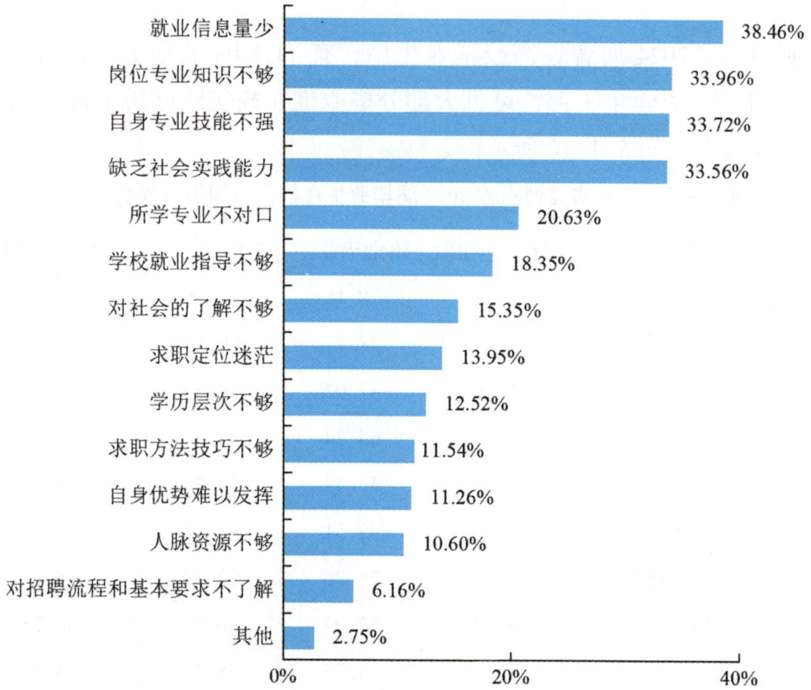

图 4-15 湖南省普通高校 2024 届毕业生认为影响成功求职的主要因素（多选题）

表 4-9 湖南省普通高校 2024 届毕业生分学历层次认为影响成功求职的主要因素(多选题)(单位:%)

影响求职成功因素	博士毕业生	硕士毕业生	本科毕业生	高职专科毕业生
就业信息量少	34.67	37.89	37.70	39.19
自身专业技能不强	27.44	31.09	36.18	31.93
岗位专业知识不够	26.95	29.93	33.59	34.74
所学专业不对口	25.68	28.42	21.12	19.34
缺乏社会实践能力	23.73	29.34	34.19	33.53
学校就业指导不够	16.99	16.92	17.36	19.35
对社会的了解不够	16.89	12.17	14.76	16.19
人脉资源不够	15.72	11.62	10.94	10.17
自身优势难以发挥	14.84	13.45	11.50	10.81
求职方法技巧不够	10.94	13.73	12.09	10.84
求职定位迷茫	9.86	13.52	13.41	14.47
对招聘流程和基本要求不了解	6.84	5.19	6.12	6.28
学历层次不够	4.79	7.44	11.20	14.23
其他	3.22	2.24	2.03	3.41

4.3.6 毕业生就业基本实践经历

调研数据显示，2024 届普通高校毕业生中，有 71.84%的毕业生参加过社团活动，50.01%的毕业生担任过学生干部，可见大部分毕业生在校实践阅历丰富，也是毕业生求职应聘时的择业资本。如表 4-10 所示。

表 4-10 湖南省普通高校 2024 届毕业生在校实践阅历 (单位:%)

在校实践阅历类型	博士毕业生	硕士毕业生	本科毕业生	高职专科毕业生	总体
参加过社团活动	71.33	70.18	76.36	68.20	71.84
没有获得过竞赛奖项	50.82	48.77	60.11	75.78	67.75
没有获得过职业资格证书	44.99	47.03	49.30	53.67	51.47
综合成绩排名位于本专业前 20%	78.79	63.24	47.51	51.28	50.20
担任过学生干部	54.55	57.49	54.65	45.48	50.01
没有担任过学生干部	45.45	42.51	45.35	54.52	49.99
综合成绩排名未进入本专业前 20%	21.21	36.76	52.49	48.72	49.80
获得过职业资格证书	55.01	52.97	50.70	46.33	48.53
有过实习经历，在 3 月以内	32.63	34.75	58.33	34.44	44.85
有过实习经历，在半年以上	30.30	38.42	28.50	48.32	39.24

续表

在校实践阅历类型	博士毕业生	硕士毕业生	本科毕业生	高职专科毕业生	总体
获得过竞赛奖项	49. 18	51. 23	39. 89	24. 22	32. 25
没有参加过社团活动	28. 67	29. 82	23. 64	31. 80	28. 16
没有实习经历	37. 06	26. 83	13. 16	17. 24	15. 91

4. 4　就业过程影响因素

4. 4. 1　成功就业途径①

调研数据显示，2024 届普通高校毕业生通过母校途径成功落实就业的比例为 40. 10%，其中“校园招聘会（双选会/宣讲会）”占比为 23. 55%，“学校官网或公众号发布的招聘信息”占比为 6. 46%，“专业实习后与单位签订正式就业协议”占比为 5. 80%，“老师推荐”占比为 4. 29%。如图 4–16 所示。

分学历来看，通过母校途径成功就业的比例与学历成正比，博士毕业生通过母校途径成功就业的比例为 66. 77%，但高职专科毕业生通过母校途径成功就业的比例仅为 34. 58%，较总体存在明显差异，因此，高职专科院校应积极拓宽校园就业渠道，发挥校园招聘主战场作用，助力毕业生从校园到职场的无缝衔接。如表 4–11 所示。

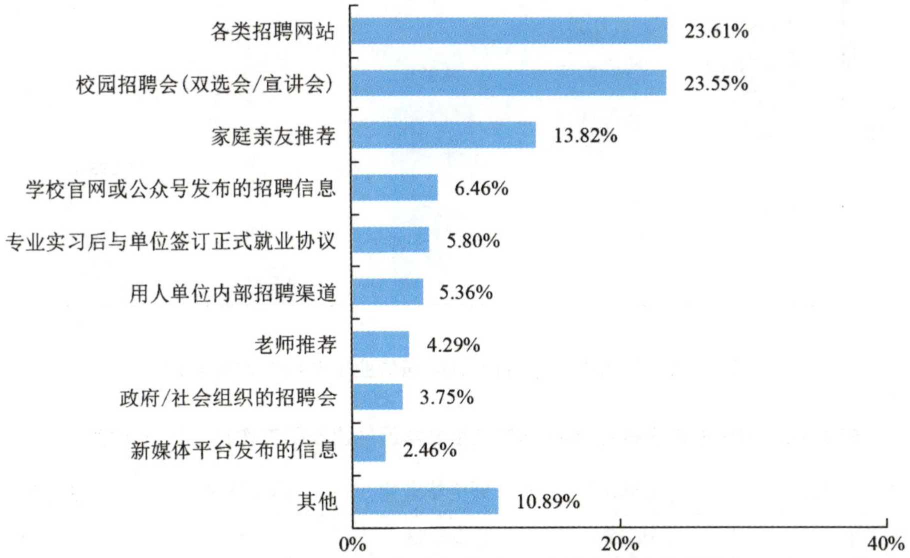

图 4–16　湖南省普通高校 2024 届毕业生成功就业的途径

① 学校途径就业包含“校园招聘会（双选会/宣讲会）”“专业实习后与单位签订正式就业协议”“学校官网或公众号发布的招聘信息”“老师推荐”成功落实就业。

表 4-11　湖南省普通高校 2024 届毕业生分学历层次成功就业途径（单位:%）

成功就业途径	博士毕业生	硕士毕业生	本科毕业生	高职专科毕业生
学校官网或公众号发布的招聘信息	29. 12	14. 70	6. 90	5. 32
校园招聘会（双选会/宣讲会）	18. 24	34. 94	29. 00	18. 94
老师推荐	17. 94	4. 95	5. 28	3. 53
各类招聘网站	12. 06	19. 72	21. 92	25. 13
用人单位内部招聘渠道	7. 65	4. 39	4. 17	6. 23
政府/社会组织的招聘会	4. 41	9. 61	5. 14	2. 30
家庭亲友推荐	2. 94	3. 26	9. 84	17. 45
新媒体平台发布的信息	2. 06	3. 23	2. 51	2. 36
专业实习后与单位签订正式就业协议	1. 47	1. 11	4. 97	6. 79
其他	4. 12	4. 10	10. 27	11. 95

4. 4. 2　获得工作机会数

调研数据显示，2024 届普通高校毕业生求职过程中获得 1—3 个工作机会的共占 81. 93%。分学历来看，博士和本科毕业生获得 1 个工作机会的比例最高，硕士和高职专科毕业生获得 2 个工作机会的比例最高。如图 4-17 及表 4-12 所示。

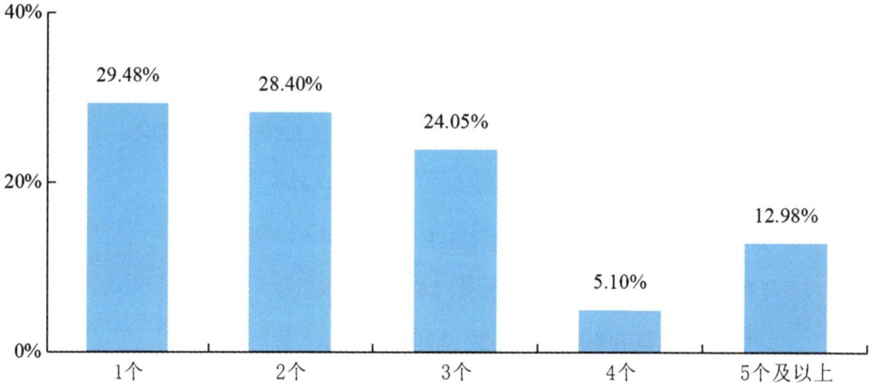

图 4-17　湖南省普通高校 2024 届毕业生获得工作机会数

表 4-12　湖南省普通高校 2024 届毕业生分学历层次获得工作机会数（单位:%）

获得工作机会	博士毕业生	硕士毕业生	本科毕业生	高职专科毕业生
1 个	31. 18	24. 53	32. 48	27. 97
2 个	25. 00	27. 44	26. 88	29. 50
3 个	27. 35	25. 68	23. 57	24. 20
4 个	5. 88	8. 36	5. 79	4. 34
5 个及以上	10. 59	13. 99	11. 28	14. 00

4.4.3　成功就业用时

调研数据显示，2024 届普通高校毕业生在三个月内成功求职的比例达到 77.99%。其中，博士毕业生在 1—3 个月成功求职的比例最高，为 40.00%，硕士毕业生在 1—3 个月成功求职的比例最高，为 37.10%，本科毕业生在 1 个月以内成功求职的比例最高，为 37.53%，高职专科毕业生在 1 个月以内成功求职的比例最高，为 51.72%。如图 4-18 及表 4-13 所示。

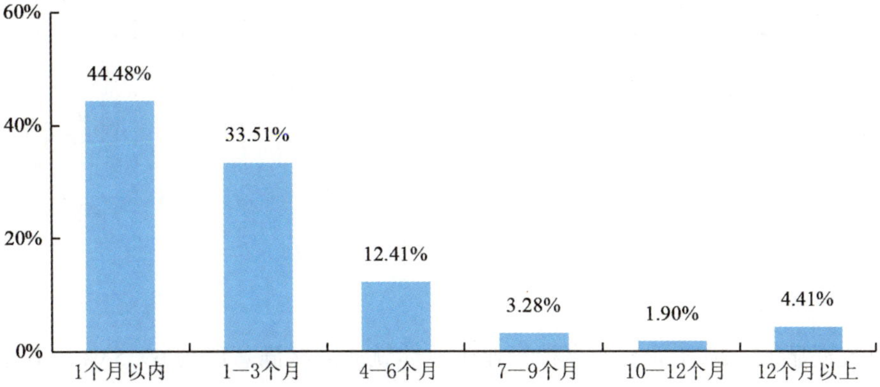

图 4-18　湖南省普通高校 2024 届毕业生成功就业用时

表 4-13　湖南省普通高校 2024 届毕业生分学历层次成功就业用时（单位:%）

成功就业用时	博士毕业生	硕士毕业生	本科毕业生	高职专科毕业生
1 个月以内	23. 82	16. 55	37. 53	51. 72
1—3 个月	40. 00	37. 10	36. 61	31. 12
4—6 个月	25. 88	27. 15	14. 48	9. 63
7—9 个月	4. 41	9. 13	4. 03	2. 25
10—12 个月	1. 76	5. 09	2. 33	1. 33
12 个月以上	4. 12	4. 98	5. 01	3. 96

第5章

湖南省普通高校2024届毕业生就业质量调研分析

5.1 就业现状满意度

5.1.1 总体就业现状满意度

调研数据显示，2024届普通高校毕业生总体就业现状满意度为69.53%，其中“非常满意”占比为9.30%，“满意”占比为34.30%，“比较满意”占比为25.93%。分学历来看，博士毕业生就业现状满意度为81.12%，硕士毕业生为68.38%，本科毕业生为65.31%，高职专科毕业生为73.13%。如图5-1所示。总体来看，本科毕业生就业现状满意度不高，需要引起高校注意。

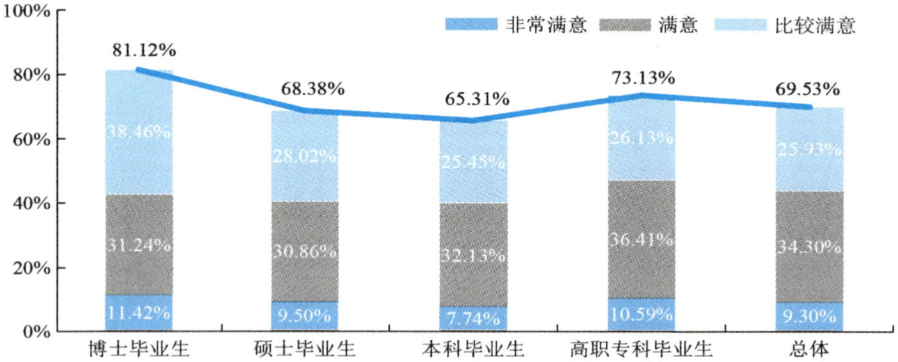

图5-1 湖南省普通高校2024届毕业生就业现状满意度

5.1.2 不同毕业去向的就业现状满意度

调研数据显示，不同毕业去向中，毕业生就业现状满意度在80.00%以上的有“地方基层项目”（86.28%）、“应征义务兵”（85.66%）和“境内升学”（81.60%）。分学历来看，博士毕业生就业现状满意度最高的是“签就业协议形式就业”（86.43%），硕士毕业生就业现状满意度最高的是“境内升学”（86.85%），本科毕业生就业现状满意度最高的是“地方基层项目”（85.46%），高职专科毕业生就业现状满意度最高的是“应征义务兵”（90.07%）。如表 5-1 所示。

表 5-1　湖南省普通高校 2024 届毕业生分不同毕业去向的就业现状满意度（单位:%）

毕业去向	博士毕业生	硕士毕业生	本科毕业生	高职专科毕业生	总体
地方基层项目	*100.00	85.67	85.46	88.47	86.28
应征义务兵	-	*100.00	72.50	90.07	85.66
境内升学	-	86.85	79.90	83.46	81.60
境外留学	*100.00	78.95	76.53	80.00	76.89
自主创业	-	73.08	71.31	80.12	76.32
签就业协议形式就业	86.43	73.56	69.15	74.29	72.52
国家基层项目	-	*53.85	71.34	64.00	70.79
签劳动合同形式就业	78.26	59.89	58.28	69.78	64.43
其他暂不就业	-	40.00	55.43	65.18	60.68
其他录用形式就业	*69.23	52.20	55.07	67.95	60.32
自由职业	*0.00	47.68	52.98	64.27	55.78
科研助理/管理助理	77.36	53.62	53.39	*100.00	55.46
不就业拟升学	-	*60.00	53.63	70.83	54.95
待就业	50.00	34.15	48.64	60.81	53.86
总计	81.12	68.38	65.31	73.13	69.53

注：上表中标-的，表示接受问卷调查的毕业生中没有该毕业去向的人；标*代表答题样本不足。

通过进一步分析，毕业去向为单位就业①的毕业生就业现状满意度为 69.63%，其中博士毕业生为 83.25%，硕士毕业生为 69.67%，本科毕业生为 65.04%，高职专科毕业生为 72.93%。如图 5-2 所示。

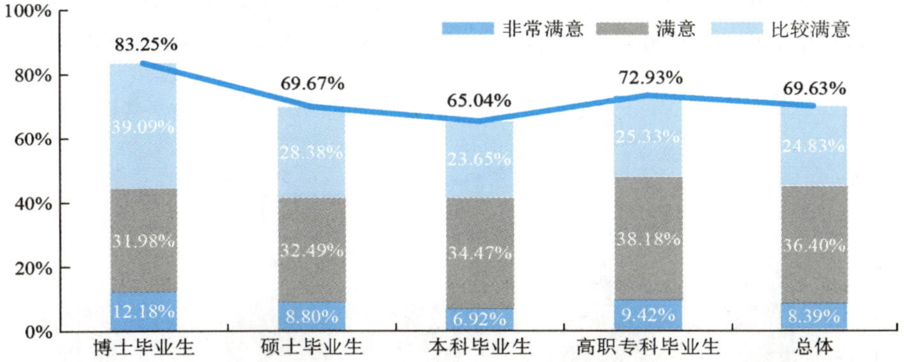

图 5-2　湖南省普通高校 2024 届毕业去向为单位就业的毕业生就业现状满意度

① 本部分仅分析毕业去向为签就业协议形式就业、签劳动合同形式就业、其他录用形式就业、基层项目就业和“科研助理、管理助理或博士后入站”五类情况。

5.2 专业相关度

调研数据显示，2024 届普通高校毕业生总体专业相关度为 70.23%，其中“非常相关”占比为 19.39%，“相关”占比为 23.04%，“比较相关”占比为 27.81%。分学历来看，博士毕业生专业相关度为 96.47%，硕士毕业生专业相关度为 82.59%，本科毕业生专业相关度为 75.17%，高职专科毕业生专业相关度为 65.76%。如图 5-3 所示。

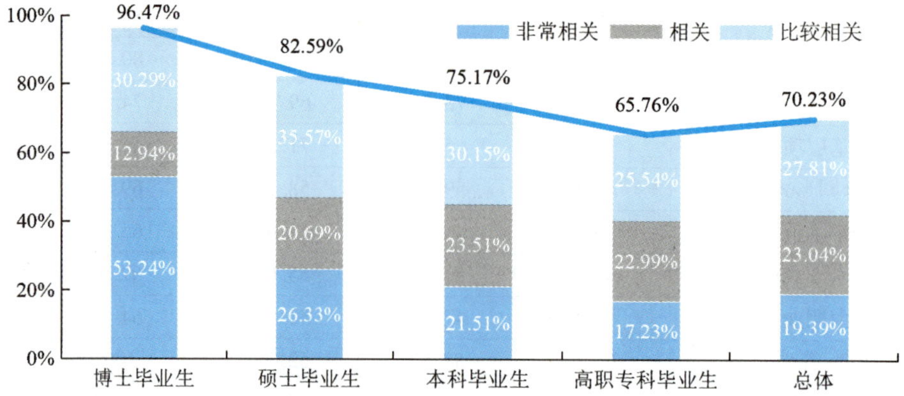

图 5-3 湖南省普通高校 2024 届毕业生专业相关度

5.3 就业待遇情况

5.3.1 月薪满意度

调研数据显示，2024 届普通高校毕业生总体月薪满意度为 57.48%，其中“非常满意”占比为 4.38%，“满意”占比为 30.33%，“比较满意”占比为 22.77%。分学历来看，毕业生月薪满意度与学历基本呈正相关，其中博士毕业生月薪满意度为 75.00%，硕士毕业生为 66.82%，本科毕业生为 57.79%，高职专科毕业生月薪满意度为 56.35%。如图 5-4 所示。

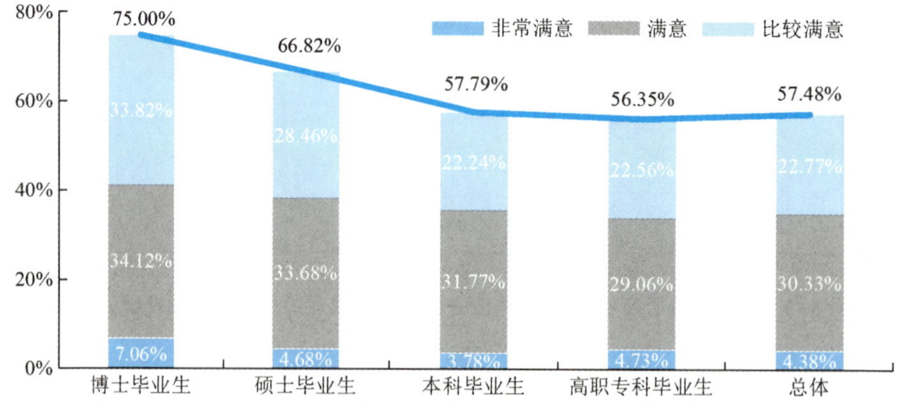

图 5-4 湖南省普通高校 2024 届毕业生就业月薪满意度

5. 3. 2　社会保障

调研数据显示，2024 届普通高校毕业生在就业单位享有社会保障的总体比例为 82. 09%，其中“仅五险”占比为 17. 03%，“五险一金”占比为 42. 78%，“除五险一金外，还提供其他保障和补贴”占比为 22. 28%。

分学历来看，博士毕业生在就业单位享有社会保障比例为 99. 12%，硕士毕业生为 97. 40%，本科毕业生为 90. 88%，高职专科毕业生为 74. 85%。如图 5-5 所示。

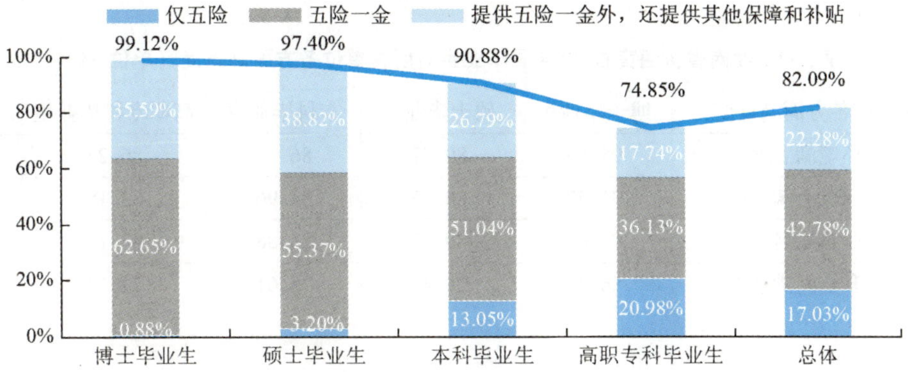

图 5-5　湖南省普通高校 2024 届毕业生就业社会保障享有情况

5. 4　就业单位质量情况

5. 4. 1　单位综合满意度

调研数据显示，2024 届普通高校毕业生总体对就业单位综合满意度为 87. 15%，其中“非常满意”占比为 10. 36%，“满意”占比为 46. 48%，“比较满意”占比为 30. 30%。分学历来看，博士毕业生对所在单位质量满意度为 95. 29%，硕士毕业生为 91. 59%，本科毕业生为 88. 04%，高职专科毕业生为 86. 13%。如图 5-6 所示。

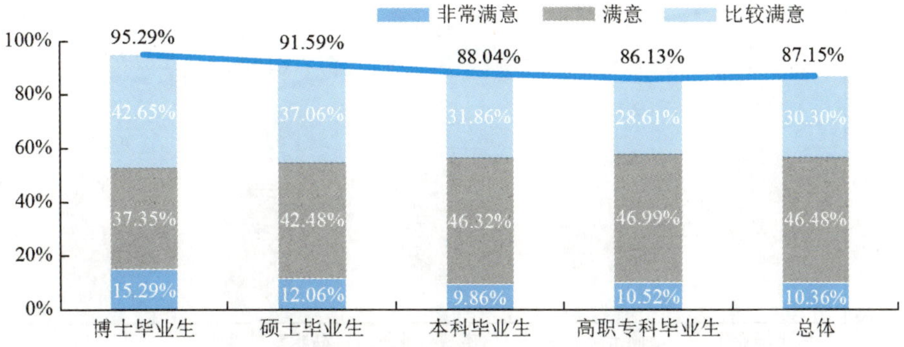

图 5-6　湖南省普通高校 2024 届毕业生对所在单位综合满意度

5.4.2 单位各方面满意度

进一步从毕业生对所在单位各方面满意度来考核毕业生就业单位质量，调研数据显示，毕业生对所在单位在业界知名度满意度为 83.78%，对单位工作环境满意度为 86.58%，对单位岗位晋升空间满意度为 74.94%，对单位的岗位培训机会满意度为 84.15%。如表 5-2 所示。分学历来看，博士毕业生对单位在业界知名度、工作环境满意度、岗位晋升空间满意度、岗位培训机会满意度均最高，高职专科毕业生对这四方面的满意度均最低。

表 5-2 湖南省普通高校 2024 届毕业生对所在单位各方面满意度（单位：%）

所在单位各方面满意度	博士毕业生	硕士毕业生	本科毕业生	高职专科毕业生	总体
工作环境满意度	95.59	89.87	86.59	86.24	86.58
岗位培训机会满意度	91.47	88.95	84.96	83.15	84.15
单位业界知名度	95.00	89.57	83.88	83.14	83.78
岗位晋升空间满意度	86.47	78.43	75.61	74.13	74.94

5.5 就业个性满足情况

5.5.1 工作压力

调研数据显示，2024 届普通高校毕业生认为当前从事工作岗位的压力较大比例为 69.10%（包括“非常大”“大”“比较大”），可见应届毕业生就业后适应职场环境能力有待提高。分学历来看，学历越高，毕业生对从事的工作压力感受越明显，一方面，源自高学历毕业生从事工作难度相对较高；另一方面，高学历毕业生受到来自社会和自身等方面的高标准要求，因此压力感受相对明显。

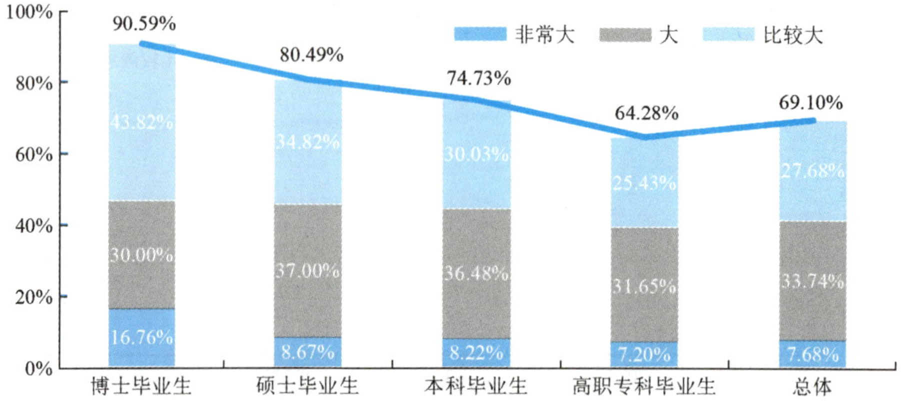

图 5-7 湖南省普通高校 2024 届毕业生所在岗位的工作压力

5.5.2　工作自主性

调研数据显示，2024 届普通高校毕业生总体对所在单位工作自主性满意度为 83.62%，其中“非常满意”占比为 8.77%，“满意”占比为 44.95%，“比较满意”占比为 29.90%。分学历来看，其中博士毕业生对所在单位工作自主性满意度为 92.65%，硕士毕业生为 86.27%，本科毕业生为 82.48%，高职专科毕业生为 84.09%。如图 5-8 所示。

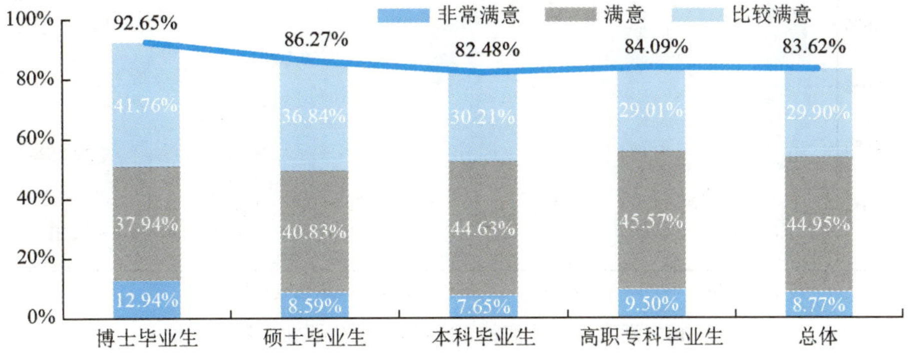

图 5-8　湖南省普通高校 2024 届毕业生工作自主性满意度

5.6　就业稳定情况

5.6.1　所在单位工作稳定度

调研数据显示，2024 届普通高校毕业生所在单位工作稳定度为 81.19%，其中“非常稳定”占比为 13.46%，“稳定”占比为 31.05%，“比较稳定”占比为 36.68%。分学历来看，学历越高，毕业生所在单位工作稳定度越高，其中，博士毕业生所在单位工作稳定度为 92.35%，硕士毕业生为 87.71%，本科毕业生为 81.32%，高职专科毕业生为 80.46%。如图 5-9 所示。

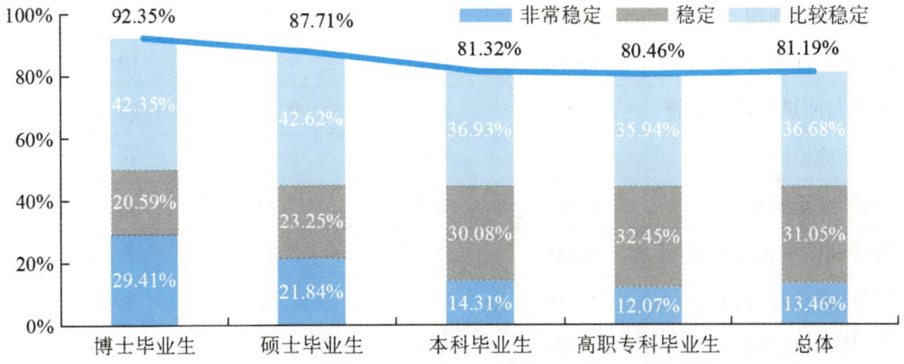

图 5-9　湖南省普通高校 2024 届毕业生所在单位稳定度

5.6.2 职业发展稳定性

调研数据显示，2024 届普通高校毕业生就业半年内的稳定率为 70.95%，离职率为 29.05%。分学历来看，硕士毕业生离职率最低，为 11.53%；高职专科毕业生离职率最高，为 39.74%。如图 5-10 所示。

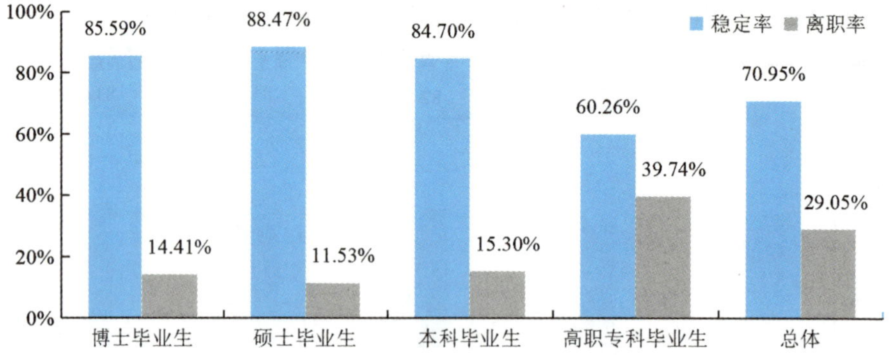

图 5-10　湖南省普通高校 2024 届毕业生职业发展稳定性

对有离职经历毕业生的离职原因作进一步调研，数据显示，毕业生离职原因主要有“薪资福利差”（38.39%）、“发展空间不大”（37.74%）。分学历来看，博士毕业生因薪资福利差而离职的比例明显低于其他学历毕业生。如表 5-3 所示。

表 5-3　湖南省普通高校 2024 届毕业生离职原因（多选题）（单位:%）

离职原因	博士毕业生	硕士毕业生	本科毕业生	高职专科毕业生	总体
薪资福利差	22.00	31.79	35.13	39.43	38.39
发展空间不大	42.00	41.30	33.35	38.75	37.74
工作压力大	10.00	19.09	27.74	28.54	28.15
工作环境不好	0.00	12.61	18.39	20.08	19.56
工作内容不喜欢	6.00	6.66	11.61	11.21	11.18
工作地域问题	14.00	15.72	10.81	10.50	10.68
想改变职业或行业	18.00	12.52	9.60	10.89	10.68
入职后发现与面试时描述不符	2.00	3.91	9.62	10.28	10.00
家庭原因	14.00	10.75	6.79	6.43	6.61
人际关系因素	8.00	3.91	5.88	6.35	6.20
对单位管理制度和文化不适应	8.00	4.09	5.70	5.11	5.21
被单位裁员或解聘	0.00	0.98	2.06	1.88	1.90
工作单位倒闭	0.00	2.58	1.37	1.66	1.62
其他	20.00	13.94	13.53	13.62	13.61

5.7 就业导向性

5.7.1 重点企业就业情况

调研数据显示，2024 届普通高校毕业生在重点企业①就业比例为 28.83%，其中在“国企”就业比例为 13.63%，在“上市企业”就业比例为 9.43%，在“外资、合资企业”就业比例为 4.17%，在“国家高新技术企业”就业比例为 1.60%。分学历来看，学历越高，毕业生就业在重点企业的比例越高（博士毕业生除外），其中高职专科毕业生在重点企业就业比例为 26.00%，本科毕业生为 31.30%，硕士毕业生为 42.26%，博士毕业生为 15.29%。如图 5-11 所示。

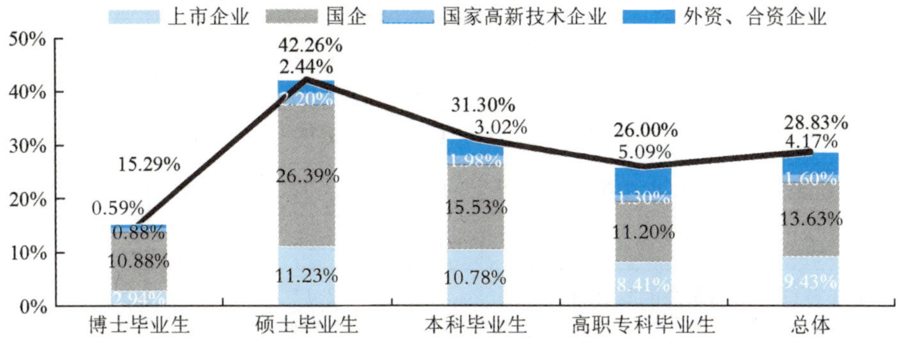

图 5-11 湖南省普通高校 2024 届毕业生在重点企业就业分析

5.7.2 国家战略性新兴产业就业情况

调研数据显示，2024 届普通高校毕业生在国家战略性新兴产业②就业比例超过五成，为 51.64%。在国家战略性新兴产业中，2024 届毕业生主要就业于“相关服务业（研发服务、气象服务、检验检测认证服务、知识产权服务、创业创新服务、金融服务等，基本是为前面制造业提供各种便利的产业）”“新一代信息技术产业（下一代通信网络、物联网、三网融合、新型平板显示、高性能集成电路和高端软件）”。如表 5-4 所示。分学历来看，各学历毕业生在国家战略性新兴产业就业比例基本持平，其中博士毕业生在国家战略性新兴产业就业比例为 58.24%，硕士毕业生为 53.63%，本科毕业生为 50.26%，高职专科毕业生为 52.33%。如图 5-12 所示。

---

① 重点企业包括国企、上市企业、“外资、合资企业”、国家高新技术企业 4 种。

② 国家战略性新兴产业包括节能环保产业、新一代信息技术产业、生物产业、高端装备制造产业、新能源产业、新材料产业、新能源汽车产业、数字产业、现代服务业 9 类。

表 5-4　湖南省普通高校 2024 届毕业生分学历层次在国家战略性新兴产业就业分析（单位:%）

产业类型	博士毕业生	硕士毕业生	本科毕业生	高职专科毕业生	总体
相关服务业（研发服务、气象服务、检验检测认证服务、知识产权服务、创业创新服务、金融服务等，基本是为前面制造业提供各种便利的产业）	6.47	13.12	17.35	18.09	17.52
新一代信息技术产业（下一代通信网络、物联网、三网融合、新型平板显示、高性能集成电路和高端软件）	4.71	9.95	10.04	9.61	9.78
生物产业（生物医药、生物农业、生物制造）	18.82	8.98	5.34	5.57	5.69
节能环保产业（高效节能技术装备及产品）	3.53	3.80	3.78	4.79	4.36
高端装备制造产业（航空航天、海洋工程装备和高端智能装备）	3.82	5.15	3.14	3.83	3.64
数字产业	1.18	2.09	3.48	3.37	3.34
新能源产业（核能、太阳能、风能、生物质能）	8.24	5.02	2.95	2.16	2.62
新能源汽车产业	3.82	3.38	1.73	2.64	2.34
新材料产业（特种功能和高性能复合材料）	7.65	2.14	2.45	2.26	2.33

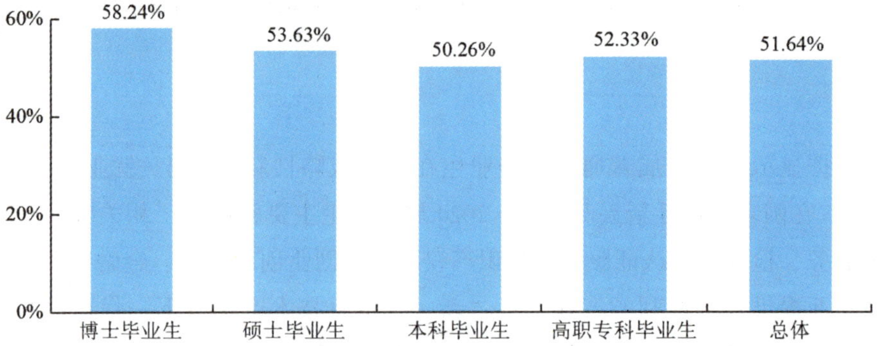

图 5-12　湖南省普通高校 2024 届毕业生在国家战略性新兴产业就业分析

5.7.3　基层就业情况[①]

调研数据显示，2024 届普通高校毕业生在基层单位就业的类型主要有“西部计划”（15.25%）、“选调生”（7.04%）、“三支一扶”（5.81%）。分学历来看，硕士毕业生就业

① 基层单位就业类型调查的人群是毕业去向为“基层项目就业”的毕业生，因此，基层单位就业类型分析的是毕业去向为“基层项目就业”的毕业生的情况。

的基层类型主要是“选调生”（63.71%），本科毕业生就业的基层类型主要是“西部计划”（36.36%），高职专科毕业生就业的基层类型主要是“乡村医生”（8.63%）。如表 5-5、图 5-13 所示。

表 5-5　湖南省普通高校 2024 届毕业生分学历层次在基层就业项目类型分析（单位:%）

基层就业类型	硕士毕业生	本科毕业生	高职专科毕业生	总体
西部计划	7.26	36.36	1.92	15.25
选调生	63.71	9.30	2.02	7.04
三支一扶	3.23	8.22	4.34	5.81
乡村教师	1.61	10.07	3.03	5.66
乡村医生	0.81	1.38	8.63	5.57
农技特岗	3.23	1.84	4.84	3.64
特岗教师	0.81	3.23	1.56	2.17
大学生村官	1.61	1.54	2.47	2.08
其他	17.74	28.06	71.19	52.77

注：博士毕业生样本量较少，故此表不呈现。

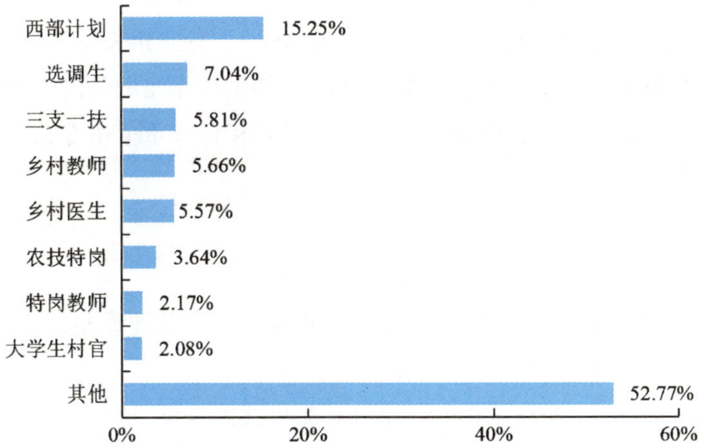

图 5-13　湖南省普通高校 2024 届毕业生在基层就业项目类型分析

5.7.4　机关/事业单位就业情况

调研数据显示，2024 届普通高校毕业生在机关/事业单位就业的总体比例为 19.00%。其中学历越高，毕业生就业在机关/事业单位的比例越高，特别是博士毕业生在机关/事业单位就业的比例高达 82.35%。如图 5-14 所示。

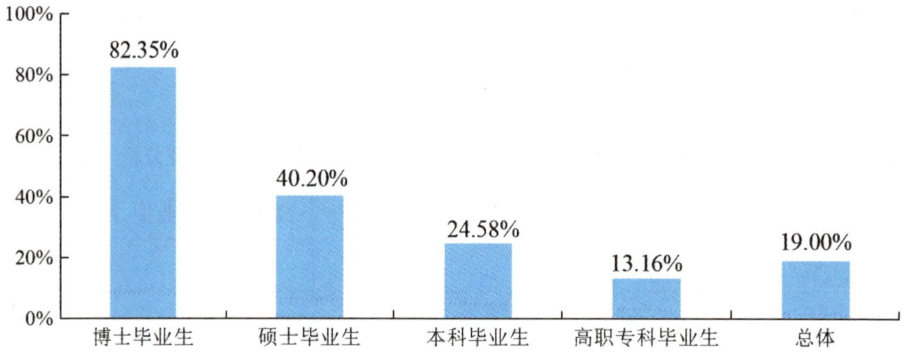

图 5-14　2024 届普通高校毕业生在机关/事业单位就业情况分析

注：机关/事业单位就业情况分析中包含教育与医疗机构。

5.8　就业质量专项指标调研分析

本节对毕业生就业质量调查中的就业现状满意度、专业相关度、职业期待匹配度、月薪满意度、提供社保比例、单位综合质量、职业稳定率 7 个核心指标进行不同维度的观测，进而了解影响毕业生就业质量的一般规律。为观测方便，本节通过对 7 个核心指标进行加权求和，得出综合观测值，并命名“就业质量综合评估值”。就业质量综合评估值计算采用加权求和法，其中就业现状满意度赋值 18. 00%、专业相关度赋值 20. 00%、职业期待匹配度赋值 17. 00%、月薪满意度赋值 10. 00%、提供社保比例赋值 5. 00%、单位综合质量赋值 15. 00%、职业稳定率赋值 15. 00%。本节 7 项指标权重值由专家头脑风暴和第三方经验综合得出。

5.8.1　性别对就业质量专项指标影响

就业质量综合评估值显示，各学历层次的男性毕业生就业质量综合评估值均高于女性，其中本科毕业生表现相对突出。如表 5-6 所示。

表 5-6　2024 届毕业生分性别七项就业指标分析（单位：%）

学历	性别	就业现状满意度	专业相关度	职业期待匹配度	月薪满意度	提供社保比例	单位综合质量	职业稳定率	就业质量综合评估值
毕业研究生	男	72. 94	83. 87	89. 21	70. 21	98. 01	92. 70	87. 78	84. 06
	女	65. 43	82. 38	86. 82	64. 36	96. 96	90. 86	87. 96	81. 12
本科毕业生	男	67. 68	76. 28	81. 98	61. 82	92. 67	88. 53	84. 00	78. 07
	女	63. 41	74. 22	79. 57	54. 33	89. 34	87. 62	79. 01	74. 68
高职专科毕业生	男	74. 87	65. 29	75. 39	60. 17	79. 51	86. 20	83. 53	74. 80
	女	71. 54	66. 18	73. 99	52. 86	70. 59	86. 06	77. 67	72. 07

5. 8. 2　院校类型对就业质量专项指标影响

就业质量综合评估值显示，就业质量综合评估值在 75. 00%以上的高校类型有“双一流”建设高校和普通本科院校的本科毕业生和毕业研究生。如表 5-7 所示。

表 5-7　2024 届毕业生分院校类型七项就业指标分析（单位:%）

院校分类	院校性质	学历	就业现状满意度	专业相关度	职业期待匹配度	月薪满意度	提供社保比例	单位综合质量	职业稳定率	就业质量综合评估值
职业院校	高职专科院校	高职专科毕业生	73. 19	65. 88	74. 73	56. 49	74. 85	86. 14	80. 43	73. 43
	职业本科院校	高职专科毕业生	71. 31	52. 57	68. 16	53. 68	68. 82	84. 80	78. 49	68. 24
本科院校	“双一流”建设高校	本科毕业生	70. 36	78. 71	85. 18	64. 47	95. 21	89. 39	86. 70	80. 51
		毕业研究生	73. 14	83. 06	89. 78	71. 49	98. 32	92. 87	88. 64	84. 33
	普通本科院校	高职专科毕业生	72. 23	69. 46	75. 88	52. 16	78. 68	86. 33	83. 36	74. 40
		本科毕业生	64. 83	74. 91	80. 35	57. 30	90. 56	87. 94	80. 92	75. 90
		毕业研究生	65. 62	83. 11	86. 35	63. 36	96. 70	90. 71	87. 18	80. 97

5. 8. 3　在校背景对就业质量专项指标影响

专业成绩影响：各学历层次毕业生在校期间所学的专业成绩排名越靠前，毕业生就业质量综合评估值相对越高。如表 5-8 所示。

表 5-8　2024 届毕业生分专业成绩七项就业指标分析（单位:%）

学历	你的综合成绩排名位于本专业的：	就业现状满意度	专业相关度	职业期待匹配度	月薪满意度	提供社保比例	单位综合质量	职业稳定率	就业质量综合评估值
毕业研究生	前 30%	69. 77	83. 02	87. 81	66. 8	97. 19	92. 28	87. 69	82. 63
	前 30%—70%	67. 73	83. 32	88. 23	67. 23	97. 72	91. 28	88. 38	82. 41
	后 30%	67. 33	81. 80	87. 08	69. 28	98. 04	89. 63	85. 71	81. 41
本科毕业生	前 30%	66. 9	76. 65	80. 88	56. 75	91. 31	87. 92	80. 70	76. 66
	前 30%—70%	64. 50	74. 67	80. 80	58. 23	90. 77	88. 32	81. 79	76. 16
	后 30%	61. 93	70. 92	79. 00	60. 30	89. 44	86. 98	81. 58	74. 55
高职专科毕业生	前 30%	73. 16	69. 70	75. 95	55. 16	77. 33	85. 59	80. 49	74. 31
	前 30%—70%	73. 42	64. 18	74. 32	57. 00	73. 54	86. 70	80. 64	73. 16
	后 30%	70. 29	53. 87	69. 02	58. 22	70. 45	84. 23	78. 53	68. 92

专业实习时间影响：在校期间有实习经历的高校毕业生的就业质量综合评估值要明显高于没有实习的毕业生；在校实习时间在半年以上的高校毕业生的就业质量综合评估值要高于实习时间在 3 个月以内的毕业生。如表 5-9 所示。

表 5-9 2024 届毕业生分专业实习时间七项就业指标分析（单位:%）

学历	实习情况	就业现状满意度	专业相关度	职业期待匹配度	月薪满意度	提供社保比例	单位综合质量	职业稳定率	就业质量综合评估值
毕业研究生	有过实习经历，在 3 个月以内	69.04	82.22	88.02	68.51	97.56	92.43	88.57	82.71
	有过实习经历，在半年以上	69.10	85.99	89.15	66.08	97.61	91.73	88.57	83.32
	没有实习经历	68.03	80.01	86.09	66.69	97.10	90.74	85.89	80.90
本科毕业生	有过实习经历，在 3 个月以内	65.13	72.89	79.81	60.30	90.88	88.33	80.71	75.80
	有过实习经历，在半年以上	68.03	82.10	84.72	54.44	90.82	88.99	83.87	78.98
	没有实习经历	60.23	67.97	74.28	54.47	91.07	84.18	77.56	71.32
高职专科毕业生	有过实习经历，在 3 个月以内	73.80	64.77	74.56	58.01	74.91	86.34	80.80	73.53
	有过实习经历，在半年以上	73.20	69.11	76.53	55.62	75.87	86.88	80.53	74.48
	没有实习经历	71.58	59.53	70.36	55.10	72.29	83.96	79.70	70.43

担任学生干部影响：毕业生在校期间担任班干部情况与毕业生就业质量存在一定关系，其中担任过班干部的各学历毕业生就业质量综合评估值要高于没有担任过班干部的各学历毕业生。如表 5-10 所示。

表 5-10 2024 届毕业生分担任学生干部情况七项就业指标分析（单位:%）

学历	班干部担任情况	就业现状满意度	专业相关度	职业期待匹配度	月薪满意度	提供社保比例	单位综合质量	职业稳定率	就业质量综合评估值
毕业研究生	担任过	69.87	81.90	88.19	67.50	97.53	92.17	89.02	82.75
	没有担任过	67.33	84.77	87.59	66.56	97.36	91.09	86.23	82.09
本科毕业生	担任过	67.70	75.96	82.30	58.96	91.92	89.29	82.66	77.65
	没有担任过	62.45	74.19	78.66	56.33	89.59	86.48	79.64	74.48
高职专科毕业生	担任过	74.50	68.08	76.64	56.04	76.69	86.80	81.01	74.66
	没有担任过	71.98	63.77	72.96	56.61	73.27	85.55	80.00	72.27

社团活动参加影响：毕业生在校期间参加社团活动与毕业生就业质量存在一定关系，

其中参加过社团活动的高职专科毕业生就业评估值最多可高出没有参加过社团活动的 4. 63 个百分点。如表 5-11 所示。

表 5-11 2024 届毕业生分社团活动参与情况七项就业指标分析（单位:%）

学历	社团参与情况	就业现状满意度	专业相关度	职业期待匹配度	月薪满意度	提供社保比例	单位综合质量	职业稳定率	就业质量综合评估值
毕业研究生	参加过	69. 17	83. 14	88. 29	66. 99	97. 45	92. 03	88. 35	82. 72
	没有参加过	67. 87	82. 93	87. 09	67. 41	97. 47	90. 96	86. 69	81. 87
本科毕业生	参加过	66. 13	76. 09	81. 38	58. 06	91. 31	88. 56	81. 92	76. 90
	没有参加过	62. 67	72. 10	78. 35	56. 89	89. 46	86. 32	79. 31	74. 03
高职专科毕业生	参加过	74. 70	68. 14	76. 49	56. 82	76. 62	86. 82	81. 36	74. 82
	没有参加过	69. 76	60. 47	70. 61	55. 30	70. 93	84. 59	78. 49	70. 19

5.8.4 家庭背景对就业质量专项指标影响

家庭帮助对就业影响：家庭对毕业生就业帮助与毕业生就业质量关系较为紧密。如表 5-12 所示。

表 5-12 2024 届毕业生分家庭对就业帮助七项就业指标分析（单位:%）

学历	家庭对就业帮助情况	就业现状满意度	专业相关度	职业期待匹配度	月薪满意度	提供社保比例	单位综合质量	职业稳定率	就业质量综合评估值
毕业研究生	基本没帮助	55. 34	77. 93	80. 34	55. 27	97. 49	83. 75	79. 24	74. 05
	帮助不大	64. 77	81. 84	86. 29	64. 51	97. 36	91. 16	85. 59	80. 53
	一般	70. 01	84. 06	89. 17	68. 92	97. 30	92. 59	89. 30	83. 61
	比较大	74. 12	84. 27	90. 58	70. 39	97. 58	94. 32	90. 94	85. 3
	非常大	69. 90	83. 61	87. 50	68. 10	97. 68	91. 33	87. 57	82. 71
本科毕业生	基本没帮助	49. 19	70. 42	70. 90	46. 67	90. 57	79. 69	69. 75	66. 60
	帮助不大	56. 70	72. 88	76. 56	52. 51	90. 05	84. 82	75. 87	71. 65
	一般	67. 40	75. 84	82. 03	59. 37	90. 73	89. 11	82. 31	77. 43
	比较大	71. 18	77. 03	84. 02	61. 93	91. 54	90. 74	85. 72	79. 74
	非常大	67. 89	75. 18	81. 11	58. 10	91. 05	88. 59	83. 11	77. 16
高职专科毕业生	基本没帮助	55. 83	57. 67	61. 69	43. 11	68. 23	75. 65	69. 43	61. 56
	帮助不大	64. 37	60. 85	66. 85	47. 62	71. 84	81. 72	74. 26	66. 87
	一般	74. 52	65. 23	74. 96	56. 93	73. 90	86. 64	80. 73	73. 70
	比较大	77. 93	68. 86	78. 72	60. 30	77. 15	89. 02	84. 12	77. 04
	非常大	74. 75	67. 95	77. 13	59. 18	77. 61	86. 78	81. 81	75. 24

父母文化程度对就业影响：父母文化程度与毕业生就业质量关系紧密，其中父母学历在大学及以上的，毕业生就业质量相对较好。如表 5-13 所示。

表 5-13　2024 届毕业生分父母文化程度七项就业指标分析（单位：%）

学历	父母文化程度	就业现状满意度	专业相关度	职业期待匹配度	月薪满意度	提供社保比例	单位综合质量	职业稳定率	就业质量综合评估值
毕业研究生	大学及以上学历	73.03	82.85	90.08	71.08	97.40	93.44	91.40	84.73
	高中及高中以下	67.69	83.14	87.40	66.10	97.47	91.28	86.97	81.89
本科毕业生	大学及以上学历	72.97	77.65	86.10	66.14	92.28	91.83	87.55	81.44
	高中及高中以下	63.87	74.73	79.72	56.30	90.64	87.36	80.21	75.29
高职专科毕业生	大学及以上学历	81.14	73.56	83.28	65.39	83.02	90.55	86.59	80.74
	高中及高中以下	72.03	64.71	73.50	55.13	73.75	85.53	79.64	72.38

家庭生活水平对就业影响：家庭生活水平与毕业生就业质量关系紧密，其中家庭生活水平越高，毕业生就业质量综合评估值越高。如表 5-14 所示。

表 5-14　2024 届毕业生分家庭生活水平七项就业指标分析（单位：%）

学历	家庭生活水平	就业现状满意度	专业相关度	职业期待匹配度	月薪满意度	提供社保比例	单位综合质量	职业稳定率	就业质量综合评估值
毕业研究生	比较富裕或非常富裕	81.82	85.66	92.25	77.52	96.90	94.57	94.19	88.45
	中等或小康	70.52	83.64	89.28	69.28	97.60	92.92	89.46	83.76
	比较贫困或特别贫困	61.74	81.03	83.24	59.11	97.08	87.62	82.14	77.70
本科毕业生	比较富裕或非常富裕	82.39	80.11	90.79	73.19	93.90	92.48	90.74	85.78
	中等或小康	68.52	75.57	82.83	61.14	91.23	90.01	83.76	78.27
	比较贫困或特别贫困	55.87	73.66	74.44	48.12	89.71	82.88	74.47	70.34
高职专科毕业生	比较富裕或非常富裕	87.41	76.17	87.96	74.21	86.23	92.40	90.10	85.03
	中等或小康	76.71	66.71	76.94	59.14	75.94	88.16	82.79	75.58
	比较贫困或特别贫困	62.83	61.94	67.10	46.89	70.54	80.16	73.30	66.34

5.8.5　求职过程对就业质量专项指标影响

求职时间影响：高职专科毕业生求职时长在 1 个月以内和 9 个月以上的就业质量综合评估值较好，本科毕业生与毕业研究生求职时长为 6 个月以内的就业质量综合评估值较好。如表 5-15 所示。

表 5-15　2024 届毕业生分求职时间七项就业指标分析（单位：%）

学历	成功就业用时	就业现状满意度	专业相关度	职业期待匹配度	月薪满意度	提供社保比例	单位综合质量	职业稳定率	就业质量综合评估值
毕业研究生	1 个月以内	78.33	85.00	88.33	66.98	95.86	91.60	88.46	84.62
	1—3 个月	77.33	85.50	89.82	71.08	98.02	92.94	89.10	85.60
	4—6 个月	76.31	83.54	88.67	66.27	98.51	92.92	88.94	84.35
	7—9 个月	71.18	79.17	87.04	62.96	97.80	90.39	86.23	81.12
	10—12 个月	68.68	74.74	82.05	61.80	98.12	89.14	84.76	78.43
	12 个月以上	61.43	71.28	76.10	55.14	91.61	81.34	76.94	72.09
本科毕业生	1 个月以内	74.30	76.33	81.51	56.35	90.40	87.84	82.89	78.26
	1—3 个月	70.71	73.55	80.23	59.45	91.59	88.74	79.75	76.87
	4—6 个月	73.26	75.55	81.11	60.04	91.48	88.96	81.37	78.21
	7—9 个月	68.23	69.30	76.96	57.59	91.30	86.31	78.83	74.32
	10—12 个月	72.66	71.01	80.57	61.53	91.30	88.41	79.91	76.94
	12 个月以上	67.97	75.12	75.73	45.81	87.57	82.08	76.43	72.87
高职专科毕业生	1 个月以内	78.80	65.63	75.89	56.58	73.55	86.62	82.44	74.91
	1—3 个月	75.91	63.79	72.85	56.76	75.32	86.34	78.65	73.00
	4—6 个月	76.40	67.06	73.21	56.53	77.27	85.14	77.55	73.53
	7—9 个月	74.73	68.64	73.97	55.73	77.64	83.83	77.51	73.41
	10—12 个月	79.57	74.03	76.39	55.35	79.95	85.50	80.64	76.57
	12 个月以上	74.94	75.27	76.09	50.29	78.93	82.01	77.66	74.40

获得工作机会数影响：各学历层次毕业生就业质量受获得工作机会数影响较大。其中高职专科毕业生获得工作机会数为 1 个的就业质量综合评估值最高，为 74.77%；本科毕业生为 5 个及以上的就业质量综合评估值最高，为 78.04%；毕业研究生为 3 个的就业质量综合评估值最高，为 85.01%。如表 5-16 所示。

表 5-16　2024 届毕业生分获得工作机会数七项就业指标分析（单位：%）

学历	获得工作机会数	就业现状满意度	专业相关度	职业期待匹配度	月薪满意度	提供社保比例	单位综合质量	职业稳定率	就业质量综合评估值
毕业研究生	1 个	72.10	81.86	84.71	64.35	95.14	89.61	86.30	81.33
	2 个	75.54	83.39	87.98	64.68	97.61	91.85	89.84	83.83
	3 个	77.43	84.04	89.52	68.88	98.39	92.99	88.59	85.01
	4 个	77.67	83.31	89.59	71.77	99.25	92.60	86.32	84.85
	5 个及以上	76.29	82.72	89.75	70.76	98.50	92.37	86.39	84.35

续表

学历	获得工作机会数	就业现状满意度	专业相关度	职业期待匹配度	月薪满意度	提供社保比例	单位综合质量	职业稳定率	就业质量综合评估值
本科毕业生	1 个	73. 13	77. 36	80. 37	54. 75	89. 66	87. 34	82. 33	77. 71
	2 个	72. 37	74. 30	80. 40	59. 55	90. 22	88. 61	79. 96	77. 31
	3 个	72. 93	73. 86	80. 88	59. 32	92. 21	88. 77	81. 32	77. 71
	4 个	70. 31	74. 74	80. 45	57. 79	93. 18	87. 08	80. 05	76. 79
	5 个及以上	73. 90	73. 93	81. 98	59. 16	92. 06	87. 69	82. 30	78. 04
高职专科毕业生	1 个	76. 61	70. 98	75. 07	54. 32	75. 63	84. 98	80. 42	74. 77
	2 个	77. 59	64. 19	73. 81	57. 22	73. 01	86. 59	79. 49	73. 64
	3 个	77. 92	63. 76	74. 44	57. 10	74. 82	87. 13	80. 88	74. 08
	4 个	76. 77	63. 74	75. 08	57. 64	76. 68	86. 04	80. 69	73. 94
	5 个及以上	78. 12	62. 69	75. 88	56. 85	76. 64	85. 73	81. 81	74. 15

5. 9 就业质量建模评估

5. 9. 1 模型建立说明

为全面、精准、直观地掌握湖南省普通高校 2024 届毕业生就业情况与质量，有效促进湖南省普通高校就业工作与高等教育教学的改革，笔者利用掌握的现有数据资源构建 2024 届毕业生就业质量综合评估模型。模型构建情况说明如下：

1. 评价体系说明：湖南省普通高校 2024 届毕业生就业质量指标评价体系基于 2023 届毕业生就业质量评估体系进行微调形成。2024 届毕业生就业质量评价体系包含 9 个方面，18 个观点（由于有 2 个指标是综合评价得出，实则涵盖了 27 个指标信息）。指标体系的框架及各方面的观测点含义、计算方法如表 5–17、表 5–18 所示。

表 5–17　指标体系及基本含义说明（单位:%）

评价维度	一级指标	指标含义说明
就业整体质量	就业充分性	就业充分性是就业质量考查的基本表现，通过毕业去向落实整体充分性和单位就业流向的充分性两个指标体现。
	就业适配度	就业的适配度是就业质量考察的主要表现，适配度通过毕业生就业是否与专业、与理想职业相匹配两个指标体现。
	就业稳定性	在当前国内外经济下行与多变的情况下，就业的稳定性越来越被学生与家长看重，成为毕业生衡量自身就业质量的又一关键因素。就业稳定性通过单位为毕业生提供社保比例、毕业生所在单位工作稳定性、毕业生自身职业发展稳定性 3 个指标来体现。

续表

评价维度	一级指标	指标含义说明
就业单位质量满意度		所在就业单位整体质量会影响毕业生就业声誉质量、职业发展质量等方面，成为毕业生在择业过程中的又一重要因素。毕业生就业单位质量通过所在单位社会美誉度、所在工作环境满意度、所在单位晋升空间满意度、所在单位培训机会满意度、所在单位综合满意度 5 个指标体现。
	就业个性满足性	“00 后”的毕业生就业逐渐尊重内心感受和个性需求，就业中对单位工作管理制度中的软性文化比较重视，成为“00 后”毕业生对就业质量评判的一个重要影响因素。就业个性满足通过工作压力较小比例、工作自主性满意度 2 个指标体现。
	就业薪酬	就业待遇是保障毕业生在社会就业生活活动的基本物质条件，对毕业生评价就业质量起到关键作用，就业待遇通过毕业生对就业月薪满意度 1 个指标来体现。
就业社会影响力	就业导向性	高校积极引导毕业生在政策倡导与国家/地方需要的方面就业，提升高校社会服务能力。考察毕业生就业导向引导从毕业生在基层就业比例、战略产业就业比例、重点企业就业比例、高校所在地就业比例 4 个指标体现。
	就业发展性	毕业生职业发展潜力提升，有助于促进毕业生社会贡献力。考查毕业生就业发展性通过毕业生深造比例、毕业生创业比例 2 个指标体现。
	单位对毕业生评价（仅针对总体评估用到）	单位对毕业生的评价是反映高校培养的毕业生质量与社会需求对接的情况，对毕业生就业质量起关键作用。单位对毕业生评价从用人单位对毕业生综合满意度、对毕业生思想与政治表现肯定度、对毕业生工作态度表现、专业水平表现肯定度、职业能力表现肯定度、职业发展潜力表现肯定度 6 个指标体现。

表 5-18　指标体系各项数据来源与计算方式说明

评价维度	一级指标	二级指标	指标来源说明
就业整体质量	就业充分性	毕业去向落实率	统计到毕业生截至 8 月 31 日毕业去向落实率
		协议签约比例	统计到毕业生协议就业和合同就业比例
	就业适配度	专业相关度	调查到毕业生工作内容与所学专业的相关度
		职业期待匹配度	调查到毕业生职业与理想职业吻合度
		提供社保比例	调查到单位为毕业生提供社保的比例
	就业稳定性	职业发展稳定性	调查到毕业生离职情况，职业发展稳定性 = 1-离职率
		工作稳定性	调查到毕业生所在单位用工稳定比例
	就业单位质量满意度	就业单位质量满意度	调查到毕业生所在单位社会美誉度、所在工作环境满意度、所在单位晋升空间满意度、所在单位培训机会满意度、所在单位综合满意度情况
	就业个性满足性	工作压力较小比例	调查到毕业生工作压力较小比例，其中工作压力较小比例 =（压力非常小+压力比较小）
		工作自主性满意度	调查到毕业生所在单位工作岗位灵活性
	就业薪酬	薪资满意度	调查到毕业生对签约月薪满意度

续表

评价维度	一级指标	二级指标	指标来源说明
就业社会影响力	就业导向性	基层就业比例	调查到毕业生参加基层项目就业、应征入伍就业的比例，即基层就业比例=“基层项目就业”比例+“应征入伍”比例
		战略性新兴产业就业比例	调查到毕业生在国家战略性新兴产业就业比例，即在节能环保产业、新一代信息技术产业、生物产业、高端装备制造产业、新能源产业、新材料产业、新能源汽车产业、数字创意产业、相关服务业中就业的比例
		重点企业就业比例	调查到毕业生在“上市企业”“国企”“国家高新技术企业”“外资、合资企业”单位就业的比例
		高校所在地就业比例	统计到毕业生院校所在地级市/州就业人数占协议和合同就业总人数比例
	就业发展性	创业比例	统计到自主创业毕业生占毕业生总数的比例
		继续深造比例	统计到国内深造毕业生占毕业生总数的比例
	单位对毕业生评价	单位对毕业生满意度	调查到用人单位对毕业生综合满意度、对毕业生思想与政治表现肯定度、工作态度表现肯定度、专业水平表现肯定度、职业能力表现肯定度、职业发展潜力表现肯定度

说明：评价体系中涉及的就业单位质量满意度、单位对毕业生满意度均是由多个指标计算得出的结果值，极大地提升了相关指标含义的准确性，各指标计算公式如下：

（1）就业单位质量满意度=（所在单位社会美誉度＊15+所在工作环境满意度＊7.5+所在单位晋升空间满意度＊20+所在单位培训机会满意度＊7.5+所在单位综合满意度＊50）/100；

（2）单位对毕业生满意度=调查到用人单位对毕业生综合满意度＊0.5+对毕业生思想与政治表现肯定度＊0.1+工作态度表现肯定度＊0.1+专业水平表现肯定度＊0.1+职业能力表现肯定度＊0.1+职业发展潜力表现肯定度＊0.1；

（3）以上两个指标的计算公式均由工作经验分配给出。

2. 评价体系权重说明：2024 届普通高校毕业生就业质量评价体系权重值引用 2023 届毕业生确定的权重值。其中关于在湖南省普通高校就业质量总体评价权重值确定上，仍然按照学历结构比例来确定，并进行加权求和得到，各学历层次确定类别原则见下节的权重引用说明。如表 5-19 所示。

表 5-19 各院校类别评价维度指标权重说明（单位：%）

评价维度	一级指标	双一流院校指标权重	普通本科院校指标权重	高职高专院校指标权重	二级指标	双一流院校指标权重	普通本科院校指标权重	高职高专院校指标权重	总体
就业整体质量	就业充分性	25.83	32.50	36.67	落实率	20.83	27.50	30.83	26.59
					协议签约比例	5.00	5.00	5.83	5.01
	就业适配度	12.50	11.67	13.33	专业相关度	5.83	5.83	6.67	5.78
					职业期待匹配度	6.67	5.83	6.67	5.82
	就业稳定性	10.00	10.83	12.50	提供社保比例	3.33	3.33	4.17	3.47
					职业发展稳定性	4.17	5.00	5.00	4.57

续表

评价维度	一级指标	双一流院校指标权重	普通本科院校指标权重	高职高专院校指标权重	二级指标	双一流院校指标权重	普通本科院校指标权重	高职高专院校指标权重	总体
就业整体质量	就业单位质量满意度	9.17	7.50	5.83	所在单位员工工作稳定性	2.50	2.50	3.33	2.70
					就业单位质量满意度	9.17	7.50	5.83	6.23
	就业个性满足性	7.50	5.83	2.50	工作压力较小比例	3.33	2.50	0.83	1.57
					工作自主性满意度	4.17	3.33	1.67	2.34
	就业薪酬	4.17	2.50	3.33	薪资满意度	4.17	2.50	3.33	2.79
就业社会影响力	就业导向性	23.33	23.33	22.50	基层就业比例	3.33	4.17	3.33	3.41
					战略产业就业比例	5.00	4.17	5.00	4.29
					重点企业就业比例	5.83	4.17	5.83	4.72
					高校所在地就业比例	9.17	10.83	8.33	8.73
	就业发展性	7.50	5.83	3.33	创业比例	3.33	1.67	1.67	1.63
					深造比例	4.17	4.17	1.67	2.67
	单位对毕业生评价	-	-	-	单位对毕业生满意度	-	-	-	7.69

3. 评价体系应用：(1) 在权重引用方面，我们定义研究生学历权重引用双一流院校指标权重，本科学历的权重引入普通本科院校指标权重，高职专科学历的权重引入高职高专院校指标权重。更进一步，在各学历层次的科类与专业就业质量权重确认上，也沿用此逻辑定义。(2) 在消除量纲方面，对于评估对象的单位不统一的问题（如平均薪酬），统一采用 z-score 标准化法。其中，由于在就业质量评价中，为避免样本量太小带来的误差，各学历标准化过程的均值和标准偏差参考各学历对应专业样本所求的值，总体标准化过程的均值和标准差参考所有参评科类所求的值。另外，为方便查看，我们对标准化的得分进行转换，转换公式为 $t=z\times10+80$。在就业综合值计算方面，采用加权求和计算综合就业指标值。

5.9.2　模型结论[①]

5.9.2.1　总体评估[②]

评估结果显示，2024 届普通高校毕业生就业质量综合评估值为 80.50%，其中“双一

① 本评估结论对于样本量较大的评价具有较高的参考性，样本量较小的以实际为主。

② 总体评估中，评估加入了单位对毕业生满意度指标，其余由于数据受限原因，评估结论均不含单位对毕业生满意度指标；本评估中标准化过程的均值与方差取自于高校所有专业的均值与方差。

流”建设高校毕业生就业质量综合评估值最高，为 84.63%。如表 5-20 所示。

表 5-20　湖南省普通高校 2022-2024 届毕业生总体就业质量评估结果（单位：%）

院校类型	2022 届	2023 届	2024 届
职业本科院校	80.33	82.88	77.81
高职专科院校	77.40	83.19	81.66
“双一流”建设院校	82.14	80.68	84.63
普通本科院校	–	–	76.26
总计	78.26	82.47	80.50

注：因把“一本院校”“二本院校”“三本院校”合并为“普通本科院校”分析，2022、2023 届无相关数据，故不呈现。

5.9.2.2　学历与科类评估

评估结果显示，毕业研究生就业质量综合评估值为 83.06%，本科毕业生就业质量综合评估值为 79.40%，高职专科毕业生就业质量综合评估值为 80.18%，如图 5-15 所示。分科类来看，毕业研究生评估结果排名前三的学科门类是经济学、工学、历史学，本科毕业生评估结果排名前三的学科门类是历史学、理学、教育学；高职专科评估结果排名前三的专业门类是能源动力与材料大类、生物与化工大类、水利大类。如表 5-21 所示。

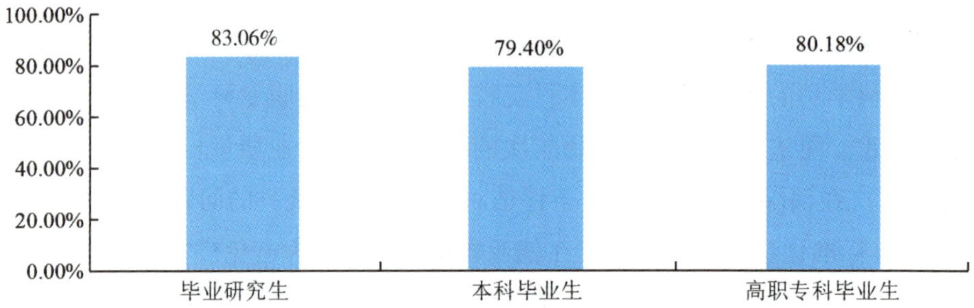

图 5-15　湖南省普通高校 2024 届各学历层次毕业生就业质量评估结果

表 5-21　湖南省普通高校 2024 届各学历层次不同科类毕业生就业质量评估结果（单位：%）

科类名称	评估值	科类名称	评估值
研究生学科门类毕业生就业质量综合评估值			
经济学	85.40	法学	79.39
工学	83.83	医学	79.19
历史学	82.83	哲学	78.58
教育学	81.16	文学	78.30
理学	80.25	艺术学	76.05
管理学	79.76	农学	75.25

续表

科类名称	评估值	科类名称	评估值
本科学科门类毕业生就业质量综合评估值			
历史学	86.53	医学	78.80
理学	85.95	经济学	77.81
教育学	84.57	管理学	77.58
农学	83.95	文学	76.19
工学	81.80	艺术学	75.37
法学	79.95	哲学	71.51
高职专科专业大类毕业生就业质量综合评估值			
能源动力与材料大类	89.50	旅游大类	78.29
生物与化工大类	86.97	农林牧渔大类	78.16
水利大类	86.89	新闻传播大类	78.09
交通运输大类	84.78	公共管理与服务大类	77.89
装备制造大类	81.93	医药卫生大类	77.12
资源环境与安全大类	81.76	电子与信息大类	76.62
轻工纺织大类	81.23	土木建筑大类	76.55
食品药品与粮食大类	79.96	文化艺术大类	76.01
教育与体育大类	78.52	公安与司法大类	71.22
财经商贸大类	78.35	-	-

5.9.2.3　院校类型科类评估

毕业研究生中，“双一流”建设高校毕业生就业质量综合评估值排名前三的学科是经济学、工学、管理学；本科院校毕业生就业质量综合评估值排名前三的学科是医学、经济学、工学。本科毕业生中，“双一流”建设高校毕业生就业质量综合评估值排名前三的学科是教育学、理学、工学；普通本科院校毕业生就业质量综合评估值排名前三的学科是历史学、理学、教育学。如表 5-22 所示。

表 5-22　湖南省普通高校 2024 届各类型高校不同科类本科毕业生、毕业研究生就业质量评估结果（单位:%）

学历	学科门类	“双一流”建设高校	普通本科院校
毕业研究生	经济学	87.25	84.47
	工学	86.33	84.25
	管理学	84.70	79.92
	理学	83.41	81.52

续表

学历	学科门类	“双一流”建设高校	普通本科院校
毕业研究生	法学	82.93	83.39
	历史学	82.74	83.18
	教育学	82.33	83.80
	哲学	81.80	77.98
	艺术学	81.05	78.62
	文学	80.36	82.60
	医学	80.31	85.29
	农学	-	79.92
本科毕业生	教育学	83.37	80.07
	理学	80.40	81.43
	工学	79.56	77.87
	法学	79.05	77.15
	历史学	77.73	83.50
	艺术学	77.38	72.61
	管理学	77.29	74.64
	经济学	76.91	75.15
	文学	75.95	74.00
	医学	75.22	77.14
	哲学	69.10	-
	农学	-	78.26

注：标-代表此学科门类无样本。

职业本科院校毕业生就业质量综合评估值排名前三的专业大类是文化艺术大类、教育与体育大类、食品药品与粮食大类；高职专科院校毕业生中，就业质量综合评估值排名前三的专业大类是能源动力与材料大类、水利大类、生物与化工大类。如表 5-23 所示。

表 5-23　湖南省普通高校 2024 届各类型高校不同科类高职专科毕业生就业质量评估结果（单位:%）

学历	专业大类	高职专科院校	职业本科院校
高职专科毕业生	能源动力与材料大类	90.18	77.25
	水利大类	87.80	-
	生物与化工大类	87.66	-
	交通运输大类	85.59	77.68
	装备制造大类	83.58	77.31
	资源环境与安全大类	83.23	-

续表

学历	专业大类	高职专科院校	职业本科院校
高职专科毕业生	轻工纺织大类	82.33	–
	食品药品与粮食大类	81.82	81.21
	农林牧渔大类	80.80	67.44
	新闻传播大类	80.56	74.49
	财经商贸大类	80.28	76.92
	旅游大类	80.26	80.54
	教育与体育大类	80.12	82.74
	公共管理与服务大类	79.82	76.16
	医药卫生大类	79.68	77.62
	电子与信息大类	79.17	77.95
	土木建筑大类	78.79	80.90
	文化艺术大类	78.23	83.52
	公安与司法大类	75.02	–

注：标–代表此专业大类无样本。

5.9.2.4　专业评估①

（1）毕业研究生

毕业研究生各专业评估结果显示，就业质量综合评估值在 85.00%以上的专业有 9 个，分别是电气工程（085801）、电气工程（080800）、能源动力、软件工程、机械等；就业质量综合评估值在 80.00%以下的专业有 2 个，分别是航空宇航推进理论与工程、科学与技术教育。如表 5–24 所示。

表 5–24　2024 届普通高校毕业研究生分专业就业质量评估结果（单位:%）

专业代码	专业	就业质量综合评估值	专业代码	专业	就业质量综合评估值
一级保留样本					
085801	电气工程	86.23	081400	土木工程	83.00
080800	电气工程	85.84	025200	应用统计	82.96
085800	能源动力	85.06	100700	药学	82.88

① 本节专业取样规则：对专业毕业生人数大于 100 人，同时在单位就业调研人数大于等于 30 人的专业作为一级保留样本，然后对专业毕业生人数大于 10 人，在单位就业调研人数占总毕业生人数比例大于 50%的专业作为二级保留样本。

续表

专业代码	专业	就业质量综合评估值	专业代码	专业	就业质量综合评估值
085405	软件工程	85. 06	035101	法律（非法学）	82. 79
085500	机械	85. 00	125200	公共管理	82. 76
080200	机械工程	84. 59	085901	土木工程	82. 72
125100	工商管理	84. 54	105101	内科学	82. 69
085400	电子信息	84. 52	055100	翻译	82. 49
105400	护理	84. 36	030100	法学	82. 44
081700	化学工程与技术	84. 36	055200	新闻与传播	82. 42
095136	农业工程与信息技术	84. 29	070100	数学	82. 41
085600	材料与化工	84. 09	055101	英语笔译	82. 34
081900	矿业工程	84. 08	120100	管理科学与工程	82. 34
080900	电子科学与技术	84. 04	035102	法律（法学）	82. 32
086100	交通运输	83. 99	045108	学科教学（英语）	82. 32
025100	金融	83. 96	085700	资源与环境	82. 28
081000	信息与通信工程	83. 95	095132	资源利用与植物保护	82. 26
081100	控制科学与工程	83. 91	070200	物理学	82. 25
125300	会计	83. 83	050100	中国语言文学	82. 21
080500	材料科学与工程	83. 79	071000	生物学	82. 11
045103	学科教学（语文）	83. 77	130500	设计学	82. 08
105100	临床医学	83. 67	030500	马克思主义理论	81. 93
083500	软件工程	83. 65	086000	生物与医药	81. 86
085404	计算机技术	83. 60	120200	工商管理	81. 82
045201	体育教学	83. 50	135108	艺术设计	81. 77
020200	应用经济学	83. 40	045115	小学教育	81. 73
025400	国际商务	83. 40	060200	中国史	81. 71
070300	化学	83. 31	083000	环境科学与工程	81. 51
085900	土木水利	83. 30	010100	哲学	81. 44
071400	统计学	83. 28	050200	外国语言文学	81. 36
081200	计算机科学与技术	83. 22	045102	学科教学（思政）	81. 24
120201	会计学	83. 22	125500	图书情报	81. 14

续表

专业代码	专业	就业质量综合评估值	专业代码	专业	就业质量综合评估值
095138	农村发展	83.19	095137	农业管理	80.94
082300	交通运输工程	83.01	120400	公共管理	80.85
二级保留样本					
085408	光电信息工程	85.70	080100	力学	83.62
085402	通信工程（含宽带网络、移动通信等）	85.64	125601	工程管理	83.53
077400	电子科学与技术	85.43	045104	学科教学（数学）	83.49
080700	动力工程及工程热物理	85.33	125604	物流工程与管理	83.29
085401	新一代电子信息技术（含量子技术等）	85.05	045105	学科教学（物理）	82.96
135100	艺术	84.96	045109	学科教学（历史）	82.72
085510	机器人工程	84.81	050102	语言学及应用语言学	82.61
085501	机械工程	84.81	0814Z2	消防工程	82.40
085406	控制工程	84.53	078401	教育技术学	82.14
085410	人工智能	84.53	080600	冶金工程	82.10
085403	集成电路工程	84.53	045106	学科教学（化学）	82.03
0814Z1	土木工程规划与管理	84.31	130100	艺术学理论	81.93
020204	金融学	84.29	040102	课程与教学论	81.87
085601	材料工程	84.29	081802	地球探测与信息技术	81.62
080400	仪器科学与技术	84.17	045300	汉语国际教育	81.27
081500	水利工程	84.12	085703	地质工程	81.22
025500	保险	84.01	082502	航空宇航推进理论与工程	75.68
081001	通信与信息系统	83.79	045117	科学与技术教育	67.83
025300	税务	83.74			

注：部分专业因属于不同专业大类，会存在专业名称相同但专业代码不同的情况。

（2）本科毕业生

本科毕业生各专业评估结果显示，就业质量综合评估值在 89.00%以上的专业有 4 个，分别是治安学、侦查学、刑事科学技术、经济犯罪侦查。就业质量综合评估值在 75.00%以下的专业有 5 个，分别是汉语国际教育、农林经济管理、数字媒体技术、动画、工艺美术。如表 5-25 所示。

表 5-25　2024 届普通高校本科毕业生分专业就业质量评估结果（单位:%）

专业代码	专业	就业质量综合评估值	专业代码	专业	就业质量综合评估值
一级保留样本					
030601	治安学	90.95	081302	制药工程	79.41
030602	侦查学	89.34	130301	表演	79.39
083101	刑事科学技术	89.30	080714	电子信息科学与技术	79.36
090101	农学	85.70	071202	应用统计学	79.34
070201	物理学	84.96	080703	通信工程	79.29
081101	水利水电工程	84.45	130505	服装与服饰设计	79.27
040102	科学教育	84.39	120101	管理科学	79.25
080404	冶金工程	84.13	101005	康复治疗学	79.21
080207	车辆工程	84.10	120103	工程管理	79.19
070202	应用物理学	84.10	130504	产品设计	79.18
081701	轻化工程	84.07	081201	测绘工程	79.18
080503	新能源科学与工程	83.85	050205	西班牙语	79.18
082201	核工程与核技术	83.83	120204	财务管理	79.13
081503	矿物加工工程	83.77	100801	中药学	79.11
080601	电气工程及其自动化	83.60	020302	金融工程	79.01
120701	工业工程	83.43	081806	交通设备与控制工程	78.99
070301	化学	83.30	080205	工业设计	78.99
040107	小学教育	83.28	083001	生物工程	78.94
081403	资源勘查工程	83.23	020301	金融学	78.78
120207	审计学	83.20	082802	城乡规划	78.71
070501	地理科学	83.20	080904	信息安全	78.71
080405	金属材料工程	83.10	080910	数据科学与大数据技术	78.69
080206	过程装备与控制工程	83.00	130508	数字媒体艺术	78.65
071001	生物科学	82.97	080208	汽车服务工程	78.59
070101	数学与应用数学	82.91	120902	酒店管理	78.57
080301	测控技术与仪器	82.89	050301	新闻学	78.54
080706	信息工程	82.89	120601	物流管理	78.53
080501	能源与动力工程	82.74	081005	城市地下空间工程	78.50
030503	思想政治教育	82.70	120201	工商管理	78.43
081003	给排水科学与工程	82.62	120402	行政管理	78.42

续表

专业代码	专业	就业质量综合评估值	专业代码	专业	就业质量综合评估值
020201	财政学	82.54	082702	食品质量与安全	78.34
080803	机器人工程	82.43	050306	网络与新媒体	78.32
080406	无机非金属材料工程	82.36	130205	舞蹈学	78.31
080213	智能制造工程	82.36	050101	汉语言文学	78.22
040207	休闲体育	82.31	080902	软件工程	78.17
081501	采矿工程	82.29	120206	人力资源管理	78.13
120104	房地产开发与管理	82.29	050204	法语	78.07
100501	中医学	82.22	070504	地理信息科学	78.04
081006	道路桥梁与渡河工程	82.21	071102	应用心理学	78.00
080801	自动化	82.04	050262	商务英语	77.99
090601	水产养殖学	82.03	050201	英语	77.92
081103	港口航道与海岸工程	82.00	080905	物联网工程	77.91
060101	历史学	81.96	101101	护理学	77.90
040203	社会体育指导与管理	81.93	040106	学前教育	77.86
081002	建筑环境与能源应用工程	81.92	120203	会计学	77.76
080202	机械设计制造及其自动化	81.92	120602	物流工程	77.75
082901	安全工程	81.80	080901	计算机科学与技术	77.68
070302	应用化学	81.77	080717	人工智能	77.57
080407	高分子材料与工程	81.75	020401	国际经济与贸易	77.56
100203	医学影像学	81.66	020101	经济学	77.52
130309	播音与主持艺术	81.65	030101	法学	77.49
130206	舞蹈编导	81.58	071201	统计学	77.29
040202	运动训练	81.54	130502	视觉传达设计	77.24
080102	工程力学	81.45	050303	广告学	77.22
080907	智能科学与技术	81.40	130503	环境设计	77.19
040201	体育教育	81.26	130401	美术学	77.18
080204	机械电子工程	81.18	090502	园林	77.16
080702	电子科学与技术	81.04	030302	社会工作	77.09
130204	舞蹈表演	80.94	050209	朝鲜语	76.98
081301	化学工程与工艺	80.94	101001	医学检验技术	76.95
100701	药学	80.63	130201	音乐表演	76.87
100201	临床医学	80.63	120401	公共事业管理	76.86

续表

专业代码	专业	就业质量综合评估值	专业代码	专业	就业质量综合评估值
080705	光电信息科学与工程	80.57	040101	教育学	76.86
040104	教育技术学	80.55	050207	日语	76.71
080403	材料化学	80.54	020304	投资学	76.68
120102	信息管理与信息系统	80.48	081802	交通工程	76.61
080203	材料成型及控制工程	80.47	120901	旅游管理	76.60
100502	针灸推拿学	80.40	101003	医学影像技术	76.59
120210	文化产业管理	80.39	130512	包装设计	76.52
020305	金融数学	80.22	082801	建筑学	76.49
100301	口腔医学	80.18	070102	信息与计算科学	76.48
080401	材料科学与工程	80.13	130305	广播电视编导	76.47
071002	生物技术	80.11	030305	家政学	76.33
120801	电子商务	80.09	081007	铁道工程	76.03
081001	土木工程	80.08	120404	土地资源管理	75.87
120105	工程造价	80.04	082803	风景园林	75.79
120202	市场营销	79.95	130202	音乐学	75.78
082701	食品科学与工程	79.93	081702	包装工程	75.67
081004	建筑电气与智能化	79.84	130501	艺术设计学	75.62
090301	动物科学	79.76	081801	交通运输	75.46
130304	戏剧影视文学	79.68	050103	汉语国际教育	74.57
080704	微电子科学与工程	79.64	120301	农林经济管理	74.57
082502	环境工程	79.52	080906	数字媒体技术	74.02
050261	翻译	79.50	130310	动画	73.63
080903	网络工程	79.49	130507	工艺美术	72.72
080701	电子信息工程	79.47			
二级保留样本					
030606	经济犯罪侦查	89.77	080209	机械工艺技术	86.65
081901	船舶与海洋工程	88.98	081102	水文与水资源工程	85.87
080716	应用电子技术教育	88.23	081505	矿物资源工程	83.88

（3）高职专科毕业生

高职专科毕业生各专业评估结果显示，就业质量综合评估值在90.00%以上的专业有5个，分别是导弹维修技术、输配电工程技术、航空发动机维修技术、飞行器维修技术、供用电技术。就业质量综合评估值在 70.00%以下的专业有 3 个，分别是生态农业技术、高尔夫球运动与管理、水土保持技术。如表 5-26 所示。

表 5-26　湖南省普通高校 2024 届高职专科毕业生分专业就业质量评估结果（单位:%）

专业代码	专业	就业质量综合评估值	专业代码	专业	就业质量综合评估值
一级保留样本					
460611	导弹维修技术	92.94	550117	人物形象设计	80.16
430107	输配电工程技术	92.22	560212	摄影摄像技术	80.13
460608	航空发动机维修技术	90.89	540203	中西面点工艺	80.13
460607	飞行器维修技术	90.67	410301	动物医学	80.13
430108	供用电技术	90.15	570205	商务日语	80.09
430101	发电厂及电力系统	88.30	590401	现代文秘	80.07
470201	应用化工技术	87.51	530501	国际经济与贸易	80.05
500410	飞机电子设备维修	86.86	410303	畜牧兽医	79.96
500112	铁道交通运营管理	86.60	530704	网络营销与直播电商	79.86
500412	通用航空器维修	86.40	540106	酒店管理与数字化运营	79.84
500109	高速铁路综合维修技术	86.39	570201	商务英语	79.82
430105	电力系统自动化技术	86.25	520603	言语听觉康复技术	79.82
500101	铁道工程技术	86.22	510207	信息安全技术应用	79.80
500108	动车组检修技术	86.07	490217	化妆品经营与管理	79.80
500604	城市轨道交通通信信号技术	85.75	510202	计算机网络技术	79.78
470204	石油化工技术	85.54	460609	无人机应用技术	79.75
500111	铁道通信与信息化技术	85.44	440701	房地产经营与管理	79.75
500105	铁道机车运用与维护	85.32	530502	国际商务	79.74
500106	铁道车辆技术	85.29	500201	道路与桥梁工程技术	79.72
440305	地下与隧道工程技术	85.06	510204	数字媒体技术	79.71
450201	水利工程	84.95	500207	智能交通技术	79.70
410103	现代农业技术	84.81	560205	新闻采编与制作	79.69
460401	铁道机车车辆制造与维护	84.78	530301	大数据与财务管理	79.66
500107	铁道供电技术	84.78	420303	测绘地理信息技术	79.59
500602	城市轨道车辆应用技术	84.75	570106	小学英语教育	79.50
500110	铁道信号自动控制	84.66	460704	智能网联汽车技术	79.47
530706	商务数据分析与应用	84.50	530302	大数据与会计	79.47
430501	有色金属智能冶金技术	84.43	550102	视觉传达设计	79.44
520901	眼视光技术	84.41	520504	口腔医学技术	79.44

续表

专业代码	专业	就业质量综合评估值	专业代码	专业	就业质量综合评估值
470203	精细化工技术	84.39	530701	电子商务	79.42
570113	艺术教育	84.31	570110	体育教育	79.41
430602	高分子材料智能制造技术	84.26	420601	矿山智能开采技术	79.41
460604	航空发动机装配调试技术	84.26	520101	临床医学	79.37
460601	飞行器数字化制造技术	84.20	540101	旅游管理	79.35
420801	环境监测技术	84.17	460305	工业机器人技术	79.33
440406	建筑消防技术	84.05	530304	会计信息管理	79.31
470208	分析检验技术	84.03	500211	汽车检测与维修技术	79.25
420805	环境管理与评价	83.97	530703	移动商务	79.24
410401	水产养殖技术	83.94	530201	金融服务与管理	79.24
500606	城市轨道交通运营管理	83.92	440106	建筑室内设计	79.23
540202	烹饪工艺与营养	83.73	440107	建筑动画技术	79.22
460110	智能焊接技术	83.67	550101	艺术设计	79.20
500406	民航安全技术管理	83.53	440503	建筑经济信息化管理	79.20
460307	工业过程自动化技术	83.33	420901	安全技术与管理	79.18
450204	水利水电工程智能管理	83.28	560201	播音与主持	79.18
570103	小学教育	83.18	520201	护理	79.17
520403	针灸推拿	83.17	550201	音乐表演	79.16
460306	电气自动化技术	83.12	420107	宝玉石鉴定与加工	79.10
440602	给排水工程技术	83.12	520416	中医康复技术	79.07
460107	材料成型及控制技术	83.09	570102	学前教育	79.04
460205	制冷与空调技术	82.95	520102	口腔医学	79.01
500102	高速铁路施工与维护	82.88	500113	高速铁路客运服务	79.00
590305	现代殡葬技术与管理	82.86	440601	市政工程技术	78.97
430302	风力发电工程技术	82.83	520202	助产	78.97
410113	现代农业装备应用技术	82.81	560202	广播影视节目制作	78.97
520401	中医学	82.76	440501	工程造价	78.96
420802	环境工程技术	82.69	510215	动漫制作技术	78.92
500605	城市轨道交通供配电技术	82.60	520703	预防医学	78.91
500408	机场运行服务与管理	82.59	530603	商务管理	78.89
500203	智能工程机械运用技术	82.57	550121	包装艺术设计	78.88
470210	化工装备技术	82.54	540102	导游	78.87

续表

专业代码	专业	就业质量综合评估值	专业代码	专业	就业质量综合评估值
450203	水利水电工程技术	82.50	570202	应用英语	78.74
500401	民航运输服务	82.50	510208	虚拟现实技术应用	78.73
520415	中药制药	82.49	510213	移动应用开发	78.72
460101	机械设计与制造	82.44	490101	食品智能加工技术	78.70
530203	保险实务	82.38	530802	现代物流管理	78.69
510103	应用电子技术	82.29	510102	物联网应用技术	78.68
440404	建筑智能化工程技术	82.27	510307	智能互联网络技术	78.64
500409	飞机机电设备维修	82.27	410105	园艺技术	78.64
430504	储能材料技术	82.25	510205	大数据技术	78.62
570306	体育保健与康复	82.13	590101	社会工作	78.61
520301	药学	82.11	570108	音乐教育	78.55
490206	药品质量与安全	82.00	530807	工程物流管理	78.50
420808	资源综合利用技术	81.99	550113	广告艺术设计	78.45
460104	机械制造及自动化	81.99	570304	民族传统体育	78.45
520804	心理咨询	81.97	460105	工业设计	78.40
460119	工业产品质量检测技术	81.94	590302	智慧健康养老服务与管理	78.37
520410	中药学	81.91	590304	婚庆服务与管理	78.37
570303	运动训练	81.90	510203	软件技术	78.36
570112	舞蹈教育	81.84	530601	工商企业管理	78.36
490201	药品生产技术	81.81	550120	皮具艺术设计	78.26
500405	空中乘务	81.79	460202	机电设备技术	78.25
560215	传播与策划	81.75	570101	早期教育	78.24
490102	食品质量与安全	81.66	460113	模具设计与制造	78.24
590301	现代家政服务与管理	81.64	530303	大数据与审计	78.23
460301	机电一体化技术	81.63	460203	电机与电器技术	78.21
460701	汽车制造与试验技术	81.60	550401	文化创意与策划	78.20
410120	农村新型经济组织管理	81.58	550114	室内艺术设计	78.19
500601	城市轨道交通工程技术	81.54	420804	生态环境大数据技术	78.19
460206	电梯工程技术	81.47	530402	统计与会计核算	78.19
450205	水利水电建筑工程	81.46	550104	产品艺术设计	78.15
500210	汽车技术服务与营销	81.46	440105	风景园林设计	78.14
490104	食品检验检测技术	81.39	530602	连锁经营与管理	78.13

续表

专业代码	专业	就业质量综合评估值	专业代码	专业	就业质量综合评估值
440401	建筑设备工程技术	81.39	590206	行政管理	78.09
540201	餐饮智能管理	81.38	530205	财富管理	78.07
460603	航空发动机制造技术	81.36	550105	服装与服饰设计	78.00
560204	影视编导	81.30	500701	邮政快递运营管理	77.98
510302	现代移动通信技术	81.29	440301	建筑工程技术	77.97
510107	汽车智能技术	81.27	550106	环境艺术设计	77.95
420306	国土空间规划与测绘	81.26	590201	民政服务与管理	77.87
440306	土木工程检测技术	81.25	520501	医学检验技术	77.87
500603	城市轨道交通机电技术	81.24	540112	会展策划与管理	77.86
440403	供热通风与空调工程技术	81.20	430301	光伏工程技术	77.84
460112	增材制造技术	81.19	570206	应用日语	77.69
530702	跨境电子商务	81.04	410305	宠物医疗技术	77.63
480101	化妆品技术	81.01	520803	老年保健与管理	77.58
530804	铁路物流管理	80.96	460705	汽车造型与改装技术	77.52
530605	市场营销	80.96	470101	食品生物技术	77.47
420908	职业健康安全技术	80.96	530202	金融科技应用	77.45
420302	测绘工程技术	80.96	410309	宠物养护与驯导	77.41
490208	药品经营与管理	80.93	550216	音乐传播	77.32
460702	新能源汽车技术	80.92	510106	移动互联应用技术	77.32
550202	舞蹈表演	80.91	520502	医学影像技术	77.31
460103	数控技术	80.91	590104	社区管理与服务	77.30
460118	机械装备制造技术	80.87	520802	婴幼儿托育服务与管理	77.27
530806	港口物流管理	80.81	520801	健康管理	77.20
510211	工业互联网技术	80.76	530801	物流工程技术	77.09
560206	影视动画	80.73	510201	计算机应用技术	77.08
460120	理化测试与质检技术	80.69	510209	人工智能技术应用	77.02
510101	电子信息工程技术	80.65	440104	园林工程技术	76.98
550209	国际标准舞	80.63	570211	应用法语	76.93
420806	生态环境修复技术	80.62	440101	建筑设计	76.78
570307	健身指导与管理	80.61	570105	小学数学教育	76.72
510301	现代通信技术	80.59	570204	应用韩语	76.56
550103	数字媒体艺术设计	80.54	410210	森林生态旅游与康养	76.37

续表

专业代码	专业	就业质量综合评估值	专业代码	专业	就业质量综合评估值
520601	康复治疗技术	80.54	410202	园林技术	76.32
570114	特殊教育	80.51	510206	云计算技术应用	76.14
550122	陶瓷设计与工艺	80.49	440502	建设工程管理	76.10
460201	智能制造装备技术	80.46	570109	美术教育	75.96
570212	应用西班牙语	80.46	520417	中医养生保健	75.59
410101	种子生产与经营	80.43	550116	动漫设计	75.55
590202	人力资源管理	80.36	570115	现代教育技术	75.44
440102	建筑装饰工程技术	80.33	570104	小学语文教育	75.31
460303	智能控制技术	80.32	550112	工艺美术品设计	74.76
420301	工程测量技术	80.28	530809	智能物流技术	74.38
460106	工业工程技术	80.27	490209	食品药品监督管理	74.19
460703	汽车电子技术	80.25	550204	表演艺术	74.18
520507	医学美容技术	80.21	570107	小学科学教育	73.01
540113	休闲服务与管理	80.20	410104	生态农业技术	69.82
530705	农村电子商务	80.19	570313	高尔夫球运动与管理	67.87
二级保留样本					
450206	机电排灌工程技术	88.66	570312	电子竞技运动与管理	80.93
570302	休闲体育	87.60	410306	动物防疫与检疫	80.91
500206	道路养护与管理	87.59	500307	港口与航运管理	80.85
510308	网络规划与优化技术	87.41	450102	水政水资源管理	80.84
430205	发电运行技术	87.26	440304	智能建造技术	80.64
500402	民航通信技术	87.04	420401	油气储运技术	79.84
430603	复合材料智能制造技术	86.66	540109	茶艺与茶文化	79.82
430201	热能动力工程技术	86.34	550403	公共文化服务与管理	79.75
460501	船舶工程技术	85.50	440402	建筑电气工程技术	79.61
520414	中药材生产与加工	84.85	420903	工程安全评价与监理	79.57
420809	水净化与安全技术	84.55	420904	安全智能监测技术	79.57
460508	游艇设计与制造	84.32	570213	应用德语	79.50
430505	稀土材料技术	84.20	440405	工业设备安装工程技术	79.49
420905	应急救援技术	84.15	590307	陵园服务与管理	79.45
460117	内燃机制造与应用技术	84.14	550110	展示艺术设计	79.31
530604	中小企业创业与经营	83.97	550119	雕刻艺术设计	79.10

续表

专业代码	专业	就业质量综合评估值	专业代码	专业	就业质量综合评估值
540205	营养配餐	83.81	470209	化工智能制造技术	79.03
550123	首饰设计与工艺	83.60	410302	动物药学	78.98
570203	旅游英语	83.26	530805	冷链物流技术与管理	78.86
460304	智能机器人技术	83.21	510210	嵌入式技术应用	78.79
550203	戏曲表演	83.05	490214	医疗器械经营与服务	78.74
490203	药物制剂技术	83.05	590203	劳动与社会保障	78.58
530102	资产评估与管理	82.89	550218	舞台艺术设计与制作	78.41
550125	刺绣设计与工艺	82.65	420201	工程地质勘查	77.54
420602	矿物加工技术	82.56	530503	关务与外贸服务	77.42
480302	印刷媒体技术	82.20	560105	数字出版	77.37
570210	应用俄语	81.97	530808	采购与供应管理	76.94
570311	体育运营与管理	81.89	480202	包装策划与设计	76.12
470202	石油炼制技术	81.83	550404	文物修复与保护	75.49
410107	茶叶生产与加工技术	81.47	460610	航空材料精密成型技术	75.20
540204	西式烹饪工艺	81.44	440201	城乡规划	75.01
420906	消防救援技术	81.40	540110	智慧景区开发与管理	74.96
500209	交通运营管理	81.40	500416	通用航空航务技术	71.50
490202	生物制药技术	80.97	450401	水土保持技术	58.75

第6章

湖南省普通高校2024届毕业生对教育教学评价

6.1 对母校人才培养综合满意度

调研数据显示，2024届普通高校毕业生对母校人才培养综合满意度为88.60%，其中“非常满意”占比为14.72%，“满意”占比为39.86%，“比较满意”占比为34.02%。各学历层次毕业生对母校人才培养综合满意度均达到88.00%以上；满意度最高的是博士毕业生，达96.04%。如图6-1所示。

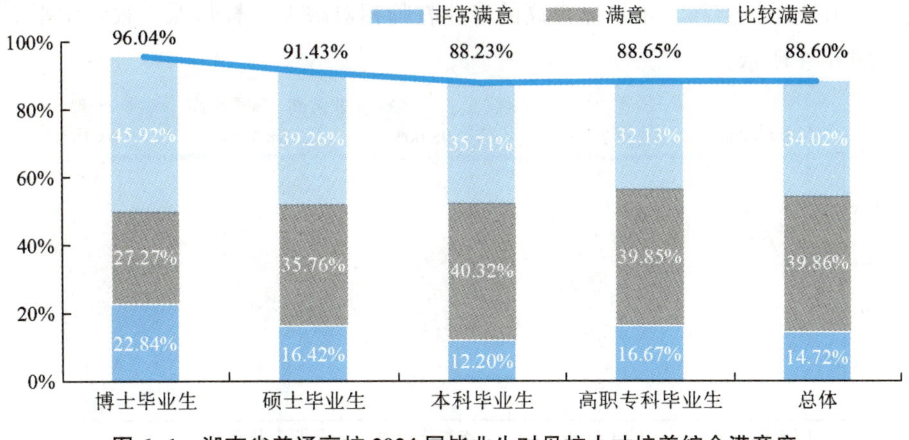

图6-1 湖南省普通高校2024届毕业生对母校人才培养综合满意度

6.2 对教师的教学评价

6.2.1 教师素养满意度

调研数据显示，2024届普通高校毕业生对母校教师素养满意度为97.40%，其中“非常满意”占比为 54.83%，“满意”占比为 29.80%，“比较满意”占比为 12.76%。如图 6-2 所示。从学历层次上看，各学历层次毕业生对母校教师素养满意度均达到 97.00%以上；其中博士毕业生对母校教师素养表示“非常满意”的比例最高，达 67.68%。如图 6-2 所示。

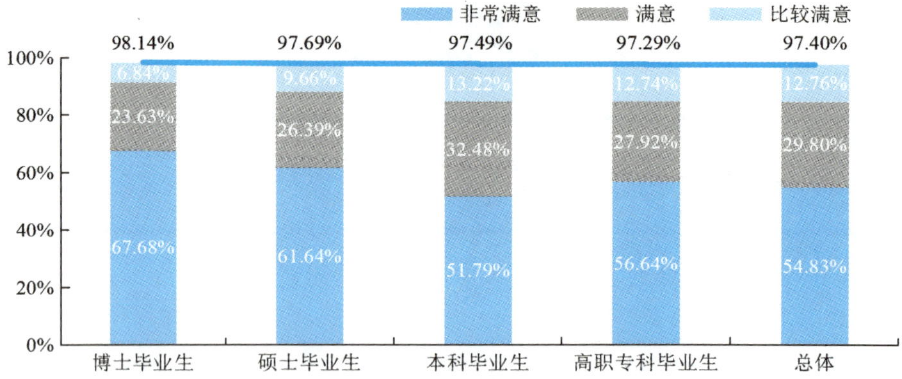

图 6-2　湖南省普通高校 2024 届毕业生对母校教师素养满意度

6.2.2　专业教师普遍授课水平

调研数据显示，2024 届普通高校毕业生对专业教师授课水平持高度肯定态度，肯定度为 98.19%。各学历层次毕业生对专业教师授课水平肯定度均超过了 97.00%，但表示专业教师授课水平“非常高”的比例并不高，均不足两成（博士毕业生除外），这反映湖南省高校教学能力较强，但教学水平非常高的专业教师相对缺乏，教师课堂教学水平需进一步提升。如图 6-3 所示。

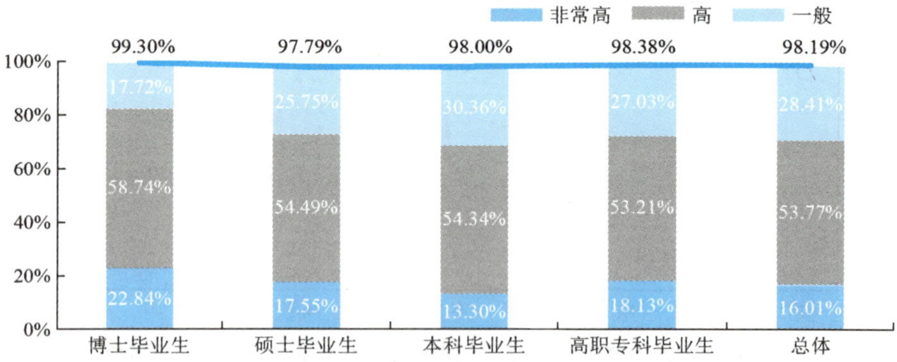

图 6-3　湖南省普通高校 2024 届毕业生对专业教师普遍授课水平肯定度

6.2.3　教学改进建议

调研数据显示，2024 届普通高校毕业生希望母校在教学上重点加强的方面为“实践教学”（42.13%）、“专业课的内容及安排”（34.30%）、“教学方法和手段”（27.05%）。如图 6-4 所示。其中，博士毕业生希望加强“考核方法与教学评价”的比例明显高于其他学历层次毕业生，达 21.91%；硕士毕业生建议母校加强“实践教学”的比例明显高于其他学历层次毕业生，达 49.88%；本科毕业生希望加强“专业课的内容和安排”的比例明显高于其他学历层次毕业生，达 39.24%；高职专科毕业生希望加强“教学设施”的比例明显高于其他学历层次毕业生，达 27.27%。如表 6-1 所示。

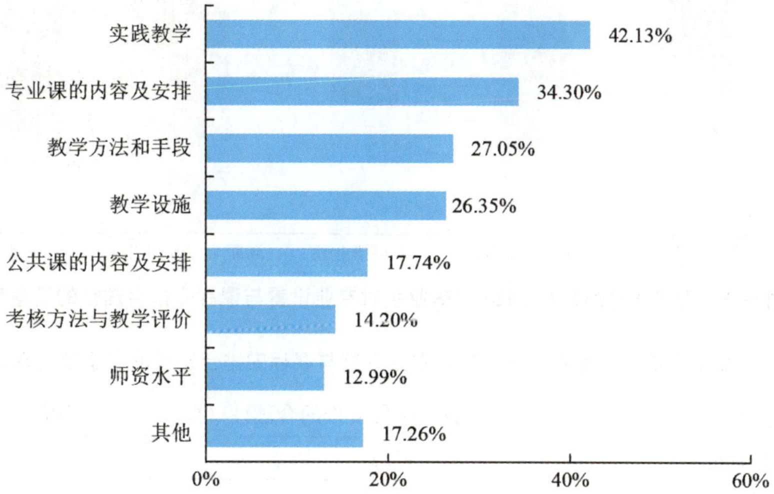

图 6-4　湖南省普通高校 2024 届毕业生建议母校在教学中应重点加强方面（多选题）

表 6-1　湖南省普通高校 2024 届毕业生分学历层次建议母校在教学中应重点加强方面（多选题）（单位:%）

教学中应重点加强方面	博士毕业生	硕士毕业生	本科毕业生	高职专科毕业生
实践教学	39. 39	49. 88	43. 77	40. 12
专业课的内容及安排	31. 47	35. 06	39. 24	30. 12
教学方法和手段	29. 14	29. 29	29. 88	24. 48
考核方法与教学评价	21. 91	17. 32	16. 36	12. 11
教学设施	18. 88	20. 98	25. 81	27. 27
师资水平	12. 59	13. 70	14. 91	11. 32
公共课的内容及安排	10. 72	12. 53	18. 47	17. 59
其他	12. 35	9. 69	11. 44	22. 78

6.3　课程设置评价

6.3.1　专业设置与课程安排合理性

调研数据显示，2024 届普通高校毕业生对高校专业设置与课程安排的合理性整体满意度评价达 95.20%。分学历来看，博士毕业生对专业设置与课程安排合理性的满意度评价最高，为 96.39%；本科毕业生对专业设置与课程安排合理性的满意度评价最低，为 94.75%。如图 6-5 所示。从不同类型院校来看，职业本科院校毕业生对专业设置与课程安排合理性的满意度评价最高，为95.59%，合理性均值为4.21分。如表6-2所示。

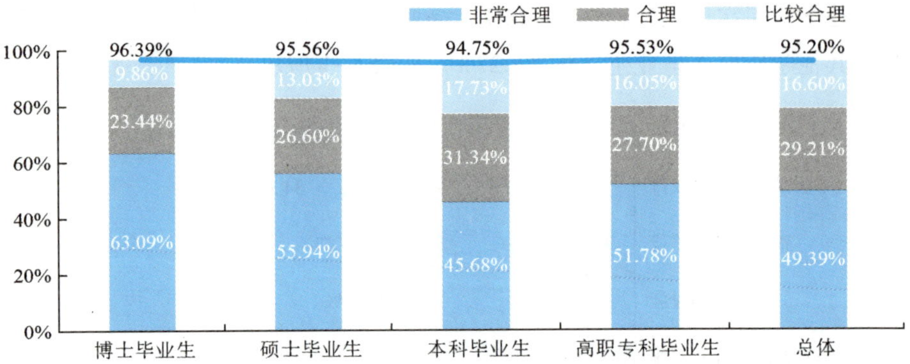

图6-5　湖南省普通高校2024届毕业生对专业设置与课程安排合理性的满意度

表6-2　2024届不同类型院校毕业生对专业设置与课程安排合理性的满意度（单位:%）

院校类型	学校的专业设置与课程安排的合理性（%）	均值（5分制）
高职专科院校	95.21	4.21
职业本科院校	95.59	4.21
“双一流”建设高校	95.20	4.22
普通本科院校	95.18	4.21
总体	95.20	4.21

6.3.2　课程设置改进建议

2024届普通高校毕业生通过9个方面的选择，对母校课程设置提出改进建议。从选择占比来看，建议加强“专业课内容的实用性”占比最高，达43.56%；其次先后为“实践课程安排次数”“专业课程与时俱进”“专业课开设的先后顺序”，占比分别为27.36%、24.89%、19.62%。如图6-6所示。不同学历层次毕业生建议加强的内容总体一致，但本科毕业生对“专业课开设的先后顺序”的建议强度明显高于其他学历层次毕业生。如表6-3所示。

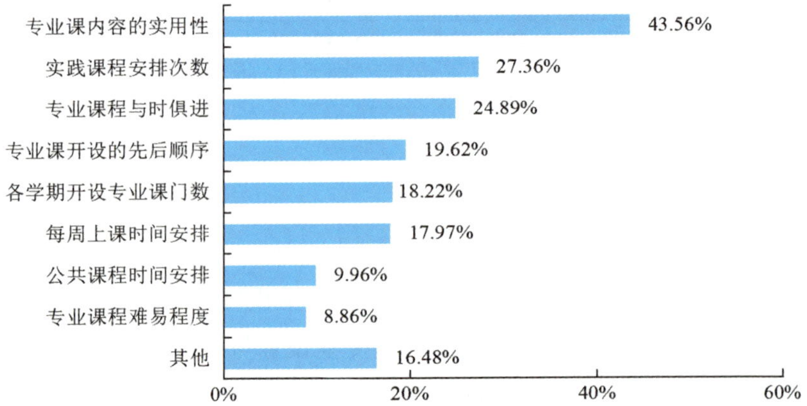

图6-6　湖南省普通高校2024届毕业生建议母校在课程设置中应重点加强方面（多选题）

表 6-3　湖南省普通高校 2024 届毕业生分学历层次建议母校在课程设置中应重点加强方面（多选题）（单位:%）

课程应重点加强方面	博士毕业生	硕士毕业生	本科毕业生	高职专科毕业生
专业课内容的实用性	50. 35	53. 24	49. 87	37. 45
专业课程与时俱进	31. 24	31. 94	28. 65	21. 13
实践课程安排次数	24. 94	31. 71	28. 30	26. 22
专业课开设的先后顺序	15. 15	14. 65	22. 67	17. 50
每周上课时间安排	12. 12	11. 86	16. 58	19. 65
各学期开设专业课门数	9. 79	14. 28	20. 09	17. 01
公共课程时间安排	7. 23	6. 84	9. 71	10. 43
专业课程难易程度	7. 23	7. 04	8. 29	9. 50
其他	11. 89	8. 95	10. 39	22. 23

6. 4　实践教学评价

6. 4. 1　实践教学整体满意度

调研数据显示，2024 届普通高校毕业生对母校实践教学满意度为 94. 74%。分学历层次来看，本科毕业生对母校实践教学满意度最低，为 94. 57%，博士毕业生对母校实践教学满意度最高，达 96. 48%。如图 6-7 所示。分不同类型院校来看，职业本科院校毕业生对母校实践教学满意度最高，为 95. 22%，满意度均值为 4. 20 分。如表 6-4 所示。

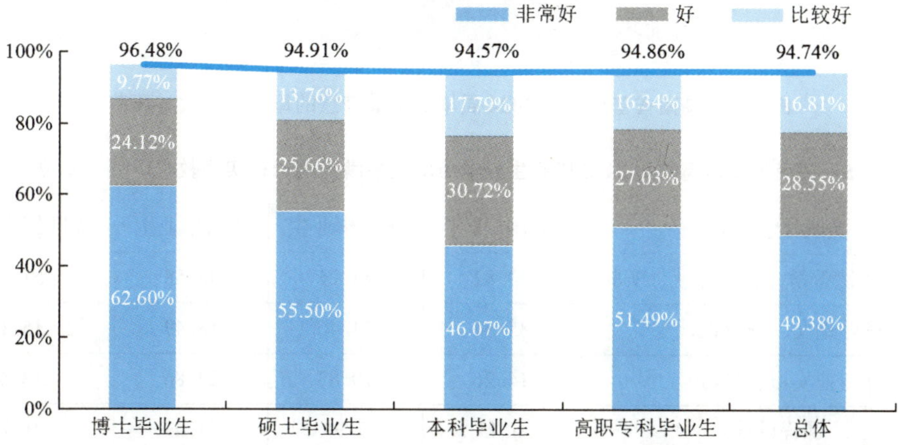

图 6-7　湖南省普通高校 2024 届毕业生对母校实践教学满意度

表 6-4　2024 届不同类型院校毕业生对母校实践教学满意度（单位:%）

院校类型	学校实践教学满意度	均值（5 分制）
高职专科院校	94.73	4.20
职业本科院校	95.22	4.20
“双一流”建设高校	94.69	4.21
普通本科院校	94.76	4.20
总体	94.74	4.20

6.4.2　实践教学最满意环节

调研数据显示，2024 届普通高校毕业生对母校实践教学最满意的环节是“课程的实践性教学（课程作业、实验）”，占比为 49.11%；其次是“专业实习、见习”，占比为 21.32%。如图 6-8 所示。

对于毕业生最满意的实践教学环节“课程的实践性教学（课程作业、实验）”，分学历层次来看，满意度与学历层次呈反向分布，即高职专科毕业生满意度最高，博士毕业生满意度最低。如表 6-5 所示。

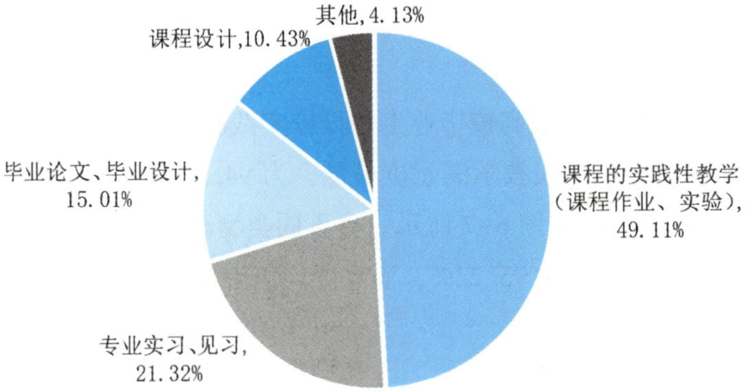

图 6-8　湖南省普通高校 2024 届毕业生最满意的母校实践教学环节

表 6-5　湖南省普通高校 2024 届毕业生分学历层次最满意的母校实践教学环节（单位:%）

实践教学环节	博士毕业生	硕士毕业生	本科毕业生	高职专科毕业生
课程的实践性教学（课程作业、实验）	40.82	44.24	46.58	51.83
毕业论文、毕业设计	35.64	24.46	13.49	15.19
专业实习、见习	14.26	19.83	24.86	18.49
课程设计	6.45	7.94	11.49	9.82
其他	2.83	3.53	3.58	4.67

6.5　创新创业教育评价

6.5.1　创业意愿度

调研数据显示，2024 届普通高校毕业生有创业意愿的比例达到 31.50%，可见湖南省高校创新创业（以下简称“双创”）教育环境和氛围建设工作成效显著。从学历层次来看，毕业生有创业意愿的比例与学历层次呈反向分布，即高职专科毕业生有创业意愿的比例最高，为 39.76%，创业意愿度是硕士毕业生的 2 倍有余、博士毕业生的 3 倍有余。如图 6-9 所示。

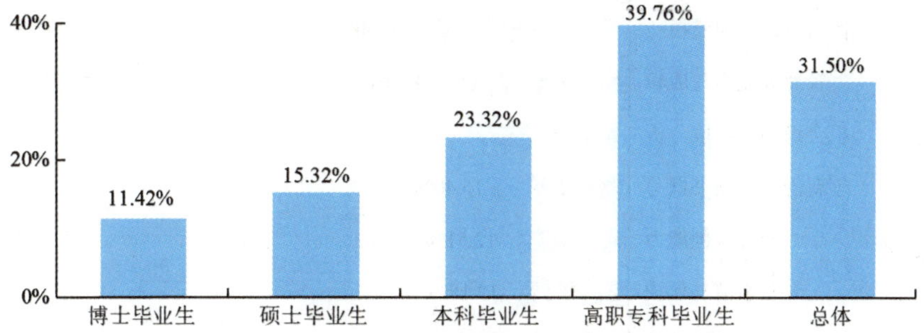

图 6-9　湖南省普通高校 2024 届毕业生创业意愿度

6.5.2　双创课程开设基本情况

通过毕业生对高校双创课程开设方式以及评估方式进行调研，结果显示，高校双创课程开设的方式主要以“线下课堂讲授”为主，占比为 72.18%。高校双创课程考核评估方式主要是“考试或测验”，占比为 51.69%；其次是“小组实践作业”，占比为 41.96%、“项目策划书或论文”，占比为 36.33%。如图 6-10 所示。

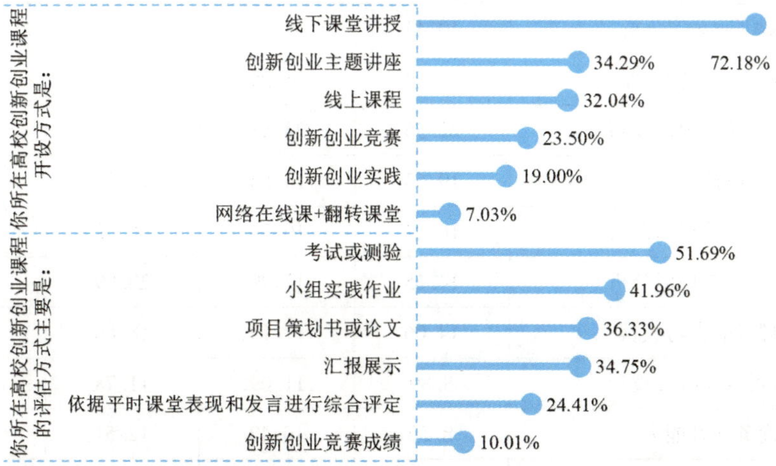

图 6-10　湖南省普通高校 2024 届毕业生对双创课程开设方式与评估方式反馈（多选题）

6.5.3 双创课程主要内容

调研数据显示，2024 届普通高校毕业生期望学校双创课程包含的内容排名前三位的是："创新创业政策"（占比为 49.65%），"创新创业案例分析"（占比为 37.77%），"创业心理素质培养"（占比为 32.06%）。如图 6-11 所示。其中，博士毕业生期望创新创业课程包含"专利申请与保护"的比例高于其他学历层次毕业生。如表 6-6 所示。

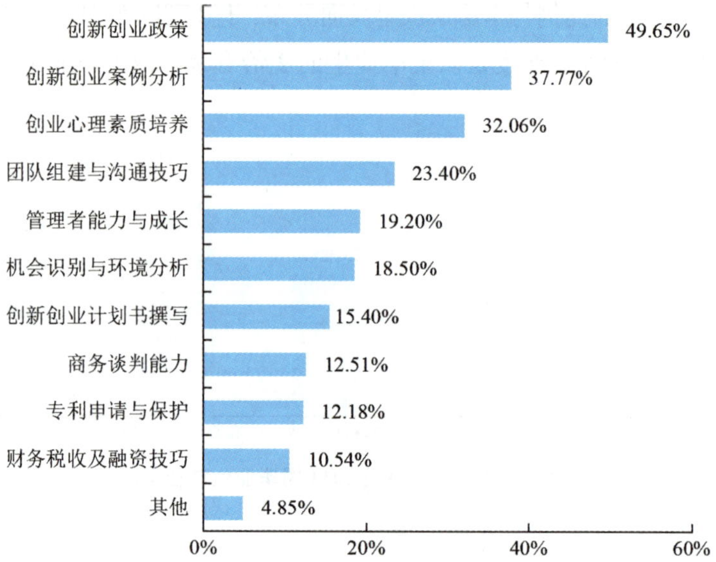

图 6-11 湖南省普通高校 2024 届毕业生期望双创课程包含的内容（多选题）

表 6-6 湖南省普通高校 2024 届毕业生分学历层次期望双创课程包含的内容（多选题）（单位：%）

期望创新创业课程包含的内容	博士毕业生	硕士毕业生	本科毕业生	高职专科毕业生
创新创业政策	53.22	49.38	48.20	50.90
创新创业案例分析	40.43	40.16	38.40	36.95
创业心理素质培养	25.49	26.35	28.43	35.80
团队组建与沟通技巧	22.56	22.88	23.44	23.41
专利申请与保护	19.63	13.56	12.33	11.87
创新创业计划书撰写	16.02	16.14	16.52	14.36
机会识别与环境分析	14.65	17.99	20.09	17.21
管理者能力与成长	14.06	17.13	18.86	19.73
财务税收及融资技巧	8.89	11.09	11.78	9.42
商务谈判能力	8.59	10.42	12.51	12.76
其他	4.00	3.73	3.72	5.93

6.6　就业创业服务工作评价

6.6.1　就业帮扶力度

调研数据显示，2024 届普通高校毕业生认为高校开展的就业帮扶力度大（包含“非常大”“大”“比较大”）的比例为 73.13%。从学历层次来看，博士毕业生表示高校开展就业帮扶力度大的比例明显大于其他学历层次毕业生，达 82.98%。总体上，高校应持续拓展就业帮扶的深度与广度，提升就业帮扶对毕业生就业的影响力度。如图 6-12 所示。

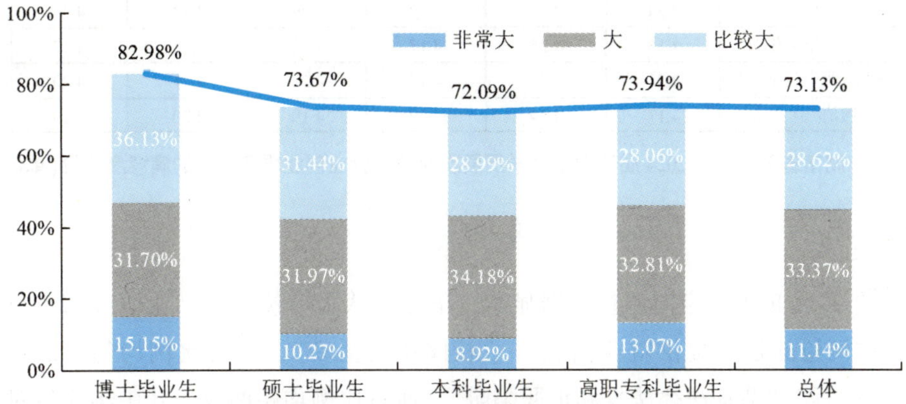

图 6-12　湖南省普通高校 2024 届毕业生对母校组织的就业帮扶力度评价

6.6.2　就业创业服务相关工作评价①

调研数据显示，2024 届普通高校毕业生对 6 项就业创业服务重点工作的满意度评价均值在 4 分以上，其中评分均值居于前两位的就业创业服务工作是“就业信息提供与发布”（4.24 分）、“就业政策宣传与讲解”（4.20 分）。从学历层次来看，各学历层次毕业生对高校就业创业服务重点工作的满意度评价相差不大。如表 6-7、图 6-13 所示。

表 6-7　湖南省普通高校 2024 届毕业生对母校就业创业服务工作的评价（单位：%）

就业重点服务工作	5 分	4 分	3 分	2 分	1 分	均值（分）
就业信息提供与发布	49.96	29.71	16.18	2.68	1.47	4.24
就业政策宣传与讲解	48.74	29.27	17.28	3.09	1.62	4.20
就业手续办理	47.71	29.91	17.71	3.05	1.63	4.19
就业困难群体帮扶	48.38	28.85	17.61	3.35	1.80	4.19
创业咨询与实践指导	48.52	28.99	17.49	3.20	1.79	4.19
就业/创业指导课	46.96	30.20	17.81	3.26	1.78	4.17

① 毕业生对学校就业创业工作做出评价，分值按照 5、4、3、2、1 排列，其中 5 分为最高分，1 分为最低分。

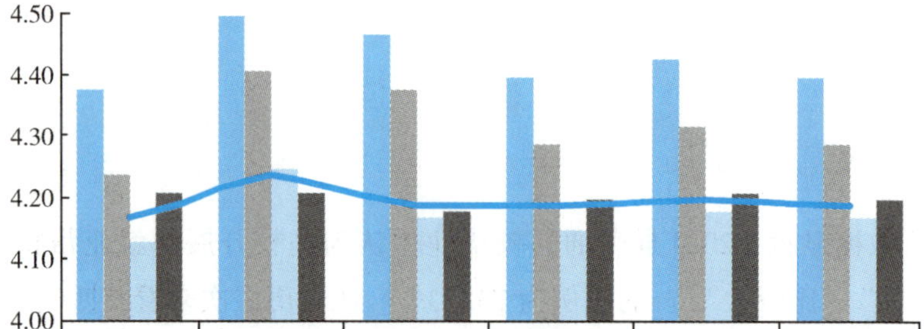

	就业/创业指导课	就业信息提供与发布	就业手续办理	就业困难群体帮扶	就业政策宣传与讲解	创业咨询与实践指导
博士毕业生	4.38	4.50	4.47	4.40	4.43	4.40
硕士毕业生	4.24	4.41	4.38	4.29	4.32	4.29
本科毕业生	4.13	4.25	4.17	4.15	4.18	4.17
高职专科毕业生	4.21	4.21	4.18	4.20	4.21	4.20
均值	4.17	4.24	4.19	4.19	4.20	4.19

图 6-13　湖南省普通高校 2024 届毕业生分学历层次对母校就业创业服务工作的满意度评价(单位:分)

6.6.3　就业创业服务工作需加强的方面

通过列举 11 项内容定向调查数据显示，毕业生认为母校就业创业服务需重点加强的方面位居前两位的是“提供就业信息”“校园招聘活动”，所占比例均超五成；其次是“就业指导课程”“劳动法律法规和求职陷阱”，所占比例均超两成。其中毕业生对“提供就业信息”需求最大，占比为 58.84%。如图 6-14 所示。从学历层次来看，高职专科毕业生认为母校就业创业指导服务工作应重点加强“创业指导和培训”的比例明显高于其他学历层次毕业生。如表 6-8 所示。

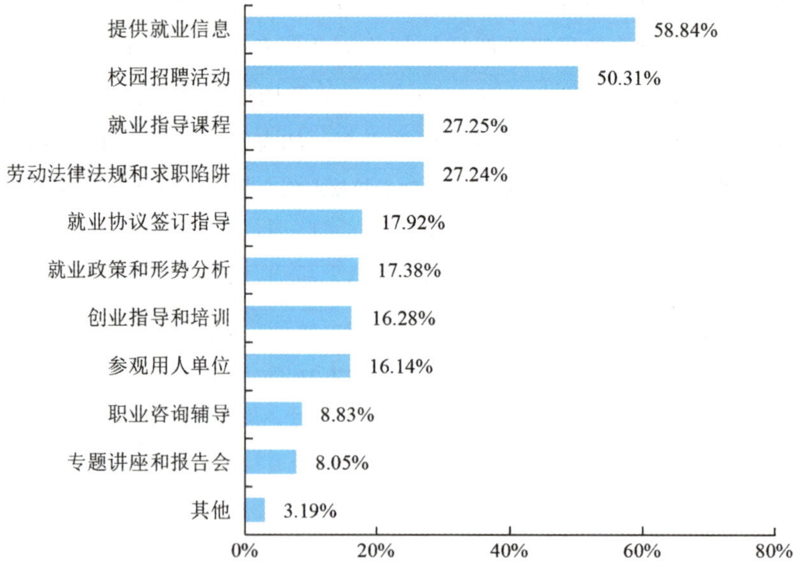

图 6-14　湖南省普通高校 2024 届毕业生认为就业创业指导服务需加强方面（多选题）

表 6-8　湖南省普通高校 2024 届不同学历毕业生认为就业创业指导服务需加强方面（多选题）（单位：%）

就业创业指导服务需加强方面	博士毕业生	硕士毕业生	本科毕业生	高职专科毕业生
提供就业信息	60. 06	58. 95	57. 24	60. 19
校园招聘活动	49. 41	54. 13	51. 78	48. 65
劳动法律法规和求职陷阱	26. 37	24. 92	28. 72	26. 23
就业政策和形势分析	24. 22	20. 80	17. 83	16. 59
就业指导课程	22. 17	26. 43	26. 41	28. 07
就业协议签订指导	16. 60	18. 89	20. 86	15. 31
参观用人单位	13. 67	12. 82	15. 07	17. 42
创业指导和培训	13. 18	13. 04	14. 58	18. 09
专题讲座和报告会	9. 67	8. 21	7. 40	8. 58
职业咨询辅导	5. 76	8. 57	9. 45	8. 34
其他	1. 95	1. 55	2. 14	4. 27

6. 7　高校影响力

6. 7. 1　母校推荐度

调研数据显示，2024 届普通高校毕业生对母校综合推荐度为 89. 85%，其中“非常愿意”推荐占比为 39. 79%，“愿意”推荐占比为 29. 17%，“比较愿意”推荐占比为 20. 89%。分学历层次来看，博士毕业生对母校综合印象最好，母校推荐度达 96. 19%。如图 6-15 所示。分不同类型院校来看，职业本科院校毕业生对母校综合推荐度最高，为 90. 07%，均值为 6. 40 分。如表 6-9 所示。

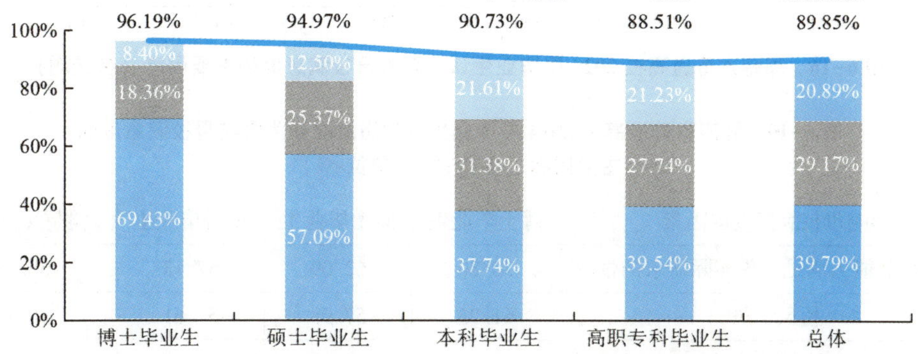

图 6-15　湖南省普通高校 2024 届毕业生对母校推荐度

表 6-9　2024 届不同类型院校毕业生对母校推荐度

院校类型	母校推荐度（%）	均值（5 分制）
高职专科院校	89. 80	6. 39
职业本科院校	90. 07	6. 40
“双一流”建设高校	89. 98	6. 40
普通本科院校	89. 87	6. 39
总体	89. 85	6. 39

6. 7. 2　对母校满意度影响因素

调研数据显示，2024 届普通高校毕业生认为影响母校满意度的主要因素排名前三位的分别是“所学知识/能力满足工作实际需求的情况”（58. 15%）、“校风学风”（51. 22%）、“师生课外交流”（42. 10%）。如图 6-16 所示。可见，以上方面是高校加强社会影响力和形象建设的重点突破口。如表 6-10 所示。

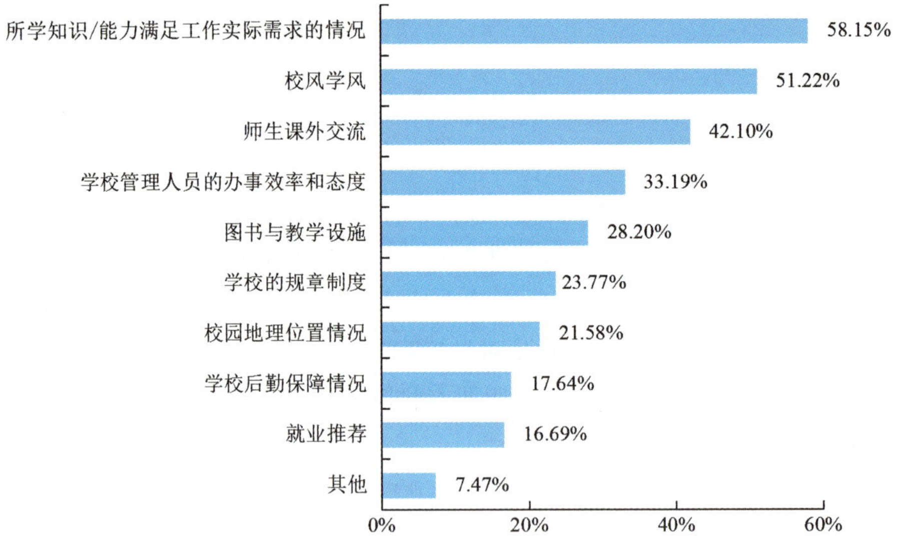

图 6-16　湖南省普通高校 2024 届毕业生认为影响母校满意度的主要因素（多选题）

表 6-10　湖南省普通高校 2024 届毕业生分学历层次认为影响母校满意度的主要因素（多选题）（单位:%）

影响母校满意度的因素	博士毕业生	硕士毕业生	本科毕业生	高职专科毕业生
所学知识/能力满足工作实际需求的情况	70. 80	62. 09	57. 13	58. 54
校风学风	61. 23	57. 98	51. 61	50. 12
师生课外交流	46. 00	42. 87	40. 14	43. 68
学校管理人员的办事效率和态度	39. 16	34. 28	32. 96	33. 24

续表

影响母校满意度的因素	博士毕业生	硕士毕业生	本科毕业生	高职专科毕业生
图书与教学设施	17.97	26.16	32.59	24.73
校园地理位置情况	16.99	22.42	23.07	20.23
学校的规章制度	16.11	16.97	21.88	26.16
学校后勤保障情况	15.04	16.99	19.05	16.51
就业推荐	13.57	16.37	15.77	17.52
其他	3.13	3.88	5.81	9.29

第7章

用人单位对湖南省普通高校2024届毕业生与高校评价

7.1 用人单位结构分布

调研数据显示，与高校合作的用人单位中，千人以上规模单位占比为28.30%，民（私）营企业除外的单位占比为52.68%，湖南省内单位占比为60.68%，行业为“制造业”“教育”“信息传输、软件和信息技术服务业”的累计占比为44.65%。如表7-1所示。

表7-1 高校合作的用人单位结构分布

类型	比例（%）	类型	比例（%）
单位规模			
1—99人	37.06	5000—9999人	5.01
100—499人	25.03	10000—49999人	4.80
500—999人	9.62	50000—99999人	0.53
1000—4999人	15.53	100000人及以上	2.43
单位性质			
民（私）营企业	47.32	中初教育单位	3.82
国有企业	12.34	医疗卫生单位	3.25
股份制企业	6.94	外（合）资企业	3.15
其他事业单位	4.83	高等教育单位	2.58
党政机关（包括部队单位）	4.07	其他	11.72
单位所在地			
长沙市内	31.79	西部省份	2.22
湖南省内（长沙市除外）	28.89	京津冀地区	1.03
珠三角区域	14.99	东北三省	0.50
长三角区域	7.41	其他区域	9.42
中部省份（湖南省除外）	3.76	-	-

续表

类型	比例（%）	类型	比例（%）
单位所属行业			
制造业	18.59	交通运输、仓储和邮政业	2.75
教育	16.11	科学研究和技术服务业	2.34
信息传输、软件和信息技术服务业	9.95	居民服务、修理和其他服务业	2.32
批发和零售业	8.05	租赁和商务服务业	2.26
建筑业	6.47	电力、热力、燃气及水生产和供应业	2.01
文化、体育和娱乐业	5.86	房地产业	1.82
住宿和餐饮业	5.06	采矿业	0.60
卫生和社会工作	4.40	水利、环境和公共设施管理业	0.46
公共管理、社会保障和社会组织	4.07	军队	0.33
农、林、牧、渔业	3.59	国际组织	0.07
金融业	2.90	-	-

7.2　招聘毕业生需求与优势

7.2.1　用人单位招聘渠道

调研数据显示，高校合作用人单位通过“校园双选会”及“校园宣讲会”招聘人才的比例均超过四成，可见，这两条途径是高校合作单位吸纳应届毕业生的主要途径。如图 7-1 所示。

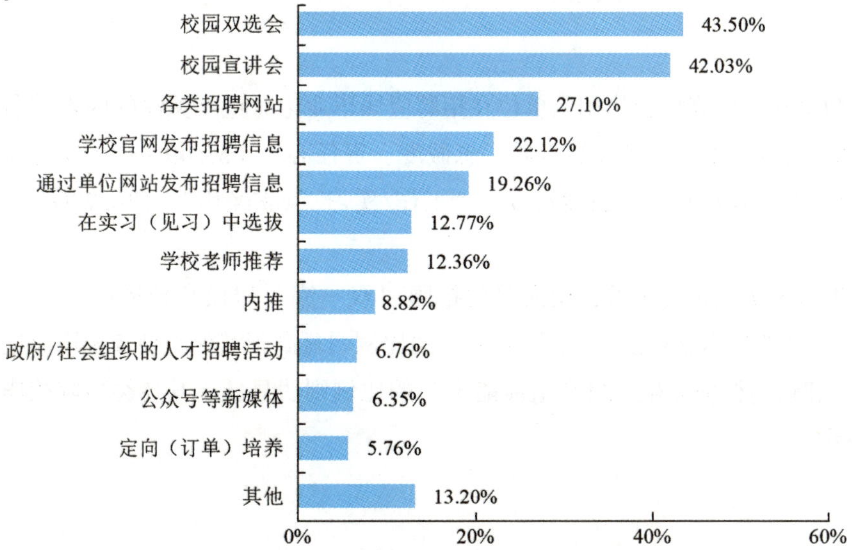

图 7-1　用人单位招聘渠道分布（多选题）

从不同类别院校推荐的用人单位情况来看，“双一流”建设高校合作的用人单位通过“校园双选会”及“校园宣讲会”招聘人才的比例明显偏高，均超过 60.00%。如表 7-2 所示。

表 7-2　不同类别院校推荐的用人单位招聘渠道分布（多选题）（单位：%）

招聘渠道	高职专科院校	职业本科院校	“双一流”建设高校	普通本科院校
校园双选会	37.07	27.86	64.68	51.20
校园宣讲会	36.11	26.43	73.81	48.11
学校官网发布招聘信息	16.91	21.43	40.08	27.70
各类招聘网站	26.56	38.57	24.60	27.49
通过单位网站发布招聘信息	16.63	27.14	21.43	22.28
学校老师推荐	12.06	15.00	7.14	13.10
在实习（见习）中选拔	13.84	16.43	8.33	11.51
政府/社会组织的人才招聘活动	4.95	5.00	7.14	9.28
其他	17.37	15.71	0.79	8.45
公众号等新媒体	5.54	6.43	5.95	7.51
内推	10.51	15.71	5.16	6.50
定向（订单）培养	6.75	3.57	1.98	4.83

7.2.2 关注因素

调研数据显示，高校合作用人单位在招聘应届毕业生时重点关注的因素排名前五的是“综合素质”（74.88%）、“人品素质、忠诚度、责任心”（56.49%）、“社会适应能力”（41.98%）、“所学专业”（21.87%）、“工作/实习/兼职经历”（16.72%）。如图 7-2 所示。

从不同院校类别情况来看，用人单位招聘“双一流”建设高校毕业生关注“综合素质”“所学专业”“毕业院校”“学习成绩”的比例明显高于其他类型院校毕业生，而关注“双一流”建设高校毕业生“社会适应能力”的比例则明显低于其他类型院校毕业生。如表 7-3 所示。

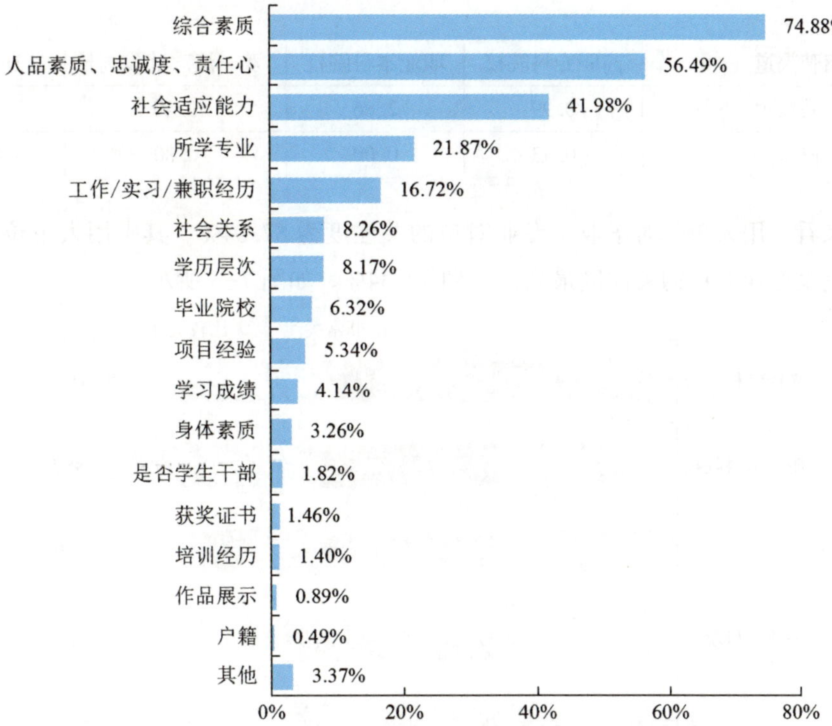

图 7-2　用人单位录用毕业生时关注因素分布（多选题）

表 7-3　不同类型院校推荐的用人单位录用毕业生时关注因素分布（多选题）（单位:%）

招聘渠道	高职专科院校	职业本科院校	“双一流”建设高校	普通本科院校
综合素质	70. 57	69. 29	88. 84	79. 83
人品素质、忠诚度、责任心	54. 37	54. 29	58. 17	59. 35
社会适应能力	43. 30	48. 57	33. 07	40. 65
所学专业	20. 54	15. 71	27. 89	23. 47
工作/实习/兼职经历	15. 36	16. 43	19. 92	18. 32
学历层次	6. 96	10. 71	10. 76	9. 49
社会关系	8. 94	7. 14	5. 18	7. 65
毕业院校	5. 13	4. 29	12. 75	7. 48
项目经验	4. 37	7. 86	9. 96	6. 15
学习成绩	3. 73	3. 57	6. 77	4. 49
是否学生干部	1. 24	2. 14	1. 99	2. 57
身体素质	4. 11	2. 14	1. 99	2. 26
其他	4. 75	3. 57	0. 00	1. 77
获奖证书	1. 55	2. 14	0. 00	1. 43
培训经历	1. 68	2. 14	0. 00	1. 11

续表

招聘渠道	高职专科院校	职业本科院校	“双一流”建设高校	普通本科院校
作品展示	0.99	2.86	0.40	0.70
户籍	0.43	0.00	0.80	0.56

具体来看，用人单位对毕业生专业对口的关注度为 87.04%。其中用人单位对普通本科院校毕业生专业对口的关注度最高，达到 90.34%。如图 7-3 所示。

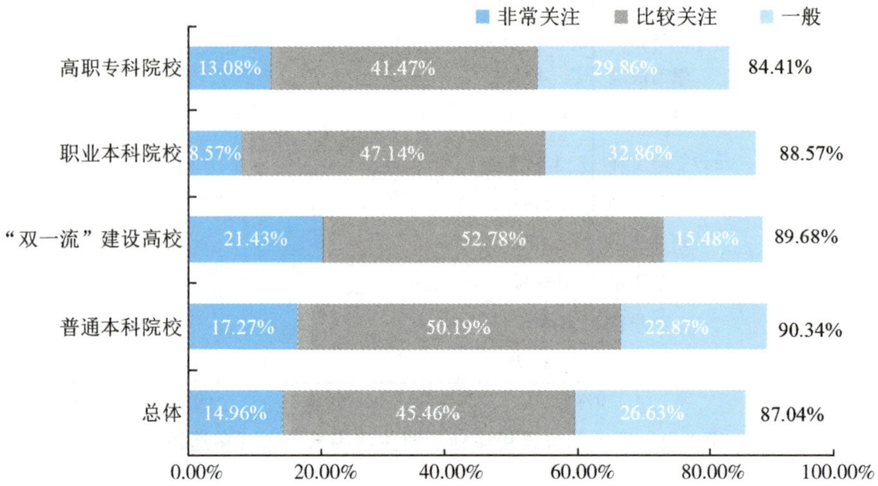

图 7-3　用人单位招聘毕业生时对专业对口的关注度

7.2.3　薪酬待遇

调研数据显示，用人单位为高校应届毕业生提供的月薪在 5000 元以上的比例为 37.89%。分不同类型高校来看，用人单位为“双一流”建设高校应届毕业生提供的月薪在 5000 元以上的比例最高，达 76.99%；其次为普通本科院校，达 50.78%，明显高于其他类型高校应届毕业生。如图 7-4、表 7-4 所示。

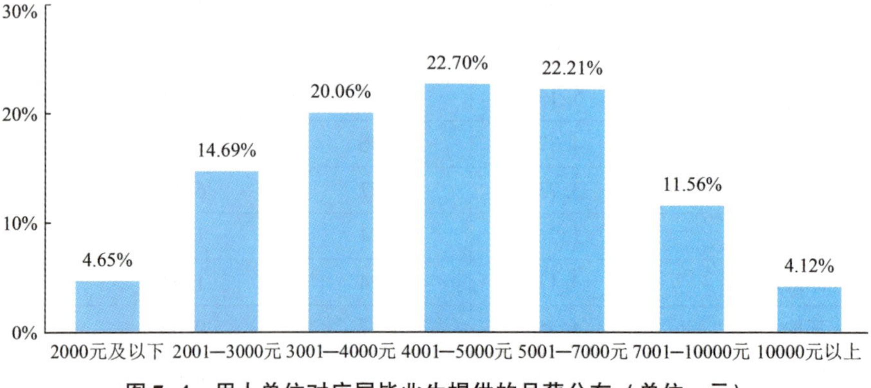

图 7-4　用人单位对应届毕业生提供的月薪分布（单位：元）

表 7-4　用人单位对不同类型高校应届毕业生提供的月薪分布（单位:%）

月薪分布	高职专科院校	职业本科院校	“双一流”建设高校	普通本科院校	总体
2000 元及以下	7. 39	4. 29	0. 79	1. 25	4. 65
2001—3000 元	20. 11	25. 71	5. 16	7. 58	14. 69
3001—4000 元	23. 64	22. 14	3. 57	16. 51	20. 06
4001—5000 元	22. 42	22. 86	13. 49	23. 88	22. 70
5001—7000 元	17. 65	18. 57	23. 02	28. 57	22. 21
7001—10000 元	6. 50	5. 00	27. 78	17. 38	11. 56
10000 元以上	2. 29	1. 43	26. 19	4. 83	4. 12

7.2.4　用人单位招聘优势

调研数据显示，高校合作用人单位吸引高校毕业生的招聘优势主要表现在“社会保障与福利”（40. 68%）、“薪酬水平”（40. 64%）、“个人发展空间”（39. 96%）、“工作稳定度”（39. 40%）。如图 7-5 所示。这四个方面是用人单位吸引不同类型院校毕业生共同的招聘优势。如表 7-5 所示。

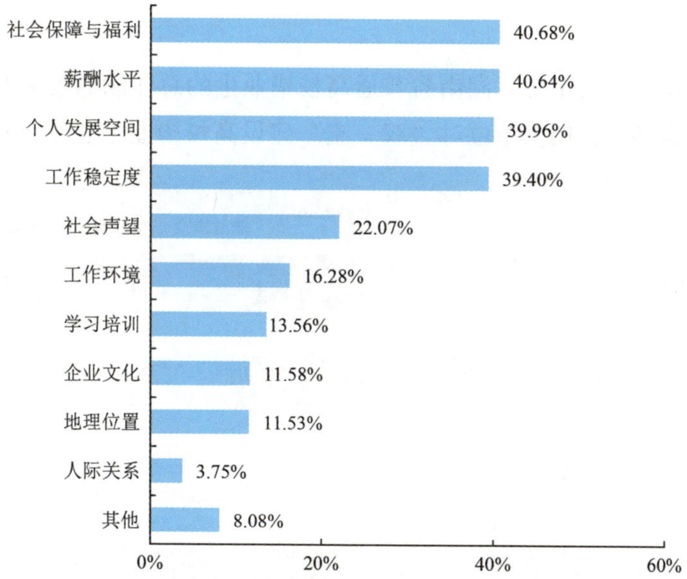

图 7-5　吸引高校毕业生的用人单位竞争优势（多选题）

表 7-5　不同类型高校毕业生注重的用人单位竞争优势（多选题）（单位:%）

竞争优势	高职专科院校	职业本科院校	“双一流”建设高校	普通本科院校
个人发展空间	37. 25	38. 57	47. 81	43. 05
工作环境	18. 13	22. 14	11. 95	13. 84

续表

竞争优势	高职专科院校	职业本科院校	"双一流"建设高校	普通本科院校
工作稳定度	38.27	42.14	39.04	40.86
社会保障与福利	35.32	30.00	53.39	47.43
社会声望	19.05	13.57	35.46	25.45
薪酬水平	36.59	40.00	56.57	44.82
学习培训	13.51	12.86	11.55	13.84
企业文化	11.60	8.57	9.16	11.89
地理位置	11.07	19.29	9.96	11.93
人际关系	4.82	2.14	2.79	2.43
其他	10.26	9.29	1.99	5.56

7.3 用人单位对毕业生的评价

7.3.1 总体满意度

调研数据显示，用人单位对湖南省普通高校毕业生的总体满意度为98.42%，满意度非常高。各高校类型中，用人单位对"双一流"建设高校毕业生总体满意度达100.00%。如图7-6所示。

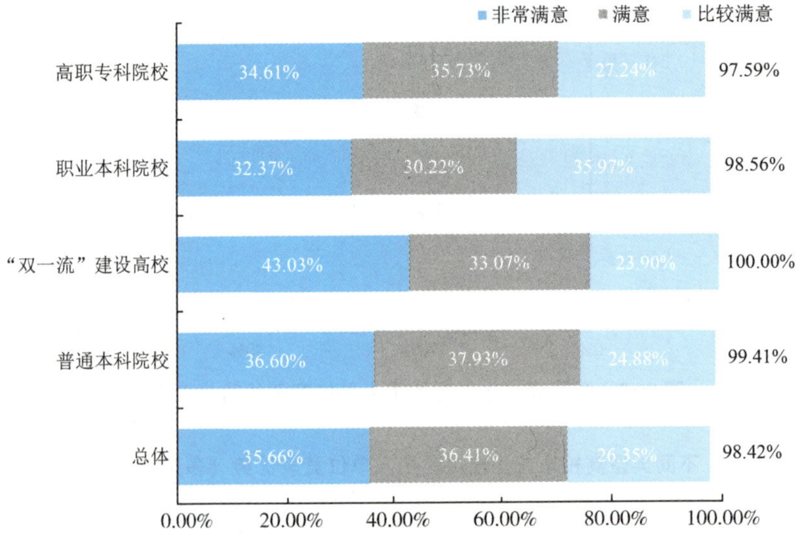

图7-6 用人单位对毕业生总体满意度

7.3.2　岗位适应时间评价

调研数据显示，85.97%的用人单位认为湖南省普通高校毕业生能在半年内适应岗位工作，如图 7-7 所示。进一步来看，其中“双一流”建设高校合作的用人单位认为毕业生半年内能适应岗位的比例最低，可能是由于该层次院校毕业生从事工作复杂程度相对更高。

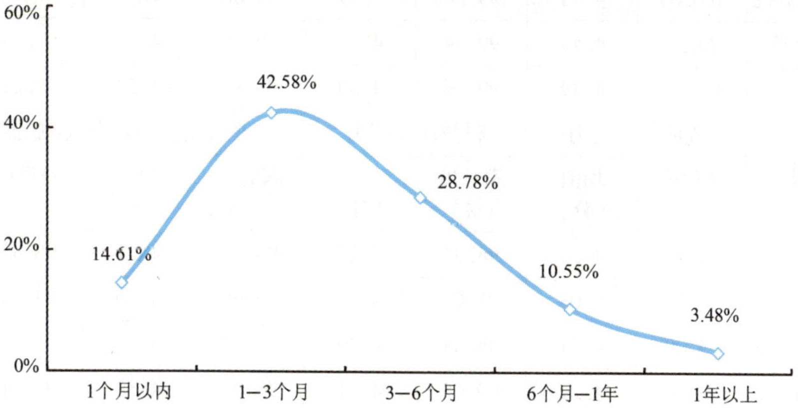

图 7-7　用人单位对毕业生岗位适应时间评价

表 7-6　用人单位对不同类型高校毕业生岗位适应时间评价（单位:%）

岗位适应时间	高职专科院校	职业本科院校	“双一流”建设高校	普通本科院校
1 个月以内	20. 29	17. 14	1. 59	7. 86
1—3 个月	42. 03	52. 14	32. 94	43. 73
3—6 个月	25. 37	21. 43	43. 65	32. 50
6 个月—1 年	8. 86	7. 86	16. 67	12. 44
1 年以上	3. 45	1. 43	5. 16	3. 48
半年内能适应的比例	87. 69	90. 71	78. 18	84. 09

7.3.3　八大通用能力评价

调研数据显示，用人单位对 2024 届毕业生八大通用能力的评价中，“双一流”建设高校毕业生各项能力所获评价较高，其中有 3 项满意度为 100. 00%；用人单位对“双一流”建设高校毕业生八大通用能力的评价均值都是最高的。如表 7-7 所示。

表 7-7　用人单位对不同类型高校毕业生八大通用能力评价

院校类别	个人基本素养		听说读写算能力		科学思维能力		人际合作能力	
	满意度（%）	均值（分）	满意度（%）	均值（分）	满意度（%）	均值（分）	满意度（%）	均值（分）
高职专科院校	99. 01	4. 37	98. 91	4. 29	98. 63	4. 26	99. 03	4. 35

续表

院校类别	个人基本素养		听说读写算能力		科学思维能力		人际合作能力	
	满意度（%）	均值（分）	满意度（%）	均值（分）	满意度（%）	均值（分）	满意度（%）	均值（分）
职业本科院校	98.56	4.27	96.40	4.12	97.12	4.18	97.12	4.27
“双一流”建设高校	100.00	4.45	99.60	4.39	99.60	4.39	100.00	4.44
普通本科院校	99.55	4.41	99.34	4.33	99.16	4.30	99.48	4.39
总体	99.25	4.39	99.06	4.30	98.85	4.28	99.21	4.37

院校类别	资源统筹能力		科技应用能力		信息获取及使用能力		系统思维及运作能力	
	满意度（%）	均值（分）	满意度（%）	均值（分）	满意度（%）	均值（分）	满意度（%）	均值（分）
高职专科院校	98.42	4.23	98.81	4.27	98.55	4.31	98.42	4.30
职业本科院校	94.24	4.08	95.68	4.15	95.68	4.20	94.24	4.22
“双一流”建设高校	99.20	4.31	100.00	4.39	99.20	4.42	99.20	4.41
普通本科院校	98.78	4.27	99.65	4.31	98.96	4.37	98.71	4.33
总体	98.51	4.25	99.12	4.29	98.68	4.34	98.49	4.31

调研数据显示，用人单位对招聘的湖南省普通高校毕业生工作中政治思想觉悟与职业素养表现、工作态度表现、专业水平表现、职业能力表现进行评价，分不同院校类型来看，对“双一流”建设高校毕业生的专业水平表现、职业能力表现的满意度均达100.00%，对其他类型院校毕业生四方面的满意度也达到96.00%以上。如表7-8所示。可见，用人单位对湖南省普通高校毕业生各项工作表现评价较高。

表7-8　用人单位对毕业生岗位表现评价

院校类别	政治思想觉悟与职业素养		工作态度		专业水平		职业能力	
	满意度（%）	均值（分）	满意度（%）	均值（分）	满意度（%）	均值（分）	满意度（%）	均值（分）
高职专科院校	97.31	3.95	97.89	3.96	98.25	3.93	98.48	3.93
职业本科院校	98.56	3.96	97.84	3.98	98.56	3.99	96.40	3.90
“双一流”建设高校	98.41	4.14	98.80	4.09	100.00	4.12	100.00	4.04
普通本科院校	98.92	4.04	99.16	4.02	99.55	3.99	99.69	3.97
总体	98.01	3.99	98.43	3.99	98.83	3.96	98.97	3.95

7.3.3.1　工作态度表现评价

调研数据显示，用人单位对高校毕业生工作态度表现最认可的三个方面是“对工作的忠诚度和认同感”（35.35%）、“责任心和勇于担当的精神”（30.37%）和“积极主动、进取心”（28.75%）。如图 7-8 所示。其中，“双一流”建设高校毕业生在“责任心和勇于担当的精神”“积极主动、进取心”和“勇于开拓创新”方面受到用人单位的认可度高于其他类型院校毕业生。如表 7-9 所示。

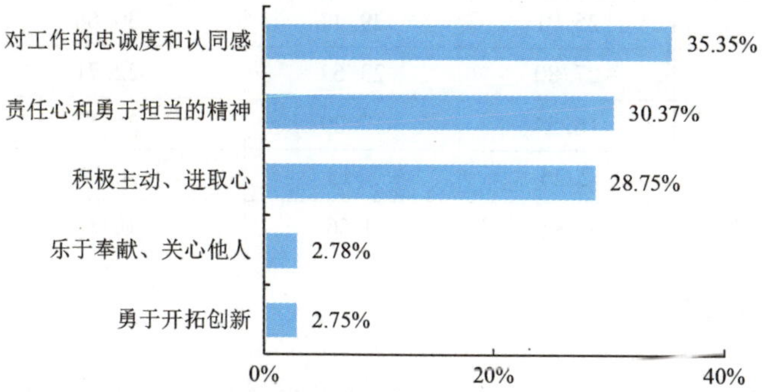

图 7-8　用人单位对高校毕业生工作态度表现最满意的方面

表 7-9　用人单位对不同类型高校毕业生工作态度表现最满意的方面（单位:%）

工作态度表现	高职专科院校	职业本科院校	“双一流”建设高校	普通本科院校
对工作的忠诚度和认同感	35.67	35.16	31.05	38.24
责任心和勇于担当的精神	29.15	31.89	32.26	29.41
积极主动、进取心	28.97	28.32	31.85	25.74
乐于奉献、关心他人	3.43	2.00	1.21	3.68
勇于开拓创新	2.78	2.63	3.63	2.94

7.3.3.2　专业水平表现评价

调研数据显示，用人单位对高校毕业生专业水平表现最认可的三个方面是“专业知识”（27.10%）、“知识技能适应时代的程度”（26.70%）和“专业技能”（25.84%）。如图 7-9 所示。其中，“双一流”建设高校毕业生在“理论知识”方面更受用人单位认可。如表 7-10 所示。

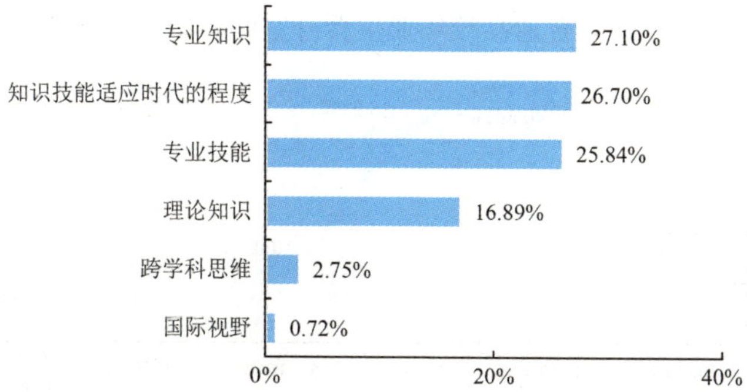

图 7-9　用人单位对高校毕业生专业水平表现最满意的方面

表 7-10 用人单位对不同类型高校毕业生专业水平表现最满意的方面（单位:%）

专业水平表现	高职专科院校	职业本科院校	“双一流”建设高校	普通本科院校
知识技能适应时代的程度	27. 55	25. 82	20. 72	31. 65
专业知识	25. 01	29. 47	30. 68	30. 94
专业技能	27. 80	23. 63	22. 71	21. 58
理论知识	16. 54	17. 29	21. 12	10. 79
跨学科思维	2. 26	3. 13	4. 78	5. 04
国际视野	0. 84	0. 66	0. 00	0. 00

7. 3. 4 职业发展评价

调研数据显示，99. 14%的用人单位认为湖南省普通高校毕业生具有职业发展潜力，其中认为毕业生“非常有潜力”占比为 41. 91%，“比较有潜力”占比为 49. 24%，“潜力一般”占比为 7. 99%。具体来看，用人单位对“双一流”建设高校毕业生的职业发展潜力认可度达 100. 00%。如图 7-10 所示。

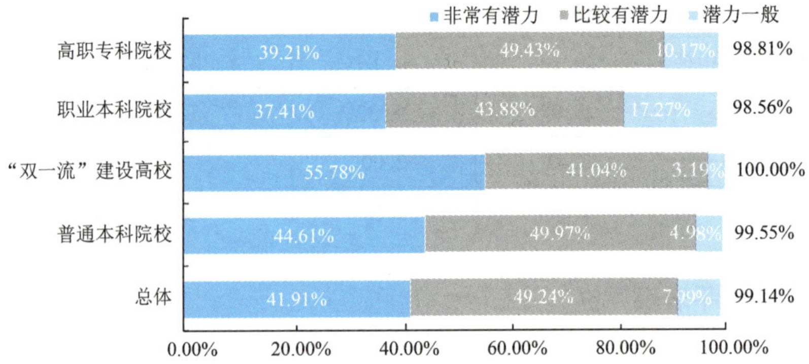

图 7-10 用人单位对高校毕业生职业发展潜力评价

进一步调研了解到，87. 15%的用人单位表示湖南省普通高校毕业生能够在 5 年内成长为单位的中层骨干，其中有 40. 86%的用人单位认为高校毕业生能在“1—3 年”成长为单位中层骨干，可见，湖南省普通高校毕业生晋升空间广阔。如图 7-11 所示。

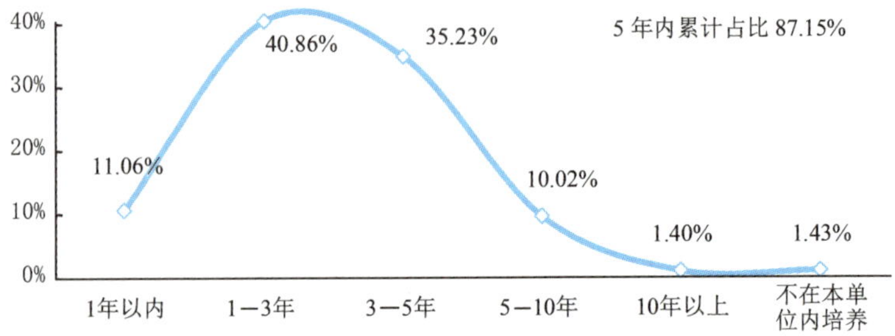

图 7-11 用人单位对毕业生职业生涯成长时间评价

分不同类型高校来看，职业本科院校毕业生在“1—3 年”晋升为骨干比例明显高于其他类型高校毕业生，“双一流”建设高校毕业生在“3—5 年”晋升为骨干比例明显高于其他类型高校毕业生。如表 7-11 所示。

表 7-11　用人单位对不同类型高校毕业生职业生涯成长时间评价（单位:%）

职业生涯成长时间	高职专科院校	职业本科院校	“双一流”建设高校	普通本科院校
1 年以内	14. 65	12. 86	5. 56	6. 53
1—3 年	42. 89	51. 43	27. 78	38. 72
3—5 年	30. 60	27. 86	52. 38	40. 42
5—10 年	8. 56	6. 43	14. 29	11. 82
10 年以上	1. 30	0. 71	0. 00	1. 70
不在本单位内培养	2. 01	0. 71	0. 00	0. 80
5 年内晋升为骨干比例	88. 14	92. 15	85. 72	85. 67

7. 3. 5　工作离职情况

调研数据显示，22. 82%的用人单位认为湖南省普通高校毕业生一年内离职概率大（含“非常大”“比较大”）。如图 7-12 所示。从不同类型高校来看，“双一流”建设高校合作单位的稳岗率最高，一年内离职概率大的比例仅为 9. 73%，高职专科院校毕业生一年内离职概率大的比例最高，为 28. 46%。如表 7-12 所示。

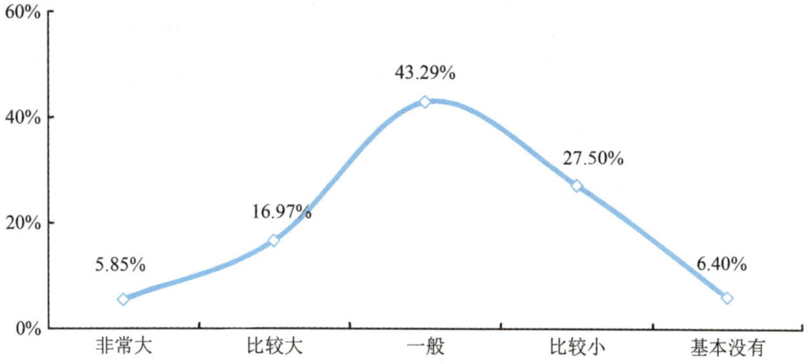

图 7-12　用人单位对高校毕业生离职评价

表 7-12　用人单位对不同类型高校毕业生离职评价（单位:%）

离职评价	高职专科院校	职业本科院校	“双一流”建设高校	普通本科院校
非常大	7. 93	5. 04	1. 19	3. 44
比较大	20. 53	20. 86	7. 54	12. 73

续表

离职评价	高职专科院校	职业本科院校	“双一流”建设高校	普通本科院校
一般	45. 18	50. 36	36. 51	40. 94
比较小	21. 98	22. 30	48. 41	33. 46
基本没有	4. 37	1. 44	6. 35	9. 43

调研数据显示，有 70. 94%的用人单位表示毕业生离职是主动离职。如图 7-13 所示。其中反馈为“毕业生主动离职”比例最高的是“双一流”建设高校合作单位。如表 7-13 所示。

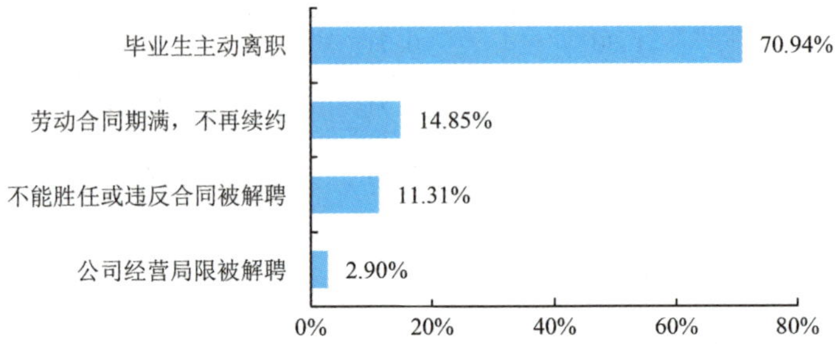

图 7-13　单位对毕业生离职原因反馈

表 7-13　用人单位对不同类型高校毕业生离职原因反馈（单位:%）

院校类别	毕业生主动离职	劳动合同期满，不再续约	不能胜任或违反合同被解聘	公司经营局限被解聘
高职专科院校	69. 22	10. 95	16. 62	3. 20
职业本科院校	56. 12	7. 91	28. 06	7. 91
普通本科院校	73. 17	12. 04	12. 39	2. 40
“双一流”高校	80. 48	10. 36	7. 97	1. 20

7. 4　用人单位对高校的评价

7. 4. 1　对就业服务工作的评价

调研数据显示，用人单位对高校招聘和服务工作满意度为 98. 76%，其中表示“非常满意”占比为 46. 28%，“满意”占比为 36. 01%，“比较满意”占比为 16. 47%。普通本科院校合作用人单位的满意度最高，为 99. 41%。如图 7-14 所示。

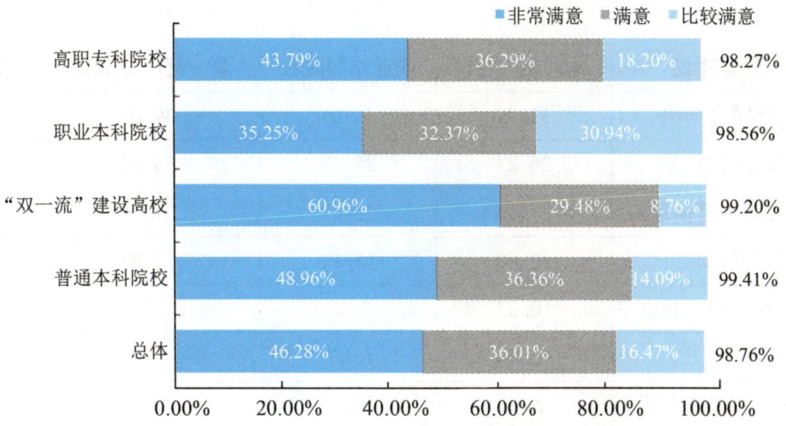

图 7-14　用人单位对高校招聘和服务满意度评价

用人单位认为高校就业服务工作最需要改进的前四项是“加强毕业生就业指导”“加大对毕业生的推荐力度”　“增加校园招聘会场次”和“加强校企沟通”，比例分别为 41. 03%、33. 73%、33. 66%、28. 28%。如图 7-15 所示。

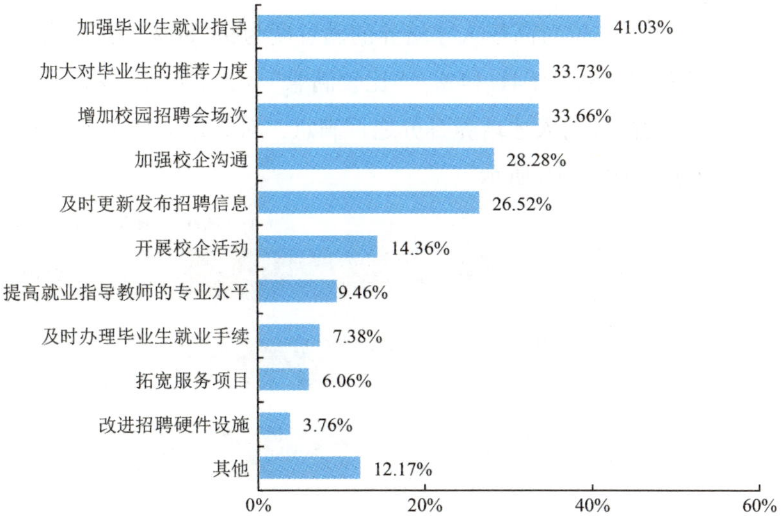

图 7-15　用人单位对学校就业服务改进建议（多选题）

分不同院校类型来看，“双一流”建设高校合作单位对“加大对毕业生的推荐力度”“加强校企沟通”“及时更新发布招聘信息”“开展校企活动”的建议度明显高于其他类型院校合作单位。如表 7-14 所示。

表 7-14　用人单位对不同类型高校就业服务改进建议（多选题）（单位:%）

就业服务改进建议	高职专科院校	职业本科院校	“双一流”建设高校	普通本科院校
加强毕业生就业指导	38. 83	43. 88	35. 86	44. 36
加大对毕业生的推荐力度	29. 99	33. 81	40. 64	38. 24

续表

就业服务改进建议	高职专科院校	职业本科院校	“双一流”建设高校	普通本科院校
增加校园招聘会场次	31.79	41.01	39.04	35.39
加强校企沟通	26.23	25.18	38.65	30.34
及时更新发布招聘信息	24.55	26.62	31.08	28.81
开展校企活动	12.60	15.11	17.93	16.42
提高就业指导教师的专业水平	10.27	9.35	2.79	8.94
其他	15.48	6.47	6.37	8.42
及时办理毕业生就业手续	7.88	10.07	3.19	6.92
拓宽服务项目	6.00	7.19	6.37	6.05
改进招聘硬件设施	3.20	5.76	5.58	4.28

7.4.2 对人才培养的评价

调研数据显示，用人单位对高校人才培养的满意度为98.86%，其中表示“非常满意”占比为40.33%，“满意”占比为41.14%，“比较满意”占比为17.39%。具体来看，用人单位对“双一流”建设高校的人才培养百分之百满意，对其他类型院校的人才培养满意度也均在98.00%以上。如图7-16所示。

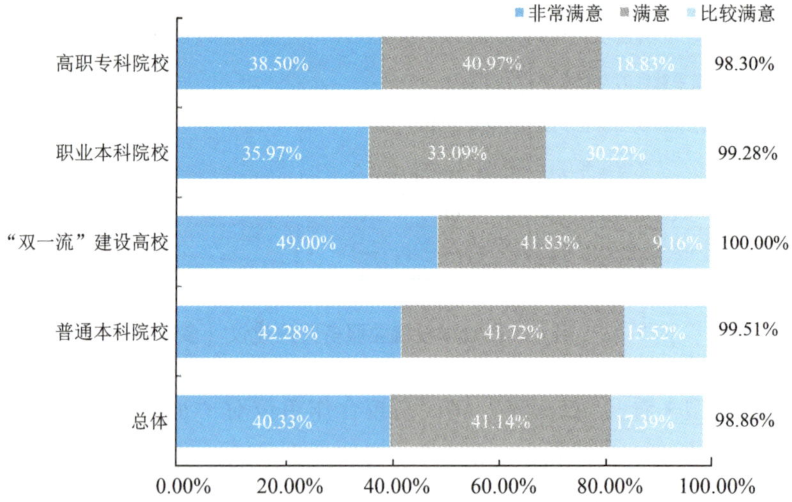

图7-16 用人单位对高校人才培养总体评价

7.4.2.1 对人才培养改进建议

调研数据显示，用人单位对高校人才培养的建议位居前三位的是“注重技能型人才培养”“加强校企合作”和“注重创新能力培养”，占比均超过三成。如图7-17所示。分不同院校类型来看，用人单位认为职业本科院校人才培养应更应该“注重技能型人才培养”。如表 7-15 所示。

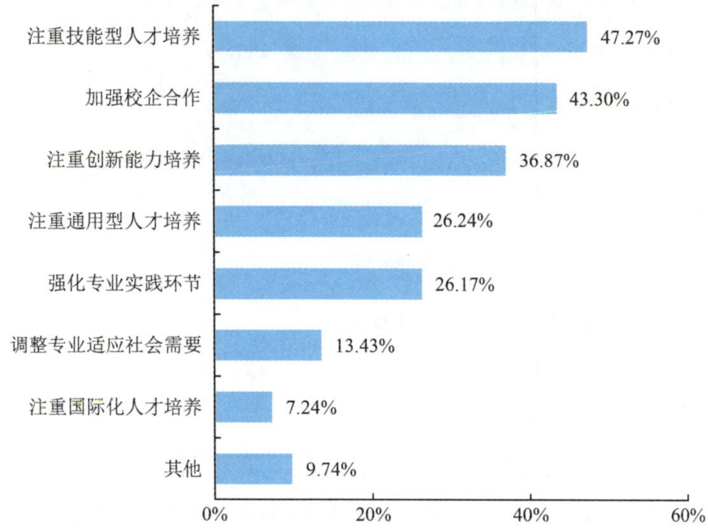

图 7-17　用人单位关于高校对人才培养改进建议（多选题）

表 7-15　用人单位关于不同类型高校对人才培养改进建议（多选题）（单位：%）

人才培养建议	高职专科院校	职业本科院校	“双一流”建设高校	普通本科院校
注重技能型人才培养	45. 92	58. 27	44. 22	48. 85
加强校企合作	40. 36	40. 29	54. 58	46. 49
注重创新能力培养	33. 67	41. 73	41. 83	40. 57
强化专业实践环节	23. 43	24. 46	32. 67	29. 44
注重通用型人才培养	26. 10	25. 18	20. 32	27. 00
调整专业适应社会需要	12. 73	11. 51	14. 34	14. 41
注重国际化人才培养	6. 79	7. 19	9. 96	7. 62
其他	12. 73	9. 35	1. 20	6. 40

7. 4. 2. 2　对学生培养建议

结合社会人才需求，用人单位认为高校在学生培养上应重点加强的方面位居前四位的是“职业素质的培养”（40. 88%）、“专业知识的传授”（38. 30%）、“实践能力的锻炼”（28. 18%）、“表达能力的培养”（26. 70%）。如图 7-18 所示。分不同院校类型来看，用人单位认为“双一流”建设高校应注意学生“专业知识的传授”“职业素质的培养”“创新能力的培养”和“思维拓展的训练”，其比例高于其他院校类型；用人单位认为普通本科院校应注意学生“表达能力的培养”“实践能力的锻炼”“交际能力的培养”“团队协作能力的培养”和“身体素质的加强”，其比例高于其他院校类型。如表 7-16 所示。

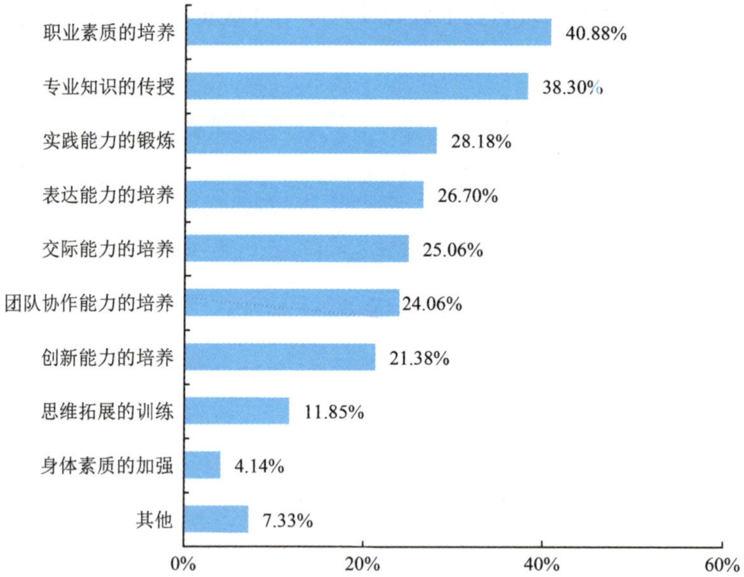

图 7-18　用人单位对高校学生培养方面改进建议（多选题）

表 7-16　用人单位对不同类型高校学生培养方面改进建议（多选题）（单位:%）

人才培养方面的改进建议	高职专科院校	职业本科院校	"双一流"建设高校	普通本科院校
专业知识的传授	36.65	40.26	42.63	36.69
表达能力的培养	26.53	27.00	21.51	34.53
职业素质的培养	40.31	41.72	45.82	30.94
实践能力的锻炼	25.92	30.93	30.68	30.94
交际能力的培养	25.36	24.53	23.51	30.22
团队协作能力的培养	23.89	24.11	24.30	27.34
创新能力的培养	18.07	25.12	27.89	25.90
思维拓展的训练	10.04	13.92	15.14	14.39
身体素质的加强	4.55	3.62	3.19	5.04
其他	9.48	5.05	2.39	2.88

7.4.3　毕业生求职应聘建议

调研数据显示，用人单位认为毕业生在求职应聘过程中有待提高的方面主要有"表达沟通"（39.14%）、"职业素养"（34.24%）、"对应聘单位的了解准备"（32.64%）与"临场反应"（28.47%）。如图 7-19 所示。分不同高校类型来看，用人单位认为"双一流"建设高校毕业生求职应聘时应加强"对应聘单位的了解准备"的比例明显高于其他类型院校。如表 7-17 所示。

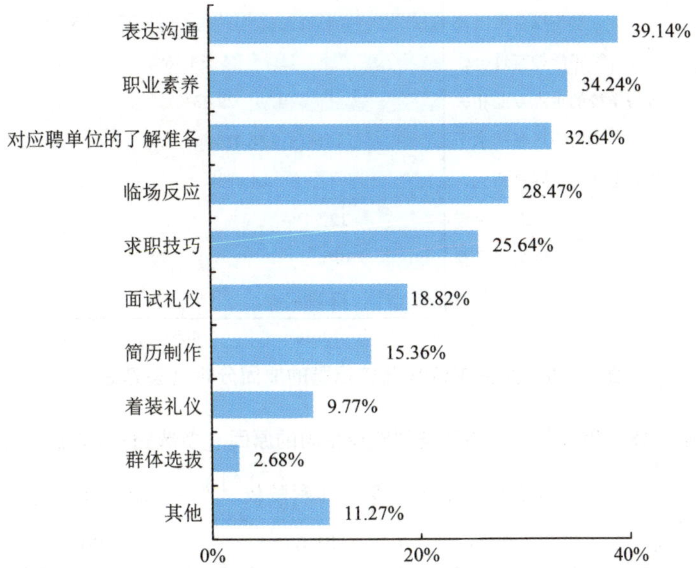

图 7-19　用人单位对高校毕业生求职应聘方面改进建议（多选题）

表 7-17　用人单位对不同类型高校毕业生求职应聘方面改进建议（多选题）（单位:%）

求职应聘建议	高职专科院校	职业本科院校	“双一流”建设高校	普通本科院校
表达沟通	37.84	36.43	39.84	40.99
对应聘单位的了解准备	28.31	27.86	50.60	37.24
职业素养	32.17	23.57	38.65	37.20
临场反应	26.79	35.71	23.51	30.84
求职技巧	25.55	32.86	26.69	25.31
面试礼仪	18.84	25.00	19.92	18.39
简历制作	14.80	25.71	15.94	15.58
着装礼仪	9.68	13.57	8.76	9.81
其他	13.61	8.57	5.58	8.69
群体选拔	2.23	1.43	1.59	3.44

7.4.4　来校招聘原因

调研数据显示，吸引用人单位来高校招聘的原因主要有“学生综合素质高”（53.04%）、“跟学校有过合作”（33.56%）以及“业务与学校的重点专业相关”（29.43%）。如图 7-20 所示。分不同院校类型来看，用人单位来“双一流”建设高校招聘的原因中，“学生综合素质高”“业务与学校的重点专业相关”以及“学校的声誉和水平”比例高于其他类型院校。如表 7-18 所示。

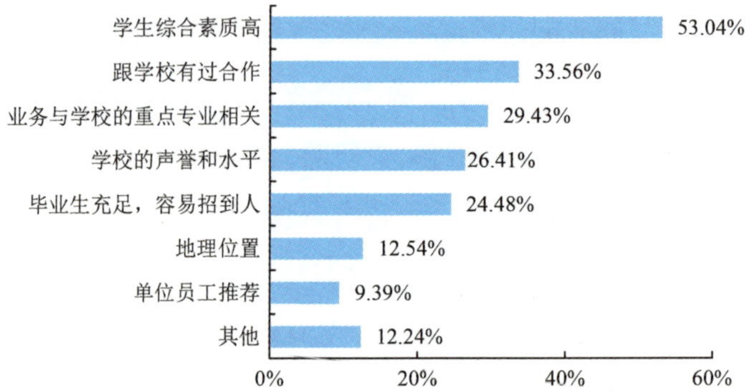

图 7-20　用人单位来高校招聘的原因分析（多选题）

表 7-18　用人单位来不同类型院校招聘的原因（多选题）（单位:%）

招聘原因	高职专科院校	职业本科院校	“双一流”建设高校	普通本科院校
学生综合素质高	48. 64	49. 64	74. 90	57. 31
跟学校有过合作	31. 41	26. 62	32. 27	36. 95
业务与学校的重点专业相关	26. 15	28. 06	36. 26	33. 40
学校的声誉和水平	23. 15	19. 42	51. 39	29. 02
毕业生充足，容易招到人	24. 50	23. 74	21. 12	24. 77
地理位置	11. 94	14. 39	13. 55	13. 19
其他	14. 87	13. 67	2. 39	9. 43
单位员工推荐	9. 48	18. 71	4. 78	9. 22

第8章

湖南省普通高校2024届毕业生留湘就业专项分析①

8.1 毕业生留湘就业总体情况分析

8.1.1 各学历毕业生留湘就业分布

统计数据显示，湖南省普通高校2024届毕业生留湘就业人数202285人，留湘就业占比（本章简称“留湘率”）为56.56%，较上届（57.29%）略有所下降。其中，毕业研究生留湘就业人数为12163人，留湘率为47.15%；本科毕业生留湘就业人数为73191人，留湘率为54.33%；高职专科毕业生为留湘就业人数为116931人，留湘率为59.31%。如图8-1所示。

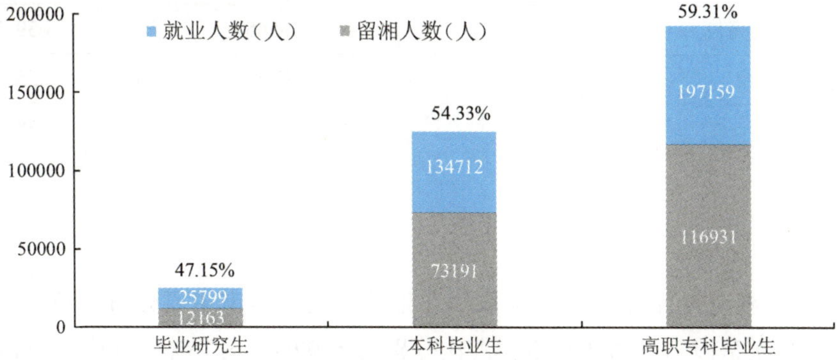

图8-1 2024届普通高校各学历毕业生留湘就业分布

从性别来看，2024届男性毕业生留湘率为51.82%，女性为61.09%，其中女性留湘率高出男性9.27%。如图8-2所示。

① 留湘就业仅分析毕业去向为签就业协议形式就业、签劳动合同形式就业和其他录用形式就业三类情况。

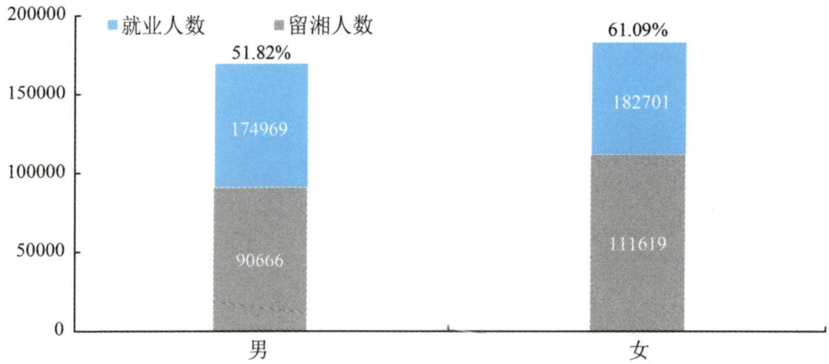

图 8-2　湖南省普通高校 2024 届毕业生分性别留湘就业分布

8.1.2　不同类型院校毕业生留湘就业分布

统计数据显示，高职专科院校留湘就业人数为 113244 人，留湘率为 59.20%；职业本科院校留湘就业人数为 1526 人，留湘率为 59.68%；“双一流”建设高校留湘就业人数为 9565 人，留湘率为 39.79%；普通本科院校留湘就业人数为 77906 人，留湘率为 55.76%。留湘率最高的是职业本科院校，留湘率最低的是“双一流”建设高校。如表 8-1 所示。

表 8-1　2024 届普通高校不同类型院校毕业生留湘就业分布

院校类型	就业人数（人）	留湘人数（人）	留湘率（%）
高职专科院校	191297	113244	59.20
职业本科院校	2557	1526	59.68
“双一流”建设高校	24038	9565	39.79
普通本科院校	139716	77906	55.76
总体	357670	202285	56.56

8.1.3　毕业生留湘就业去向分布

总体上看，湖南省普通高校 2024 届毕业生留湘就业城市主要分布在长沙市，占比高达 49.58%；其次是衡阳市和株洲市，占比分别为 5.92%、5.15%。在张家界市就业的毕业生人数最少，占比仅为 1.50%。如图 8-3 所示。

从不同类型院校来看，职业院校中，高职专科院校与职业本科院校毕业生留湘就业的市（州）人数最多的均为长沙市，占比分别为 49.55%、47.77%，高职专科院校毕业生留湘就业的市（州）人数排名第二的是衡阳市（5.58%），职业本科院校则是湘潭市（15.01%）。如表 8-2 所示。

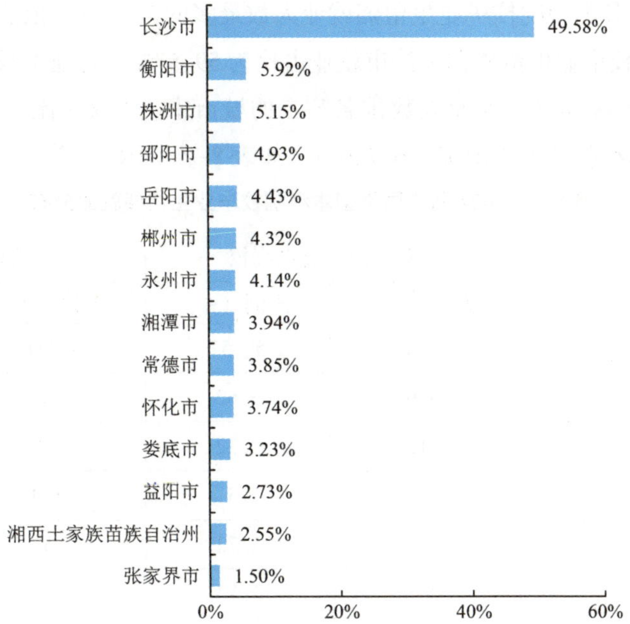

图 8-3 湖南省普通高校 2024 届毕业生留湘就业总体城市分布

表 8-2 2024 届不同层次职业院校毕业生留湘就业城市分布

就业市（州）	高职专科院校		职业本科院校	
	人数（人）	比例（%）	人数（人）	比例（%）
长沙市	56115	49. 55	729	47. 77
衡阳市	6324	5. 58	71	4. 65
邵阳市	6155	5. 44	65	4. 26
株洲市	5333	4. 71	31	2. 03
永州市	5195	4. 59	61	4. 00
郴州市	5008	4. 42	80	5. 24
岳阳市	4805	4. 24	35	2. 29
怀化市	4641	4. 10	51	3. 34
湘潭市	4194	3. 70	229	15. 01
娄底市	3956	3. 49	53	3. 47
常德市	3689	3. 26	27	1. 77
湘西土家族苗族自治州	3177	2. 81	48	3. 15
益阳市	2873	2. 54	34	2. 23
张家界市	1779	1. 57	12	0. 79
总计	113244	100. 00	1526	100. 00

本科院校中，各类型院校毕业生留湘就业人数最多的市（州）依然均为长沙市，其中“双一流”建设高校毕业生留湘在长沙市就业占比为 59.57%，普通本科院校毕业生留湘在长沙市就业占比为 48.44%。就业人数排名第二的城市中，“双一流”建设高校是株洲市（7.51%），普通本科院校为衡阳市（6.72%）。如表 8-3 所示。

表 8-3　2024 届不同类型本科院校毕业生留湘就业分布

就业市（州）	“双一流”建设高校		普通本科院校	
	人数（人）	比例（%）	人数（人）	比例（%）
长沙市	5698	59.57	37741	48.44
衡阳市	346	3.62	5238	6.72
邵阳市	212	2.22	3540	4.54
株洲市	718	7.51	4329	5.56
永州市	260	2.72	2858	3.67
郴州市	261	2.73	3382	4.34
岳阳市	372	3.89	3748	4.81
怀化市	179	1.87	2688	3.45
湘潭市	583	6.10	2967	3.81
娄底市	177	1.85	2335	3.00
常德市	316	3.30	3746	4.81
湘西土家族苗族自治州	87	0.91	1847	2.37
益阳市	259	2.71	2348	3.01
张家界市	97	1.01	1139	1.46
总计	9565	100.00	77906	100.00

8.1.4　省内各市（州）毕业生输入情况

高校毕业生留省内某市（州）就业人数与当年该市（州）高校毕业生户籍数的比值（简称“人才转化比”）在一定程度上能反映各市（州）人才培养输入与输出情况。其中人才转化比越大，说明该城市毕业生人才输入情况越好；若人才转化比大于 100.00%，则表示该地区的人才输入大于供给。

据统计，各城市中仅有省会城市长沙市的人才转化比大于 100.00%，比值达 336.17%，人才吸纳能力强劲；人才转化比位列第二、第三的市（州）是株洲市与湘潭市，转化比分别为 77.57%、76.25%。全省 14 个地市（州）中，邵阳市人才转化比靠后，仅为 26.16%，该地区人才吸引能力有待进一步增强。如图 8-4 所示。

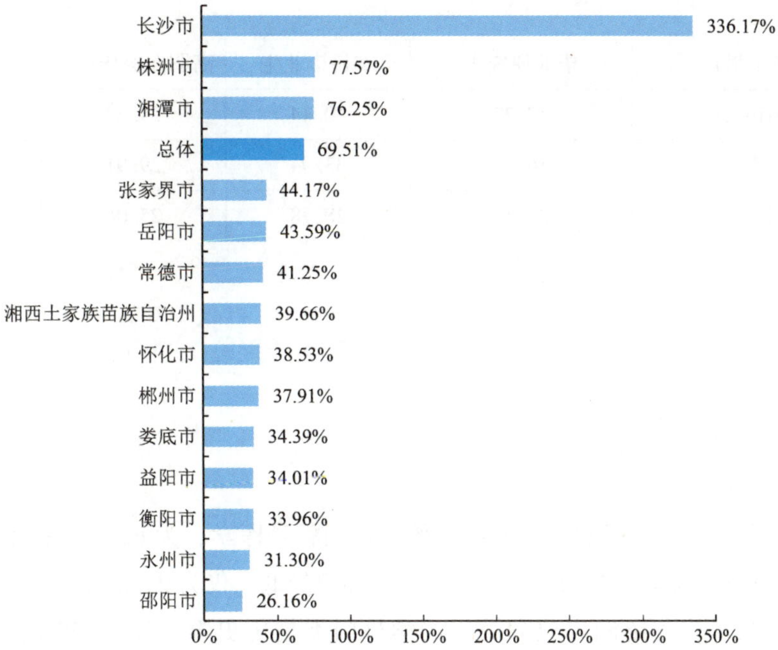

图 8-4　湖南省普通高校 2024 届毕业生省内生源地人才转化比

具体来看，人才转化比最高的长沙市，对毕业研究生的转化比为 215. 66%，对本科毕业生的转化比为 311. 28%，对高职专科毕业生的转化比为 380. 37%；人才转化比最低的邵阳市，对毕业研究生的转化比为 24. 53%，对本科毕业生的转化比为 28. 78%，对高职专科毕业生的转化比为 25. 04%。如表 8-4 所示。

表 8-4　2024 届各学历毕业生省内生源地人才转化比（单位：%）

就业市（州）	毕业研究生	本科毕业生	高职专科毕业生	总体
长沙市	215. 66	311. 28	380. 37	336. 17
株洲市	139. 55	69. 15	77. 71	77. 57
湘潭市	94. 77	73. 29	75. 84	76. 25
张家界市	44. 06	44. 22	44. 14	44. 17
岳阳市	45. 86	44. 18	42. 96	43. 59
常德市	43. 68	43. 37	39. 29	41. 25
湘西土家族苗族自治州	51. 34	46. 07	36. 88	39. 66
怀化市	52. 88	44. 86	35. 39	38. 53
郴州市	47. 49	48. 67	32. 98	37. 91
娄底市	27. 94	36. 33	33. 89	34. 39
益阳市	38. 60	39. 79	30. 31	34. 01

续表

就业市（州）	毕业研究生	本科毕业生	高职专科毕业生	总体
衡阳市	47.27	40.44	29.67	33.96
永州市	36.18	33.94	29.91	31.30
邵阳市	24.53	28.78	25.04	26.16

8.2 分学科门类的毕业生留湘就业专项分析

8.2.1 按学历层次划分

研究生学科门类中，留湘率位列第一的学科门类是医学，为 62.36%；第二为管理学（58.27%）；第三为农学（57.23%）。历史学留湘率最低，仅为 24.80%。

本科学科门类中，留湘率位列第一的学科门类是历史学，为 74.59%；第二为理学（69.32%）；第三为法学（67.73%）。哲学留湘率最低，仅为 39.29%。如表 8-5 所示。

表 8-5 本科和研究生各学科门类毕业生留湘就业分布

学科大类	本科毕业生			毕业研究生		
	就业人数（人）	留湘人数（人）	留湘率（%）	就业人数（人）	留湘人数（人）	留湘率（%）
农学	1221	756	61.92	1391	796	57.23
医学	12586	8171	64.92	3244	2023	62.36
历史学	429	320	74.59	125	31	24.80
哲学	28	11	39.29	166	74	44.58
工学	44015	19572	44.47	9015	3430	38.05
教育学	4806	3214	66.87	2061	1058	51.33
文学	14915	8485	56.89	1244	520	41.80
法学	5066	3431	67.73	1537	778	50.62
理学	7786	5397	69.32	1828	807	44.15
管理学	22558	12519	55.50	3132	1825	58.27
经济学	6148	3052	49.64	1242	470	37.84
艺术学	15154	8263	54.53	814	351	43.12
总体	134712	73191	54.33	25799	12163	47.15

高职专科专业大类中，留湘率位列第一的是教育与体育大类，为 79.07%；第二为水

利大类（75.49%）；第三为新闻传播大类（73.04%）。排名后三位的专业大类分别是交通运输大类、生物与化工大类、轻工纺织大类，留湘率均不足 42.00%。如表 8-6 所示。

表 8-6　高职专科各专业大类毕业生留湘就业分布

专业大类	就业人数（人）	留湘人数（人）	留湘率（%）
农林牧渔大类	4508	2775	61.56
资源环境与安全大类	3497	2107	60.25
装备制造大类	26956	12030	44.63
能源动力与材料大类	2526	1521	60.21
土木建筑大类	13095	7808	59.63
水利大类	608	459	75.49
生物与化工大类	2061	854	41.44
轻工纺织大类	257	107	41.63
食品药品与粮食大类	2719	1870	68.78
交通运输大类	16815	6094	36.24
医药卫生大类	25944	18190	70.11
财经商贸大类	28085	16547	58.92
旅游大类	4368	3014	69.00
文化艺术大类	10030	6430	64.11
新闻传播大类	1239	905	73.04
教育与体育大类	24629	19474	79.07
公安与司法大类	666	469	70.42
公共管理与服务大类	2682	1513	56.41
电子与信息大类	26474	14764	55.77
总体	197159	116931	59.31

8.2.2　按性别划分

从性别来看，研究生学科门类中，男性毕业生留湘率高于女性毕业生的有医学、哲学、工学、教育学、文学、法学、理学、管理学、经济学 9 个学科；本科学科门类中，男性毕业生留湘率高于女性毕业生的有医学、教育学、法学、经济学 4 个学科；高职专科专业大类中，男性毕业生留湘率高于女性毕业生的有农林牧渔大类、医药卫生大类、文化艺术大类、新闻传播大类、教育与体育大类、公安与司法大类 6 个专业大类。如表 8-7 所示。

表 8-7　各科类毕业生分性别留湘就业情况分布

学历	学科门类	男		女		男女留湘率差值
		留湘人数（人）	留湘率（%）	留湘人数（人）	留湘率（%）	
毕业研究生	农学	369	55.99	427	58.33	-2.34
	医学	747	66.94	1276	59.96	6.98
	历史学	10	20.00	21	28.00	-8.00
	哲学	28	47.46	46	42.99	4.47
	工学	2549	38.70	881	36.27	2.43
	教育学	220	61.11	838	49.27	11.84
	文学	72	44.72	448	41.37	3.35
	法学	285	55.56	493	48.14	7.42
	理学	320	47.20	487	42.35	4.85
	管理学	609	60.30	1216	57.30	3.00
	经济学	174	40.18	296	36.59	3.59
	艺术学	92	41.63	259	43.68	-2.05
本科毕业生	农学	356	61.38	400	62.40	-1.02
	医学	2904	67.50	5267	63.58	3.92
	历史学	84	74.34	236	74.68	-0.34
	哲学	3	25.00	8	50.00	-25.00
	工学	15214	44.03	4358	46.05	-2.02
	教育学	1646	69.75	1568	64.10	5.65
	文学	1083	55.00	7402	57.18	-2.18
	法学	1198	71.48	2233	65.87	5.61
	理学	2314	66.69	3083	71.43	-4.74
	管理学	3555	53.37	8964	56.39	-3.02
	经济学	1183	53.77	1869	47.34	6.43
	艺术学	2492	53.28	5771	55.08	-1.80
高职专科毕业生	农林牧渔大类	1327	63.43	1448	59.93	3.50
	资源环境与安全大类	1392	58.19	715	64.71	-6.52
	装备制造大类	11119	44.44	911	47.01	-2.57
	能源动力与材料大类	1099	56.47	422	72.76	-16.29
	土木建筑大类	5526	56.90	2282	67.44	-10.54
	水利大类	347	72.29	112	87.50	-15.21
	生物与化工大类	468	36.14	386	50.39	-14.25

续表

学历	学科门类	男		女		男女留湘率差值
		留湘人数（人）	留湘率（%）	留湘人数（人）	留湘率（%）	
高职专科毕业生	轻工纺织大类	29	41.43	78	41.71	-0.28
	食品药品与粮食大类	541	67.63	1329	69.25	-1.62
	交通运输大类	4472	34.40	1622	42.51	-8.11
	医药卫生大类	3992	70.96	14198	69.88	1.08
	财经商贸大类	4870	57.19	11677	59.67	-2.48
	旅游大类	768	65.92	2246	70.12	-4.20
	文化艺术大类	1965	64.68	4465	63.86	0.82
	新闻传播大类	229	75.58	676	72.22	3.36
	教育与体育大类	3619	82.81	15855	78.26	4.55
	公安与司法大类	256	70.72	213	70.07	0.65
	公共管理与服务大类	406	55.09	1107	56.92	-1.83
	电子与信息大类	10734	54.68	4030	58.90	-4.22

8.2.3　按不同类型院校划分

从不同类型院校来看，研究生学科门类中，“双一流”建设高校毕业生留湘率前三的学科门类是管理学（59.52%）、医学（53.03%）、法学（50.10%）；普通本科院校是医学（70.08%）、教育学（61.95%）、农学（57.23%）。如表 8-8 所示。

表 8-8　各学科毕业研究生分院校类型留湘就业分布

学科门类	“双一流”建设高校		普通本科院校	
	人数（人）	留湘率（%）	人数（人）	留湘率（%）
农学	0	0.00	796	57.23
医学	779	53.03	1244	70.08
历史学	25	25.77	6	21.43
哲学	52	40.31	20	57.14
工学	1686	31.32	1720	47.75
教育学	524	43.70	534	61.95
文学	280	37.79	240	47.71
法学	518	50.10	249	51.66

续表

学科门类	"双一流"建设高校		普通本科院校	
	人数（人）	留湘率（%）	人数（人）	留湘率（%）
理学	471	38.70	336	54.99
管理学	1169	59.52	651	56.12
经济学	276	34.76	192	43.05
艺术学	114	38.91	237	45.49
总体	5894	41.16	6225	54.53

本科学科门类中，"双一流"建设高校毕业生留湘率前三的学科门类是历史学（75.00%）、医学（63.98%）、艺术学（54.45%）；普通本科院校是历史学（74.37%）、理学（71.95%）、法学（70.33%）。如表 8-9 所示。

表 8-9　本科各学科毕业生分院校类型留湘就业分布

学科门类	"双一流"建设高校		普通本科院校	
	人数（人）	留湘率（%）	人数（人）	留湘率（%）
医学	103	63.98	8068	64.93
历史学	114	75.00	206	74.37
哲学	11	39.29	0	0.00
工学	1172	27.67	18400	46.25
教育学	115	48.52	3099	67.83
文学	404	37.34	8081	58.42
法学	361	51.50	3070	70.33
理学	630	54.26	4767	71.95
管理学	341	33.76	12178	56.52
经济学	102	27.87	2950	51.02
艺术学	318	54.45	7945	54.53
农学	0	0.00	756	61.92
总体	3671	37.78	69520	55.62

高职专科专业大类中，高职专科院校毕业生留湘率排在前三的专业大类是教育与体育大类（79.33%）、水利大类（75.49%）、新闻传播大类（72.90%）；职业本科院校的专业大类是医药卫生大类（87.58%）、文化艺术大类（67.54%）、土木建筑大类（66.18%）。如表 8-10 所示。

表 8-10　高职专科各专业大类毕业生分院校类型留湘就业分布

专业大类	高职专科院校		职业本科院校	
	人数（人）	留湘率（%）	人数（人）	留湘率（%）
农林牧渔大类	2726	61.72	0	0.00
资源环境与安全大类	2087	60.25	20	60.61
装备制造大类	11889	44.57	22	44.90
能源动力与材料大类	1492	60.23	0	0.00
土木建筑大类	7551	59.45	225	66.18
水利大类	459	75.49	0	0.00
生物与化工大类	854	41.44	0	0.00
轻工纺织大类	107	41.63	0	0.00
食品药品与粮食大类	1854	68.69	0	0.00
交通运输大类	6016	36.12	0	0.00
医药卫生大类	17429	69.77	141	87.58
财经商贸大类	16067	58.91	192	55.33
旅游大类	2965	68.99	0	0.00
文化艺术大类	6183	63.97	154	67.54
新闻传播大类	893	72.90	0	0.00
教育与体育大类	19025	79.33	46	61.33
公安与司法大类	469	70.42	0	0.00
公共管理与服务大类	1498	56.42	0	0.00
电子与信息大类	13680	55.75	726	54.83

8.3　分性别的毕业生留湘就业专项分析

8.3.1　按就业类型划分

从就业类型上看，以其他录用形式就业毕业生留湘率为 61.36%，签就业协议形式就业的毕业生留湘率为 56.35%，以签劳动合同形式就业的毕业生留湘率为 55.03%。细化到性别上，各就业类型的男性毕业生留湘率均低于女性毕业生，其中差距最明显的是以签就业协议形式就业的毕业生，男女相差超过 10 个百分点。如表 8-11 所示。

表 8-11　各就业类型的毕业生分性别留湘就业分布

就业类型	男		女		总体	
	留湘人数（人）	留湘率（%）	留湘人数（人）	留湘率（%）	留湘人数（人）	留湘率（%）
其他录用形式就业	9680	58. 54	14291	63. 44	23971	61. 36
签就业协议形式就业	60742	51. 40	66873	61. 74	127615	56. 35
签劳动合同形式就业	20244	50. 29	30455	58. 72	50699	55. 03
总体	90666	51. 82	111619	61. 09	202285	56. 56

8. 3. 2　按就业行业划分

从就业单位行业来看，毕业生留湘率在 70. 00%以上的行业有 5 个，分别是“教育”“文化、体育和娱乐业”“军队”“卫生和社会工作”“住宿和餐饮业”。细化到性别来看，男性毕业生留湘率高于女性毕业生的行业有 10 个，分别是“教育”“文化、体育和娱乐业”“军队”“卫生和社会工作”“农、林、牧、渔业”“国际组织”“公共管理、社会保障和社会组织”“金融业”“房地产业”“制造业”。如表 8-12 所示。

表 8-12　各就业单位行业的毕业生分性别留湘就业分布

单位行业	男		女		总体	
	留湘人数（人）	留湘率（%）	留湘人数（人）	留湘率（%）	留湘人数（人）	留湘率（%）
教育	8327	78. 09	25534	76. 58	33861	76. 95
文化、体育和娱乐业	5216	73. 42	7417	71. 30	12633	72. 16
军队	2597	71. 92	22	34. 92	2619	71. 28
卫生和社会工作	5785	72. 11	12750	69. 95	18535	70. 61
住宿和餐饮业	2799	68. 52	5069	71. 02	7868	70. 11
农、林、牧、渔业	2153	69. 23	2195	68. 68	4348	68. 95
国际组织	10	71. 43	3	60. 00	13	68. 42
公共管理、社会保障和社会组织	3013	71. 01	2939	65. 69	5952	68. 28
水利、环境和公共设施管理业	992	64. 58	928	67. 25	1920	65. 84
金融业	2257	63. 85	3043	62. 36	5300	62. 98
房地产业	1106	63. 42	1005	60. 11	2111	61. 80
居民服务、修理和其他服务业	3619	61. 22	4649	62. 00	8268	61. 66
租赁和商务服务业	4241	55. 28	6405	58. 95	10646	57. 43
批发和零售业	6800	55. 82	11516	56. 46	18316	56. 22
建筑业	9228	49. 58	6478	63. 10	15706	54. 39

续表

单位行业	男		女		总体	
	留湘人数（人）	留湘率（%）	留湘人数（人）	留湘率（%）	留湘人数（人）	留湘率（%）
科学研究和技术服务业	3661	49.45	3734	55.60	7395	52.38
信息传输、软件和信息技术服务业	10252	48.91	8342	53.12	18594	50.72
电力、热力、燃气及水生产和供应业	2702	47.60	1404	56.05	4106	50.19
采矿业	375	39.89	145	47.85	520	41.83
制造业	13849	34.82	6540	34.11	20389	34.59
交通运输、仓储和邮政业	1684	20.61	1501	33.40	3185	25.15
总体	90666	51.82	111619	61.09	202285	56.56

8.3.3 按就业单位划分

从就业单位性质来看，毕业生留湘率在 70.00%以上的单位类型有 7 个，分别是农村建制村、城镇社区、其他事业单位、其他教学单位、个体工商户、部队、医疗卫生单位。细化到性别来看，男性毕业生留湘率高于女性毕业生的单位性质有 9 个，分别是农村建制村、城镇社区、其他事业单位、其他教学单位、部队、医疗卫生单位、机关、高等学校、科研设计单位。如表 8-13 所示。

表 8-13 各就业单位性质的毕业生分性别留湘就业分布

单位性质	男		女		总体	
	留湘人数（人）	留湘率（%）	留湘人数（人）	留湘率（%）	留湘人数（人）	留湘率（%）
农村建制村	161	89.94	187	79.57	348	84.06
城镇社区	116	77.85	221	77.54	337	77.65
其他事业单位	4065	76.61	7684	75.98	11749	76.20
其他教学单位	2228	79.32	6622	74.64	8850	75.76
个体工商户	2790	69.65	4354	71.53	7144	70.78
部队	2603	71.71	46	38.33	2649	70.64
医疗卫生单位	3002	72.93	5860	69.19	8862	70.42
机关	1987	71.09	2401	67.44	4388	69.05
其他(含社会组织、国际组织等)	1901	63.28	4515	70.49	6416	68.19
高等学校	736	64.22	1054	63.80	1790	63.97
其他企业	61111	51.81	72909	58.84	134020	55.41

续表

单位性质	男		女		总体	
	留湘人数（人）	留湘率（%）	留湘人数（人）	留湘率（%）	留湘人数（人）	留湘率（%）
科研设计单位	122	41.64	64	40.76	186	41.33
国有企业	7961	34.76	4317	46.92	12278	38.24
三资企业	1883	28.17	1385	38.14	3268	31.68
总体	90666	51.82	111619	61.09	202285	56.56

8.3.4　按工作职位划分

从就业工作职位类别来看，毕业生留湘率在 70.00%以上的职位类别有 4 个，分别是体育工作人员、教学人员、军人、卫生专业技术人员。细化到性别来看，男性毕业生留湘率高于女性毕业生的职位类别有 12 个，分别是教学人员、军人、卫生专业技术人员、公务员、文学艺术工作人员、法律专业人员、农林牧渔业技术人员、新闻出版和文化工作人员、金融业务人员、办事人员和有关人员、经济业务人员、体育工作人员。如表 8-14 所示。

表 8-14　各就业工作职位类别的毕业生分性别留湘就业分布

工作职位类别	男		女		总体	
	留湘人数（人）	留湘率（%）	留湘人数（人）	留湘率（%）	留湘人数（人）	留湘率（%）
体育工作人员	1303	77.74	508	76.62	1811	77.43
教学人员	6802	78.36	22807	76.22	29609	76.70
军人	2583	72.29	15	44.12	2598	72.03
卫生专业技术人员	4575	72.25	10062	69.46	14637	70.31
公务员	1813	72.87	1434	64.39	3247	68.87
文学艺术工作人员	828	68.20	1918	66.53	2746	67.02
法律专业人员	517	67.23	1002	64.98	1519	65.73
农林牧渔业技术人员	1130	65.77	869	63.62	1999	64.82
新闻出版和文化工作人员	332	67.34	808	63.13	1140	64.30
金融业务人员	1772	62.33	2741	61.50	4513	61.82
商业和服务业人员	7232	59.58	11825	60.52	19057	60.16
办事人员和有关人员	6597	57.54	9953	56.66	16550	57.00
其他人员	23756	53.43	32449	58.79	56205	56.40

续表

工作职位类别	男		女		总体	
	留湘人数（人）	留湘率（%）	留湘人数（人）	留湘率（%）	留湘人数（人）	留湘率（%）
经济业务人员	1580	55. 40	3487	53. 51	5067	54. 08
科学研究人员	765	46. 20	579	55. 89	1344	49. 93
其他专业技术人员	11740	47. 18	7305	51. 62	19045	48. 79
工程技术人员	14203	40. 76	3249	43. 59	17452	41. 26
生产和运输设备操作人员	3138	24. 38	608	25. 54	3746	24. 56
体育工作人员	1303	77. 74	508	76. 62	1811	77. 43

8.4　分学历的毕业生留湘就业专项分析

8.4.1　按就业类型划分

从毕业生就业类型来看，毕业研究生、本科毕业生、高职专科毕业生留湘率最高的均为其他录用形式就业。如表 8-15 所示。

表 8-15　各毕业去向的毕业生分学历留湘就业分布

就业类型	毕业研究生		本科毕业生		高职专科毕业生	
	留湘人数（人）	留湘率（%）	留湘人数（人）	留湘率（%）	留湘人数（人）	留湘率（%）
其他录用形式就业	960	66. 12	12974	61. 23	10037	61. 12
签就业协议形式就业	8512	43. 17	38220	52. 10	80883	60. 63
签劳动合同形式就业	2691	58. 12	21997	54. 78	26011	54. 95
总体	12163	47. 15	73191	54. 33	116931	59. 31

8.4.2　按就业行业划分

从就业单位行业来看，毕业研究生留湘率在 60. 00%及以上的单位行业有 4 个，分别是“农、林、牧、渔业”“卫生和社会工作”“文化、体育和娱乐业”“水利、环境和公共设施管理业”；本科毕业生留湘率在 60. 00%以上的单位行业有 8 个，分别是“公共管理、社会保障和社会组织”“农、林、牧、渔业”“卫生和社会工作”“居民服务、修理和其他服务业”“教育”“文化、体育和娱乐业”“水利、环境和公共设施管理业”“金融业”；高职专科毕业生留湘率在 70. 00%以上的单位行业有 8 个，分别是“住宿和餐饮业”“公共管理、社会保障和社会组织”“军队”“农、林、牧、渔业”“卫生和社会工作”“国际组织”“教育”“文化、体育和娱乐业”。如表 8-16 所示。

表 8-16 各就业单位行业的毕业生分学历留湘就业分布

单位行业	毕业研究生		本科毕业生		高职专科毕业生	
	留湘人数（人）	留湘率（%）	留湘人数（人）	留湘率（%）	留湘人数（人）	留湘率（%）
教育	2813	50.12	13123	73.97	17925	86.79
卫生和社会工作	1904	62.82	6494	65.18	10137	76.47
国际组织	0	0.00	1	33.33	12	75.00
文化、体育和娱乐业	240	60.00	5094	69.10	7299	74.98
住宿和餐饮业	24	50.00	1233	59.34	6611	72.68
军队	16	24.62	23	50.00	2580	72.41
公共管理、社会保障和社会组织	952	52.48	3341	72.90	1659	71.51
农、林、牧、渔业	390	65.33	1177	65.32	2781	71.18
水利、环境和公共设施管理业	165	62.98	685	62.27	1070	68.85
房地产业	44	44.44	650	54.08	1417	67.00
金融业	852	56.54	2911	65.09	1537	63.10
居民服务、修理和其他服务业	123	52.34	2261	60.10	5884	62.52
建筑业	445	41.51	5066	44.24	10195	62.34
电力、热力、燃气及水生产和供应业	453	39.29	1603	44.03	2050	60.53
批发和零售业	212	42.32	5697	50.12	12407	59.90
租赁和商务服务业	281	47.31	4188	57.66	6177	57.83
信息传输、软件和信息技术服务业	572	27.67	7799	46.76	10223	57.06
科学研究和技术服务业	714	43.86	3316	54.21	3365	52.79
采矿业	38	24.20	208	36.75	274	52.69
制造业	1766	39.42	7373	34.80	11250	33.80
交通运输、仓储和邮政业	159	33.33	948	40.88	2078	21.06
总体	12163	47.15	73191	54.33	116931	59.31

8.4.3 按就业单位划分

从就业单位性质来看，毕业研究生留湘率在 60.00%以上的单位类型有 4 个，分别是个体工商户、农村建制村、医疗卫生单位、城镇社区；本科毕业生留湘率在 70.00%以上的单位类型有 4 个，分别是其他教学单位、农村建制村、机关、高等学校；高职专科毕业生留湘率在 80.00%以上的单位类型有 6 个，分别是其他事业单位、其他教学单位、农村建制村、医疗卫生单位、城镇社区、高等学校。如表 8-17 所示。

表 8-17　各就业单位性质的毕业生分学历留湘就业分布

单位性质	毕业研究生		本科毕业生		高职专科毕业生	
	留湘人数（人）	留湘率（%）	留湘人数（人）	留湘率（%）	留湘人数（人）	留湘率（%）
其他教学单位	784	43.87	4937	75.26	3129	93.85
其他事业单位	1103	51.61	3030	67.39	7616	86.68
农村建制村	3	100.00	46	76.67	299	85.19
医疗卫生单位	1463	61.70	3084	61.20	4315	83.38
高等学校	1257	57.66	453	86.78	80	83.33
城镇社区	10	66.67	89	67.42	238	82.93
机关	838	51.19	2848	74.19	702	79.86
部队	16	19.51	46	43.40	2587	72.63
个体工商户	40	66.67	1274	63.89	5830	72.52
其他（含社会组织、国际组织等）	279	56.02	1571	64.15	4566	70.66
其他企业	3272	41.27	49229	53.24	81519	57.62
科研设计单位	66	29.86	67	58.26	53	46.49
三资企业	294	35.68	734	24.58	2240	34.43
国有企业	2738	45.22	5783	41.44	3757	31.07
总体	12163	47.15	73191	54.33	116931	59.31

8.4.4　按工作职位划分

从就业职位类别来看，毕业研究生留湘率在 60.00%以上的职位类别有 2 个，分别是体育工作人员、卫生专业技术人员；本科毕业生留湘率在 70.00%以上的职位类别有 3 个，分别是体育工作人员、公务员、教学人员；高职专科毕业生留湘率在 70.00%以上的职位类别有 8 个，分别是体育工作人员、公务员、军人、卫生专业技术人员、教学人员、文学艺术工作人员、新闻出版和文化工作人员、法律专业人员。如表 8-18 所示。

表 8-18　各就业工作职位类别的毕业生分学历留湘就业分布

工作职位类别	毕业研究生		本科毕业生		高职专科毕业生	
	留湘人数（人）	留湘率（%）	留湘人数（人）	留湘率（%）	留湘人数（人）	留湘率（%）
教学人员	2415	48.42	11515	73.50	15679	87.35
体育工作人员	62	62.63	829	75.85	920	80.21

续表

工作职位类别	毕业研究生		本科毕业生		高职专科毕业生	
	留湘人数（人）	留湘率（%）	留湘人数（人）	留湘率（%）	留湘人数（人）	留湘率（%）
卫生专业技术人员	1735	62.73	4970	64.00	7932	77.11
公务员	731	56.32	2290	73.47	226	75.33
新闻出版和文化工作人员	56	54.37	559	58.23	525	73.94
军人	4	15.38	13	48.15	2581	72.62
文学艺术工作人员	46	52.87	1223	62.02	1477	72.47
法律专业人员	274	54.80	1172	68.58	73	71.57
农林牧渔业技术人员	182	57.05	341	54.39	1476	69.04
商业和服务业人员	123	32.98	4192	52.47	14742	63.23
金融业务人员	619	54.92	2370	63.15	1524	62.98
办事人员和有关人员	599	49.75	9766	56.20	6185	59.17
其他人员	1243	41.04	15403	52.30	39559	58.89
科学研究人员	574	43.09	589	56.10	181	58.39
经济业务人员	239	56.77	2488	50.37	2340	58.37
其他专业技术人员	1219	41.39	7090	46.55	10736	51.47
工程技术人员	1992	39.47	7943	38.15	7517	45.75
生产和运输设备操作人员	50	37.04	438	37.79	3258	23.34
总体	12163	47.15	73191	54.33	116931	59.31

8.5 分毕业院校的毕业生留湘就业专项分析

8.5.1 按就业行业划分

从就业单位行业来看各院校毕业生留湘就业分布，高职专科院校毕业生在“教育”的留湘率高于 80.00%；职业本科院校毕业生在“公共管理、社会保障和社会组织”“农、林、牧、渔业”“卫生和社会工作”“教育”“文化、体育和娱乐业”的留湘率高于 80.00%；“双一流”建设高校毕业生在“农、林、牧、渔业”“文化、体育和娱乐业”“水利、环境和公共设施管理业”的留湘率高于 60.00%；普通本科院校在“公共管理、社会保障和社会组织”“教育”的留湘率高于 70.00%。如表 8-19、表 8-20 所示。

表 8-19　各就业单位行业的职业院校毕业生留湘就业分布

单位行业	高职专科院校		职业本科院校	
	留湘人数(人)	留湘率（%）	留湘人数(人)	留湘率（%）
公共管理、社会保障和社会组织	1621	71.28	8	100.00
教育	17524	86.72	134	92.41
卫生和社会工作	9692	76.18	6	85.71
农、林、牧、渔业	2716	70.86	18	81.82
文化、体育和娱乐业	7038	74.97	123	80.92
住宿和餐饮业	6431	72.66	67	78.82
居民服务、修理和其他服务业	5738	62.47	34	66.67
水利、环境和公共设施管理业	1054	68.75	4	66.67
电力、热力、燃气及水生产和供应业	2020	60.46	8	66.67
建筑业	9910	62.23	174	65.66
房地产业	1367	66.91	24	64.86
租赁和商务服务业	5880	57.53	186	62.42
批发和零售业	11957	59.90	218	59.89
信息传输、软件和信息技术服务业	9785	57.02	208	57.78
科学研究和技术服务业	3188	53.01	146	53.68
交通运输、仓储和邮政业	2008	20.64	27	47.37
制造业	10948	33.75	138	33.91
采矿业	265	52.17	1	33.33
金融业	1512	63.32	2	33.33
军队	2578	72.42	0	0.00
国际组织	12	75.00	0	0.00
总体	113244	59.20	1526	59.68

表 8-20　各就业单位行业的本科院校毕业生留湘就业分布

单位行业	“双一流”建设高校		普通本科院校	
	留湘人数(人)	留湘率（%）	留湘人数(人)	留湘率（%）
公共管理、社会保障和社会组织	740	44.90	3576	74.95
教育	2812	51.71	13383	73.51
文化、体育和娱乐业	318	67.37	5154	68.78
卫生和社会工作	816	55.02	8021	66.64
金融业	668	50.30	3117	66.45
农、林、牧、渔业	59	69.41	1555	65.72

续表

单位行业	“双一流”建设高校		普通本科院校	
	留湘人数(人)	留湘率（%）	留湘人数(人)	留湘率（%）
水利、环境和公共设施管理业	106	61.27	756	62.79
居民服务、修理和其他服务业	84	51.53	2412	60.15
住宿和餐饮业	41	56.16	1329	60.05
租赁和商务服务业	416	53.75	4164	57.47
房地产业	32	33.33	687	55.45
科学研究和技术服务业	471	37.53	3566	54.42
批发和零售业	228	37.07	5913	50.81
信息传输、软件和信息技术服务业	530	21.96	8071	48.25
军队	16	25.81	25	48.08
电力、热力、燃气及水生产和供应业	249	25.56	1829	47.46
建筑业	278	25.88	5344	46.02
交通运输、仓储和邮政业	105	20.67	1043	44.05
采矿业	22	11.83	232	42.57
制造业	1574	30.17	7728	37.00
国际组织	0	0.00	1	33.33
总体	9565	39.79	77906	55.76

8.5.2 按就业单位划分

从就业单位性质来看各院校留湘就业分布，高职专科院校毕业生留湘率高于 80.00%的就业单位有 6 个，分别为“其他事业单位”“其他教学单位”“农村建制村”“医疗卫生单位”“城镇社区”“高等学校”；职业本科院校毕业生在“个体工商户”“其他事业单位”“其他（含社会组织、国际组织等）”“农村建制村”“医疗卫生单位”“机关”的留湘率高于 80.00%；“双一流”建设高校毕业生在“城镇社区”的留湘率为 60.00%；普通本科院校毕业生在“其他教学单位”“农村建制村”“机关”的留湘率高于 70.00%。如表 8-21、表 8-22 所示。

表 8-21　各就业单位性质的职业院校毕业生留湘就业分布

单位行业	高职专科院校		职业本科院校	
	留湘人数(人)	留湘率（%）	留湘人数(人)	留湘率（%）
农村建制村	293	84.93	4	100.00
医疗卫生单位	4133	83.11	1	100.00
机关	689	79.84	2	100.00

续表

单位行业	高职专科院校		职业本科院校	
	留湘人数(人)	留湘率（%）	留湘人数(人)	留湘率（%）
其他(含社会组织、国际组织等)	4446	70. 31	68	95. 77
其他事业单位	7544	86. 80	37	88. 10
个体工商户	5535	72. 24	203	80. 24
国有企业	3723	30. 93	8	61. 54
其他企业	78614	57. 53	1185	56. 13
三资企业	2206	34. 53	18	30. 00
其他教学单位	3108	93. 84	0	0. 00
城镇社区	236	82. 81	0	0. 00
科研设计单位	52	46. 43	0	0. 00
部队	2585	72. 63	0	0. 00
高等学校	80	84. 21	0	0. 00
总体	113244	59. 20	1526	59. 68

表 8-22　各就业单位性质的本科院校毕业生留湘就业分布

单位行业	“双一流”建设高校		普通本科院校	
	留湘人数(人)	留湘率（%）	留湘人数(人)	留湘率（%）
农村建制村	1	50. 00	50	79. 37
机关	625	42. 34	3067	76. 64
其他教学单位	1401	54. 11	4341	75. 10
城镇社区	6	60. 00	95	68. 35
其他事业单位	581	43. 82	3573	66. 87
高等学校	832	59. 99	878	66. 72
个体工商户	21	53. 85	1385	64. 75
其他(含社会组织、国际组织等)	179	52. 03	1722	64. 49
医疗卫生单位	631	52. 11	4097	64. 02
科研设计单位	24	15. 89	98	56. 00
其他企业	2996	35. 33	51225	54. 14
国有企业	1969	33. 60	6566	46. 31
部队	16	21. 05	48	41. 74
三资企业	283	26. 04	761	27. 36
总体	9565	39. 79	77906	55. 76

8.5.3 按工作职位划分

从就业职位类别来看各院校留湘就业分布，高职专科院校毕业生留湘率在 80.00%以上的职位有“体育工作人员”“教学人员”；职业本科院校毕业生留湘率在 80.00%以上的职位有“体育工作人员”“公务员”“农林牧渔业技术人员”“卫生专业技术人员”“教学人员”；“双一流”建设高校毕业生就业职位为“体育工作人员”“文学艺术工作人员”“新闻出版和文化工作人员”的留湘率在 60.00%以上，普通本科院校毕业生就业职位为“体育工作人员”“公务员”“教学人员”的留湘率在 70.00%以上。如表 8-23、表 8-24 所示。

表 8-23 各工作职位类别的职业院校毕业生留湘就业分布

工作职位类别	高职专科院校		职业本科院校	
	留湘人数(人)	留湘率（%）	留湘人数(人)	留湘率（%）
公务员	224	75.17	1	100.00
农林牧渔业技术人员	1450	68.72	13	100.00
卫生专业技术人员	7562	76.83	1	100.00
教学人员	15323	87.30	137	91.95
体育工作人员	897	80.16	10	90.91
金融业务人员	1486	62.89	20	71.43
文学艺术工作人员	1416	72.39	33	67.35
办事人员和有关人员	5908	59.00	79	66.95
新闻出版和文化工作人员	515	73.99	6	66.67
法律专业人员	68	71.58	4	66.67
商业和服务业人员	14305	63.21	213	64.74
其他人员	38282	58.88	591	59.76
其他专业技术人员	10299	51.23	203	53.85
工程技术人员	7304	45.66	144	48.16
经济业务人员	2265	58.66	39	44.32
生产和运输设备操作人员	3184	23.09	32	36.78
军人	2581	72.62	0	0.00
科学研究人员	175	58.14	0	0.00
总体	113244	59.20	1526	59.68

表 8-24　各工作职位类别的本科院校毕业生留湘就业分布

工作职位类别	“双一流” 建设高校		普通本科院校	
	留湘人数(人)	留湘率（%）	留湘人数(人)	留湘率（%）
公务员	561	48.40	2453	75.69
体育工作人员	29	61.70	875	75.30
教学人员	2377	48.62	11766	73.51
法律专业人员	397	59.52	1050	68.09
卫生专业技术人员	695	53.05	6379	66.01
金融业务人员	457	47.41	2550	64.66
文学艺术工作人员	75	65.79	1222	61.78
科学研究人员	395	38.05	761	56.92
新闻出版和文化工作人员	92	66.19	527	56.73
办事人员和有关人员	463	46.12	10097	56.43
农林牧渔业技术人员	9	50.00	527	55.89
其他人员	1248	34.71	16083	53.50
商业和服务业人员	172	36.60	4367	52.96
经济业务人员	159	48.92	2604	51.11
其他专业技术人员	905	31.59	7636	48.67
军人	4	15.38	13	48.15
生产和运输设备操作人员	28	12.07	502	43.88
工程技术人员	1499	28.96	8494	40.80
总体	9565	39.79	77906	55.76

8.6　2022—2024 届毕业生留湘比例变化与就业特征变化

8.6.1　近三届毕业生留湘就业比例变化

8.6.1.1　按院校类型的比例变化

统计数据显示，2022—2024 届毕业生留湘就业的比例保持在 57.00%左右。具体从院校类型来看，高职专科院校、职业本科院校毕业生留湘就业比例整体呈略微下降趋势，“双一流” 建设高校、普通本科院校毕业生留湘就业比例整体呈上升趋势。如表 8-25 所示。

表 8-25　2022—2024 届毕业生分院校类型的留湘就业变化

院校类型	2022 届		2023 届		2024 届	
	留湘人数（人）	留湘率（%）	留湘人数（人）	留湘率（%）	留湘人数（人）	留湘率（%）
高职专科院校	114469	62. 04	116303	61. 30	113244	59. 20
职业本科院校	1455	64. 07	1926	63. 11	1526	59. 68
“双一流”建设高校	8685	38. 57	9272	38. 86	9565	39. 79
普通本科院校	71373	-	73080	54. 74	77906	55. 76

注：因把“一本院校”“二本院校”“三本院校”合并为“普通本科院校”分析，2022 届无相关数据，故不呈现。此表不包含“科研院所”。

8. 6. 1. 2　按学历层次的比例变化

2022—2024 届本科毕业生和毕业研究生留湘就业的比例均呈现出先下降后上升的趋势，高职专科毕业生留湘就业的比例呈现出缓慢的下降趋势。毕业研究生留湘就业比例保持在 46. 00%以上；本科毕业生留湘就业比例保持在 52. 00%以上；高职专科毕业生留湘就业比例保持在 59. 00%以上。如图 8-5 所示。

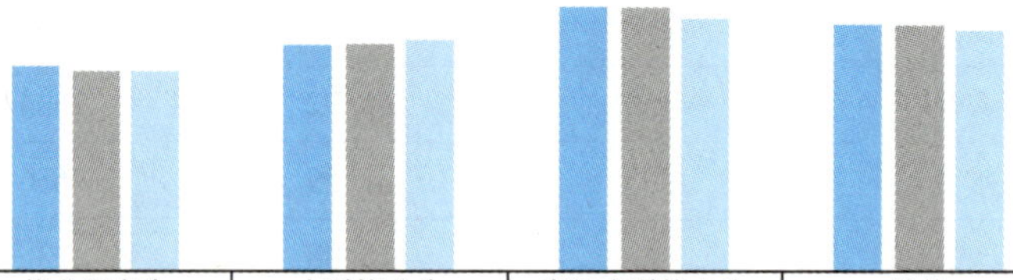

	毕业研究生	本科毕业生	高职专科毕业生	总体
2022届	48.26%	53.15%	62.16%	57.92%
2023届	46.60%	52.93%	61.47%	57.29%
2024届	47.15%	54.33%	59.31%	56.56%

图 8-5　近三年毕业生留湘就业总体变化

8. 6. 1. 3　按性别的比例变化

2022—2024 届毕业生分性别留湘就业的比例变化中，男性毕业生留湘就业比例保持在 51. 00%以上，女性毕业生留湘就业比例保持在 61. 00%以上。如图 8-6 所示。

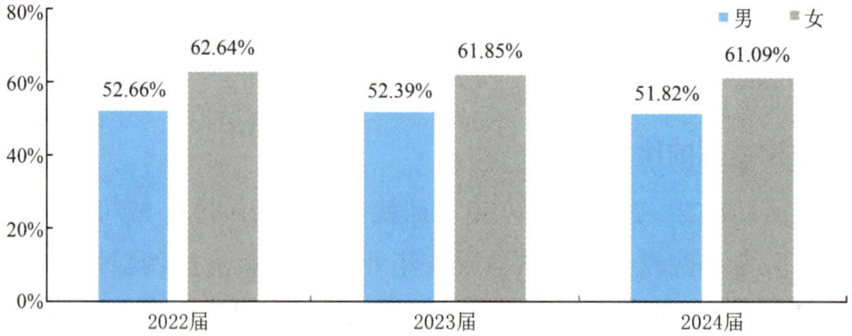

图 8-6　2022—2024 届毕业生分性别的留湘就业变化

8.6.1.4　按学科门类的毕业生就业变化

研究生各学科中，医学、工学的毕业生近三年留湘就业比例均呈逐年上升趋势。如表 8-26 所示。

表 8-26　研究生各学科毕业生近三年留湘就业变化（单位:%）

研究生学科门类	2022 届	2023 届	2024 届
农学	56.24	51.35	57.23
医学	59.98	60.75	62.36
历史学	34.82	31.39	24.80
哲学	52.63	50.68	44.58
工学	36.27	37.24	38.05
教育学	61.60	57.22	51.33
文学	44.37	42.74	41.80
法学	60.50	51.22	50.62
理学	42.39	39.50	44.15
管理学	60.26	57.96	58.27
经济学	42.37	39.21	37.84
艺术学	55.21	46.89	43.12

本科各学科中，农学、工学、理学、艺术学的毕业生近三年留湘就业比例均呈逐年上升趋势。如表 8-27 所示。

表 8-27　本科各学科毕业生近三年留湘就业变化（单位:%）

本科学科门类	2022 届	2023 届	2024 届
农学	56.82	60.66	61.92
医学	68.13	66.05	64.92
历史学	62.70	75.92	74.59
哲学	25.00	50.00	39.29
工学	41.88	42.43	44.47
教育学	76.38	71.57	66.87
文学	58.13	56.11	56.89
法学	70.55	71.46	67.73
理学	61.34	61.95	69.32
管理学	55.35	54.73	55.50

续表

本科学科门类	2022届	2023届	2024届
经济学	51.83	50.77	49.64
艺术学	49.42	50.83	54.53

高职专科各专业大类中，旅游大类、新闻传播大类的2024届毕业生近三年留湘就业比例相比2023届毕业生有所增加。如表8-28所示。

表8-28　高职专科各专业大类毕业生近三年留湘就业变化（单位:%）

高职专科专业大类	2022届	2023届	2024届
农林牧渔大类	61.73	68.47	61.56
资源环境与安全大类	64.67	61.19	60.25
装备制造大类	49.49	47.21	44.63
能源动力与材料大类	63.68	63.12	60.21
土木建筑大类	63.33	61.39	59.63
水利大类	70.69	81.91	75.49
生物与化工大类	38.92	41.65	41.44
轻工纺织大类	42.97	43.35	41.63
食品药品与粮食大类	69.31	69.12	68.78
交通运输大类	39.62	40.41	36.24
医药卫生大类	74.29	73.05	70.11
财经商贸大类	64.37	61.19	58.92
旅游大类	68.97	68.75	69.00
文化艺术大类	69.53	67.12	64.11
新闻传播大类	74.83	72.38	73.04
教育与体育大类	77.31	79.41	79.07
公安与司法大类	78.01	82.62	70.42
公共管理与服务大类	69.24	67.84	56.41
电子与信息大类	57.59	56.04	55.77

8.6.2　近三年毕业生留湘就业特征变化

8.6.2.1　按单位性质的就业变化

2022—2024届毕业生留湘就业单位性质分布中，就业在其他事业单位的比例呈逐年上升趋势；就业在国有企业、其他教学单位、医疗卫生单位、三资企业的比例呈逐年下降趋势。如表 8-29 所示。

表 8-29　2022—2024 届毕业生分单位性质的留湘就业变化

单位性质	2022 届		2023 届		2024 届	
	留湘人数（人）	留湘率（%）	留湘人数（人）	留湘率（%）	留湘人数（人）	留湘率（%）
其他企业	129521	66.07	132411	66.00	134020	66.25
国有企业	14947	7.62	13705	6.83	12278	6.07
其他事业单位	5483	2.80	9883	4.93	11749	5.81
其他教学单位	12163	6.20	9987	4.98	8850	4.38
医疗卫生单位	12766	6.51	10927	5.45	8862	4.38
个体工商户	–	–	–	–	7144	3.53
其他（含社会组织、国际组织等）	5335	2.72	9248	4.61	6416	3.17
机关	4002	2.04	4692	2.34	4388	2.17
三资企业	6021	3.07	5238	2.61	3268	1.62
部队	2437	1.24	1756	0.88	2649	1.31
高等学校	2216	1.13	1719	0.86	1790	0.88
农村建制村	421	0.21	377	0.19	348	0.17
城镇社区	542	0.28	510	0.25	337	0.17
科研设计单位	180	0.09	165	0.08	186	0.09
总计	196034	100.00	200618	100.00	202285	100.00

注：2024 届采用就业单位性质新分类规则，新增“个体工商户”，故 2022、2023 届无此项数据。

8.6.2.2　按单位行业的就业变化

2022—2024 届毕业生留湘就业单位行业分布中，就业在制造业，文化、体育和娱乐业，居民服务、修理和其他服务业，住宿和餐饮业，农、林、牧、渔业的比例呈逐年上升趋势；就业在卫生和社会工作，建筑业，金融业，交通运输、仓储和邮政业，房地产业的比例呈逐年下降趋势。如表 8-30 所示。

表 8-30　2022—2024 届毕业生分单位行业的留湘就业变化

就业行业	2022 届		2023 届		2024 届	
	留湘人数（人）	留湘率（%）	留湘人数（人）	留湘率（%）	留湘人数（人）	留湘率（%）
教育	29006	14.80	33954	16.92	33861	16.74
制造业	17256	8.80	19989	9.96	20389	10.08

续表

就业行业	2022 届		2023 届		2024 届	
	留湘人数（人）	留湘率（%）	留湘人数（人）	留湘率（%）	留湘人数（人）	留湘率（%）
信息传输、软件和信息技术服务业	18145	9.26	19375	9.66	18594	9.19
卫生和社会工作	21989	11.22	20651	10.29	18535	9.16
批发和零售业	18850	9.62	16927	8.44	18316	9.05
建筑业	15961	8.14	16099	8.02	15706	7.76
文化、体育和娱乐业	10647	5.43	12052	6.01	12633	6.25
租赁和商务服务业	13718	7.00	10247	5.11	10646	5.26
居民服务、修理和其他服务业	7635	3.89	8161	4.07	8268	4.09
住宿和餐饮业	5935	3.03	7189	3.58	7868	3.89
科学研究和技术服务业	8384	4.28	6670	3.32	7395	3.66
公共管理、社会保障和社会组织	5563	2.84	6121	3.05	5952	2.94
金融业	5278	2.69	5348	2.67	5300	2.62
农、林、牧、渔业	2810	1.43	4083	2.04	4348	2.15
电力、热力、燃气及水生产和供应业	3646	1.86	3671	1.83	4106	2.03
交通运输、仓储和邮政业	3815	1.95	3255	1.62	3185	1.57
军队	2427	1.24	1762	0.88	2619	1.29
房地产业	2560	1.31	2134	1.06	2111	1.04
水利、环境和公共设施管理业	2051	1.05	2401	1.20	1920	0.95
采矿业	355	0.18	523	0.26	520	0.26
国际组织	3	0.00	6	0.00	13	0.01
总体	196034	100.00	200618	100.00	202285	100.00

8.6.2.3 按工作职位类别的就业变化

2022—2024 届毕业生留湘就业工作职位类别分布中，职位类别为教学人员、商业和服务业人员、生产和运输设备操作人员、公务员、文学艺术工作人员、农林牧渔业技术人员、体育工作人员的比例呈逐年上升趋势；职位类别为其他专业技术人员、工程技术人员、办事人员和有关人员、卫生专业技术人员、经济业务人员比例呈逐年下降趋势。如表 8-31 所示。

表 8-31 2022—2024 届毕业生分工作职位类别的留湘就业变化

职位类别	2022 届		2023 届		2024 届	
	留湘人数（人）	留湘率（%）	留湘人数（人）	留湘率（%）	留湘人数（人）	留湘率（%）
其他人员	52723	26.89	52771	26.30	56205	27.79
教学人员	24781	12.64	28958	14.43	29609	14.64
商业和服务业人员	14301	7.30	17430	8.69	19057	9.42
其他专业技术人员	20386	10.40	20638	10.29	19045	9.41
工程技术人员	19014	9.70	19255	9.60	17452	8.63
办事人员和有关人员	20512	10.46	16789	8.37	16550	8.18
卫生专业技术人员	18205	9.29	17101	8.52	14637	7.24
经济业务人员	6109	3.12	5306	2.64	5067	2.50
金融业务人员	4467	2.28	4713	2.35	4513	2.23
生产和运输设备操作人员	2967	1.51	3601	1.79	3746	1.85
公务员	1938	0.99	2655	1.32	3247	1.61
文学艺术工作人员	1744	0.89	2085	1.04	2746	1.36
军人	2419	1.23	1719	0.86	2598	1.28
农林牧渔业技术人员	1164	0.59	1951	0.97	1999	0.99
体育工作人员	1618	0.83	1731	0.86	1811	0.90
法律专业人员	1366	0.70	1542	0.77	1519	0.75
科学研究人员	1275	0.65	1312	0.65	1344	0.66
新闻出版和文化工作人员	1045	0.53	1061	0.53	1140	0.56
总体	196034	100.00	200618	100.00	202285	100.00

第9章

湖南省普通高校2024届毕业生服务“三高四新”战略定位和使命任务专项分析

2020年9月，习近平总书记亲临湖南考察，嘱托湖南着力打造国家重要先进制造业、具有核心竞争力的科技创新、内陆地区改革开放的高地，在推动高质量发展上闯出新路子，在构建新发展格局中展现新作为，在推动中部地区崛起和长江经济带发展中彰显新担当，奋力谱写新时代坚持和发展中国特色社会主义的湖南新篇章。“三高四新”战略定位和使命任务，是习近平总书记从战略和全局高度对湖南发展做出的科学指引。如何落实习近平总书记为湖南擘画的宏伟蓝图，将打造“三个高地”与建设人才高地相结合，不断开创“惟楚有材，于斯为盛”的生动局面，奋力建设社会主义现代化新湖南，成为新时代湖南的历史使命。

湖南省深入贯彻落实习近平总书记对湖南工作的重要讲话和重要指示批示精神，以“三高四新”战略定位和使命任务引领省内各高校牢牢把握湖南对高素质人才的新期盼，牢记“国之大者”“省之大计”，扎根湖湘大地办教育，面向区域经济社会发展的重大需求，牢牢抓住培养社会主义建设者和接班人这个根本任务，为现代化新湖南建设提供有力人才支撑和智力支持。

9.1 服务装备制造业发展分析①

9.1.1 总体人才培养量分析

湖南省2024届普通高校装备制造业类毕业生共计45359人，其中毕业研究生共1786人，本科毕业生共9806人，高职专科毕业生共33767人。从性别划分来看，男性毕业生总量达41391人，是女性毕业生总量的十倍有余。从高校类型划分来看，高职院校是培养

① 装备制造业类人才选取标准：高职专科毕业生，选取代码前两位为46开头的毕业生；本科毕业生，选取专业代码前四位为0802开头的毕业生；毕业研究生，选取专业代码前三位为080开头的毕业生。

装备制造业类人才的主阵地，培养的 2024 届装备制造业类毕业生数共计 33372 人，占全省 2024 届装备制造业类人才总量的 73.58%。如表 9-1 所示。

表 9-1　湖南省 2024 届普通高校装备制造业类毕业生构成

分类标准	类别一级	类别二级	毕业人数（人）	比例（%）
按学历划分	总体		45359	100.00
	毕业研究生		1786	3.94
	本科毕业生		9806	21.62
	高职专科毕业生		33767	74.44
按性别划分	总体	男	41391	91.25
		女	3968	8.75
	毕业研究生	男	1339	74.97
		女	447	25.03
	本科毕业生	男	8646	88.17
		女	1160	11.83
	高职专科毕业生	男	31406	93.01
		女	2361	6.99
按高校类型划分	高职院校	高职专科院校	33310	73.44
		职业本科院校	62	0.14
		小计	33372	73.58
	本科院校	“双一流”建设高校	2645	5.83
		普通本科院校	9332	20.57
		小计	11977	26.40

从湖南省 2024 届装备制造业类毕业生初次就业情况来看，毕业生初次毕业去向落实率高达 90.38%，超出全省平均值（88.01%）2.37 个百分点。分学历层次来看，各学历层次装备制造业类毕业生的毕业去向落实率均保持在 88.00%以上的较高水平，其中装备制造业类的毕业研究生落实率高达 92.89%。从 2024 届湖南省装备制造业类毕业生留湘就业情况来看，毕业生服务湖南发展的共有 15525 人，其中高职专科毕业生 12041 人，本科毕业生 2940 人，毕业研究生 544 人。如表 9-2 所示。

表 9-2　湖南省装备制造业类毕业生毕业去向落实率与留湘就业情况

学历	总体就业情况			留湘就业情况	
	毕业人数（人）	落实人数（人）	落实率（%）	人数（人）	学历构成比例（%）
毕业研究生	1786	1659	92.89	544	3.50
本科毕业生	9806	8709	88.81	2940	18.94

续表

学历	总体就业情况			留湘就业情况	
	毕业人数(人)	落实人数（人）	落实率（%）	人数（人）	学历构成比例(%)
高职专科毕业生	33767	30626	90. 70	12041	77. 56
总体	45359	40994	90. 38	15525	100. 00

9. 1. 2　人才服务地区分析

从 2024 届装备制造业类毕业生服务区域发展情况来看，毕业生服务湖南建设发展的共有 15525 人，其中长沙市、株洲市、湘潭市是吸纳装备制造人才的主要基地，吸纳人才量分别为 7961 人、1531 人、1416 人。毕业生服务省外制造业发展的共有 19530 人，其中广东省、浙江省、江苏省吸纳装备制造人才总量累计达 13508 人。如表 9-3 所示。

表 9-3　湖南省装备制造业类毕业生就业单位分布情况（单位：人）

类型	就业地区	毕业研究生	本科毕业生	高职专科毕业生	总体
省内就业分布					
省内	长沙市	301	1267	6393	7961
	株洲市	106	335	1090	1531
	湘潭市	47	185	1184	1416
	衡阳市	22	293	473	788
	岳阳市	17	169	440	626
	郴州市	2	75	378	455
	娄底市	7	111	332	450
	邵阳市	7	51	373	431
	益阳市	16	131	277	424
	常德市	8	161	218	387
	永州市	9	66	277	352
	怀化市	0	54	241	295
	湘西土家族苗族自治州	0	23	221	244
	张家界市	2	19	144	165
	省内小计	544	2940	12041	15525
省外就业分布					
省外	广东省	263	1850	6782	8895
	浙江省	59	568	1964	2591
	江苏省	69	274	1679	2022
	上海市	50	118	446	614

续表

类型	就业地区	毕业研究生	本科毕业生	高职专科毕业生	总体
省外	安徽省	48	90	439	577
	江西省	42	50	472	564
	湖北省	50	94	389	533
	福建省	39	50	443	532
	四川省	35	42	251	328
	河南省	34	50	242	326
	贵州省	34	22	264	320
	河北省	15	26	271	312
	山东省	31	70	163	264
	北京市	31	54	174	259
	广西壮族自治区	24	86	125	235
	辽宁省	4	11	207	222
	陕西省	19	38	72	129
	天津市	14	18	86	118
	重庆市	13	28	75	116
	海南省	11	14	69	94
	吉林省	1	22	66	89
	新疆维吾尔自治区	3	36	35	74
	云南省	5	16	51	72
	山西省	8	10	30	48
	青海省	2	3	39	44
	甘肃省	2	17	19	38
	内蒙古自治区	2	9	26	37
	西藏自治区	0	2	23	25
	宁夏回族自治区	2	12	11	25
	黑龙江省	1	8	11	20
	澳门特别行政区	0	0	3	3
	境外	0	1	2	3
	香港特别行政区	0	1	0	1
	省外小计	911	3690	14929	19530
总计		1455	6630	26970	35055

9.1.3 人才服务单位类型分析

从 2024 届装备制造业类毕业生服务的单位类型来看，毕业生主要服务于以民营企业为主的其他企业，服务总量为 24063 人，其中服务于湖南省其他企业的占比近半。除其他企业外，毕业生服务于国有企业、三资企业、部队的人数也较多，累计人数为 4059 人。如表 9-4 所示。

表 9-4 湖南省装备制造业类毕业生服务单位类型分布（单位：人）

单位类型	毕业研究生		本科毕业生		高职专科毕业生		总体	
	人数	留湘数	人数	留湘数	人数	留湘数	人数	留湘数
其他企业	475	122	4751	2023	18837	8043	24063	10188
国有企业	605	259	955	442	2090	832	3650	1533
三资企业	78	37	414	110	2283	549	2775	696
部队	5	0	1	0	2445	1830	2451	1830
预征入伍	0	0	115	0	1606	0	1721	0
个体工商户	0	0	49	25	635	432	684	457
其他(含社会组织、国际组织等)	3	1	56	25	349	150	408	176
其他事业单位	20	9	36	18	206	121	262	148
高等学校	147	68	16	14	5	5	168	87
科研助理	41	30	95	95	3	3	139	128
地方基层项目	28	12	85	76	7	5	120	93
其他教学单位	4	2	84	81	18	18	106	101
机关	12	2	43	20	38	27	93	49
科研设计单位	37	2	3	1	27	7	67	10
国家基层项目	0	0	32	2	4	3	36	5
医疗卫生单位	0	0	4	4	13	8	17	12
农村建制村	0	0	5	4	7	6	12	10
城镇社区	0	0	1	0	3	2	4	2
总计	1455	544	6745	2940	28576	12041	36776	15525

9.1.4 人才服务行业分析

从 2024 届装备制造业类毕业生服务的行业类型来看，毕业生集中服务到九大行业，分别是“制造业”“军队”“信息传输、软件和信息技术服务业”“批发和零售业”“科学研究和技术服务业”“居民服务、修理和其他服务业”“建筑业”“电力、热力、燃气及水生产和供应业”“租赁和商务服务业”，列举的行业接纳应届毕业生总量均超千人。制造业接纳 2024 届装备制造业类毕业生总量高达 18383 人，其中湖南省制造业接纳人数为 6266 人。如表 9-5 所示。

表 9-5　湖南省装备制造业类毕业生服务单位行业分布（单位：人）

单位行业	毕业研究生		本科毕业生		高职专科毕业生		总体	
	人数	留湘数	人数	留湘数	人数	留湘数	人数	留湘数
制造业	668	256	4219	1616	13496	4394	18383	6266
军队	5	0	1	0	2447	1827	2453	1827
信息传输、软件和信息技术服务业	106	31	358	164	1418	721	1882	916
批发和零售业	3	1	208	101	1589	818	1800	920
科学研究和技术服务业	146	33	230	114	1118	436	1494	583
居民服务、修理和其他服务业	1	0	81	46	1264	735	1346	781
建筑业	8	3	360	142	945	516	1313	661
电力、热力、燃气及水生产和供应业	231	78	192	85	670	292	1093	455
租赁和商务服务业	6	4	128	81	921	466	1055	551
交通运输、仓储和邮政业	14	10	65	25	717	202	796	237
教育	188	99	261	242	303	213	752	554
文化、体育和娱乐业	4	2	71	38	554	400	629	440
住宿和餐饮业	0	0	32	22	551	375	583	397
公共管理、社会保障和社会组织	45	17	109	42	164	108	318	167
农、林、牧、渔业	1	1	43	25	203	144	247	170
金融业	12	5	97	67	135	84	244	156
房地产业	0	0	28	15	178	129	206	144
水利、环境和公共设施管理业	1	1	89	83	110	73	200	157
采矿业	15	3	40	17	89	42	144	62
卫生和社会工作	1	0	18	15	93	61	112	76
国际组织	0	0	0	0	5	5	5	5
总计	1455	544	6630	2940	26970	12041	35055	15525

9.1.5　就业质量调查分析

从湖南省 2024 届装备制造业类毕业生就业核心指标调查结果来看，全省 2024 届装备制造业类毕业生就业幸福感整体较高。具体来看，2024 届装备制造业类毕业生就业现状满意度为 76.53%（全省总体值为 69.53%），毕业生工作与专业相关度为 69.43%（全省平均值为 70.23%），毕业生职业期待匹配度为 77.33%（全省平均值为 77.65%）。如表 9-6 所示。

表 9-6　湖南省装备制造业类毕业生就业质量相关调查（单位:%）

学历	就业现状满意度	工作与专业相关度	职业期待匹配度
毕业研究生	81.1	86.25	93.38
本科毕业生	74.53	78.6	81.97
高职专科毕业生	76.99	66.31	75.41
总体	76.53	69.43	77.33

9.2　服务中部地区①发展分析

9.2.1　总体人才输送量分析

全省 2024 届高校毕业生就业流向中部地区总量为 219332 人，占就业人数总量的 61.32%。其中毕业研究生共 14721 人，本科毕业生共 79517 人，高职专科毕业生共 125094 人。

从各类毕业生流向中部地区人才量来看，毕业研究生主要以工学、医学、管理学为主，流向人才量均在两千人以上，其中工学人数最高，为 4453 人；本科毕业生以工学、管理学为主，流向人才量也均在万人以上；高职专科毕业生以教育与体育大类、医药卫生大类、财经商贸大类、电子信息大类、装备制造大类为主，流向人才量均在万人以上。如表 9-7 所示。

表 9-7　湖南省普通高校 2024 届毕业生流向中部地区总体情况

学历	科类名称	人数	科类名称	人数
毕业研究生	农学	912	法学	939
	医学	2229	理学	1039
	历史学	50	管理学	2073
	哲学	87	经济学	619
	工学	4453	艺术学	420
	教育学	1266	小计	14721
	文学	634		

①　中部地区选取标准：在毕业去向为签就业形式就业、签劳动合同形式就业、其他录用形式的毕业生中，选取就业省份为湖南省、湖北省、江西省、安徽省、河南省、山西省 6 个省份的毕业生。

续表

学历	科类名称	人数	科类名称	人数
本科毕业生	农学	817	法学	3632
	医学	8598	理学	5632
	历史学	332	管理学	13522
	哲学	13	经济学	3300
	工学	21950	艺术学	9407
	教育学	3334	小计	79517
	文学	8980		
高职专科毕业生	农林牧渔大类	2955	医药卫生大类	18786
	资源环境与安全大类	2346	财经商贸大类	17397
	装备制造大类	13602	旅游大类	3095
	能源动力与材料大类	1635	文化艺术大类	6723
	土木建筑大类	8395	新闻传播大类	974
	水利大类	480	教育与体育大类	19859
	生物与化工大类	957	公安与司法大类	487
	轻工纺织大类	116	公共管理与服务大类	1631
	食品药品与粮食大类	1947	电子与信息大类	15714
	交通运输大类	7995	小计	125094
总计	219332			

9.2.2　服务地区 6 个省份人才输送分布

从 2024 届毕业生流向中部地区的 6 个省份人才量分布来看，湖南本省除外，流向湖北省就业的人才量为 5406 人，流向江西省就业的人才量为 4993 人，流向安徽省就业的人才量为 2961 人，流向河南省就业的人才量为 2647 人，流向山西省就业的人才量为 1040 人。如表 9-8 所示。

表 9-8　湖南省普通高校 2024 届毕业生中部各地区人才输送情况

省份	毕业研究生（人）	本科毕业生（人）	高职专科毕业生（人）	总体	
				人数（人）	比例（%）
湖南省	12163	73191	116931	202285	92.23
湖北省	856	2266	2284	5406	2.46
江西省	554	1466	2973	4993	2.28
安徽省	402	1047	1512	2961	1.35

续表

省份	毕业研究生（人）	本科毕业生（人）	高职专科毕业生（人）	总体	
				人数（人）	比例（%）
河南省	595	962	1090	2647	1.21
山西省	151	585	304	1040	0.47
总体	14721	79517	125094	219332	100.00

9.2.3 服务地区行业分布

流向中部地区就业的 2024 届毕业生主要服务于“教育”“制造业”“信息传输、软件和信息技术服务业”“批发和零售业”“卫生和社会工作”“建筑业”“文化、体育和娱乐业”“租赁和商务服务业”等领域，所列举行业吸纳人才量均为万人以上。各学历层次毕业生中，服务于“教育”行业的人数均最多，分别为 3442 人、13627 人与 18147 人。如表 9-9 所示。

表 9-9 湖南省普通高校 2024 届毕业生中部地区重点行业输送情况

单位行业	毕业研究生	本科毕业生	高职专科毕业生	总体
教育	3442	13627	18147	35216
制造业	2172	8300	13159	23631
信息传输、软件和信息技术服务业	738	8465	10977	20180
批发和零售业	266	6271	12981	19518
卫生和社会工作	2101	6804	10356	19261
建筑业	577	6148	10921	17646
文化、体育和娱乐业	282	5416	7590	13288
租赁和商务服务业	325	4520	6582	11427
居民服务、修理和其他服务业	154	2462	6157	8773
住宿和餐饮业	27	1326	6851	8204
科学研究和技术服务业	884	3550	3678	8112
公共管理、社会保障和社会组织	1142	3528	1722	6392
金融业	985	3039	1591	5615
交通运输、仓储和邮政业	222	1088	3531	4841
农、林、牧、渔业	442	1375	2929	4746
电力、热力、燃气及水生产和供应业	612	1846	2191	4649
军队	26	28	2762	2816
房地产业	58	705	1473	2236

续表

单位行业	毕业研究生	本科毕业生	高职专科毕业生	总体
水利、环境和公共设施管理业	195	738	1124	2057
采矿业	71	280	359	710
国际组织	0	1	13	14
总计	14721	79517	125094	219332

9.2.4　服务地区职位分布

流向中部地区的 2024 届毕业生从事的职位类别（其他人员除外）以“教学人员”“其他专业技术人员”“工程技术人员”“商业和服务业人员”为主，各岗位服务人数均为 2 万人以上。各学历层次毕业生中，从事“教学人员”岗位的均为最多，分别为 2965 人、11945 人、15862 人。如表 9-10 所示。

表 9-10　湖南省普通高校 2024 届毕业生中部各地区重点职位输送情况

工作职位类别	毕业研究生	本科毕业生	高职专科毕业生	总体
其他人员	1536	16837	41962	60335
教学人员	2965	11945	15862	30772
其他专业技术人员	1513	7867	11686	21066
工程技术人员	2554	9308	8467	20329
商业和服务业人员	149	4544	15477	20170
办事人员和有关人员	717	10550	6527	17794
卫生专业技术人员	1906	5214	8095	15215
生产和运输设备操作人员	65	514	5039	5618
经济业务人员	280	2693	2468	5441
金融业务人员	715	2485	1607	4807
公务员	865	2427	232	3524
文学艺术工作人员	51	1329	1539	2919
军人	11	15	2756	2782
农林牧渔业技术人员	210	471	1578	2259
体育工作人员	69	856	964	1889
法律专业人员	313	1241	79	1633
科学研究人员	736	622	201	1559
新闻出版和文化工作人员	66	599	555	1220
总计	14721	79517	125094	219332

9.3 服务长江经济带①发展分析

9.3.1 总体人才输送量分布

全省 2024 届高校毕业生就业流向长江经济带地区的总量为 254262 人，其中毕业研究生共 17598 人，本科毕业生共 93101 人，高职专科毕业生共 143563 人。

从各类毕业生流向长江经济带地区的人才量来看，毕业研究生主要以工学、医学、管理学为主，流向人数分别为 5813 人、2563 人、2311 人；本科毕业生以工学、管理学、艺术学、文学为主，流向人数均为万人以上；高职专科毕业生以教育与体育大类、医药卫生大类、财经商贸大类、电子与信息大类、装备制造大类为主，流向人数均为万人以上。如表 9-11 所示。

表 9-11 湖南省普通高校 2024 届毕业生长江经济带输送情况

学历	科类名称	人数	科类名称	人数
毕业研究生	农学	1000	法学	1087
	医学	2563	理学	1190
	历史学	64	管理学	2311
	哲学	109	经济学	775
	工学	5813	艺术学	511
	教育学	1408	小计	17598
	文学	767		
本科毕业生	农学	937	法学	3966
	医学	9504	理学	6143
	历史学	372	管理学	15731
	哲学	16	经济学	3928
	工学	27832	艺术学	10776
	教育学	3602	小计	93101
	文学	10294		
高职专科毕业生	农林牧渔大类	3275	医药卫生大类	20746
	资源环境与安全大类	2596	财经商贸大类	19740
	装备制造大类	18059	旅游大类	3535

① 长江经济带选取标准：在毕业去向为签就业形式就业、签劳动合同形式就业、其他录用形式的毕业生中，选取就业省份（含直辖市）为湖南省、浙江省、江苏省、上海市、湖北省、江西省、四川省、贵州省、安徽省、云南省、重庆市的毕业生。

续表

学历	科类名称	人数	科类名称	人数
高职专科毕业生	能源动力与材料大类	1964	文化艺术大类	7553
	土木建筑大类	9442	新闻传播大类	1038
	水利大类	530	教育与体育大类	20805
	生物与化工大类	1411	公安与司法大类	542
	轻工纺织大类	155	公共管理与服务大类	1909
	食品药品与粮食大类	2167	电子与信息大类	18436
	交通运输大类	9660	小计	143563
总计	254262			

9.3.2　服务地区 11 个省份（含直辖市）人才输送分布

从 2024 届毕业生流向长江经济带地区的人才量分布来看，湖南本省除外，流向毕业生量排名靠前的省份（含直辖市）为浙江省、江苏省、上海市、湖北省，人才量均为 5000 人以上，其中浙江省高达 14301 人。如表 9-12 所示。

表 9-12　湖南省普通高校 2024 届毕业生长江经济带各地输送情况

省份（含直辖市）	毕业研究生（人）	本科毕业生（人）	高职专科毕业生（人）	总体	
				人数（人）	比例（%）
湖南省	12163	73191	116931	202285	79.56
浙江省	830	5449	8022	14301	5.62
江苏省	786	3511	4367	8664	3.41
上海市	653	2619	2602	5874	2.31
湖北省	856	2266	2284	5406	2.13
江西省	554	1466	2973	4993	1.96
四川省	551	1373	1733	3657	1.44
安徽省	402	1047	1512	2961	1.16
贵州省	374	840	1705	2919	1.15
云南省	138	696	831	1665	0.65
重庆市	291	643	603	1537	0.60
总计	17598	93101	143563	254262	100.00

9.3.3　服务地区行业分布

流向长江经济带的 2024 届毕业生服务的行业主要为“教育”“制造业”“信息传输、软件和信息技术服务业”，服务人数分别为 36645 人、34066 人、24534 人。如表 9-13 所示。

表 9-13　湖南省普通高校 2024 届毕业生长江经济带重点行业输送情况（单位：人）

单位行业	毕业研究生	本科毕业生	高职专科毕业生	总体
教育	3776	14388	18481	36645
制造业	2877	11765	19424	34066
信息传输、软件和信息技术服务业	1173	10514	12847	24534
批发和零售业	321	7447	15037	22805
卫生和社会工作	2411	7440	11124	20975
建筑业	696	7527	12217	20440
文化、体育和娱乐业	322	5989	8280	14591
租赁和商务服务业	391	5219	7588	13198
居民服务、修理和其他服务业	170	2769	6980	9919
科学研究和技术服务业	1131	4296	4462	9889
住宿和餐饮业	31	1514	7572	9117
公共管理、社会保障和社会组织	1329	3754	1854	6937
金融业	1106	3346	1735	6187
交通运输、仓储和邮政业	293	1318	4294	5905
电力、热力、燃气及水生产和供应业	709	2304	2562	5575
农、林、牧、渔业	465	1460	3151	5076
军队	39	27	2690	2756
房地产业	69	860	1620	2549
水利、环境和公共设施管理业	211	852	1225	2288
采矿业	78	311	405	794
国际组织	0	1	15	16
总计	17598	93101	143563	254262

9.3.4　服务地区职位分布

流向长江经济带的 2024 届毕业生从事的职位类别（其他人员除外）主要有“教学人员”“工程技术人员”“其他专业技术人员”。分学历层次来看，除去不便于分析的“其他人员”外，毕业研究生从事“工程技术人员”岗位的最多，为 3288 人；本科毕业生从事“教学人员”岗位的最多，为 12605 人；高职专科毕业生从事“商业和服务业人员”岗位的最多，为 17594 人。如表 9-14 所示。

表 9-14　湖南省普通高校 2024 届毕业生长江经济带重点职位输送情况（单位：人）

工作职位类别	毕业研究生	本科毕业生	高职专科毕业生	总体
其他人员	1958	19875	48481	70314
教学人员	3265	12605	16089	31959

续表

工作职位类别	毕业研究生	本科毕业生	高职专科毕业生	总体
工程技术人员	3288	12574	10869	26731
其他专业技术人员	1944	9732	14354	26030
商业和服务业人员	201	5456	17594	23251
办事人员和有关人员	861	12205	7502	20568
卫生专业技术人员	2197	5711	8671	16579
生产和运输设备操作人员	74	689	7183	7946
经济业务人员	313	3219	2809	6341
金融业务人员	808	2748	1763	5319
公务员	980	2560	238	3778
文学艺术工作人员	66	1501	1681	3248
军人	16	14	2680	2710
农林牧渔业技术人员	217	502	1704	2423
体育工作人员	74	927	1031	2032
科学研究人员	900	755	233	1888
法律专业人员	358	1323	85	1766
新闻出版和文化工作人员	78	705	596	1379
总计	17598	93101	143563	254262

9.4　服务科学研究和技术服务业分析

9.4.1　学历层次分布

湖南省 2024 届毕业生共有 14119 人在科学研究和技术服务业就业服务，其中毕业研究生有 1628 人，占比为 11.53%；本科毕业生有 6117 人，占比为 43.32%；高职专科毕业生有 6374 人，占比为 45.14%。如图 9-1 所示。

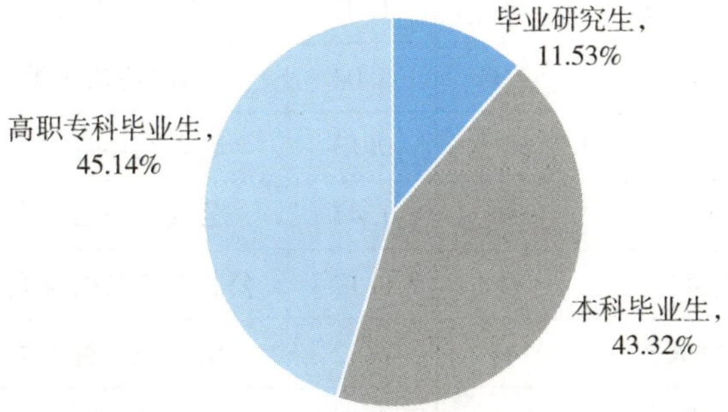

图 9-1　湖南省普通高校 2024 届毕业生科学研究和技术服务业就业学历层次分布

9.4.2 学科大类就业分布

从学科与专业大类上看，毕业研究生在科学研究和技术服务业就业中工学专业人数最多，共 874 人，占比为 53.69%；本科毕业生在科学研究和技术服务业就业中，工学毕业生人数最多，共 2523 人，占比为 41.25%。高职专科毕业生在科学研究和技术服务业就业中，电子与信息大类人数最多，共 1431 人，占比为 22.45%；其次是装备制造大类，共 1118 人，占比为 17.54%。如表 9-15 所示。

表 9-15 湖南省 2024 届毕业生科学研究和技术服务业分学科大类就业分布

学历	科类名称	人数（人）	比例（%）	科类名称	人数（人）	比例（%）
毕业研究生	农学	163	10.01	法学	38	2.33
	医学	111	6.82	理学	223	13.70
	历史学	1	0.06	管理学	95	5.84
	哲学	5	0.31	经济学	33	2.03
	工学	874	53.69	艺术学	35	2.15
	教育学	27	1.66	小计	1628	100.00
	文学	23	1.41			
本科毕业生	农学	69	1.13	法学	141	2.31
	医学	597	9.76	理学	348	5.69
	历史学	2	0.03	管理学	960	15.69
	工学	2523	41.25	经济学	258	4.22
	教育学	57	0.93	艺术学	646	10.56
	文学	516	8.44	小计	6117	100.00
高职专科毕业生	农林牧渔大类	127	1.99	医药卫生大类	634	9.95
	资源环境与安全大类	328	5.15	财经商贸大类	844	13.24
	装备制造大类	1118	17.54	旅游大类	74	1.16
	能源动力与材料大类	68	1.07	文化艺术大类	333	5.22
	土木建筑大类	321	5.04	新闻传播大类	69	1.08
	水利大类	8	0.13	教育与体育大类	248	3.89
	生物与化工大类	94	1.47	公安与司法大类	44	0.69
	轻工纺织大类	11	0.17	公共管理与服务大类	74	1.16
	食品药品与粮食大类	154	2.42	电子与信息大类	1431	22.45
	交通运输大类	394	6.18	小计	6374	100.00

9.4.3　就业地域分布

从就业地域上看，2024 届毕业生在湘内科学研究和技术服务业就业人数共 7395 人，占比为 52.38%；从学历层次上看，高职专科毕业生在湘内科学研究和技术服务业就业人数最多，共 3365 人。如表 9-16 所示。

表 9-16　湖南省普通高校 2024 届毕业生科学研究和技术服务业就业地域分布

学历	湘内就业		湘外就业		总体（人）
	人数（人）	比例（%）	人数（人）	比例（%）	
毕业研究生	714	43.86	914	56.14	1628
本科毕业生	3316	54.21	2801	45.79	6117
高职专科毕业生	3365	52.79	3009	47.21	6374
总体	7395	52.38	6724	47.62	14119

具体到各地市（州），留在长沙市从事科学研究和技术服务业的毕业生人数最多，共 5719 人，占比为 77.34%；其次是株洲市，共 229 人，占比为 3.10%。如图 9-2 所示。

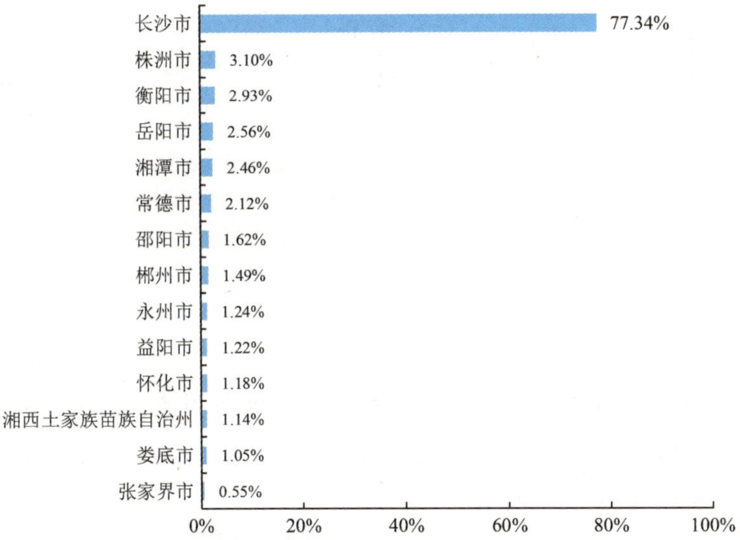

图 9-2　湖南省普通高校 2024 届毕业生科学研究和技术服务业湘内就业分布

9.4.4　行业就业满意度分析

调研数据显示，在科学研究和技术服务业就业毕业生的总体就业满意度为 69.30%。从学历层次上看，高职专科毕业生就业满意度最高，为 72.94%；毕业研究生就业满意度为 70.26%；本科毕业生就业满意度为 64.87%。如图 9-3 所示。

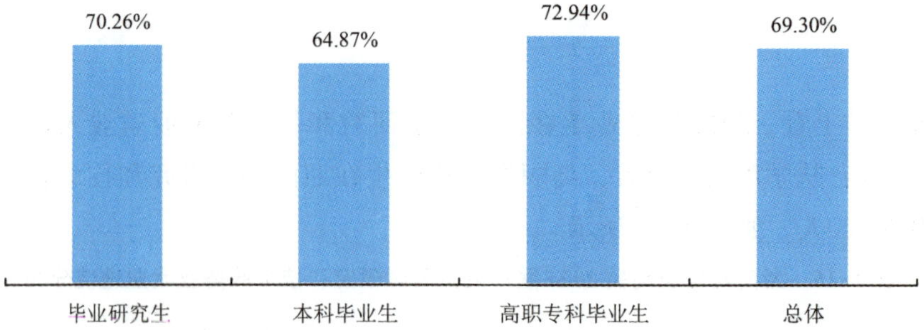

图 9-3　湖南省普通高校 2024 届毕业生科学研究和技术服务业就业满意度分析

9.4.5　就业适配度分析

调研数据显示，在科学研究和技术服务业就业的毕业生总体专业相关度为 71.07%，职业期待匹配度为 77.74%。从学历层次上看，毕业研究生就业专业相关度、职业期待匹配度均为最高，分别为 84.32%、88.15%。如表 9-17 所示。

表 9-17　湖南省普通高校 2024 届毕业生科学研究和技术服务业就业适配度分析（单位:%）

学历	专业相关度	职业期待匹配度
毕业研究生	84.32	88.15
本科毕业生	76.10	80.52
高职专科毕业生	66.34	74.81
总体	71.07	77.74

9.5　服务教育领域分析

9.5.1　学历层次分布

湖南省 2024 届毕业生共有 44006 人在教育领域就业服务，其中高职专科毕业生有 20654 人，占比为 46.93%；本科毕业生有 17740 人，占比为 40.31%；毕业研究生有 5612 人，占比为 12.75%。如图 9-4 所示。

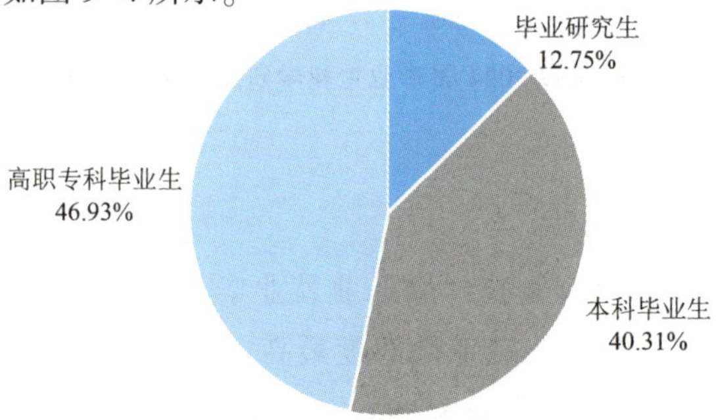

图 9-4　湖南省普通高校 2024 届毕业生教育领域就业学历层次分布

9.5.2　学科大类就业分布

不同学科的毕业研究生在教育领域就业中教育学人数最多，共 1695 人，占比为 30.20%；本科毕业生在教育领域就业中，文学毕业生在教育领域就业人数最多，共 4533 人，占比为 25.55%。

从学科与专业大类上看，不同专业大类的高职专科毕业生在教育领域就业中，教育与体育大类人数最多，共 15557 人，占比为 75.32%；其次是医药卫生大类，共 1333 人，占比为 6.45%。如表 9-18 所示。

表 9-18　2024 届不同学科大类毕业生教育领域就业分布

学历	科类名称	人数（人）	比例（%）	科类名称	人数（人）	比例（%）
毕业研究生	农学	182	3.24	法学	412	7.34
	医学	179	3.19	理学	817	14.56
	历史学	78	1.39	管理学	373	6.65
	哲学	103	1.84	经济学	115	2.05
	工学	772	13.76	艺术学	318	5.67
	教育学	1695	30.20	小计	5612	100.00
	文学	568	10.12			
本科毕业生	农学	61	0.34	法学	768	4.33
	医学	310	1.75	理学	4475	25.23
	历史学	333	1.88	管理学	936	5.28
	哲学	7	0.04	经济学	241	1.36
	工学	1339	7.55	艺术学	2582	14.55
	教育学	2155	12.15	小计	17740	100.00
	文学	4533	25.55			
高职专科毕业生	农林牧渔大类	76	0.37	医药卫生大类	1333	6.45
	资源环境与安全大类	58	0.28	财经商贸大类	859	4.16
	装备制造大类	300	1.45	旅游大类	101	0.49
	能源动力与材料大类	17	0.08	文化艺术大类	808	3.91
	土木建筑大类	182	0.88	新闻传播大类	81	0.39
	水利大类	2	0.01	教育与体育大类	15557	75.32
	生物与化工大类	8	0.04	公安与司法大类	50	0.24
	轻工纺织大类	7	0.03	公共管理与服务大类	109	0.53
	食品药品与粮食大类	47	0.23	电子与信息大类	848	4.11
	交通运输大类	211	1.02	小计	20654	100.00

9.5.3 就业地域分布

从就业地域上看，2024 届毕业生在湘内教育领域就业人数共 33861 人，占比为 76.95%；从学历层次上看，高职专科毕业生在湘内教育领域就业人数最多，共 17925 人。如表 9-19 所示。

表 9-19 湖南省普通高校 2024 届毕业生教育领域就业地域分布

学历	湘内就业		湘外就业		总体（人）
	人数（人）	比例（%）	人数（人）	比例（%）	
毕业研究生	2813	50.12%	2799	49.88%	5612
本科毕业生	13123	73.97%	4617	26.03%	17740
高职专科毕业生	17925	86.79%	2729	13.21%	20654
总体	33861	76.95%	10145	23.05%	44006

具体到各地市（州），留在长沙市从事教育服务的毕业生人数最多，共 10675 人，占比为 31.53%；其次是衡阳市，共 2936 人，占比为 8.67%。如图 9-5 所示。

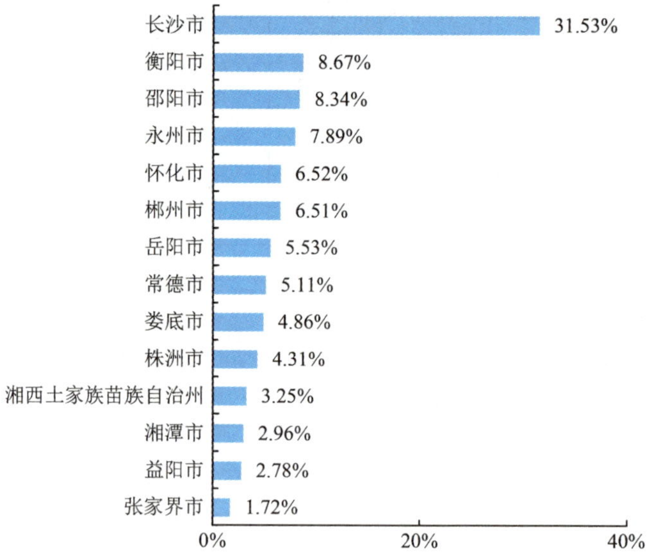

图 9-5 湖南省普通高校 2024 届毕业生教育领域湘内就业分布

9.5.4 行业就业满意度分析

调研数据显示，在教育领域就业毕业生的总体就业满意度为 69.31%。从学历层次上看，高职专科毕业生就业满意度最高，为 73.07%；毕业研究生就业满意度为 65.92%；本科毕业生就业满意度为 65.18%。如图 9-6 所示。

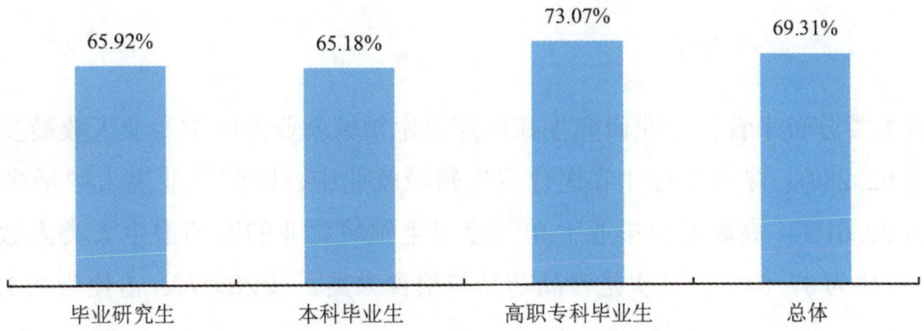

图 9-6　湖南省普通高校 2024 届毕业生教育领域就业满意度分析

9.5.5　就业适配度分析

调研数据显示，在教育领域就业的毕业生总体专业相关度为 69.68%，职业期待匹配度为 77.54%。从学历层次上看，毕业研究生就业专业相关度、职业期待匹配度均为最高，分别为 83.91%、88.08%。如表 9-20 所示。

表 9-20　湖南省普通高校 2024 届毕业生教育领域就业适配度分析（单位:%）

学历	专业相关度	职业期待匹配度
毕业研究生	83.91	88.08
本科毕业生	74.33	80.55
高职专科毕业生	65.19	74.49
总体	69.68	77.54

9.6　服务医疗卫生领域分析

9.6.1　学历层次分布

湖南省 2024 届毕业生共有 26250 人在医疗卫生领域就业，其中毕业研究生有 3031 人，占比为 11.55%；本科毕业生有 9963 人，占比为 37.95%；高职专科毕业生人数最多，共 13256 人，占比为 50.50%。如图 9-7 所示。

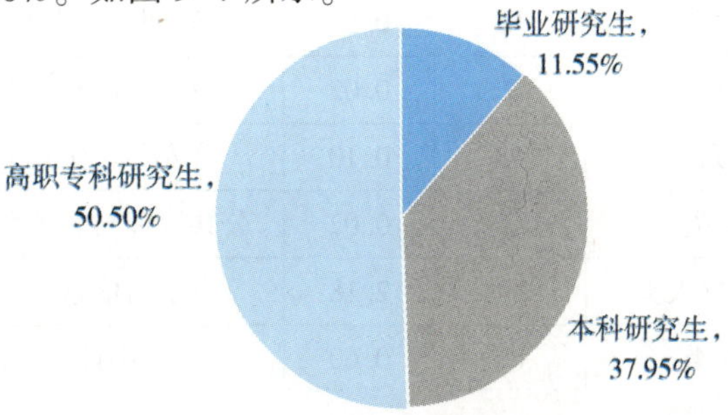

图 9-7　湖南省普通高校 2024 届毕业生医疗卫生领域就业学历层次分布

9.6.2 学科大类就业分布

从学科大类分布来看，毕业研究生在医疗卫生领域就业的医学专业人数最多，共 2797 人，占比为 92.28%；本科毕业生在医疗卫生领域就业中，医学毕业生人数最多，共 8928 人，占比为 89.61%。高职专科毕业生在医疗卫生领域就业的医药卫生大类人数最多，共 11644 人，占比为 87.84%；其次是食品药品与粮食大类，共 289 人，占比为 2.18%。如表 9-21 所示。

表 9-21　2024 届不同学科毕业生医疗卫生领域就业分布

学历	科类名称	人数（人）	比例（%）	科类名称	人数（人）	比例（%）
毕业研究生	农学	19	0.63	法学	22	0.73
	医学	2797	92.28	理学	38	1.25
	历史学	2	0.07	管理学	81	2.67
	工学	31	1.02	经济学	6	0.20
	教育学	12	0.40	艺术学	12	0.40
	文学	11	0.36	小计	3031	100.00
本科毕业生	农学	9	0.09	理学	54	0.54
	医学	8928	89.61	管理学	207	2.08
	工学	213	2.14	经济学	36	0.36
	教育学	78	0.78	艺术学	134	1.35
	文学	149	1.50	小计	9963	100.00
	法学	155	1.56			
高职专科毕业生	农林牧渔大类	66	0.50	医药卫生大类	11644	87.84
	资源环境与安全大类	39	0.29	财经商贸大类	266	2.01
	装备制造大类	93	0.70	旅游大类	28	0.21
	能源动力与材料大类	4	0.03	文化艺术大类	67	0.51
	土木建筑大类	66	0.50	新闻传播大类	3	0.02
	水利大类	2	0.02	教育与体育大类	168	1.27
	生物与化工大类	13	0.10	公安与司法大类	10	0.08
	轻工纺织大类	3	0.02	公共管理与服务大类	194	1.46
	食品药品与粮食大类	289	2.18	电子与信息大类	221	1.67
	交通运输大类	80	0.60	小计	13256	100.00

9.6.3　就业地域分布

2024 届毕业生湘内医疗卫生领域就业人数共 18535 人，占比为 70.61%；从学历层次上看，高职专科毕业生湘内医疗卫生领域就业人数最多，共 10137 人，占比为 76.47%。如表 9-22 所示。

表 9-22　湖南省普通高校 2024 届毕业生医疗卫生领域就业地域分布

学历	湘内就业		湘外就业		总体（人）
	人数（人）	比例（%）	人数（人）	比例（%）	
毕业研究生	1904	62.82	1127	37.18	3031
本科毕业生	6494	65.18	3469	34.82	9963
高职专科毕业生	10137	76.47	3119	23.53	13256
总体	18535	70.61	7715	29.39	26250

具体到各地市（州），留在长沙市的毕业生人数最多，共 6015 人，占比为 32.45%；其次是邵阳市，共 1521 人，占比为 8.21%。如图 9-8 所示。

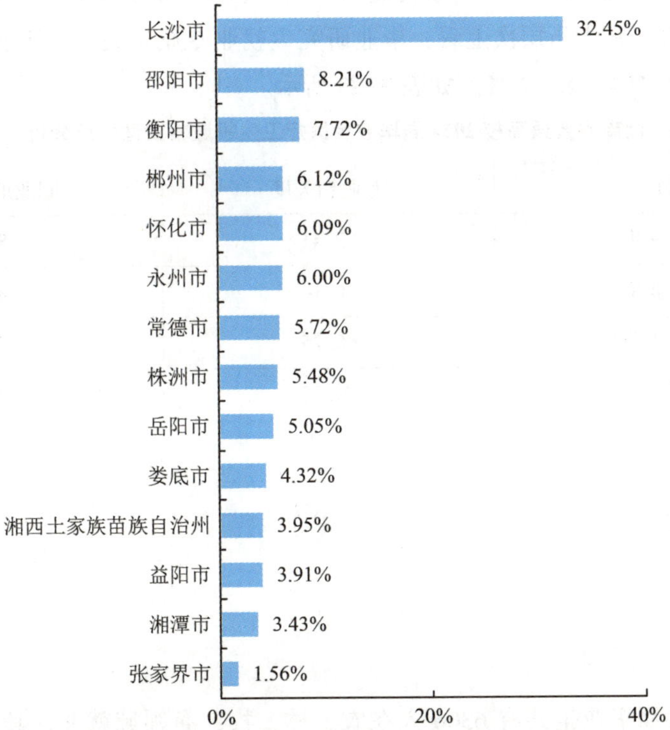

图 9-8　湖南省普通高校 2024 届毕业生医疗卫生领域湘内就业分布

9.6.4 行业就业满意度分析

调研数据显示，2024 届医疗卫生领域就业的毕业生总体就业满意度为 68.95%。从学历层次上看，高职专科毕业生就业满意度最高，为 72.05%；毕业研究生就业满意度为 68.64%；本科毕业生就业满意度为 65.24%。如图 9-9 所示。

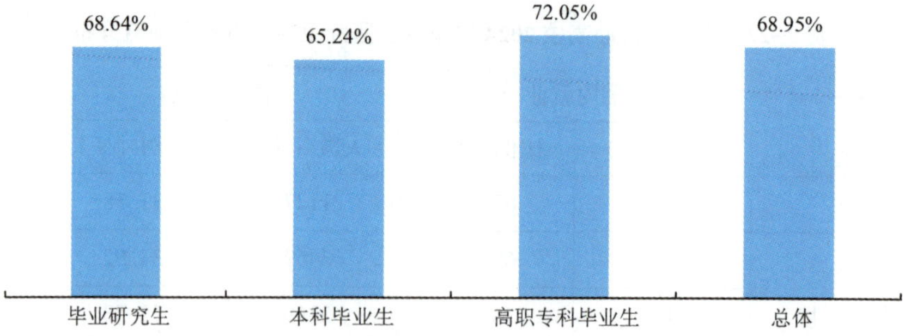

图 9-9 湖南省普通高校 2024 届毕业生医疗卫生领域行业就业满意度分析

9.6.5 就业适配度分析

调研数据显示，在医疗卫生领域就业的毕业生总体专业相关度为 70.78%，职业期待匹配度为 77.60%。从学历层次上看，毕业研究生就业专业相关度、职业期待匹配度均为最高，分别为 82.41%、87.73%。如表 9-23 所示。

表 9-23 湖南省普通高校 2024 届毕业生医疗卫生领域就业适配度分析（单位:%）

学历	专业相关度	职业期待匹配度
毕业研究生	82.41	87.73
本科毕业生	76.14	80.88
高职专科毕业生	66.25	74.55
总体	70.78	77.60

9.7 服务农、林、牧、渔领域分析

9.7.1 学历层次分布

湖南省 2024 届毕业生共有 6306 人在农、林、牧、渔领域就业，其中毕业研究生有 597 人，占比为 9.47%；本科毕业生有 1802 人，占比为 28.58%；高职专科毕业生人数最多，共 3907 人，占比为 61.96%。如图 9-10 所示。

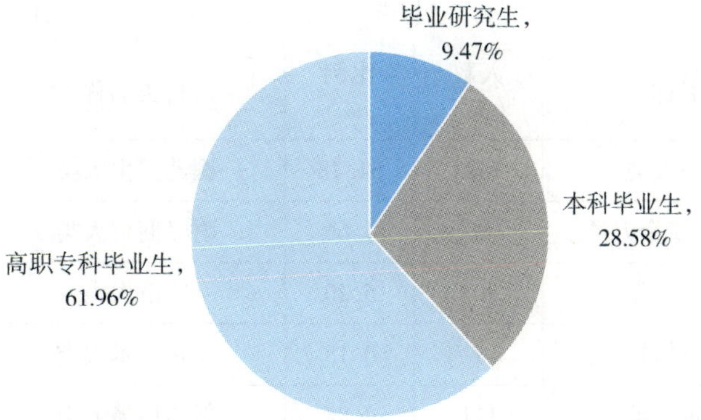

图 9-10　湖南省普通高校 2024 届毕业生农、林、牧、渔领域就业学历层次分布

9.7.2　学科大类就业分布

从学科大类来看，毕业研究生在农、林、牧、渔领域就业的农学专业人数最多，共 435 人，占比为 72.86%；本科毕业生在农、林、牧、渔领域就业分布中，农学毕业生人数最多，共 449 人，占比为 24.92%。高职专科毕业生在农、林、牧、渔领域就业的农林牧渔大类人数最多，共 2023 人，占比为 51.78%；其次是财经商贸大类，共 417 人，占比为 10.67%。如表 9-24 所示。

表 9-24　2024 届不同学科毕业生农、林、牧、渔领域就业总体分布

学历	科类名称	人数（人）	比例（%）	科类名称	人数（人）	比例（%）
毕业研究生	农学	435	72. 86	理学	45	7. 54
	医学	3	0. 50	管理学	41	6. 87
	工学	36	6. 03	经济学	5	0. 84
	教育学	5	0. 84	艺术学	10	1. 68
	文学	5	0. 84	小计	597	100. 00
	法学	12	2. 01			
本科毕业生	农学	449	24. 92	法学	40	2. 22
	医学	70	3. 88	理学	98	5. 44
	历史学	2	0. 11	管理学	378	20. 98
	工学	353	19. 59	经济学	74	4. 11
	教育学	47	2. 61	艺术学	167	9. 27
	文学	124	6. 88	小计	1802	100. 00

续表

学历	科类名称	人数（人）	比例（%）	科类名称	人数（人）	比例（%）
高职专科毕业生	农林牧渔大类	2023	51.78	医药卫生大类	200	5.12
	资源环境与安全大类	65	1.66	财经商贸大类	417	10.67
	装备制造大类	203	5.20	旅游大类	67	1.71
	能源动力与材料大类	7	0.18	文化艺术大类	125	3.20
	土木建筑大类	111	2.84	新闻传播大类	9	0.23
	水利大类	7	0.18	教育与体育大类	188	4.81
	生物与化工大类	54	1.38	公安与司法大类	9	0.23
	轻工纺织大类	3	0.08	公共管理与服务大类	22	0.56
	食品药品与粮食大类	24	0.61	电子与信息大类	270	6.91
	交通运输大类	103	2.64	小计	3907	100.00

9.7.3 就业地域分布

2024 届毕业生湘内农、林、牧、渔领域就业人数共 4348 人，占比为 68.95%；从学历层次上看，高职专科毕业生湘内农、林、牧、渔领域就业人数最多，共 2781 人，占比为 71.18%。如表 9-25 所示。

表 9-25　湖南省普通高校 2024 届毕业生农、林、牧、渔领域就业地域分布

学历	湘内就业		湘外就业		总体（人）
	人数（人）	比例（%）	人数（人）	比例（%）	
毕业研究生	390	65.33	207	34.67	597
本科毕业生	1177	65.32	625	34.68	1802
高职专科毕业生	2781	71.18	1126	28.82	3907
总体	4348	68.95	1958	31.05	6306

具体到各地市（州），留在长沙市的毕业生人数最多，共 1341 人，占比为 30.84%；其次是永州市，共 435 人，占比为 10.00%。如图 9-11 所示。

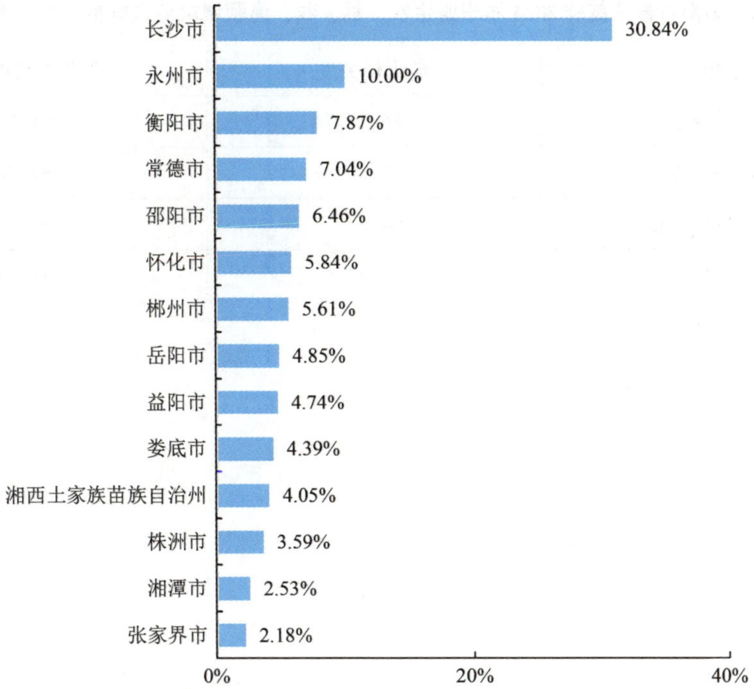

图 9-11　湖南省普通高校 2024 届毕业生农、林、牧、渔领域湘内就业分布

9.7.4　行业就业满意度分析

调研数据显示，2024 届农、林、牧、渔领域就业的毕业生总体就业满意度为 69.81%。从学历层次上看，高职专科毕业生就业满意度最高，为 73.61%；毕业研究生就业满意度为 71.51%；本科毕业生就业满意度为 65.12%。如图 9-12 所示。

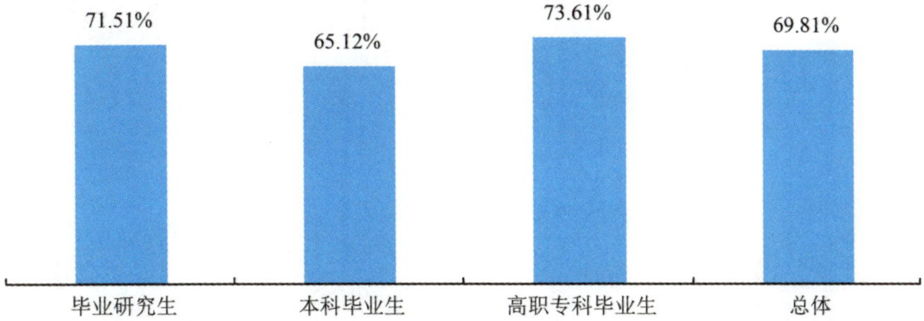

图 9-12　湖南省普通高校 2024 届毕业生农、林、牧、渔领域就业满意度分析

9.7.5　就业适配度分析

调研数据显示，在农、林、牧、渔领域就业的毕业生总体专业相关度为 69.83%，职业期待匹配度为 78.47%。从学历层次上看，毕业研究生就业专业相关度、职业期待匹配度均为最高，分别为 86.13%、91.97%。如表 9-26 所示。

表 9-26　湖南省普通高校 2024 届毕业生农、林、牧、渔领域就业适配度分析（单位:%）

学历	专业相关度	职业期待匹配度
毕业研究生	86.13	91.97
本科毕业生	75.28	81.40
高职专科毕业生	64.52	75.10
总体	69.83	78.47

第10章

湖南省普通高校 2024 届毕业生就业工作开展情况及特点

就业是最基本的民生。习近平总书记多次强调，要把促进青年特别是高校毕业生就业工作摆在更加突出的位置，做实做细就业指导服务。2024 届湖南省高校毕业生规模达 50.9 万，创历史新高，就业总量压力与结构性矛盾交织并存。在湖南省委、省政府的正确领导下，湖南省教育厅顺时应势，深刻把握高校毕业生就业在教育强国建设中的战略作用和现实意义，紧扣经济社会对人才需求的新变化，以创新思维和务实举措推动毕业生高质量充分就业。截至 2024 年 8 月 31 日，全省高校毕业生毕业去向落实率达 88.01%，居于全国先进行列。

10.1 聚焦“高站位”，谋划就业促进机制

高位谋划，确保组织领导全面有力。省委、省政府高度重视，将“完善高校毕业生等重点群体就业支持体系”纳入省委十二届七次全会《中共湖南省委关于深入学习贯彻党的二十届三中全会精神进一步全面深化改革奋力谱写中国式现代化湖南篇章的决定》，把高校毕业生就业工作纳入湖南“八大行动”之“民生可感行动”的重要内容，省领导多次调研调度大学生就业创业工作、作出专门批示。省教育厅出台“促就业 23 条”、就业创业“一揽子”系列举措，协同人社部门出台事业单位招聘高校毕业生政策文件，明确界定高校毕业生为“近三年内毕业、招聘过程中未落实编制内工作的毕业生”，着力拓岗、稳岗、优服务。

强力推进，确保工作责任层层压实。印发《省属本科高校年度绩效考核具体指标说明和计分方法》，深入落实高校毕业生就业工作“一把手工程”，全省派出 11 个组共 55 名专家赴各高校开展“一把手工程”专项督查。省级层面建立每周调度、每月调研、年底督查的工作机制，采用通报、约谈、调研指导等方式，传导压力、压实责任。校级层面建立分工负责、协同推进、齐抓共管的工作机制，“一把手”亲自部署，确保人员、场地、经费和机构等条件保障“四到位”，分管领导靠前指挥，督促部门、院系的工作任务全面落实。

10.2 聚焦“多渠道”，完善求职招聘体系

挖掘“新蓝海”岗位，全力拓岗促就业。以“常设市场”“校友回湘”等平台为抓手，着力推进“访企拓岗”和校园招聘，应对就业总量压力。分“省—常设市场建设高校—高校”三级，奔赴省外重点用人单位和校友企业，开展供需对接，邀请企业回湘招聘；走访省内园区和大中型民营企业（行业头部企业），聚焦湖南“三高四新”美好蓝图引领推动的产业结构优化升级，面向传统产业焕新释放的高精技术岗位需求，锁定新兴产业崛起诞生的创业就业“新蓝海”，促进毕业生留湘就业。全省126所高校，全年共走访用人单位2.5万家，促成企业新增就业岗位31.14万个，新签订实习实践基地5117家，新接纳实习生11.72万人；累计举办校园招聘活动9779场，参会企业4.8万家，提供岗位208.6万余个。

统筹政策性岗位，全力稳岗促就业。2024年全省面向高校毕业生统筹完成政策性岗位招录14.96万个。湖南省教育厅、省人社厅、省卫健委、团省委等相关省直部门协同联动，“特岗计划”“三支一扶”“西部计划”“大学生乡村医生”“少数民族骨干计划”“免费师范生”“农村订单定向医学生”“农技特岗生”等各类政策性岗位持续扩容；配合兵役机关开展“征兵宣传进校园”等活动，引导毕业生参军入伍；抓好“专升本”、第二学位招考、中小学幼儿园教师招聘等工作。

10.3 聚焦“全方位”，构建就业指导体系

以赛促就，深化“就业育人”。组织参加首届全国大学生职业规划大赛，获7金9银14铜，并获优秀组织奖，金奖和奖牌数量均居全国前列。组织参加中国国际大学生创新大赛（2024），获13金32银100铜，金牌数量位居全国第一方阵。组织参加“青年红色筑梦之旅”活动的27.2万名师生，对接帮扶革命老区、脱贫地区的9万余农户，直接经济效益近1.07亿元。组织参加全国普通高校就业创业指导课程教学竞赛，获得1银2铜的好成绩。

强化生涯教育与就业指导。全省常态化开展“企业家进校园讲好就业创业故事”活动，全年共举办省级线上线下活动7场，校级活动850余场，吸引近百万人次学生参与。评选推荐15名毕业生和3名老师至教育部进行“高校毕业生基层就业卓越奖”表彰。协同相关厅局开展就业政策宣讲等活动，引导高校毕业生树立正确就业观，以择业新观念打开就业新天地。

健全就业实习与见习制度。深化产教融合，主动邀请行业企业、科研机构参与学校专业设置和人才培养；加强实习实践，鼓励教师、学生深入企业生产一线，参加实习见习和

创新创业。开展“企业开放日”活动，着力宣传推荐在我省招聘毕业生较多的企业，鼓励高校组织在校大学生走访相关企业，加深毕业生对企业的认识，为毕业生提供多元的职业体验，实现高质量就业。

10.4　聚焦“强帮扶”，夯实帮扶援助体系

培训提能促就业。印发《关于进一步做好湖南省 2024 届普通高校困难毕业生群体帮扶的通知》，明确职责、压实责任、统筹推进相关工作。把脱贫家庭、低保家庭、零就业家庭及有残疾的困难群体高校毕业生作为重点帮扶对象，省级有针对性地举办两期共 12 场线上线下相结合的就业指导培训，吸引 11 万人次毕业生参与学习。深入实施“宏志助航”计划，举办系列活动，切实提高参训学生综合素质和就业能力。协助教育部推进 2024 年度“宏志助航计划”工作，完成年度培训计划。承办一期教育部“宏志助航计划”师资培训，全国 197 名（我省 60 名）高校就业指导教师参加培训。

精准帮扶促就业。对学业困难及心理亚健康的学生加大帮扶，组织开展毕业生就业心理健康普查和心理危机排查，强化重点对象心理调节和干预，引导广大高校毕业生保持理性健康的求职心态。关怀困难群体毕业生，按照“一人一档”“一人一策”要求建立“省—校—院/系—班”四级帮扶台账，全面掌握就业需求，完善“一对一”帮扶机制。举办 27 场就业困难毕业生群体专场招聘会，提供岗位 16.21 万个。全省 4.45 万困难群体毕业生初次毕业去向落实率 92.3%，有就业意愿的困难群体毕业生实现 100%就业，高于全省平均水平。

10.5　聚焦“严核查”，创新监测评价体系

加强就业形势研判和进展监测。坚持就业统计监测工作常态化长效化，按月编制《湖南省高校毕业生校园招聘数据分析简报》，针对岗位需求与行业趋势提出针对性的政策建议，为政府和高校的政策调整提供数据支撑。指导督促高校规范毕业生去向登记、审核、确认等工作，定期通报去向登记、访企拓岗、困难帮扶等情况，对数据异常高校点对点提醒督办，配合教育部完成六轮异常数据反馈核实工作，委厅领导带队对 25 所高校进行实地调研督导，严肃查处违反“四不准”“三不得”等行为，压紧压实工作责任，全力确保就业数据真实准确。

推进就业评价改革。在教育部高校毕业生跟踪调查分中心相关调研中，按时保质保量完成湖南、江西、广西、陕西四省 33 所高校毕业生就业状况跟踪调查工作。持续跟踪调查省属“双一流”高校和“双高”职业院校毕业生就业状况，深入研究调查数据，为教育决策提供服务。深入开展就业创业指导服务评价调研，并通过“湘微教育”等渠道发布调研结果。

10.6 聚焦“优服务”，巩固支持保障体系

推广数字化服务新模式。做好就业服务工作，完善湖南大学生就业服务平台，完成全省 120 所高校就业数据汇总并上报国家系统。进一步优化毕业手续办理，为毕业生提供去向登记、档案转递、户口迁移等具体服务。严格落实税收优惠、社保补贴、培训补贴等助企纾困措施，帮助大学生争取求职补贴、创业税费减免、创新创业项目孵化等优惠政策。

打造“一站式”服务新体验。高效推进窗口服务的标准化建设，推行“综窗制”、实现“一窗通办”，前台窗口全年共接待群众近 7 千人次。构建“不见面审批”服务新模式，打造就业服务“最多跑一次”和“不见面审批服务”新体验。高等学历认证全年服务共计 28749 人次，高等学位认证 8673 人次，中专学历认证 2694 人次，转出高校毕业生档案 4800 份、转入 3.4 万份。完成毕业生学历注册 80.45 万人、学历学位审核 2000 余人次。为全省 140 余所高校 600 余人提供学籍学历和学位管理培训，进一步提升了相关岗位人员的专业能力和管理水平。

构建分类培训新常态。2024 年，建立省级就创业课题专家库，立项 47 项教育教学改革研究项目就创业专项。针对校长、处长、指导老师等不同层级的需求，分类实施就业创业师资培训，全年举办线上线下培训 10 余期，参训 0.2 万人次。组织职业规划大赛、大学生创新大赛等专题线上培训 4 期，参训师生 2 万人次。依托高校承办 5 期线下师资培训班，培训 700 余人次，切实增强高校做好毕业生就业工作的能力水平。

10.7 聚焦“促优化”，整合培养供给体系

完善“招生-培养-就业”联动机制。坚持需求牵引和市场导向，深化高等教育供给侧改革，不断完善高校“招生-培养-就业”联动机制，将毕业生就业情况作为专业调整、计划调控和资源配置的重要依据，强化社会需求、人才缺口在学科专业布局的导向作用。完善专业动态调整机制，发挥优势开设符合发展所需的特色专业，严控培养水平低、就业状况差的专业招生规模，避免盲目追热门。

供需适配，优化学科专业布局。以“五个一批”和“五个计划”为抓手，推进湖南高校的“布局优化”和“学科专业优化”，应对就业结构性矛盾，建立人才培养与经济社会发展需要适配的高校和学科专业体系，从体制机制上破解“有活没人干”和“有人没活干”的问题。

10.8 聚焦“七个一”，打造“以创促就”湖南模式

鼓励来湘创业，开源引流促就业。响应沈晓明书记在 2024 互联网岳麓峰会上对全国

乃至全球的大学生来湖南创新创业发出的邀约，落实省委、省政府关于大学生创新创业“七个一”政策举措，明确 19 家单位共同组建支持大学生创业工作专班，实行每周一调度、每月一汇报工作机制，压紧压实责任，全面推进工作，力求给予青年大学生创业最有力的政策支持，最包容的创业环境，吸引全国乃至全球大学生背着双肩包来湖南创业，把湖南打造成大学生创业热土和“青年友好型省份”，积蓄促就业的未来力量，壮大以创业带就业的局面。

强化创业教育，“赛孵投转”促创业。深化创新创业的教育改革、加大扶持力度、营造氛围环境，培养学生创新意识和创业能力，鼓励毕业生怀揣创业梦想、投身创业实践。构建“赛孵投转”促创业体系，通过举办“金种子”大赛、中国国际大学生创新大赛等活动，发现和遴选优质大学生创业项目；通过指导建设一批大学生创新创业孵化基地、创客空间，为优质项目提供场地支持、孵化服务；通过创投基金、大学生创业大赛基金等，为具有市场前景和创新潜力的大学生创业项目提供资金支持和保障；通过对接成果转化中心，支持湖南“4×4”重点产业领域大学生创业项目落地转化，让大学生有舞台、有胆量、有机会创业。

当前和今后一个时期，我国高校毕业生规模和总数将持续高位运行，湖南将继续贯彻落实党的二十届三中全会精神，在党中央的坚强领导下，按照省委、省政府的工作部署，遵从教育部的工作要求，全力做好高校毕业生工作，切实推进高校毕业生高质量充分就业。

第11章

反 馈 与 建 议

11.1 对经济社会发展和人才工作的反馈与建议

11.1.1 以就业优先战略，促高质量充分就业

就业是最基本的民生，事关人民群众切身利益，事关经济社会健康发展，事关国家长治久安。把高质量充分就业作为经济社会发展优先目标，务必以实施就业优先战略为引领，以强化就业优先政策为抓手。高校毕业生等青年就业尤其关系民生福祉、社会稳定和高质量发展。湖南省普通高校 2024 届毕业生总规模为 509128 人，较上届增加 0.84 万人，毕业生就业形势的复杂性、严峻性不容忽视。湖南省强化就业优先导向，把促进青年特别是高校毕业生就业工作摆在更加突出的位置，综合施策，多措并举，着力促进高校毕业生等青年就业创业，确保就业局势总体稳定。湖南省就业促进和劳动保护工作领导小组印发《2025 年湖南省青年就业创业支持计划》（以下简称《计划》），落实落细大学生创新创业“七个一”行动部署，加快推进年轻人友好省份建设；根据《计划》，今年全省将开发 15 万个以上政策性岗位，引导发布 200 万个以上市场性岗位；建设约 20 家省级大学生创业孵化基地，开展创业培训 12 万人次，新增发放创业担保贷款 60 亿元；面向产业园区、企事业单位等募集不少于 30000 个实习岗位。同时，推动高校毕业生就业去向落实率与 2024 年基本持平。在政策推动下，湖南省普通高校毕业生就业局势比较稳定，湖南省普通高校 2024 届毕业生总规模为 509128 人，较上届增加了 0.84 万人，可见湖南省生源充分。其中高职专科毕业生 259534 人，占毕业生总数的 50.98%；本科毕业生 216556 人，占毕业生总数的 42.53%；毕业研究生 33038 人，占毕业生总数的 6.49%。截至 2024 年 8 月 31 日，湖南省普通高校 2024 届毕业生已落实毕业去向的共有 448075 人，总体毕业去向落实率为 88.01%，居于全国先进行列。其中毕业研究生毕业去向落实率为 92.07%，本科毕业生毕业去向落实率为 85.81%，高职专科毕业生毕业去向落实率为 89.32%。2024 届普通高校毕业生中重点帮扶

群体（含脱贫家庭、低保家庭、零就业家庭、残疾毕业生四类）44547 人，已落实毕业去向 41115 人，毕业去向落实率为 92.30%，较好实现了“稳就业”“保就业”目标。

湖南省教育厅出台《湖南省 2024 届高校毕业生就业创业工作“一揽子”举措实施方案》（以下简称《方案》），深入学习贯彻党的二十大精神，全面落实党中央、国务院和省委、省政府有关决策部署，全力促进高校毕业生高质量充分就业。《方案》指出：全力促进高校毕业生高质量充分就业，高校要健全基层就业支持体系，教育引导更多毕业生到农村基层一线就业创业。就业管理系统数据显示，湖南省普通高校毕业生“基层项目”就业比例 2024 届相比 2023 届有所增长。2024 届普通高校毕业生在基层单位就业的类型主要有“西部计划”（15.25%）、“选调生”（7.04%）、“三支一扶”（5.81%）。分学历来看，高职专科毕业生的基层类型主要是“乡村医生”（8.63%），本科毕业生的基层类型主要是“西部计划”（36.36%），硕士毕业生就业的基层类型主要是“选调生”（63.71%）。湖南省教育厅加大政策落实支持力度，指导各地各高校深化就业育人、拓展基层空间、优化服务保障，让青春之花绽放在祖国最需要的地方。

11.1.2　以人才深耕区域，促区域发展提质

教育兴则国家兴，教育强则国家强。习近平总书记在中共中央政治局第五次集体学习时强调，建设教育强国，是全面建成社会主义现代化强国的战略先导。作为区域经济发展的重要推动力量，高校要在国家和区域发展大逻辑中找准新方位，在教育、科技、人才“三位一体”战略布局中明确新坐标，在教育链、人才链、产业链、创新链深度融合中展现新作为，着力提高区域人才供给质量，增强区域科技创新动能，厚植区域协同发展沃土，提升高校对区域经济社会高质量发展的支撑力、贡献力。高校毕业生是服务区域经济高质量发展的重要支撑，是贯彻国家区域协调发展战略、深化人才供给侧结构性改革的关键路径。高校吸引毕业生服务当地区域经济发展，是履行高等教育社会服务职能、推进产教深度融合的战略选择。湖南省教育厅出台《湖南省 2024 届高校毕业生就业创业工作“一揽子”举措实施方案》强调：各地各高校要大力宣传全省及各市州人才引进政策、毕业生本地就业创业政策以及我省落实“三高四新”美好蓝图推出的重大战略、重要项目、重点产业及其相关需求情况，积极开展校地、校企人才供需对接活动，推进毕业生留湘就业创业。湖南省就业促进和劳动保护工作领导小组印发《2025 年湖南省青年就业创业支持计划》，落实落细大学生创新创业“七个一”行动部署，加快推进年轻人友好省份建设。根据《计划》，今年全省将开发 15 万个以上政策性岗位，引导发布 200 万个以上市场性岗位；建设约 20 家省级大学生创业孵化基地，开展创业培训 12 万人次，新增发放创业担保贷款 60 亿元；面向产业园区、企事业单位等募集不少于 30000 个实习岗位。

就业管理系统数据显示，湖南省普通高校 2022—2024 届毕业生留湘就业比例均保持在 57.00%左右，其中 2024 届毕业生留湘就业人数 202285 人，比 2023 届毕业生留湘就业

人数（200618 人）增加了 1667 人，2024 届普通高校毕业生留湘就业占比为 56.56%。分学历来看，高职专科毕业生留湘率为 59.31%，本科毕业生留湘率为 54.33%，毕业研究生留湘率为 47.15%，高校毕业生留湘率随学历层次的提升而降低。为了促进社会经济发展，湖南省需要提升对高学历层次人才的吸引力。省厅层面应强化产业-人才匹配政策，重点在长株潭等核心区布局高新技术产业，增加研究生岗位供给，对吸纳高学历人才的企业给予税收减免与研发补贴；构建阶梯式留才激励体系，按学历分层制定安家补贴、科研启动经费标准，并扩大覆盖范围至省属国企、新型研发机构；设立“湘籍学子回流计划”，针对省外就读的湖南籍毕业生，尤其是高学历人才，提前对接省内重点单位实习岗位，发放返乡就业奖励金。高校层面应深化本地就业导向培养，联合本省龙头企业开设订单班，将区域产业案例融入课程，提升实践匹配度；建立“学历-地域”就业预警机制，对研究生开展留湘意愿摸底，针对性组织市州专场招聘、校友企业对接会，重点推介市州人才政策；优化高职生留湘通道，联合市县政府开发基层技术岗，落实“县聘乡用”编制保障。

11.1.3 产教融合再提速，校企协同深“链”动

提高教育供给与人才需求的匹配度。适应新一轮科技革命和产业变革，科学研判人力资源发展趋势，统筹抓好教育、培训和就业。党的十九大报告提出深化产教融合重大改革任务。党的二十大报告进一步强调“推进职普融通、产教融合、科教融汇”。深化产教融合协同育人，实现教育链、人才链与产业链、创新链的有机衔接，是培养适应产业转型升级和实现高质量发展需要的高素质应用型人才的必要路径。

毕业生调研数据显示，2024 届普通高校毕业生认为所学专业课程能够满足工作需求的比例为 67.08%，其中表示“非常满足”的占比仅为 9.55%，“满足”占比为 27.49%。总体上，高校专业课程设置与实际岗位需求间的契合度不高，特别是高职专科及本科学历专业课程与工作需求差距较为明显，高校的专业课程设置仍存在较大提升空间。可见，高校在专业课程设置、课程教学、实习实践实训等方面有待进一步增加与社会需求、岗位需求的契合度。

用人单位调查数据显示，高校合作用人单位在招聘应届毕业生时重点关注的因素排名前五的是“综合素质”（74.88%）、“人品素质、忠诚度、责任心”（56.49%）、“社会适应能力”（41.98%）、“所学专业”（21.87%）、“工作/实习/兼职经历”（16.72%）。用人单位对高校人才培养的建议位居前三位的是“注重技能型人才培养”“加强校企合作”和“注重创新能力培养”，占比均超过三成。用人单位认为高校就业服务工作最需要改进的前四项是“加强毕业生就业指导”“加大对毕业生的推荐力度”“增加校园招聘会场次”和“加强校企沟通”，比例分别为 41.03%、33.73%、33.66%、28.28%。湖南应提高教育供给与人才需求的匹配度，积极响应国家“深化产教融合”政策，高校应以就业为导向的育人项目深度融入学生培养全周期，加快推进职普融通、产教融合、科教融汇，培养更多高

素质人才。实习实践等课堂外培养是高质量人才培养不可或缺的重要一环。高校与企业合作，有利于推进产学研用相结合，统筹教育教学和产业发展，让人才培养更加适应经济社会发展需要。为进一步促进专业、岗位、企业一体化的精准匹配，“订单式”培养模式成为深化校企合作的关键一环。不仅聚焦企业急需人才，高校也因地制宜，基于当地产业发展制定“订单式”培养模式。与其他专业人才培养模式相比，“订单班”模式能够契合企业需求，同时也让学生在大学期间就提前了解到行业发展、企业需求、产业前沿。“产学研用”贯通的培养模式实现毕业生和企业的“双向奔赴”，为毕业生职业发展铺设了从校园到职场的“快车道”。

11.2　对教育教学工作的反馈与建议

11.2.1　优化专业培养，提升就业质量

高校毕业生就业质量是人才培养质量的核心内容。毕业生调研数据显示，2024 届普通高校毕业生总体就业现状满意度为 69.53%。分学历来看，高职专科毕业生就业现状满意度为 73.13%，本科毕业生为 65.31%，硕士毕业生为 68.38%，博士毕业生为 81.12%。总体来看，本科毕业生就业现状满意度不高，需要引起高校注意，未来应着力提升本科毕业生就业相关服务，帮助本科毕业生高质量就业。2024 届普通高校毕业生总体专业相关度为 70.23%。分学历来看，毕业生专业相关度与学历呈正相关，高职专科毕业生专业相关度为 65.76%，本科毕业生为 75.17%，硕士毕业生为 82.59%，博士毕业生为 96.47%。2024 届普通高校毕业生总体月薪满意度为 57.48%。分学历来看，毕业生月薪满意度与学历基本呈正相关，其中博士毕业生月薪满意度为 75.00%，硕士毕业生为 66.82%，本科毕业生为 57.79%，高职专科毕业生月薪满意度为 56.35%。2024 届普通高校毕业生总体对就业单位综合满意度为 87.15%。分学历来看，博士毕业生对所在单位质量满意度为 95.29%，硕士毕业生为 91.59%，本科毕业生为 88.04%，高职专科毕业生为 86.13%。数据显示，当前毕业生就业现状满意度还存在一定提升空间，从专业相关度、月薪满意度、对所在单位质量满意度的调查结果来看，与学历层次高低呈正相关趋势，高职专科毕业生相比其他学历明显偏低，这反映出当前湖南高校在教育教学及专业培养上还需进一步提升相关工作。湖南省教育厅建议优化专业动态调整机制，建立专业预警与退出制度，对高职专科就业相关度持续偏低、本科满意度显著落后的专业，缩减招生规模或要求限期整改；强化产业需求对接，联合人社部门、行业协会发布《区域紧缺专业目录》，引导高校优先增设智能制造、数字经济等领域的交叉专业；深化产教融合，强制要求高职院校核心专业推行“现代学徒制”，规定企业实践课时占比≥30%，提升专科生岗位适配度；建立分层分类评价体系，将专业相关度、薪资满意度纳入高校绩效考核核心指标，对本科院校增设“就业

质量进步奖”，重点激励满意度低于均值的院校。湖南省各层次高校应该完善不同层次学历的专业人才培养方案，如本科教育推行“双导师制”，为本科生配备“学术导师+行业导师”，大二起介入职业规划，提升就业期待吻合度；高职教育强化岗位精准对接，重构课程内容：联合头部企业开发基于真实工作场景的实训项目，力争专业相关度提升至 75% 以上；建立区域性实习薪资保障机制，合作企业承诺实习期薪资≥当地最低工资 1.5 倍，改善薪资满意度。

11.2.2 构建能力导向课程生态，加强人才培养适切性

课程是人才培养的核心要素，课程质量直接决定人才培养质量。毕业生调研数据显示，2024 届普通高校毕业生对专业设置与课程安排合理性的评价为 95.20%，较 2023 届提升了 9.51 个百分点。分学历来看，本科毕业生对专业设置与课程安排合理性的评价最低，为 94.75%；博士毕业生对专业设置与课程安排合理性的评价最高，为 96.39%，可见目前毕业生对学校专业设置与课程安排合理性评价较高，较上届提升明显，尤其是本科生对专业设置与课程安排合理性的评价提升较明显（2023 届为 84.12%）。2024 届普通高校毕业生对专业教师授课水平持高度肯定态度，肯定度为 98.19%。各学历层次毕业生对专业教师授课水平肯定度均超过了 97.00%，但表示专业教师授课水平“非常高”的比例并不高，这反映湖南省高校教学能力较强，但教学水平非常高的专业教师相对缺乏，教师课堂教学水平需进一步提升。毕业生建议母校在课程设置方面重点加强“专业课内容的实用性”（43.56%），其次是“实践课程安排次数”（27.36%）、“专业课程与时俱进”（24.89%）、“专业课开设的先后顺序”（19.62%）。不同学历层次毕业生建议加强的内容总体一致，但本科毕业生对“专业课开设的先后顺序”的建议强度明显高于其他学历毕业生。由数据可知，从毕业生对母校课程设置的建议中可以看出，专业课内容的实用性、实践课程安排次数、专业课程与时俱进需重点提升。首先，增强课程设置的灵活性。学校应进行“交错式”课程教学，理论课程与实践课程并重，在基础理论课中大量加入专业应用的实例。其次，增加实践课程在课程设置中的比例。紧紧围绕培养目标，加大实践教学课程的设置，以保证学生在学术研究和实践活动中能够更有效地将理论与实践紧密结合，各高校可以推行工作日企业化，即每周三天在企业现场教学（如三一重工“教室车间”）。最后，调整专业课开设的先后顺序，应开发课程逻辑地图，用知识图谱可视化先修关系，设置跨学期项目贯穿核心课。

11.2.3 深化实践教学改革，赋能应用型人才培养

实践教学是人才培养的重要组成部分，是深化课堂教学的重要环节，是提升学生实践能力、创新能力的重要途径。湖南省 2024 届普通高校毕业生对母校实践教学满意度为 94.74%，较 2023 届毕业生提高了 9.88 个百分点。分学历层次来看，本科毕业生对母校实

践教学满意度最低，为 94.57%，博士毕业生对母校实践教学满意度最高，达 96.48%。毕业生建议母校在教学方面重点加强“实践教学”“专业课的内容及安排”“教学方法和手段”，所占比例均超过 25.00%。其中本科毕业生希望加强“专业课的内容和安排”的比例明显高于其他学历层次毕业生，达 39.24%；硕士毕业生建议母校加强“实践教学”的比例明显高于其他学历毕业生，达 49.88%；博士毕业生希望加强“考核方法与教学评价”的比例明显高于其他学历。有 43.29%的 2024 届普通高校毕业生反馈在求职过程中面临“缺乏符合岗位要求的职业能力，缺乏工作经验”的困难，2024 届待就业毕业生中有 41.76%的人反馈求职过程中遇到的主要困难是“实践经验缺乏”。用人单位调研数据显示，用人单位认为高校在学生培养上应重点加强的方面位居前四位的是“职业素质的培养”（40.88%）、“专业知识的传授”（38.30%）、“实践能力的锻炼”（28.18%）、“表达能力的培养”（26.70%）。从毕业生及用人单位的反馈来看，高校非常有必要加强实习实训等实践教学，丰富学生的实践经验，提升学生的实践动手能力。

各高校首先要强化实践教学在人才培养中的重要地位，高度重视实践教学工作，把深化实践教学改革，培养学生实践与创新能力，作为学校教育教学改革工作的重点；强化对实践教学工作的领导，完善政策、统筹安排、加大投入，增加实践教学比重，确保各类专业实践教学学时学分，保证实践教学各环节总学分占全部学分的比例，切实提高实践教学质量。其次，进一步完善实践教学体系，应积极探索新形势下实践教学与理论教学相结合、实践教学与科学研究相结合、实践教学与社会服务相结合、实践教学与就业创业相结合的实践教学体系。遵循“注重基础、强化训练、加强综合、培养能力”的原则，不断完善实践教学体系，将产、学、研结合作为主线贯穿实践教学体系之中，培养学生的创新精神，提升学生的实践动手能力和创新能力。最后，切实提高实习教学质量，更新教学观念，制定科学合理的实习教学大纲，精心组织，规范管理，选派责任心强、有指导实习经验教师担任实习指导教师。加强实习实训基地建设，尤其要加强新办专业、薄弱专业的实习实训基地建设，推进校企合作、产教融合，探索协同育人机制，保证每个专业都要有一定数量相对稳定的实习实训基地。实施企业导师聘任制度，促进对学生实习的现场指导，探索多样化实习教学模式。加强实习过程的质量监控，确保学生实习的时间和效果；增加生均实习经费，保障实习的有效运行。

11.3　对就业创业工作的反馈与建议

11.3.1　升级就业指导服务体系，深化就业服务提质增效

近日，中共中央办公厅、国务院办公厅印发了《关于加快构建普通高等学校毕业生高质量就业服务体系的意见》（以下简称《意见》），强调高校毕业生是党和国家宝贵的人

才资源。党中央、国务院高度重视高校毕业生就业工作。习近平总书记作出系列重要指示批示，强调“要把服务高质量发展作为建设教育强国的重要任务”“把高校毕业生等青年群体就业作为重中之重” “强化就业创业服务体系建设”。《教育强国建设规划纲要（2024—2035年）》部署，“加快构建高校毕业生高质量就业服务体系，促进高校毕业生高质量充分就业”。

毕业生调研数据显示，2024届普通高校毕业生对高校6项就业重点服务工作的满意度均在94.00%以上。其中满意度位列前三的就业服务工作是“就业信息提供与发布”（95.85%）、“就业手续办理”（95.32%）、“就业政策宣传与讲解”（95.29%）。分学历来看，各学历层次毕业生对高校就业创业服务重点工作的满意度评价比较接近。毕业生认为母校就业创业服务需重点加强的方面位居前两位的是“提供就业信息”“校园招聘活动”，所占比例均超五成；其次是“就业指导课程”“劳动法律法规和求职陷阱”，所占比例均超两成。分学历来看，高职专科毕业生认为母校就业创业指导服务应重点加强“创业指导和培训”的比例明显高于其他毕业生。毕业生认为高校开展的就业帮扶力度大（包含“非常大”“大”“比较大”）的比例为73.13%。从学历层次来看，博士毕业生表示高校开展就业帮扶力度大的比例明显大于其他学历毕业生，达82.98%。

用人单位调研数据显示，用人单位对高校招聘和服务工作满意度为98.76%，其中表示“非常满意”占比为46.28%，“满意”占比为36.01%，“比较满意”占比为16.47%。用人单位认为高校就业服务工作最需要改进的前四项是“加强毕业生就业指导”“加大对毕业生的推荐力度”“增加校园招聘会场次”和“加强校企沟通”，比例均超25%。

依据数据反馈，高校毕业生及用人单位对高校所提供的就业指导工作总体评价较高，认为高校开展的就业帮扶力度大的比例略低，高校应持续拓展就业帮扶的深度与广度，提升就业帮扶对毕业生就业的影响力度。从毕业生及用人单位对高校的建议来看，高校主要在“提供就业信息”“校园招聘活动”“创业指导和培训”“加强毕业生就业指导”“加大对毕业生的推荐力度” “增加校园招聘会场次”和“加强校企沟通”等方面存在提升空间。

为了构建高质量就业服务体系，需要坚持以习近平新时代中国特色社会主义思想为指导，实施就业优先战略，升级传统就业服务体系。一是强化就业指导体系，突出育人核心，提出做实生涯教育与就业指导等举措。二是健全求职招聘体系，突出精准便捷，提出强化校园招聘和就业市场服务等举措。三是完善帮扶援助体系，突出能力提升，提出健全困难帮扶机制等举措。四是创新监测评价体系，突出科学高效，提出健全就业形势研判和进展监测机制等举措。具体措施包括：优化培养供给，根据产业端人才需求和就业端评价反馈，开发更多适合毕业生的就业岗位；完善供需对接机制，确保人岗相适、用人所长，提升就业质量和稳定性；建立全面的服务体系，解决人力资源供需不匹配的结构性就业矛盾，促进高校毕业生的高质量充分就业。通过这些措施，可以有效推动高校毕业生的就业工作，提升整体就业服务质量。

11.3.2 关注重点群体就业，强化生涯教育精准帮扶

截至 2024 年 8 月 31 日，就业管理系统数据显示，湖南省普通高校 2024 届未就业毕业生共有 61053 人，其中待就业 57883 人，占未就业人数的 94.81%；暂不就业 3170 人，占未就业人数的 5.19%。分学历来看，本科毕业生暂不就业比例最高，达到了 6.54%。毕业生调研数据显示，未就业的高校毕业生中有 75.45%的人处于求职中，其他 24.55%的人有相应的职业规划。其中高职专科毕业生处于求职状态的比例较高，为 84.98%，而本科毕业生与硕士毕业生拟参加公招考试的比例明显高于高职专科毕业生。未就业毕业生对待就业态度主要以“没有做好就业准备”（53.14%）、“想先放松一下自己再就业”（37.18%）为主。其中本科未就业毕业生就业态度为“没有做好就业准备”的比例高于高职专科毕业生及毕业研究生。2024 届待就业毕业生求职关注的首要因素为“工作稳定性”，占比为 54.80%；其次是“薪酬水平”和“岗位发展前景”，占比分别为 52.51%、38.54%。待就业毕业生求职过程中遇到的主要困难有“适合自己专业和学历的岗位不多”（48.88%）、“实践经验缺乏”（41.76%）和“用人单位待遇和条件不符合预期”（36.44%）。分学历来看，各学历毕业生主要遇到的困难均为“适合自己专业和学历的岗位不多”，在高职专科毕业生和硕士毕业生中较为凸显。2024 届普通高校待就业毕业生主要希望“增加职位信息发布”“岗位推荐”“求职补贴”。这说明当前还存在相当一部分毕业生由于就业面狭窄无法就业。

以上数据说明高等教育在就业衔接环节的系统性短板，尤其凸显本科教育在职业准备定位上的模糊性，“未准备好”本质是职业目标模糊与能力自信不足的综合表现。首先，要加强对学生的职业生涯规划教育。2023 年 9 月，教育部启动首届全国大学生职业规划大赛，提出加强高校生涯教育，增强大学生生涯规划意识，指导其尽早做好就业准备，持续促进就业质的有效提升和量的合理增长。职业生涯规划教育，是通过有目的、有计划、有组织的教育活动，引导大学生树立正确的成才观、择业观和就业观，科学合理规划学业与职业发展，帮助个体从复杂的教育选择与职业选择过程中，寻求因应之道，提升个人生涯成熟度，推进人力资源效能最大化。要加强对学生的职业生涯规划教育，建立“全程浸润式”生涯教育体系。要做到分阶段干预，大一：职业测评+行业体验营（矫正专业认知）；大二：企业导师制+生涯档案（动态匹配能力缺口）；大三：岗位实训+求职沙盘（模拟面试与薪酬谈判）；大四：个性化荐岗+心理韧性训练（应对求职挫折）。其次，精准帮扶未就业群体，打通“最后一公里”，要建立“一人一策”动态台账，联合地方政府建立未就业本科生实名数据库，按“逃避型”“迷茫型”“能力短板型”分类标注，由辅导员+企业 HR 组成帮扶小组。最后，重塑就业价值观，强化基层导向，实施榜样引领计划，邀请扎根西部的校友、制造业技术骨干开展讲座，展示基层岗位成长案例，破解“唯体制论”；

通过政策捆绑激励，对签约中小微企业或基层项目的学生，给予学费补偿、考研加分等长效支持，提升职业获得感。

11.3.3 应对就业供需新挑战，深化招培就协同联动

就业管理系统数据显示，湖南省 2022—2024 届普通高校毕业生规模呈逐年上升趋势，2024 届普通高校毕业生达到 50 万以上，相比 2023 届增加了 0.84 万毕业生。可见，湖南省普通高校近年来生源充足，毕业生规模持续扩大。新时代，毕业生就业压力趋大，供需双方对接不畅，对高校就业、招生、培养等相关工作协同联动提出了更高要求。构建“就业—招生—培养”联动机制，宏观上能够提升高校人才培养质量，促进区域协调发展；微观上能够深化产学研用一体化发展，促进学生个体全面成长。

就业是最基本的民生。2017 年 12 月，教育部发布《关于推动高校形成就业与招生计划人才培养联动机制的指导意见》（教高〔2017〕8 号），指出当前我国经济已经由高速增长阶段转向高质量发展阶段，深化供给侧结构性改革、提高全要素生产率，离不开人才的支撑。推动高校形成就业与招生计划、人才培养联动机制，促进高校毕业生多渠道就业创业，实现更高质量和更充分就业，是高等教育主动适应国家经济社会发展需要、提高高校人才培养质量的重要工作。

深化“就业—招生—培养”联动机制，首先，学科专业要根据经济增长和产业结构动态调整。随着产业结构升级和经济快速发展，战略性新兴产业成为推动经济增长的重要力量，学科专业是支撑战略性新兴产业发展的基础。高校需要根据市场需求和产业发展趋势，调整优化专业结构，培养更多与战略性新兴产业相匹配的专业人才。其次，教育教学必须联动改革。高校要明确教学改革在构建“就业—招生—培养”联动机制中的价值引领作用，教材教学和师资队伍建设要秉承立德树人，贯彻新发展理念，服务国家战略需求的原则，充分发挥教学改革在塑造学生价值、传授学生知识、培养学生能力等方面的培根铸魂作用。再次，产教融合协同育人。推进教育改革、加强产教融合是促进高等教育高质量发展的强劲动力。针对实践教学的现实问题，高校可将教学与就业融入产业体系，从培养目标、课程标准、专业设置、课程开发、实践教学、考核与评价等方面进行校企深度合作，以现代产业体系为基准引领人才供需匹配。最后，建设质量保障体系。在构建质量保障机制的过程中，高校要坚持政策导向，对接国家标准，依规完善提升学校质量标准，将质量保障的各方面和要素有机整合，形成协调一致、高效运转、多方共治的整体。

高校教育教学是系统性的闭环流程，就业并非独立、可分割的一环，招生工作是起点，培养工作是根本，协同联动是动力，促进就业是目的。持续统筹推进“就业—招生—培养”联动机制构建，对服务国家战略、优化高等教育结构、提升人才供给质量具有深远意义。

附件一

调　查　问　卷

一、就业创业指导服务问卷

湖南省普通高等学校2024届毕业生就业创业指导服务评价调研问卷

Q1. 请问，你目前的就业状况是？（条件题）	1. 已经确定就业单位且已签约；（答Q11） 2. 已经确定就业单位暂未签约；（答Q11） 3. 拟升学（含硕士、博士，专升本等）；（答Q11） 4. 拟出国/出境就业（或留学）；（答Q11） 5. 已注册（或合伙注册）公司选择自主创业；（答Q12） 6. 拟应征入伍或准备应征入伍；（答Q11） 7. 自由职业；（答Q11） 8. 有就业意向暂未签约（待就业）；（答Q2） 9. 暂不就业拟继续参加公考；（答Q10） 10. 其他暂不就业情况。（答Q10）
Q2. 你期望的工作地点是？（多选题，限选2项）	湖南省内；长沙市内；北京、上海、广州、深圳；其他一线城市；中、小城市；城镇乡村地区；港澳台等地区；国外；其他。
Q3. 你是不是愿意回生源省就业？	愿意；不愿意。
Q4. 你是不是愿意优先在湖南省内就业？（条件题）	愿意（答Q6）；不愿意（答Q5）。
Q5. 你认为影响你不愿意选择在湖南省内就业的主要因素有哪些？（多选题，限选3项）	就业政策；气候环境；经济社会发展前景；竞争压力；生活成本；社会关系；离家距离；父母期望；地理位置；其他。
Q6. 你最希望到什么类型的单位就业？	党政机关；事业单位；国有企业；三资企业；民营企业；部队；国家、地方基层项目单位；其他。

续表

Q7. 你对签约工作的期望月薪为?	4000 元及以下;4001—6000 元;6001—8000 元;8001—10000 元;10001—15000 元;15000 元以上。
Q8. 你在求职中主要关注的因素是?(多选题,限选 3 项)	薪酬水平;社会保障;工作稳定度;就业地理位置;单位的社会声望;工作环境;单位培训;发展空间;父母期望;人际关系;个人兴趣爱好;其他。
Q9. 你参加过几家单位的面试?	0 家;1—3 家;4—6 家;7—9 家;10 家及以上。
Q10. 你认为影响自身暂未就业的因素是?(多选题,最多选 3 题)	职业生涯规划不清晰;本人就业意愿不强;职业技能不多;没有遇到心仪的岗位,想等待更好的机会;家庭支持暂缓就业,寻找更稳定就业机会;继续深造提高自身学历;竞争太激烈,找不到满意工作。
Q11. 工业互联网发展推动了一批传统产业的转型升级、推动了一批新业态和新模式的快速发展,你愿意从事以下哪些相关产业?(多选题,最多 3 项)	新基建及相关产业(5G、物联网、区块链等);生命科学;互联网医疗;智能制造;人工智能;新材料产业;新能源汽车;数字经济;文化创意;大健康产业;信息及智能产业(大数据、云计算等);电商行业;数字媒体;其他。
Q12. 你的综合成绩排名位于本专业的:	前 30%;前 30%—70%;后 30%。
Q13. 你在校期间参加过什么类型的社团?	没参加过;学术型;文艺型;体育型;科技型;服务型;实践型;联谊型;职业型;创业型;其他。
Q14. 你担任过什么类型的学生干部(选择担任过职级最高的一项)?	校团委、学生会干部;院系党团、学生会干部;班级、团支部干部;没担任过。
Q15. 你认为家庭对你找工作/创业/深造提供的帮助大吗?	非常大;比较大;一般;帮助不大;基本没帮助。
Q16. 你了解国家促进高校毕业生就业或扶持创业的相关政策吗?	非常了解;了解;比较了解;不怎么了解;一点都不了解。
Q17. 你所在高校就业课程开设方式是:(多选题,最多选 3 项)	线下课堂讲授;线上课程;就业主题讲座;互动沟通,经验分享;模拟招聘;心理测验;面对面咨询;就业实践;网络在线课+翻转课堂。

续表

Q18. 你所在高校就业课程的评估方式主要是：（多选题，最多选 3 项）	考试或测验；论文形式；汇报展示；小组实践作业；简历制作大赛；依据平时课堂表现和发言进行综合评定。
Q19. 你所在高校创新创业课程开设方式是：（多选题，最多选 3 项）	线下课堂讲授；线上课程；创新创业主题讲座；创新创业竞赛；创新创业实践；网络在线课+翻转课堂。
Q20. 你所在高校创新创业课程的评估方式主要是：（多选题，最多选 3 项）	考试或测验；项目策划书或论文；汇报展示；小组实践作业；依据平时课堂表现和发言进行综合评定；创新创业竞赛成绩。
Q21. 你更希望学校开设的创新创业课程包括哪些内容？（多选题，最多选 3 项）	创新创业政策；创新创业案例分析；创业心理素质培养；专利申请与保护；创新创业计划书撰写；管理者能力与成长；团队组建与沟通技巧；财务税收及融资技巧；机会识别与环境分析；商务谈判能力；其他。
Q22. 请你评价学校的人才培养服务：	母校总体评价：5；4；3；2；1。 学校老师的专业素养：5；4；3；2；1。 学校的实践教学（含实习、实践、见习等）：5；4；3；2；1。 学校的专业设置与课程安排的合理性：5；4；3；2；1。
Q23. 请你评价学校的就业创业服务：	就业创业指导与服务总体评价：5；4；3；2；1。 就业/创业指导课：5；4；3；2；1。 就业信息提供与发布：5；4；3；2；1。 就业手续办理：5；4；3；2；1。 就业困难群体帮扶：5；4；3；2；1。 就业政策宣传与讲解：5；4；3；2；1。 创业咨询与实践指导：5；4；3；2；1。
Q24. 你希望学校加强哪些就业创业指导与服务？（多选题，最多选 3 项）	提供就业信息；校园招聘活动；就业指导课程；创业指导和培训；专题讲座和报告会；就业政策和形势分析；就业协议签订指导；劳动法律法规和求职陷阱；职业咨询辅导；参观用人单位；其他。
Q25. 你认为，在学习过程中你最满意的实践性教学环节是：	课程的实践性教学（课程作业、实验）；课程设计；毕业论文、毕业设计；专业实习、见习；其他。
Q26. 你认为影响你对学校满意度的前三项因素是（多选题，选 3 项）	所学知识/能力满足工作实际需求的情况；校风学风；师生课外交流；学校管理人员的办事效率和态度；学校的规章制度；图书与教学设施；学校后勤保障情况；校园地理位置情况；就业推荐；其他。

续表

Q27. 你愿意向其他人推荐你所在的高校吗？	5；4；3；2；1。
Q28. 你为就业做了哪些准备工作？（多选题，最多选 3 项）	努力学好专业知识；积极参加校内、外各种活动；经常与老师或与已工作的往届生探讨；通过兼职或实习获取工作经验；学习就业指导课程；学习并掌握工作需要的技能；学习应聘技巧；制定人生目标及职业生涯规划；参加职业资格培训；考取专业资格证书；充分了解自己的个性、兴趣和能力；其他。
Q29. 你认为以下哪些因素提升了自身对就业形势的信心？（多选题，最多选 3 项）	政府就业帮扶政策；新就业形式的及时补位；学校提供的就业指导、岗位推荐等服务；社会给予大学生有效的就业指导；家人朋友的建议与支持；单位用工成本的承受力；新兴产业的快速发展；疫情常态化对国家经济形势的总体影响程度；区域经济格局调整对劳动力需求；其他。
Q30. 你认为影响成功求职的因素有哪些？（多选题，最多选 3 项）	学校就业指导不够；就业信息量少；岗位专业知识不够；自身专业技能不强；所学专业不对口；缺乏社会实践能力；自身优势难以发挥；求职方法技巧不够；对社会的了解不够；对招聘流程和基本要求不了解；求职定位迷茫；人脉资源不够；学历层次不够；其他。
Q31. 你觉得当前就业面临的主要困难有哪些？（多选题，最多选 3 项）	自身定位不清晰；学历层次不够；就业心理压力过大；缺乏符合岗位要求的职业能力，缺乏工作经验；招聘岗位与自己的需求不匹配；缺少就业信息渠道；学校知名度不够；学校没有提供对就业和职业发展的有效帮助；用人单位需求量减少；等待考研结果，处于观望态度；等待公务员、事业单位考试，处于观望态度；其他。
Q32. 你认为自身哪些方面的素质需要加强？（多选题，最多选 3 项）	综合素质；思想品德修养；专业能力；就业政策熟知情况；创新创业理论水平；创新创业实践能力；人际交往与沟通能力；心理素质，抗压能力；其他。
Q33. 你认为最有效获取就业信息的途径是什么？	学校或学院的就业信息网站；校内宣传栏或 LED 屏；辅导员或导师推荐；学校就业服务微信平台；专业招聘网站（前程无忧、智联招聘、BOSS 直聘等）；各地区人才市场网站；师兄师姐或亲戚朋友推荐；参加各类招聘会。
Q34. 你对学校的就业创业指导与服务工作有什么建议？（填空题）	

二、学生就业状况调查问卷

湖南省普通高校 2024 届毕业生就业质量调查问卷

亲爱的同学：

您好！为全面真实地了解我省 2024 届普通高校毕业生就业情况，现面向毕业生本人开展就业质量调查。

请您根据本人实际情况认真填写，您的答题对进一步做好我省高校毕业生就业质量分析、就业创业指导和服务工作具有至关重要的意义。所有答题仅用于统计分析与相关研究，我们将严格保密。

谢谢您的支持！

湖南省教育厅毕业生就业办公室

湖南省大中专学校学生信息咨询与就业指导中心

2024 年 9 月

注：进入正式答题前，我们将收集答题者以下几个信息以便后台实名认证记录有效问题样本，系统将根据毕业学校、学历、专业、身份证号来判断毕业生身份，并将相关统计归入与其身份相符的学校（二级院系）中。所有蓝字部分内容仅供网页设计人员使用，不出现在调查对象看到的界面。

序号	测试题目	测试选项
		前置基础题
QA	您目前的就业（创业）心态如何？	1. 非常乐观；2. 乐观；3. 比较乐观；4. 不太乐观；5. 非常不乐观。
QB	您对所学专业的了解程度如何？	1. 完全了解；2. 了解；3. 一知半解；4. 不了解；5. 完全不了解。
QC	您认为本专业的就业前景如何？	1. 非常好；2. 比较好；3. 一般；4. 有点严峻；5. 非常严峻。
QD	您是否有自主创业的意愿？(选 2 没有时，回答 QE)	1. 有；2. 没有；3. 正在创业。
QE	您最希望到什么类型的单位就业？	1. 党政机关； 2. 事业单位； 3. 国有企业； 4. 大型民营企业； 5. 三资企业（中外合资经营企业、中外合作经营企业、外商独资）； 6. 中小企业； 7. 部队； 8. 国家、地方基层项目单位； 9. 其他。

续表

序号	测试题目	测试选项
QF	您的生活成长背景符合以下哪些情况？［多选，必选 3 项（1—2 选一项，3—5 选一项，6—7 选一项）］	1. 父母最高文化程度为大学及以上学历； 2. 父母最高文化程度为高中及高中以下； 3. 家庭生活水平在居住地处于比较富裕或非常富裕； 4. 家庭生活水平在居住地处于中等或小康； 5. 家庭生活水平在居住地处于比较贫困或特别贫困； 6. 家庭人际关系对我的就业给予较大帮助； 7. 家庭人际关系对我的就业基本没有帮助。
QG	您目前的就业状况是？	1. 签就业协议形式就业（包括签三方协议、机关事业单位招录、定向委培生、医学规培、部队士官或文职人员、国际组织或出国/境）；（Q1，Q3—Q26） 2. 签劳动合同形式就业；（Q3—Q26） 3. 基层项目就业；（Q2，Q3—Q26） 4. 应征入伍； 5. 科研助理、管理助理或博士后入站；（Q3—Q26） 6. 其他录用形式就业；（Q3—Q26） 7. 自主创业；（Q28—Q37） 8. 国内升学（研究生、第二学士学位和专科升普通本科）；（Q38—Q39） 9. 出国（境）升学；（Q40—Q41） 10. 自由职业；（Q42—Q46） 11. 有就业意愿未就业；（Q47—Q53） 12 其他不想就业情况（无就业意愿）。（Q54） 以上各选项均回答 Q55—Q69。
Q1	您已签约就业协议的形式就业类型是？	1. 签订三方协议；（回答 Q3） 2. 用人单位录用通知书/录取接收函；（回答 Q3） 3. 定向、委托培养毕业生回原定向、委托培养单位就业；（回答 Q4） 4. 部队招收的士官或文职人员；（回答 Q3） 5. 医学规培生；（回答 Q4） 6. 国际组织任职；（回答 Q3） 7. 出国或出境工作公文（函）。（回答 Q3）
Q2	您基层就业类型是？	1. 特岗教师； 2. 西部计划； 3. 三支一扶； 4. 选调生； 5. 农技特岗； 6. 大学生村官； 7. 乡村医生； 8. 乡村教师； 9. 其他。

续表

序号	测试题目	测试选项
Q3	在求职就业过程中，您发现哪些方面是自己的短板？（多选，限选 3 项）（当 Q1 选项为 3，5，不答此题）	1. 专业知识和技能； 2. 沟通协调能力； 3. 承受压力和克服困难的能力； 4. 解决基本问题能力； 5. 求职技巧； 6. 对社会的了解； 7. 对企业岗位专业知识的了解； 8. 其他。
Q4	您获得当前工作的途径是？	1. 校园招聘会（双选会/宣讲会）； 2. 学校官网或公众号发布的招聘信息； 3. 老师推荐； 4. 政府/社会组织的招聘会； 5. 各类招聘网站； 6. 用人单位内部招聘渠道； 7. 新媒体平台发布的信息； 8. 家庭亲友推荐； 9. 专业实习后与单位签订正式就业协议； 10. 其他。
Q5	您从求职准备到成功就业用了多长时间？	1. 1 个月以内； 2. 1—3 个月； 3. 4—6 个月； 4. 7—9 个月； 5. 10—12 个月； 6. 12 个月以上。
Q6	您获得当前工作的时间是？	1. 秋季校招期间（2023 年 9 月—2024 年 1 月）； 2. 春季校招时间（2024 年 2 月—5 月）； 3. 毕业季（2024 年 6 月—7 月）； 4. 其他。
Q7	求职过程中，您共获得过多少个工作机会？	1. 1 个； 2. 2 个； 3. 3 个； 4. 4 个； 5. 5 个及以上。
Q8	您从求职准备到就业成功的花费是多少？	1. 500 元以下； 2. 501—1000 元； 3. 1001—2000 元； 4. 2001—3000 元； 5. 3001—5000 元； 6. 5000 元以上。

续表

序号	测试题目	测试选项
Q9	您认为所学的专业课程能满足就业岗位的技能要求吗？	1. 非常满足；2. 比较满足；3. 满足；4. 不太满足；5. 不满足；6. 不太清楚，需进一步实践。
Q10	您就业的产业类型为？	1. 节能环保产业（高效节能技术装备及产品）； 2. 新一代信息技术产业（下一代通信网络、物联网、三网融合、新型平板显示、高性能集成电路和高端软件）； 3. 生物产业（生物医药、生物农业、生物制造）； 4. 高端装备制造产业（航空航天、海洋工程装备和高端智能装备）； 5. 新能源产业（核能、太阳能、风能、生物质能）； 6. 新材料产业（特种功能和高性能复合材料）； 7. 新能源汽车产业； 8. 数字产业； 9. 相关服务业（研发服务、气象服务、检验检测认证服务、知识产权服务、创业创新服务、金融服务等，基本是为前面制造业提供各种便利的产业）； 10. 其他非制造业产业。
Q11	您所在的用人单位属于以下哪类？（多选，限选 3 项）	1. 上市企业； 2. 国企； 3. 中小微企业； 4. 国家高新技术企业（科技部火炬中心认定查询网址：http：//www. innocom. gov. cn/gqrdw/index. shtml）； 5. 外资、合资企业； 6. 人力公司劳务派遣性质； 7. 机关/事业单位，教育或医疗机构； 8. 其他。
Q12	您目前从事的工作与所学专业相关吗？	1. 非常相关；（回答 Q14）2. 比较相关；（回答 Q14）3. 相关；（回答 Q14）4. 不太相关；5. 不相关。
Q13	您从事专业不相关工作的主要原因是？（当 Q16 回答选项为 4—5 时，回答此题）	1. 对本专业工作无兴趣； 2. 专业工作环境差； 3. 专业工作收入水平较低； 4. 专业工作与自身理想不符； 5. 专业工作岗位招聘少； 6. 迫于现实先就业再择业； 7. 达不到专业相关工作的要求； 8. 社会对母校专业认可度不高； 9. 其他。
Q14	您从事的工作与您的职业期望总体匹配情况？	1. 非常匹配；2. 比较匹配；3. 匹配；4. 不太匹配；5. 不匹配。

续表

序号	测试题目	测试选项
Q15	您与用人单位签约就业时，用人单位承诺为您提供的月薪（实发到手工资）在以下哪个区间？	1. 3000 元以下；2. 3001—4000 元；3. 4001—5000 元；4. 5001—6000 元；5. 6001—7000 元；6. 7001—8000 元；7. 8001—9000 元；8. 9001—10000 元；9. 10001—15000 元；10. 15000 元以上。
Q16	您对目前的薪资水平满意吗？	1. 非常满意；2. 比较满意；3. 满意；4. 不太满意；5. 不满意。
Q17	您签约的单位承诺为您提供了下列哪种社会保障？	1. 提供五险一金外，还提供其他保障和补贴（如企业年金、商业保险）； 2. 五险一金（“五险”指工伤、失业、医疗、养老、生育，有些地区也合称“四险”，“一金”指住房公积金）； 3. 仅五险； 4. 不提供社保和公积金。
Q18	您认为目前所在单位的工作稳定性如何？	1. 非常稳定；2. 比较稳定；3. 稳定；4. 不太稳定；5. 不稳定。
Q19	您目前所在岗位的工作压力如何？	1. 非常大；2. 比较大；3. 大；4. 比较小；5. 非常小。
Q20	您对用人单位在业界的知名度和社会认可度满意吗？	1. 非常满意；2. 比较满意；3. 满意；4. 不太满意；5. 不满意。
Q21	您对自己的就业岗位在工作时间、工作处理方式等方面的自主性满意吗？	1. 非常满意；2. 比较满意；3. 满意；4. 不太满意；5. 不满意。
Q22	您对用人单位的工作环境满意（包含物理环境与人文环境）吗？	1. 非常满意；2. 比较满意；3. 满意；4. 不太满意；5. 不满意。
Q23	您感觉在用人单位的晋升空间如何？	1. 非常满意；2. 比较满意；3. 满意；4. 不太满意；5. 不满意。
Q24	您对用人单位提供的培训机会满意度如何？	1. 非常满意；2. 比较满意；3. 满意；4. 不太满意；5. 不满意。
Q25	您对用人单位的综合满意度如何？（包括社会声望、单位性质、工作环境、办公自由度、晋升与培训、单位文化等方面）	1. 非常满意；2. 比较满意；3. 满意；4. 不太满意；5. 不满意。

续表

序号	测试题目	测试选项
Q26	从第一次入职至今，您的离职次数为？	1. 0次；（跳转到Q47） 2. 1次； 3. 2次； 4. 3次及以上。
Q27	您更换单位的主要原因是什么？（多选，限选3项）（回答Q55）	1. 发展空间不大； 2. 薪资福利差； 3. 工作压力大； 4. 工作环境不好； 5. 家庭原因； 6. 人际关系因素； 7. 工作地域问题； 8. 想改变职业或行业； 9. 入职后发现与面试时描述不符； 10. 工作内容不喜欢； 11. 对单位管理制度和文化不适应； 12. 被单位裁员或解聘； 13. 工作单位倒闭； 14. 其他。
以下是“自主创业”的跳转题		
Q28	您选择自主创业的原因是？（多选，限选3项）	1. 实现个人理想及价值； 2. 有好的创业项目； 3. 受他人邀请创业； 4. 未找到合适的工作； 5. 预期可能有更高的收入； 6. 家人期望； 7. 其他。
Q29	您创业的领域与所学专业相关吗？	1. 非常相关；2. 比较相关；3. 相关；4. 不太相关；5. 不相关。
Q30	您自主创业的方式是？	1. 个人独立创业； 2. 带领团队创业（创业主要负责人）； 3. 与人合伙创业（参与项目团队创业）； 4. 家族创业； 5. 其他。

续表

序号	测试题目	测试选项
Q31	您创业的类型属于?	1. 在独立的场地创立公司(含个体工商户); 2. 在孵化机构中创业,含暂未注册或正在注册中; 3. 电子商务创业,利用互联网平台从事经营活动,如开设网店等; 4. 加盟创业,如餐饮加盟等; 5. 其他。
Q32	您在创业过程中遇到的困难主要有哪些? (多选,限选 3 项)	1. 创业团队组建; 2. 资金筹备; 3. 企业创办手续审批; 4. 创业项目的选取; 5. 办公场所、设备等软硬件环境的准备; 6. 产品、服务的定位与开发; 7. 产品、服务的变现; 8. 市场推广; 9. 社会关系缺乏; 10. 创业相关知识、技能的缺乏; 11. 政策环境不利; 12. 其他。
Q33	您的创业资金主要来源于?	1. 父母资助;2. 大学生创业贷款;3. 创业扶持基金;4. 风险投资;5. 个人积累;6. 其他。
Q34	您家人对您选择自主创业的态度是?	1. 非常支持;2. 比较支持;3. 中立,不反对;4. 比较反对;5. 非常反对。
Q35	您为自主创业做过哪些准备?(多选,限选 3 项)	1. 向成功创业者学习; 2. 研读创业书籍; 3. 在社会实践中积累经验; 4. 学习创业课程; 5. 多和朋友沟通,整合身边资源; 6. 上网浏览信息,寻找创业机会; 7. 其他。
Q36	您认为自主创业要求大学生具备哪些关键能力?(多选,限选 3 项)	1. 专业基础知识; 2. 管理领导能力; 3. 持续学习能力; 4. 把握机会能力; 5. 沟通协调与处理社会关系能力; 6. 熟悉创业政策与环境; 7. 承受与规避风险能力; 8. 获取资源的能力; 9. 自我调节能力; 10. 其他。

续表

序号	测试题目	测试选项
Q37	您最希望学校加强哪项创业相关服务工作？（多选，限选 3 项）（回答 Q55）	1. 创业相关课程； 2. 创业讲座或论坛； 3. 创业协会或俱乐部； 4. 创新创业大赛； 5. 创业实训与模拟（如仿真实训、沙盘）； 6. 创业项目孵化（如创业基地、孵化园等）； 7. 在线创业课资源； 8. 提供资金与平台； 9. 创业师资队伍建设； 10. 其他。
以下是“境内升学”的跳转题		
Q38	您选择境内升学的原因是？	1. 对专业感兴趣，愿深入学习； 2. 提升学历层次； 3. 提升综合能力； 4. 增加择业资本，提升就业竞争力； 5. 延缓面对择业的困难； 6. 家人期望； 7. 受身边同学升学的影响； 8. 其他。
Q39	您继续深造前后所学的专业一致吗？（回答 Q55）	1. 非常一致；2. 比较一致；3. 一致；4. 不太一致；5. 不一致。
以下是“境外留学”的跳转题		
Q40	您选择境外留学的主要原因是？（多选，限选 3 项）	1. 教学、科研水平先进； 2. 教育条件及教育方式好； 3. 增长见识，了解不同地域习俗与文化； 4. 提升综合竞争力，学成建设祖国； 5. 获得国（境）外发展的机会； 6. 熟悉环境，为移民做准备； 7. 家人安排。
Q41	您境外留学的国家或地区是：（回答 Q55）	1. 美国；2. 英国；3. 法国；4. 德国；5. 日本；6. 韩国；7. 澳大利亚；8. 加拿大；9. 俄罗斯；10. 我国港澳台地区；11. 其他国家或地区。

续表

序号	测试题目	测试选项
以下是“自由职业”的跳转题		
Q42	您自由职业的类型是？	1. 作家； 2. 自由撰稿人； 3. 翻译工作者； 4. 中介服务工作者； 5. 艺术工作者； 6. 互联网营销工作者（含直播带货等）； 7. 全媒体运营工作者（如各类平台博主）； 8. 电子竞技工作者； 9. 其他。
Q43	您的职业与专业相关度怎样？	1. 非常相关；2. 比较相关；3. 相关；4. 不太相关；5. 不相关。
Q44	您的职业与理想职业一致性怎样？	1. 非常一致；2. 比较一致；3. 一致；4. 不太一致；5. 不一致。
Q45	您的职业平均月收入是(实发到手工资)？	1. 3000 元以下；2. 3001—4000 元；3. 4001—5000 元； 4. 5001—6000 元；5. 6001—7000 元；6. 7001—8000 元； 7. 8001—9000 元；8. 9001—10000 元；9. 10001—15000 元； 10. 15000 元以上。
Q46	据您了解，您从事的岗位一年后平均月收入（实发到手工资）相比刚入职平均月收入增加的额度是？(回答 Q55)	1. 100 元以下（没有什么增长空间）；2. 100—500 元； 3. 501—1000 元；4. 1001—2000 元；5. 2001—3000 元； 6. 3001—5000 元；7. 5001—10000 元；8. 10000 元以上。
以下是“有就业意愿未就业”的跳转题		
Q47	您目前尚未就业的类型是？（当回答选项 1—2 时，回答 Q56—Q62，其余不答）	1. 求职中； 2. 签约中．已确定就业意向，准备正式签订协议或合同； 3. 拟参加公招考试．准备参加公务员、事业单位公开招录考试；(回答 Q55) 4. 拟创业．准备创业，尚未在工商行政管理部门注册登记，拟创立的实体尚未开始实际运营；(回答 Q55) 5. 拟应征入伍．准备应征入伍，尚未被批准。(回答 Q55)

续表

序号	测试题目	测试选项
Q48	您在求职中主要关注的因素是？（多选，限选 3 项）	1. 行业知名度； 2. 岗位发展前景； 3. 工作稳定性； 4. 工作轻松度； 5. 工作自主性； 6. 工作地点； 7. 工作环境； 8. 晋升空间； 9. 培训机会； 10. 企业文化； 11. 父母期望； 12. 工作氛围（同事关系）； 13. 薪酬水平； 14. 社会保障； 15. 其他。
Q49	您参加过几家单位的面试？	1. 0 家；2. 1—3 家；3. 4—6 家；4. 7—9 家；5. 10 家及以上。
Q50	您在求职过程中遇到的主要问题是？（多选，限选 3 项）（当此题回答选项中包含 6：存在就业歧视时，需回答 Q51 题）	1. 没有什么困难（互斥）； 2. 获取招聘信息的渠道太少； 3. 适合自己专业和学历的岗位不多； 4. 用人单位待遇和条件不符合预期； 5. 用人单位虚假宣传或隐瞒实情； 6. 存在就业歧视； 7. 实践经验缺乏； 8. 社会关系缺乏； 9. 就业能力不足； 10. 与父母意愿相悖； 11. 其他。
Q51	您在求职过程中是否遇到过就业歧视或遇到过哪些就业歧视（多选，限选 3 项）	1. 性别； 2. 实践/工作经验； 3. 毕业院校； 4. 专业； 5. 学历层次； 6. 地域； 7. 身体条件（健康、相貌、身高等）； 7. 年龄； 8. 户籍。

续表

序号	测试题目	测试选项
Q52	您对月薪的最低要求是(实发到手工资)?	1. 3000 元以下; 2. 3001—4000 元; 3. 4001—5000 元; 4. 5001—6000 元; 5. 6001—7000 元; 6. 7001—8000 元; 7. 8001—9000 元; 8. 9001—10000 元; 9. 10001—15000 元; 10. 15000 元以上。
Q53	您最希望从学校获得哪些就业方面的帮助和指导?(多选,限选 3 项)(回答 Q55)	1. 求职技巧培训; 2. 增加职位信息发布; 3. 行业/岗位发展前景等分析; 4. 邀请企业、专家专题就业宣讲; 5. 求职心理辅导; 6. 就业政策讲解与指导; 7. 求职补贴; 8. 面试/着装礼仪; 9. 就业问题答疑(线上、线下); 10. 岗位推荐; 11. 其他。
以下是“其他不想就业情况(无就业意愿)”的跳转题		
Q54	下面与您目前状态较为符合的是?	1. 家庭条件较好,不急于就业; 2. 没有做好就业准备; 3. 想先放松一下自己再就业。
以下是所有调查对象都要回答的题		
Q55	您对当前的就业状况(含就业、自主创业、升学等)满意吗?	1. 非常满意;2. 比较满意;3. 满意;4. 不太满意;5. 不满意。
Q56	您认为以下什么样的答题行为是正确的?	1. 填空题胡乱答写; 2. 所有多选题都全部选择或答案都选择为前面 3 个选项; 3. 认真阅读题目后再答题。(此题为校检题,答第 3 题才算)

续表

序号	测试题目	测试选项
Q57	您在校期间有过以下哪些经历？（多选，限选 4 项）（1—2、3—4、5—6、7—8、9—10、11—13 项各只能选择一项）	1. 担任过学生干部； 2. 没有担任过学生干部； 3. 参加过社团活动； 4. 没有参加过社团活动； 5. 综合成绩排名位于本专业前 20%； 6. 综合成绩排名未进入本专业前 20%； 7. 获得过职业资格证书； 8. 没有获得过职业资格证书； 9. 获得过竞赛奖项； 10. 没有获得过竞赛奖项； 11. 有过实习经历，在 3 月以内； 12. 有过实习经历，在半年以上； 13. 没有实习经历。
Q58	您认为学校老师们的整体授课水平如何？	1. 非常高；2. 高；3. 一般；4. 差；5. 非常差。
Q59	您认为学校在教学方面最需要改进的地方是？（多选，限选 3 项）	1. 师资水平； 2. 教学方法和手段； 3. 专业课的内容及安排； 4. 公共课的内容及安排； 5. 实践教学； 6. 考核方法与教学评价； 7. 教学设施； 8. 其他。
Q60	您认为学校的课程安排合理性如何？	1. 非常合理；2. 比较合理；3. 合理；4. 不太合理；5. 不合理。
Q61	您认为学校在课程设置方面最需要改进的地方是？（多选，限选 3 项）	1. 专业课开设的先后顺序； 2. 专业课内容的实用性； 3. 各学期开设专业课门数； 4. 实践课程安排次数； 5. 每周上课时间安排； 6. 公共课程时间安排； 7. 专业课程与时俱进； 8. 专业课程难易程度； 9. 其他。
Q62	您认为学校的实践教学（课程实践、实习实训、科研训练、学科竞赛等）水平如何？	1. 非常好；2. 比较好；3. 好；4. 不太好；5. 不好。

续表

序号	测试题目	测试选项
Q63	您认为您学校开展的就业帮扶力度是？	1. 非常大；2. 比较大；3. 大；4. 比较小；5. 非常小。
Q64	如请您对学校就业创业工作做出评价，您的评价是（5 分为最高分，1 分为最低 1 分）？	1. 就业指导类课程：5 分；4 分；3 分；2 分；1 分。 2. 创新创业类课程：5 分；4 分；3 分；2 分；1 分。 3. 政策宣讲、职业辅导和就业创业讲座等活动：5 分；4 分；3 分；2 分；1 分。 4. 就业创业个体咨询：5 分；4 分；3 分；2 分；1 分。 5. 校园招聘与宣讲：5 分；4 分；3 分；2 分；1 分。 6. 实习实训：5 分；4 分；3 分；2 分；1 分。 7. 就业困难群体帮扶：5 分；4 分；3 分；2 分；1 分。
Q65	您认为学校哪些就业创业指导服务工作最需要加强？（多选，限选 3 项）	1. 就业创业政策讲解； 2. 就业信息提供与发布； 3. 职业选择咨询/辅导； 4. 职业生涯规划指导； 5. 就业/创业技能培训； 6. 求职心理调适； 7. 面试指导与训练； 8. 入职前适应性培训； 9. 升学指导； 10. 留学指导； 11. 创业课程内容优化； 12. 各类公招指导培训。
Q66	学校提供的就业创业指导服务方式主要为？（多选）	1. 电话指导服务； 2. 线上指导服务； 3. 线下服务； 4. 不清楚或不了解；（互斥） 5. 暂停指导服务；（互斥） 6. 其他。
Q67	您所在学校开设创新创业指导课程的方式是？	1. 线下教师讲授； 2. 以实践和模拟分析为主的创新创业课程； 3. 举办创新创业主题讲座； 4. 网络在线课程； 5. 网络在线课+翻转课堂； 6. 没有开设。（互斥）
Q68	您对母校的人才培养整体情况是否满意？	1. 非常满意；2. 比较满意；3. 满意；4. 不太满意；5. 不满意。
Q69	您愿意向亲友推荐您的母校吗？	1. 非常满意；2. 比较满意；3. 满意；4. 不太满意；5. 不满意。

本访问到此结束，非常感谢您对我们工作的支持与配合，祝您生活愉快，事业有成！

三、用人单位满意度调查问卷

湖南省普通高校 2024 年重点用人单位满意度问卷

尊敬的用人单位：

您好！这是一份关于贵单位招聘我省普通高校 2024 届毕业生就业情况的调查问卷，请根据贵单位真实情况答题，您答题的真实性对于我们研究的准确性具有非常重要的意义。您的答题仅用于高校毕业生就业情况统计分析与相关研究，回答均无对错之分，我们将严格保密。感谢贵单位的大力支持与合作！

湖南省教育厅毕业生就业办公室

湖南省大中专学校学生信息咨询与就业指导中心

2024 年 9 月

您所评价的高校是：下拉选择

Q1	贵单位招聘的毕业生所属的院校分类属于［必答题］［填空题］	
Q2	贵单位招聘的毕业生所属的院校性质属于［必答题］［填空题］	
Q3	贵单位所在地域［必答题］［单选题］	1. 东北三省； 2. 湖南省内（长沙市除外）； 3. 京津冀地区； 4. 其他区域； 5. 西部省份； 6. 长三角区域； 7. 长沙市内； 8. 中部省份（湖南省除外）； 9. 珠三角区域。
Q4	贵单位职工总人数［必答题］［单选题］	1. 1-99 人； 2. 100—499 人； 3. 500—999 人； 4. 1000—4999 人； 5. 5000—9999 人； 6. 10000—49999 人； 7. 50000—99999 人； 8. 100000 人及以上。

续表

Q5	贵单位属于［必答题］［单选题］	1. 党政机关（包括部队单位）; 2. 高等教育单位; 3. 中初教育单位; 4. 医疗卫生单位; 5. 其他事业单位; 6. 国有企业; 7. 外（合）资企业; 8. 民（私）营企业; 9. 股份制企业; 10. 其他。
Q6	贵单位所属行业［必答题］［单选题］	1. 农、林、牧、渔业; 2. 采矿业; 3. 制造业; 4. 电力、热力、燃气及水生产和供应业; 5. 建筑业; 6. 批发和零售业; 7. 交通运输、仓储和邮政业; 8. 住宿和餐饮业; 9. 信息传输、软件和信息技术服务业; 10. 金融业; 11. 房地产业; 12. 租赁和商务服务业; 13. 科学研究和技术服务业; 14. 水利、环境和公共设施管理业; 15. 居民服务、修理和其他服务业; 16. 教育; 17. 卫生和社会工作; 18. 文化、体育和娱乐业; 19. 公共管理、社会保障和社会组织; 20. 国际组织; 21. 军队。
Q7	贵单位预计未来三年对应届毕业生招聘需求量?［必答题］［单选题］	1. 大幅减少; 2. 小幅减少; 3. 与往年持平; 4. 小幅增加; 5. 大幅增加。

续表

Q8	贵单位主要通过何种渠道招聘应届高校毕业生？［必答题］［多选题］	1. 校园宣讲会； 2. 校园双选会； 3. 学校官网发布招聘信息； 4. 通过单位网站发布招聘信息； 5. 各类招聘网站； 6. 公众号等新媒体； 7. 政府/社会组织的人才招聘活动； 8. 在实习（见习）中选拔； 9. 定向（订单）培养； 10. 内推； 11. 学校老师推荐； 12. 其他。
Q9	贵单位在招聘该校应届毕业生的过程中遇到了哪些困难？［必答题］［多选题］	1. 没有什么困难（互斥）； 2. 毕业生求职意愿低； 3. 符合岗位要求的应聘者少； 4. 求职人员面试的到约率低； 5. 谈好的候选人拒绝入职； 6. 求职人员期望薪资与能力不符； 7. 招聘成本增加。
Q10	贵单位招聘应届高校毕业生的薪酬待遇（税前）是？［必答题］［单选题］	1. 2000 元及以下；2. 2001—3000 元；3. 3001—4000 元； 4. 4001—5000 元；5. 5001—7000 元；6. 7001—10000 元； 7. 10001—15000 元；8. 15001—20000 元；9. 20001 元—30000 元； 10. 30000 元以上。
Q11	贵单位招聘高校毕业生时关注专业对口问题吗？［必答题］［单选题］	1. 一点也不关注；2. 不太关注；3. 一般；4. 比较关注；5. 非常关注。
Q12	贵单位认为应届高校毕业生平均需要多长时间来适应当前工作岗位？［必答题］［单选题］	1. 1 个月以内； 2. 1—3 个月； 3. 3—6 个月； 4. 6 个月—1 年； 5. 1 年以上。
Q13	贵单位录用的应届高校毕业生从入职到成长为中层骨干人员大约需要多长时间？［必答题］［单选题］	1. 1 年以内；2. 1—3 年，3. 3—5 年；4. 5—10 年；5. 10 年以上； 6. 不在本单位内培养。

续表

Q14	贵单位录用的应届高校毕业生在一年内离职的概率有多大？［必答题］［单选题］	1. 非常大；2. 比较大；3. 一般；4. 比较小；5. 基本没有。
Q15	毕业生离职的原因主要是？［必答题］［单选题］	1. 不能胜任或违反合同被解聘； 2. 公司经营局限被解聘； 3. 劳动合同期满，不再续约； 4. 毕业生主动离职。
Q16	贵单位吸引高校毕业生的主要因素是？［必答题］［多选题］	1. 社会声望；2. 薪酬水平；3. 社会保障与福利；4. 工作稳定度；5. 个人发展空间；6. 地理位置；7. 工作环境；8. 学习培训；9. 企业文化；10. 人际关系；11. 其他。
Q17	贵单位录用毕业生时哪些因素最为看重？［必答题］［多选题］	1. 综合素质；2. 社会适应能力；3. 社会关系；4. 人品素质、忠诚度、责任心；5. 毕业院校；6. 学历层次；7. 所学专业；8. 学习成绩；9. 是否学生干部；10. 获奖证书；11. 工作/实习/兼职经历；12. 项目经验；13. 作品展示；14. 培训经历；15. 户籍；16. 身体素质；17. 其他。
Q18	贵单位认为该校毕业生在求职应聘中哪些方面还有待提高？［必答题］［多选题］	1. 求职技巧；2. 面试礼仪；3. 简历制作；4. 着装礼仪；5. 临场反应；6. 职业素养；7. 对应聘单位的了解准备；8. 表达沟通；9. 群体选拔；10. 其他。
Q19	贵单位对该校毕业生的整体满意度如何？［必答题］［单选题］	1. 非常满意；2. 满意；3. 比较满意；4. 不太满意；5. 不满意。
Q20	贵单位对该校毕业生的政治思想觉悟与职业素养满意度是？［必答题］［单选题］	1. 非常满意；2. 满意；3. 比较满意；4. 不太满意；5. 不满意。
Q21	贵单位认为该校毕业生在政治思想觉悟与职业素养方面最值得肯定的地方是？［必答题］［单选题］	1. 政治思想觉悟与表现（爱国奉献、爱岗敬业、诚信友善）； 2. 责任心和担当精神； 3. 主动性和进取精神； 4. 开拓创新精神； 5. 应对压力挫折表现。

续表

Q22	贵单位对该校毕业生的工作态度表现评价如何？［必答题］［单选题］	1. 非常满意；2. 满意；3. 比较满意；4. 不太满意；5. 不满意。
Q23	贵单位认为该校毕业生在工作态度方面最值得肯定的地方是？［必答题］［单选题］	1. 对工作的忠诚度和认同感； 2. 责任心和勇于担当的精神； 3. 积极主动、进取心； 4. 乐于奉献、关心他人； 5. 勇于开拓创新。
Q24	贵单位对该校毕业生的专业水平评价如何？［必答题］［单选题］	1. 非常满意；2. 满意；3. 比较满意；4. 不太满意；5. 不满意。
Q25	贵单位认为该校毕业生在专业水平方面最值得肯定的地方是？［必答题］［单选题］	1. 理论知识；2. 专业知识；3. 专业技能；4. 知识技能适应时代的程度；5. 跨学科思维；6. 国际视野。
Q26	贵单位对该校毕业生的职业能力评价如何？［必答题］［单选题］	1. 非常满意；2. 满意；3. 比较满意；4. 不太满意；5. 不满意。
Q27	贵单位对该校毕业生八项职业能力水平表现打分如何？（5 分非常高，4 分较高，3 分一般，2 分较低，1 分非常低）［必答题］［组合题］	1. 个人基本素养（有毅力，有专注力，有自信心，有社交能力，自律能力，诚实守信）：5 分；4 分；3 分；2 分；1 分。 2. 听说读写算能力（阅读理解能力，写作能力，数学思维能力，倾听能力，口头表达能力）：5 分；4 分；3 分；2 分；1 分。 3. 科学思维能力（创造性思维能力，决策力，想象力，执行力，学习能力，推理能力）：5 分；4 分；3 分；2 分；1 分。 4. 人际合作能力（团队精神，服务意识，在团队中有领导能力、谈判能力和协作能力）：5 分；4 分；3 分；2 分；1 分。 5. 资源统筹能力（对人力、物力、财力、时间等统筹分配能力）：5 分；4 分；3 分；2 分；1 分。 6. 科技应用能力［选择合理科学技术手段（设备、软件、方法等）有效解决实际问题的能力］：5 分；4 分；3 分；2 分；1 分。 7. 信息获取及使用能力（及时有效获取并利用信息解决问题的能力）：5 分；4 分；3 分；2 分；1 分。 8. 系统思维及运作能力（准确认知、把握复杂问题，综合运用各种知识、技能、资源解决问题，并在过程中积累经验加以改进的能力）：5 分；4 分；3 分；2 分；1 分。

续表

Q28	贵单位对该校毕业生的职业发展潜力评价如何？[必答题][单选题]	1. 非常有潜力；2. 比较有潜力；3. 潜力一般；4. 潜力较弱；5. 没有潜力。
Q29	贵单位决定今年在该校进行招聘的主要原因是？[必答题][多选题]	1. 毕业生充足，容易招到人； 2. 学生综合素质高； 3. 地理位置； 4. 跟学校有过合作； 5. 学校的声誉和水平； 6. 业务与学校的重点专业相关； 7. 单位员工推荐； 8. 其他。
Q30	贵单位对该校人才培养工作的满意度如何？[必答题][单选题]	1. 非常满意；2. 满意；3. 比较满意；4. 不太满意；5. 不满意。
Q31	贵单位认为该校应重点在哪方面加强对学生的培养？[必答题][多选题]	1. 专业知识的传授； 2. 职业素质的培养； 3. 交际能力的培养； 4. 表达能力的培养； 5. 团队协作能力的培养； 6. 创新能力的培养； 7. 思维拓展的训练； 8. 实践能力的锻炼； 9. 身体素质的加强； 10. 其他。
Q32	贵单位对该校招聘服务和就业指导服务的整体满意度如何？[必答题][单选题]	1. 非常满意；2. 满意；3. 比较满意；4. 不太满意；5. 不满意。
Q33	贵单位对该校以下就业服务作的评价如何？[必答题][组合题]	1. 招聘会统筹组织：5 分；4 分；3 分；2 分；1 分。 2. 就业网站建设及信息服务：5 分；4 分；3 分；2 分；1 分。 3. 档案管理及转递：5 分；4 分；3 分；2 分；1 分。 4. 招聘场地安排对接：5 分；4 分；3 分；2 分；1 分。 5. 组织毕业生参加招聘响应程度：5 分；4 分；3 分；2 分；1 分。 6. 个性化服务：5 分；4 分；3 分；2 分；1 分。

续表

Q34	贵单位认为该校在就业服务方面亟需改进的是？［必答题］［多选题］	1. 增加校园招聘会场次； 2. 及时更新发布招聘信息； 3. 加强毕业生就业指导； 4. 加大对毕业生的推荐力度； 5. 提高就业指导教师的专业水平； 6. 及时办理毕业生就业手续； 7. 加强校企沟通； 8. 开展校企活动； 9. 拓宽服务项目； 10. 改进招聘硬件设施； 11. 其他。
Q35	用人单位对学校人才培养的改进建议是？［必答题］［多选题］	1. 加强校企合作； 2. 注重创新能力培养； 3. 注重技能型人才培养； 4. 注重通用型人才培养； 5. 注重国际化人才培养； 6. 强化专业实践环节； 7. 调整专业适应社会需要； 8. 其他。
Q36	贵单位未来聘用该校毕业生的意愿？［必答题］［单选题］	1. 非常愿意；2. 愿意；3. 比较愿意；4. 不太愿意；5. 不愿意。
Q37	贵单位对该校的其他建议？［必答题］［填空题］	

本调查问卷到此结束，非常感谢您的支持与配合，祝您工作顺利，贵单位事业蒸蒸日上！

附件二

专业大类就业基本情况

一、高职专科专业大类

学科大类	专业大类	毕业人数（人）	就业人数（人）	毕业去向落实率（%）	国内升学率（%）	创业率（%）
农林牧渔大类	渔业类	109	105	96.33	0.00	1.83
	农业类	1706	1534	89.92	2.46	5.39
	畜牧业类	3366	2902	86.22	0.68	4.16
	林业类	1443	1242	86.07	0.35	12.54
资源环境与安全大类	环境保护类	1693	1539	90.90	0.89	9.51
	测绘地理信息类	1126	1014	90.05	0.44	13.23
	地质类	263	234	88.97	1.90	7.98
	资源勘查类	163	145	88.96	0.00	8.59
	金属与非金属矿类	232	205	88.36	0.00	7.33
	安全类	1068	913	85.49	0.75	5.06
	石油与天然气类	48	40	83.33	0.00	2.08
装备制造大类	船舶与海洋工程装备类	114	112	98.25	0.88	0.88
	轨道装备类	183	172	93.99	0.55	4.92
	航空装备类	3359	3112	92.65	0.42	3.39
	汽车制造类	5473	4994	91.25	0.57	3.93
	机械设计制造类	8758	7917	90.40	0.48	5.78
	自动化类	14383	12981	90.25	0.42	5.33
	机电设备类	1497	1338	89.38	0.40	4.81

续表

学科大类	专业大类	毕业人数（人）	就业人数（人）	毕业去向落实率（%）	国内升学率（%）	创业率（%）
能源动力与材料大类	电力技术类	1611	1505	93.42	0.06	4.97
	非金属材料类	361	332	91.97	0.28	26.59
	有色金属材料类	437	400	91.53	0.23	4.12
	热能与发电工程类	246	219	89.02	0.41	10.16
	新能源发电工程类	433	385	88.91	0.00	9.47
	建筑材料类	68	57	83.82	0.00	16.18
土木建筑大类	建筑设备类	1087	1019	93.74	0.46	6.07
	市政工程类	482	447	92.74	0.21	8.51
	房地产类	163	150	92.02	0.61	5.52
	建筑设计类	4440	4025	90.65	0.47	7.14
	建设工程管理类	5982	5286	88.37	0.64	12.96
	土建施工类	5420	4674	86.24	0.87	7.34
	城乡规划与管理类	59	45	76.27	0.00	30.51
水利大类	水土保持与水环境类	30	30	100.00	0.00	0.00
	水文水资源类	46	42	91.30	0.00	0.00
	水利工程与管理类	894	815	91.16	0.78	10.29
生物与化工大类	化工技术类	2309	2102	91.04	0.22	3.42
	生物技术类	168	140	83.33	0.60	4.76
轻工纺织大类	轻化工类	168	161	95.83	0.60	2.38
	印刷类	69	66	95.65	2.90	0.00
	包装类	57	53	92.98	0.00	19.30
食品药品与粮食大类	粮食类	27	26	96.30	3.70	0.00
	药品与医疗器械类	2519	2241	88.96	0.40	4.13
	食品类	746	660	88.47	0.27	5.23
交通运输大类	铁道运输类	7591	7084	93.32	0.11	2.34
	航空运输类	3443	3188	92.59	0.52	5.81
	水上运输类	172	155	90.12	0.58	11.05
	道路运输类	5965	5283	88.57	0.74	6.59
	邮政类	159	131	82.39	0.00	6.29

续表

学科大类	专业大类	毕业人数（人）	就业人数（人）	毕业去向落实率（%）	国内升学率（%）	创业率（%）
医药卫生大类	眼视光类	396	375	94. 70	0. 25	9. 60
	药学类	4204	3796	90. 29	0. 31	9. 02
	康复治疗类	1505	1335	88. 70	0. 33	14. 22
	中医药类	3851	3406	88. 44	0. 23	7. 01
	护理类	14882	12984	87. 25	0. 36	15. 35
	医学技术类	4164	3611	86. 72	0. 24	9. 73
	健康管理与促进类	2315	1971	85. 14	0. 48	3. 71
	临床医学类	4850	4013	82. 74	0. 06	6. 39
	公共卫生与卫生管理类	583	478	81. 99	0. 17	6. 86
财经商贸大类	统计类	103	96	93. 20	0. 97	14. 56
	财政税务类	71	65	91. 55	0. 00	11. 27
	经济贸易类	1610	1471	91. 37	1. 12	13. 66
	工商管理类	4378	3976	90. 82	1. 19	8. 38
	金融类	2067	1867	90. 32	0. 77	16. 06
	财务会计类	15322	13823	90. 22	0. 54	12. 07
	电子商务类	9675	8669	89. 60	1. 13	7. 25
	物流类	3193	2828	88. 57	0. 53	7. 08
旅游大类	餐饮类	807	748	92. 69	0. 37	2. 85
	旅游类	4685	4145	88. 47	0. 55	8. 24
文化艺术大类	艺术设计类	11391	10130	88. 93	0. 24	11. 20
	表演艺术类	1996	1770	88. 68	0. 75	25. 10
	文化服务类	231	203	87. 88	0. 00	7. 79
新闻传播大类	广播影视类	1594	1426	89. 46	0. 63	17. 25
	新闻出版类	169	149	88. 17	0. 00	14. 79
教育与体育大类	语言类	5341	4818	90. 21	0. 41	16. 01
	教育类	25816	22804	88. 33	0. 14	7. 13
	体育类	1461	1290	88. 30	0. 55	9. 24
公安与司法大类	司法技术类	315	256	81. 27	0. 32	12. 06
	法律执行类	526	421	80. 04	0. 19	19. 58
	法律实务类	397	305	76. 83	0. 25	36. 78
	公安技术类	1	0	0. 00	0. 00	0. 00

续表

学科大类	专业大类	毕业人数（人）	就业人数（人）	毕业去向落实率（%）	国内升学率（%）	创业率（%）
公共管理与服务大类	公共管理类	1599	1464	91.56	0.44	13.01
	文秘类	255	232	90.98	0.39	5.49
	公共服务类	992	891	89.82	0.71	5.85
	公共事业类	583	523	89.71	0.17	14.75
电子与信息大类	集成电路类	46	46	100.00	0.00	2.17
	通信类	1469	1346	91.63	1.23	8.24
	电子信息类	5533	4969	89.81	0.54	9.07
	计算机类	28064	25175	89.71	0.60	9.92

二、本科学科门类

学科门类	专业大类	毕业人数（人）	就业人数（人）	毕业去向落实率（%）	国内升学率（%）	创业率（%）
农学	草学类	25	24	96.00	0.00	68.00
	自然保护与环境生态类	111	102	91.89	0.00	66.67
	植物生产类	1090	990	90.83	0.37	42.39
	水产类	222	201	90.54	0.00	33.78
	动物医学类	308	270	87.66	0.00	41.23
	林学类	803	703	87.55	0.37	32.25
	动物生产类	294	245	83.33	0.00	36.73
医学	基础医学类	24	24	100.00	0.00	79.17
	中西医结合类	364	323	88.74	0.00	35.16
	中医学类	2093	1839	87.86	0.05	31.53
	口腔医学类	972	835	85.91	0.00	13.68
	公共卫生与预防医学类	507	434	85.60	0.00	42.21
	法医学类	20	17	85.00	0.00	45.00
	药学类	1744	1476	84.63	0.29	24.37
	临床医学类	6494	5467	84.19	0.05	32.75
	中药学类	529	443	83.74	0.19	24.39
	护理学类	5033	4141	82.28	0.08	4.03
	医学技术类	2952	2409	81.61	0.10	11.45
历史学	历史学类	1027	919	89.48	0.00	12.07

续表

学科门类	专业大类	毕业人数（人）	就业人数（人）	毕业去向落实率（%）	国内升学率（%）	创业率（%）
哲学	哲学类	117	94	80. 34	0. 00	40. 17
工学	海洋工程类	31	31	100. 00	0. 00	22. 58
	公安技术类	386	379	98. 19	0. 00	4. 15
	农业工程类	48	46	95. 83	0. 00	39. 58
	纺织类	201	191	95. 02	1. 00	23. 88
	矿业类	365	340	93. 15	0. 00	32. 33
	水利类	613	562	91. 68	0. 16	21. 53
	力学类	260	236	90. 77	0. 00	41. 92
	核工程类	420	381	90. 71	0. 00	33. 81
	仪器类	328	294	89. 63	0. 00	31. 10
	电气类	3850	3437	89. 27	0. 10	14. 47
	自动化类	2946	2630	89. 27	0. 61	23. 01
	能源动力类	1221	1089	89. 19	0. 08	23. 75
	航空航天类	83	74	89. 16	0. 00	67. 47
	安全科学与工程类	827	737	89. 12	0. 12	26. 24
	材料类	3757	3343	88. 98	0. 16	39. 34
	机械类	9806	8709	88. 81	0. 21	17. 77
	地质类	247	218	88. 26	0. 00	41. 70
	生物医学工程类	167	146	87. 43	0. 00	39. 52
	林业工程类	204	178	87. 25	0. 49	31. 86
	土木类	8167	7109	87. 05	0. 21	19. 36
	环境科学与工程类	1656	1430	86. 35	0. 36	32. 61
	测绘类	500	431	86. 20	0. 00	24. 80
	兵器类	57	49	85. 96	0. 00	49. 12
	电子信息类	9885	8495	85. 94	0. 36	19. 13
	化工与制药类	2148	1845	85. 89	0. 19	29. 47
	生物工程类	801	682	85. 14	0. 25	38. 95
	轻工类	451	381	84. 48	0. 67	20. 40
	食品科学与工程类	1297	1093	84. 27	0. 31	31. 38
	建筑类	2283	1921	84. 14	0. 83	22. 47
	计算机类	18129	15174	83. 70	0. 49	9. 96
	交通运输类	695	575	82. 73	0. 14	29. 64

续表

学科门类	专业大类	毕业人数（人）	就业人数（人）	毕业去向落实率（%）	国内升学率（%）	创业率（%）
教育学	教育学类	3598	3203	89. 02	0. 19	8. 87
	体育学类	4696	4093	87. 16	1. 11	9. 14
文学	外国语言文学类	12188	10430	85. 58	0. 17	10. 31
	新闻传播学类	3142	2685	85. 46	0. 38	12. 48
	中国语言文学类	8433	6974	82. 70	0. 12	8. 64
法学	公安学类	398	393	98. 74	0. 00	0. 75
	马克思主义理论类	1515	1377	90. 89	0. 00	17. 89
	政治学类	60	54	90. 00	0. 00	30. 00
	社会学类	779	669	85. 88	1. 41	11. 42
	法学类	5344	4302	80. 50	0. 15	11. 58
理学	物理学类	2217	2042	92. 11	0. 05	22. 15
	地理科学类	1509	1356	89. 86	0. 20	15. 51
	生物科学类	2545	2283	89. 71	0. 04	26. 76
	化学类	2866	2560	89. 32	0. 07	26. 13
	地球物理学类	70	62	88. 57	0. 00	48. 57
	数学类	5594	4917	87. 90	0. 21	11. 91
	统计学类	610	528	86. 56	0. 16	27. 05
	心理学类	773	651	84. 22	0. 65	12. 42
	大气科学类	39	28	71. 79	0. 00	69. 23
管理学	公共管理类	2129	1834	86. 14	0. 70	15. 31
	图书情报与档案管理类	91	88	96. 70	0. 00	31. 87
	工业工程类	259	234	90. 35	0. 00	18. 92
	电子商务类	2117	1901	89. 80	1. 37	5. 72
	管理科学与工程类	3317	2889	87. 10	0. 48	12. 15
	物流管理与工程类	1627	1395	85. 74	0. 37	9. 22
	旅游管理类	3272	2787	85. 18	0. 46	7. 79
	工商管理类	19185	16152	84. 19	1. 01	7. 26
	农业经济管理类	287	237	82. 58	0. 00	18. 47
经济学	经济与贸易类	3521	3012	85. 54	0. 48	8. 95
	财政学类	285	261	91. 58	0. 00	17. 89
	金融学类	4821	4042	83. 84	0. 58	12. 45
	经济学类	1225	1019	83. 18	0. 41	17. 55

续表

学科门类	专业大类	毕业人数（人）	就业人数（人）	毕业去向落实率（%）	国内升学率（%）	创业率（%）
艺术学	戏剧与影视学类	1832	1561	85. 21	1. 36	6. 28
	设计学类	11115	9456	85. 07	0. 97	4. 54
	美术学类	2032	1722	84. 74	0. 54	5. 17
	音乐与舞蹈学类	6460	5429	84. 04	1. 08	4. 89

三、研究生学科门类

学科门类	专业	毕业人数（人）	就业人数（人）	毕业去向落实率（%）	国内升学率（%）	创业率（%）
农学	作物栽培学与耕作学	1	1	100. 00	0. 00	0. 00
	作物遗传育种	1	1	100. 00	0. 00	0. 00
	农业昆虫与害虫防治	1	1	100. 00	0. 00	0. 00
	农业环境保护	1	1	100. 00	0. 00	0. 00
	农业资源与环境	23	23	100. 00	0. 00	4. 35
	园林植物与观赏园艺	1	1	100. 00	0. 00	0. 00
	园艺产品采后科学与技术	1	1	100. 00	0. 00	0. 00
	森林培育	2	2	100. 00	0. 00	0. 00
	植物病理学	1	1	100. 00	0. 00	0. 00
	植物营养学	1	1	100. 00	0. 00	0. 00
	水产	14	14	100. 00	0. 00	21. 43
	水土保持与荒漠化防治	1	1	100. 00	0. 00	0. 00
	渔业发展	17	17	100. 00	0. 00	5. 88
	经济林	1	1	100. 00	0. 00	0. 00
	茶学	1	1	100. 00	0. 00	0. 00
	农村发展	197	194	98. 48	1. 02	1. 02
	农业工程与信息技术	112	107	95. 54	0. 00	5. 36
	食品加工与安全	148	138	93. 24	0. 00	4. 73
	畜牧	55	51	92. 73	0. 00	5. 45
	资源利用与植物保护	167	154	92. 22	0. 60	3. 59
	兽医学	50	46	92. 00	0. 00	12. 00
	植物保护	37	34	91. 89	0. 00	8. 11
	农艺与种业	204	183	89. 71	0. 49	5. 39

续表

学科门类	专业	毕业人数（人）	就业人数（人）	毕业去向落实率（%）	国内升学率（%）	创业率（%）
农学	兽医	86	76	88.37	0.00	1.16
	畜牧学	65	57	87.69	0.00	7.69
	风景园林	126	107	84.92	0.00	0.79
	农业管理	205	174	84.88	1.46	1.46
	作物学	116	98	84.48	0.00	11.21
	园艺学	103	86	83.50	0.00	11.65
	林学	117	90	76.92	0.00	7.69
	林业	62	46	74.19	1.61	6.45
	风景园林学	11	8	72.73	0.00	18.18
	草学	2	1	50.00	0.00	50.00
	果树学	4	1	25.00	0.00	0.00
医学	中医五官科学	36	36	100.00	0.00	30.56
	中医儿科学	21	21	100.00	0.00	9.52
	中医医史文献	2	2	100.00	0.00	0.00
	中医基础理论	7	7	100.00	0.00	14.29
	中医心理学	3	3	100.00	0.00	33.33
	中医文化学	3	3	100.00	0.00	0.00
	中医管理学	1	1	100.00	0.00	0.00
	中医肿瘤学	1	1	100.00	0.00	100.00
	临床心理学	2	2	100.00	0.00	0.00
	人体解剖与组织胚胎学	10	10	100.00	0.00	10.00
	全科医学（中医，不授博士学位）	3	3	100.00	0.00	0.00
	医药经济与管理	1	1	100.00	0.00	0.00
	口腔整形美容学	3	3	100.00	0.00	0.00
	干细胞与再生医学	2	2	100.00	0.00	0.00
	方剂学	4	4	100.00	0.00	50.00
	法医学	6	6	100.00	0.00	16.67
	生殖医学	2	2	100.00	0.00	0.00
	社会医学与卫生事业管理	1	1	100.00	0.00	0.00
	重症医学	6	6	100.00	0.00	16.67
	中医骨伤科学	91	90	98.90	1.10	5.49

续表

学科门类	专业	毕业人数（人）	就业人数（人）	毕业去向落实率（%）	国内升学率（%）	创业率（%）
医学	护理	255	251	98.43	0.00	3.14
	针灸推拿学	91	89	97.80	1.10	10.99
	中医诊断学	40	39	97.50	0.00	30.00
	病理学与病理生理学	80	78	97.50	0.00	21.25
	临床药学	34	33	97.06	0.00	26.47
	麻醉学	53	51	96.23	0.00	15.09
	中医妇科学	25	24	96.00	0.00	12.00
	精神病与精神卫生学	46	44	95.65	0.00	28.26
	儿科学	56	53	94.64	0.00	14.29
	中西医结合临床	109	103	94.50	0.00	6.42
	妇产科学	18	17	94.44	0.00	27.78
	超声医学	17	16	94.12	0.00	0.00
	基础医学	80	75	93.75	0.00	15.00
	护理学	80	75	93.75	0.00	7.50
	病原生物学	29	27	93.10	0.00	13.79
	运动医学	29	27	93.10	0.00	13.79
	临床医学	705	651	92.34	0.00	2.84
	中西医结合基础	13	12	92.31	0.00	7.69
	中药学	75	69	92.00	0.00	10.67
	放射影像学	34	31	91.18	0.00	11.76
	影像医学与核医学	45	41	91.11	0.00	20.00
	中医内科学	267	242	90.64	0.37	11.99
	中医外科学	91	82	90.11	0.00	5.49
	公共卫生与预防医学	70	63	90.00	0.00	2.86
	医药信息管理	10	9	90.00	0.00	0.00
	口腔医学	108	97	89.81	0.00	15.74
	流行病与卫生统计学	29	26	89.66	0.00	17.24
	耳鼻咽喉科学	19	17	89.47	0.00	21.05
	急诊医学	28	25	89.29	0.00	14.29
	康复医学与理疗学	18	16	88.89	0.00	5.56
	内科学	379	334	88.13	0.26	20.58
	免疫学	24	21	87.50	0.00	8.33

续表

学科门类	专业	毕业人数（人）	就业人数（人）	毕业去向落实率（%）	国内升学率（%）	创业率（%）
医学	皮肤病与性病学	71	62	87.32	0.00	30.99
	肿瘤学	111	96	86.49	0.90	23.42
	神经病学	81	70	86.42	0.00	18.52
	临床检验诊断学	79	68	86.08	0.00	5.06
	药学	283	243	85.87	0.00	12.37
	中医临床基础	14	12	85.71	0.00	7.14
	外科学	190	161	84.74	0.00	16.84
	中医亚健康学	6	5	83.33	0.00	0.00
	中西医结合治疗学	12	10	83.33	0.00	25.00
	中医药信息学	5	4	80.00	0.00	0.00
	中医药膳学	5	4	80.00	0.00	0.00
	公共卫生	115	92	80.00	0.00	0.87
	核医学	5	4	80.00	0.00	20.00
	放射肿瘤学	9	7	77.78	0.00	11.11
	老年医学	31	24	77.42	0.00	19.35
	眼科学	194	148	76.29	0.00	18.56
	药物分析学	7	5	71.43	0.00	28.57
	药理学	16	11	68.75	0.00	0.00
	临床遗传学	4	2	50.00	0.00	0.00
历史学	世界史	14	14	100.00	0.00	35.71
	中国近现代史	1	1	100.00	0.00	0.00
	中国史	139	133	95.68	0.00	10.07
	文物与博物馆	22	18	81.82	0.00	4.55
哲学	中国哲学	1	1	100.00	0.00	0.00
	人类文化遗产学	7	7	100.00	0.00	0.00
	伦理学	7	7	100.00	0.00	0.00
	艺术哲学	5	5	100.00	0.00	0.00
	马克思主义哲学	12	11	91.67	0.00	8.33
	哲学	219	190	86.76	0.00	15.53
	科学技术哲学	4	3	75.00	0.00	0.00

续表

学科门类	专业	毕业人数（人）	就业人数（人）	毕业去向落实率（%）	国内升学率（%）	创业率（%）
工学	交通运输规划与管理	1	1	100.00	0.00	0.00
	供热、供燃气、通风及空调工程	8	8	100.00	0.00	12.50
	信号与信息处理	4	4	100.00	0.00	0.00
	先进制造	13	13	100.00	0.00	0.00
	光电信息工程	11	11	100.00	0.00	27.27
	动力工程	4	4	100.00	0.00	50.00
	包装工程	5	5	100.00	0.00	0.00
	化学工程	3	3	100.00	0.00	0.00
	国土资源信息工程	1	1	100.00	0.00	0.00
	地图制图学与地理信息工程	1	1	100.00	0.00	0.00
	地球探测与信息技术	13	13	100.00	0.00	7.69
	城市地下空间工程	5	5	100.00	0.00	60.00
	城市规划	43	43	100.00	0.00	11.63
	家具与室内设计工程	1	1	100.00	0.00	0.00
	工业设计工程	13	13	100.00	0.00	7.69
	应用化学	1	1	100.00	0.00	0.00
	机器人工程	11	11	100.00	0.00	9.09
	机械设计及理论	3	3	100.00	0.00	0.00
	材料冶金	2	2	100.00	0.00	0.00
	核技术及应用	1	1	100.00	0.00	0.00
	核科学与技术	42	42	100.00	0.00	14.29
	核能工程	3	3	100.00	0.00	0.00
	森林食品加工与利用	1	1	100.00	0.00	0.00
	水利水电工程	1	1	100.00	0.00	0.00
	水文学及水资源	2	2	100.00	0.00	0.00
	消防工程	15	15	100.00	0.00	0.00
	港口、海岸及近海工程	1	1	100.00	0.00	0.00
	生物医学工程	4	4	100.00	0.00	25.00
	生物技术与工程	8	8	100.00	0.00	25.00
	电子与信息	1	1	100.00	0.00	0.00
	电子与通信工程	1	1	100.00	0.00	0.00
	矿物加工工程	6	6	100.00	0.00	0.00

续表

学科门类	专业	毕业人数（人）	就业人数（人）	毕业去向落实率（%）	国内升学率（%）	创业率（%）
工学	网络与信息安全	5	5	100.00	0.00	0.00
	能源与环保	6	6	100.00	0.00	0.00
	航天工程	1	1	100.00	0.00	0.00
	航空发动机工程	1	1	100.00	0.00	0.00
	航空宇航推进理论与工程	12	12	100.00	0.00	0.00
	航空工程	2	2	100.00	0.00	0.00
	车辆工程	2	2	100.00	0.00	0.00
	轨道交通运输	1	1	100.00	0.00	0.00
	通信工程（含宽带网络、移动通信等）	32	32	100.00	0.00	18.75
	道路交通运输	1	1	100.00	0.00	0.00
	项目管理	1	1	100.00	0.00	0.00
	电气工程	625	621	99.36	0.00	3.04
	动力工程及工程热物理	80	79	98.75	0.00	7.50
	水利工程	101	99	98.02	0.00	4.95
	人工智能	94	92	97.87	0.00	7.45
	能源动力	299	291	97.32	0.00	7.69
	城乡规划学	34	33	97.06	0.00	5.88
	矿业工程	150	145	96.67	0.00	17.33
	农业工程	29	28	96.55	3.45	6.90
	交通运输	213	205	96.24	0.00	10.80
	机械	856	822	96.03	0.00	7.48
	道路与铁道工程	50	48	96.00	0.00	4.00
	化学工程与技术	227	217	95.59	0.00	10.13
	材料与化工	883	844	95.58	0.11	9.29
	集成电路工程	45	43	95.56	0.00	11.11
	软件工程	227	216	95.15	0.00	7.49
	冶金工程	60	57	95.00	0.00	25.00
	土木水利	398	378	94.97	0.25	6.28
	计算机技术	694	658	94.81	0.29	3.89
	新一代电子信息技术（含量子技术等）	75	71	94.67	0.00	21.33
	机械工程	498	471	94.58	0.00	9.44

续表

学科门类	专业	毕业人数（人）	就业人数（人）	毕业去向落实率（%）	国内升学率（%）	创业率（%）
工学	控制理论与控制工程	18	17	94.44	0.00	5.56
	电子科学与技术	171	161	94.15	0.58	8.77
	土木工程规划与管理	16	15	93.75	0.00	0.00
	通信与信息系统	15	14	93.33	0.00	0.00
	地质工程	29	27	93.10	0.00	13.79
	材料科学与工程	512	475	92.77	0.00	11.52
	地质资源与地质工程	69	64	92.75	0.00	20.29
	建筑学	108	100	92.59	0.00	4.63
	控制工程	40	37	92.50	0.00	5.00
	控制科学与工程	225	208	92.44	0.00	4.89
	电子信息	713	659	92.43	0.14	8.27
	安全工程	50	46	92.00	0.00	6.00
	食品科学与工程	74	68	91.89	0.00	12.16
	土木工程	1067	980	91.85	0.09	6.37
	交通运输工程	196	179	91.33	0.00	9.18
	资源与环境	331	302	91.24	0.30	13.60
	信息与通信工程	181	165	91.16	0.55	14.92
	计算机科学与技术	348	317	91.09	0.00	6.61
	仪器科学与技术	11	10	90.91	0.00	9.09
	安全科学与工程	63	57	90.48	0.00	15.87
	材料工程	61	55	90.16	0.00	3.28
	管理科学与工程	50	45	90.00	0.00	8.00
	环境工程	85	76	89.41	1.18	4.71
	力学	92	82	89.13	0.00	15.22
	材料加工工程	9	8	88.89	0.00	0.00
	环境科学与工程	195	173	88.72	0.00	12.31
	林业工程	44	39	88.64	0.00	2.27
	生物与医药	214	189	88.32	0.93	7.48
	市政工程（含给排水等）	42	37	88.10	0.00	2.38
	岩土工程	15	13	86.67	0.00	6.67
	测绘工程	52	45	86.54	0.00	15.38
	食品工程	7	6	85.71	0.00	0.00

续表

学科门类	专业	毕业人数（人）	就业人数（人）	毕业去向落实率（%）	国内升学率（%）	创业率（%）
工学	材料学	34	29	85.29	0.00	2.94
	冶金物理化学	13	11	84.62	0.00	15.38
	人居环境设计学	12	10	83.33	0.00	8.33
	人工环境工程（含供热、通风及空调等）	6	5	83.33	0.00	16.67
	土木建筑与规划设计	6	5	83.33	0.00	0.00
	测绘科学与技术	78	64	82.05	0.00	3.85
	风景园林学	31	25	80.65	0.00	3.23
	有色金属冶金	20	16	80.00	0.00	0.00
	钢铁冶金	10	8	80.00	0.00	10.00
	网络空间安全	14	11	78.57	0.00	28.57
	航天动力工程	9	7	77.78	0.00	33.33
	航空宇航科学与技术	46	34	73.91	0.00	8.70
	建筑与土木工程	7	5	71.43	0.00	0.00
	光学工程	27	19	70.37	0.00	18.52
	材料物理与化学	23	16	69.57	0.00	0.00
	冶金环境工程	9	6	66.67	0.00	0.00
	大数据技术与工程	8	5	62.50	0.00	0.00
	采矿工程	5	3	60.00	0.00	0.00
	新能源材料与器件	9	5	55.56	0.00	0.00
	生物工程	2	1	50.00	0.00	0.00
教育学	体育人文社会学	25	25	100.00	0.00	24.00
	基础心理学	1	1	100.00	0.00	0.00
	学校课程与教学	4	4	100.00	0.00	0.00
	学生发展与教育	4	4	100.00	0.00	0.00
	学科教学（体育）	1	1	100.00	0.00	0.00
	学科教学（历史）	38	38	100.00	0.00	0.00
	应用心理学	1	1	100.00	0.00	0.00
	教育	33	33	100.00	0.00	0.00
	教育学原理	12	12	100.00	0.00	16.67
	教育技术学	1	1	100.00	0.00	0.00
	教育领导与管理	2	2	100.00	0.00	0.00

续表

学科门类	专业	毕业人数（人）	就业人数（人）	毕业去向落实率（%）	国内升学率（%）	创业率（%）
教育学	比较教育学	5	5	100. 00	0. 00	0. 00
	民族传统体育学	7	7	100. 00	0. 00	0. 00
	特殊教育	10	10	100. 00	0. 00	0. 00
	社会体育指导	3	3	100. 00	0. 00	0. 00
	职业技术教育学	9	9	100. 00	0. 00	0. 00
	学科教学（语文）	225	222	98. 67	0. 44	0. 44
	汉语国际教育	59	58	98. 31	0. 00	0. 00
	学科教学（数学）	100	98	98. 00	0. 00	1. 00
	学科教学（生物）	38	37	97. 37	0. 00	0. 00
	运动训练	38	37	97. 37	0. 00	0. 00
	学科教学（物理）	61	59	96. 72	0. 00	0. 00
	教育管理	88	85	96. 59	1. 14	0. 00
	学科教学（地理）	53	51	96. 23	0. 00	0. 00
	学科教学（英语）	273	261	95. 60	0. 00	0. 37
	体育学	39	37	94. 87	0. 00	2. 56
	运动人体科学	19	18	94. 74	0. 00	15. 79
	学科教学（化学）	53	50	94. 34	0. 00	0. 00
	体育教学	134	126	94. 03	1. 49	0. 75
	体育	124	116	93. 55	0. 00	0. 00
	教育学	92	86	93. 48	1. 09	16. 30
	体育教育训练学	52	48	92. 31	0. 00	1. 92
	职业技术教育	36	33	91. 67	0. 00	0. 00
	小学教育	141	129	91. 49	0. 00	0. 00
	现代教育技术	41	37	90. 24	0. 00	0. 00
	心理健康教育	82	73	89. 02	2. 44	2. 44
	学科教学（思政）	189	167	88. 36	0. 00	1. 06
	课程与教学论	49	43	87. 76	0. 00	4. 08
	学科教学（音乐）	47	40	85. 11	2. 13	0. 00
	学科教学（美术）	5	4	80. 00	0. 00	0. 00
	心理学	75	60	80. 00	0. 00	10. 67
	高等教育学	15	12	80. 00	0. 00	0. 00
	学前教育学	10	7	70. 00	0. 00	0. 00

续表

学科门类	专业	毕业人数（人）	就业人数（人）	毕业去向落实率（%）	国内升学率（%）	创业率（%）
教育学	学前教育	55	36	65. 45	0. 00	0. 00
	科学与技术教育	11	7	63. 64	0. 00	0. 00
	应用心理	46	28	60. 87	0. 00	4. 35
	教育史	4	2	50. 00	0. 00	25. 00
文学	中国古典文献学	7	7	100. 00	0. 00	42. 86
	俄语笔译	1	1	100. 00	0. 00	0. 00
	德语语言文学	4	4	100. 00	0. 00	0. 00
	日语笔译	3	3	100. 00	0. 00	0. 00
	朝鲜语笔译	4	4	100. 00	0. 00	0. 00
	比较文学与世界文学	17	17	100. 00	0. 00	5. 88
	法语语言文学	5	5	100. 00	0. 00	0. 00
	语言学及应用语言学	17	17	100. 00	0. 00	5. 88
	文化传播与文化产业学	34	33	97. 06	0. 00	5. 88
	中国现当代文学	49	47	95. 92	0. 00	10. 20
	英语口译	21	20	95. 24	0. 00	0. 00
	新闻与传播	318	295	92. 77	0. 00	1. 26
	外国语言学及应用语言学	53	49	92. 45	0. 00	3. 77
	中国语言文学	206	190	92. 23	0. 00	6. 31
	文化传播学	12	11	91. 67	0. 00	8. 33
	英语笔译	176	160	90. 91	0. 00	1. 14
	新闻传播学	103	93	90. 29	0. 00	5. 83
	翻译	189	170	89. 95	0. 00	2. 12
	文艺学	29	26	89. 66	0. 00	10. 34
	汉语言文字学	37	33	89. 19	0. 00	8. 11
	中国古代文学	41	36	87. 80	0. 00	9. 76
	外国语言文学	206	176	85. 44	0. 49	4. 37
	英语语言文学	30	25	83. 33	0. 00	3. 33
	日语语言文学	8	6	75. 00	0. 00	12. 50
	俄语语言文学	3	2	66. 67	0. 00	0. 00

续表

学科门类	专业	毕业人数（人）	就业人数（人）	毕业去向落实率（%）	国内升学率（%）	创业率（%）
法学	中国少数民族经济	3	3	100.00	0.00	0.00
	中国近现代史基本问题研究	1	1	100.00	0.00	0.00
	刑法学	13	13	100.00	0.00	7.69
	卫生法学	2	2	100.00	0.00	0.00
	国际法学	21	21	100.00	0.00	14.29
	政治学理论	4	4	100.00	0.00	0.00
	民族法学	8	8	100.00	0.00	0.00
	法律史	5	5	100.00	0.00	20.00
	经济法学	4	4	100.00	0.00	0.00
	诉讼法学	3	3	100.00	0.00	0.00
	马克思主义基本原理	16	16	100.00	0.00	18.75
	思想政治教育	37	36	97.30	0.00	5.41
	宪法学与行政法学	23	22	95.65	0.00	4.35
	社会学	45	43	95.56	0.00	6.67
	民商法学	20	19	95.00	0.00	5.00
	法律（非法学）	447	416	93.06	0.45	3.13
	环境与资源保护法学	14	13	92.86	0.00	7.14
	法律（法学）	357	324	90.76	0.00	2.80
	马克思主义理论	426	384	90.14	0.00	8.22
	法学	293	259	88.40	0.34	5.80
	科学社会主义与国际共产主义运动	6	5	83.33	0.00	16.67
	社会工作	153	124	81.05	0.00	1.31
	民族学	20	16	80.00	0.00	10.00
	政治学	72	57	79.17	1.39	6.94
	马克思主义中国化研究	22	17	77.27	0.00	9.09
	法学理论	3	2	66.67	0.00	0.00
	中共党史	16	8	50.00	0.00	0.00
	体育管理与体育法制	1	0	0.00	0.00	0.00
理学	产业生态与管理	5	5	100.00	0.00	0.00
	地质学	16	16	100.00	0.00	37.50
	天文学	4	4	100.00	0.00	50.00
	有机化学	2	2	100.00	0.00	0.00

续表

学科门类	专业	毕业人数（人）	就业人数（人）	毕业去向落实率（%）	国内升学率（%）	创业率（%）
理学	林业生态经济与管理	1	1	100. 00	0. 00	0. 00
	植物学	20	20	100. 00	0. 00	5. 00
	物理化学	1	1	100. 00	0. 00	0. 00
	生物医学工程	41	41	100. 00	0. 00	12. 20
	生物医学工程与技术	3	3	100. 00	0. 00	33. 33
	电子科学与技术	31	31	100. 00	0. 00	9. 68
	神经生物学	6	6	100. 00	0. 00	16. 67
	细胞生物学	30	30	100. 00	0. 00	16. 67
	生理学	38	37	97. 37	0. 00	10. 53
	自然地理学	34	33	97. 06	0. 00	14. 71
	发育生物学	29	28	96. 55	0. 00	10. 34
	生物化学与分子生物学	61	58	95. 08	0. 00	9. 84
	化学	726	688	94. 77	0. 28	9. 37
	动物学	14	13	92. 86	0. 00	7. 14
	数学	430	399	92. 79	0. 00	12. 09
	统计学	105	97	92. 38	0. 00	9. 52
	教育技术学	13	12	92. 31	0. 00	0. 00
	凝聚态物理	12	11	91. 67	0. 00	16. 67
	生物学	278	252	90. 65	0. 00	13. 31
	微生物学	31	28	90. 32	0. 00	6. 45
	物理学	286	257	89. 86	0. 00	13. 64
	旅游地理学	33	29	87. 88	0. 00	6. 06
	计算机科学与技术	33	29	87. 88	0. 00	6. 06
	遗传学	65	56	86. 15	0. 00	12. 31
	大气科学	6	5	83. 33	0. 00	0. 00
	生态学	120	98	81. 67	0. 83	5. 00
	人文地理学	46	36	78. 26	0. 00	0. 00
	地理学	27	21	77. 78	0. 00	7. 41
	地图学与地理信息系统	25	19	76. 00	0. 00	12. 00
	系统科学	8	6	75. 00	0. 00	37. 50
	心理学	3	2	66. 67	0. 00	0. 00
	海洋科学	6	4	66. 67	0. 00	33. 33

续表

学科门类	专业	毕业人数（人）	就业人数（人）	毕业去向落实率（%）	国内升学率（%）	创业率（%）
理学	烟草生物科学与工程技术	6	4	66.67	0.00	0.00
	分析化学	2	1	50.00	0.00	0.00
	理论物理	1	0	0.00	0.00	0.00
	生态经济与管理	1	0	0.00	0.00	0.00
管理学	公共信息资源管理	1	1	100.00	100.00	0.00
	农林经济管理	16	16	100.00	0.00	6.25
	技术经济及管理	2	2	100.00	0.00	0.00
	文化产业管理	4	4	100.00	0.00	25.00
	档案学	1	1	100.00	0.00	100.00
	社会医学与卫生事业管理	2	2	100.00	0.00	0.00
	饭店管理	4	4	100.00	0.00	0.00
	工程管理	105	104	99.05	0.00	0.00
	工商管理	1224	1176	96.08	0.98	2.12
	物流工程与管理	56	53	94.64	0.00	3.57
	会计学	134	126	94.03	0.00	4.48
	管理科学与工程	187	171	91.44	0.53	8.56
	会计	836	764	91.39	0.24	1.32
	公共管理	754	688	91.25	0.27	2.79
	企业管理	10	9	90.00	0.00	40.00
	旅游管理	81	72	88.89	0.00	6.17
	图书情报	152	130	85.53	0.66	1.97
	图书情报与档案管理	48	39	81.25	0.00	10.42
	土地资源管理	4	3	75.00	0.00	0.00
	行政管理	16	11	68.75	0.00	0.00
	社会保障	2	0	0.00	0.00	0.00
经济学	世界经济	1	1	100.00	100.00	0.00
	产业经济学	3	3	100.00	0.00	66.67
	人口、资源与环境经济学	1	1	100.00	0.00	0.00
	保险	30	30	100.00	0.00	0.00
	区域经济学	3	3	100.00	0.00	33.33
	国民经济学	4	4	100.00	0.00	25.00
	国际贸易学	3	3	100.00	0.00	33.33

续表

学科门类	专业	毕业人数（人）	就业人数（人）	毕业去向落实率（%）	国内升学率（%）	创业率（%）
经济学	政治经济学	9	9	100.00	0.00	0.00
	数量经济学	2	2	100.00	0.00	50.00
	统计学	9	9	100.00	0.00	0.00
	西方经济学	5	5	100.00	0.00	0.00
	财政学	2	2	100.00	0.00	50.00
	国际商务	108	107	99.07	0.00	0.93
	金融学	53	51	96.23	0.00	9.43
	应用统计	226	216	95.58	0.00	5.31
	税务	44	42	95.45	0.00	4.55
	金融	496	471	94.96	0.00	4.44
	理论经济学	74	70	94.59	0.00	9.46
	应用经济学	369	347	94.04	0.00	12.20
	审计	33	31	93.94	0.00	0.00
艺术学	电影	22	22	100.00	0.00	4.55
	舞蹈	35	35	100.00	0.00	0.00
	艺术	28	28	100.00	0.00	3.57
	广播电视	59	56	94.92	0.00	3.39
	音乐	148	140	94.59	1.35	0.68
	设计学	171	156	91.23	0.00	2.92
	艺术学理论	11	10	90.91	0.00	0.00
	艺术设计	441	398	90.25	0.45	0.45
	戏剧与影视学	17	15	88.24	0.00	5.88
	音乐与舞蹈学	59	51	86.44	1.69	1.69
	美术学	39	33	84.62	0.00	2.56
	美术	109	87	79.82	0.92	2.75

附件三

就业评估指标明细

由于参评较多，受纸张排版所限，我们对明细表中各指标进行简称，简称及对应单位如附表 3-1 所示。

附表 3-1　参评指标的单位与简称

参评指标	单位	简称	参评指标	单位	简称
毕业去向落实率	%	落实率	工作自主性满意度	%	工作自主性
协议签约比例	%	协议率	薪资满意度	%	薪资满意度
专业相关度	%	相关度	基层就业比例	%	基层比
职业期待匹配度	%	期待度	国家战略性新兴产业就业比例	%	产业比
提供社保比例	%	社保比	重点单位就业比例	%	重点单位比
职业发展稳定性	%	职业稳定性	高校所在地就业比例	%	高校就业比
所在单位稳定性	%	工作稳定性	创业比例	%	创业比
就业单位质量满意性	%	单位质量	升学比例	%	升学比
工作压力较小比例	%	工作压力	单位对毕业生的评价	5 分制	单位满意度

一、总体评估

（一）总体评估

附表 3-2　湖南省普通高校 2024 届毕业生总体就业质量评估指标明细表

院校性质	落实率	协议率	相关度	期待度	社保比	职业稳定性	单位质量	工作稳定性	工作压力	工作自主性	薪资满意度	基层比	产业比	重点单位比	高校就业比	创业比	升学比
“双一流”建设高校	89. 53	61. 05	80. 88	87. 48	96. 76	93. 16	87. 67	88. 03	19. 87	84. 53	67. 98	0. 95	53. 42	45. 67	39. 79	0. 14	24. 22
普通本科院校	86. 07	76. 14	75. 35	80. 66	90. 63	83. 56	81. 48	84. 66	25. 28	82. 81	57. 59	1. 93	50. 22	30. 36	55. 76	0. 47	12. 24
职业本科院校	88. 99	81. 30	52. 57	68. 16	68. 82	57. 50	78. 49	81. 13	39. 01	80. 66	53. 68	3. 79	51. 97	17. 30	59. 68	0. 34	12. 51
高职专科院校	89. 41	86. 17	65. 88	74. 73	74. 85	60. 11	80. 43	83. 08	35. 81	84. 16	56. 49	4. 02	52. 48	26. 35	59. 20	0. 49	8. 07
总计	88. 01	79. 82	70. 23	77. 65	82. 09	70. 95	81. 19	83. 94	30. 90	83. 62	57. 48	2. 92	51. 64	28. 83	56. 56	0. 45	11. 24

（二）学历评估

附表 3-3　湖南省普通高校 2024 届毕业生分学历就业质量评估指标明细表

学历层次	落实率	协议率	相关度	期待度	社保比	职业稳定性	单位质量	工作稳定性	工作压力	工作自主性	薪资满意度	基层比	产业比	重点单位比	高校就业比	创业比	升学比
高职专科毕业生	89. 32	85. 05	65. 76	74. 66	74. 85	60. 26	80. 46	83. 06	35. 72	84. 09	56. 35	4. 00	52. 33	26. 00	59. 31	0. 49	8. 79
本科毕业生	85. 81	72. 49	75. 17	80. 68	90. 88	84. 70	81. 32	84. 59	25. 27	82. 48	57. 79	1. 83	50. 27	31. 30	54. 33	0. 44	14. 81
毕业研究生	92. 07	84. 81	83. 08	87. 94	97. 46	88. 37	87. 87	88. 50	19. 15	86. 49	67. 11	1. 03	53. 78	41. 31	47. 15	0. 21	7. 10

二、科类评估

（一）高职专科专业大类评估

附表 3-4　湖南省普通高校 2024 届毕业生高职专科专业大类就业质量评估指标明细表

专业大类	落实率	协议率	相关度	期待度	社保比	职业稳定性	单位质量	工作稳定性	工作压力	工作自主性	薪资满意度	基层比	产业比	重点单位比	高校就业比	创业比	升学比
农林牧渔大类	87. 30	77. 95	68. 32	78. 85	73. 31	59. 69	83. 98	86. 48	36. 36	86. 70	61. 87	5. 13	48. 80	18. 84	61. 56	1. 06	6. 27
资源环境与安全大类	89. 05	85. 50	68. 65	80. 74	82. 79	56. 86	83. 86	87. 75	37. 45	88. 78	65. 01	3. 66	56. 35	31. 35	60. 25	0. 72	9. 08
装备制造大类	90. 70	88. 02	66. 31	75. 41	83. 38	53. 48	84. 70	81. 77	34. 33	83. 41	60. 88	8. 50	69. 08	44. 44	44. 63	0. 46	4. 99
能源动力与材料大类	91. 83	87. 16	83. 10	87. 72	93. 70	78. 74	91. 15	88. 68	31. 17	91. 21	71. 32	3. 82	63. 59	65. 71	60. 21	0. 13	8. 59
土木建筑大类	88. 73	83. 70	58. 90	70. 91	68. 48	55. 95	78. 49	82. 10	38. 05	82. 84	54. 19	5. 46	41. 00	25. 02	59. 63	0. 64	9. 21
水利大类	91. 44	68. 55	85. 06	88. 89	88. 89	74. 33	88. 12	89. 78	31. 03	90. 80	69. 73	8. 10	39. 46	17. 62	75. 49	0. 72	9. 48
生物与化工大类	90. 51	91. 93	83. 05	88. 45	93. 45	73. 46	91. 32	88. 61	25. 96	90. 75	73. 71	2. 00	66. 67	70. 27	41. 44	0. 24	3. 51
轻工纺织大类	95. 24	91. 79	46. 91	62. 96	69. 75	56. 79	78. 40	78. 64	41. 98	81. 48	53. 70	2. 34	62. 96	27. 16	41. 63	1. 02	5. 10
食品药品与粮食大类	88. 91	92. 89	61. 96	72. 73	79. 13	54. 76	83. 49	83. 91	38. 62	83. 78	57. 82	2. 29	63. 49	29. 96	68. 78	0. 39	4. 34
交通运输大类	91. 52	90. 56	70. 53	81. 10	85. 65	72. 04	88. 26	87. 95	30. 69	88. 44	68. 50	5. 35	50. 31	59. 84	36. 24	0. 37	4. 52
医药卫生大类	86. 99	81. 15	73. 24	75. 59	73. 20	75. 21	76. 52	83. 16	33. 91	83. 58	49. 61	2. 93	52. 50	16. 21	70. 11	0. 29	10. 96
财经商贸大类	90. 05	85. 64	61. 72	72. 23	70. 22	51. 02	79. 43	82. 55	41. 49	84. 02	57. 16	2. 35	52. 67	15. 60	58. 92	0. 81	10. 21
旅游大类	89. 09	89. 27	59. 14	73. 12	68. 08	50. 29	80. 55	82. 52	42. 08	84. 56	58. 21	2. 51	52. 35	23. 41	69. 00	0. 53	7. 45
文化艺术大类	88. 88	82. 87	64. 87	72. 57	64. 48	52. 59	77. 03	81. 50	38. 28	82. 46	50. 64	2. 70	42. 87	14. 19	64. 11	0. 31	13. 18
新闻传播大类	89. 34	78. 67	78. 64	76. 38	75. 08	53. 72	72. 17	77. 28	40. 45	80. 10	50. 49	2. 02	54. 05	14. 56	73. 04	0. 57	17. 02
教育与体育大类	88. 64	85. 19	78. 52	79. 75	69. 04	73. 33	77. 07	83. 07	27. 99	83. 19	46. 59	1. 73	31. 92	10. 09	79. 07	0. 20	8. 68

续表

专业大类	落实率	协议率	相关度	期待度	社保比	职业稳定性	单位质量	工作稳定性	工作压力	工作自主性	薪资满意度	基层比	产业比	重点单位比	高校就业比	创业比	升学比
公安与司法大类	79. 26	67. 82	66. 48	77. 47	91. 21	85. 16	88. 46	89. 20	28. 02	89. 01	74. 73	3. 25	29. 67	7. 14	70. 42	0. 24	23. 16
公共管理与服务大类	90. 70	86. 24	56. 60	71. 17	74. 64	50. 94	77. 89	81. 11	41. 51	83. 09	54. 87	2. 13	50. 26	15. 92	56. 41	0. 47	10. 67
电子与信息大类	89. 82	83. 95	46. 95	64. 80	74. 28	47. 98	78. 28	80. 54	40. 52	82. 08	56. 18	4. 72	63. 19	21. 52	55. 77	0. 62	9. 70

（二）本科学科评估

附表 3-5　湖南省普通高校 2024 届毕业生本科学科就业质量评估指标明细表

专业大类	落实率	协议率	相关度	期待度	社保比	职业稳定性	单位质量	工作稳定性	工作压力	工作自主性	薪资满意度	基层比	产业比	重点单位比	高校就业比	创业比	升学比
农学	88. 85	48. 17	59. 80	74. 79	87. 97	82. 87	80. 56	85. 68	31. 47	83. 69	59. 14	2. 28	47. 61	26. 69	61. 92	0. 25	39. 33
医学	83. 97	72. 30	89. 61	84. 40	87. 84	92. 59	81. 91	85. 44	21. 80	83. 01	52. 78	0. 98	53. 36	14. 03	64. 92	0. 08	21. 15
历史学	89. 48	46. 68	93. 91	91. 57	95. 55	94. 38	88. 52	86. 52	15. 22	82. 44	55. 50	2. 31	21. 55	7. 49	74. 59	0. 00	12. 07
哲学	83. 80	23. 53	16. 67	66. 67	100. 00	100. 00	100. 00	74. 58	16. 67	83. 33	50. 00	0. 00	50. 00	50. 00	39. 29	0. 00	49. 30
工学	86. 60	70. 76	74. 52	81. 11	94. 58	86. 53	83. 71	85. 30	25. 16	82. 78	62. 58	1. 80	63. 97	50. 89	44. 47	0. 33	19. 60
教育学	87. 97	65. 87	85. 29	85. 90	86. 80	87. 03	80. 73	86. 98	20. 10	84. 92	55. 69	4. 15	29. 60	9. 31	66. 87	0. 71	9. 02
文学	84. 54	74. 24	77. 74	81. 12	89. 59	82. 75	77. 11	83. 30	23. 21	81. 20	55. 13	1. 41	37. 61	16. 51	56. 89	0. 18	10. 01
法学	83. 93	74. 55	79. 68	84. 19	87. 46	89. 48	83. 87	87. 08	25. 16	86. 49	61. 49	1. 94	35. 16	11. 69	67. 73	0. 23	12. 35
理学	88. 94	53. 89	87. 43	87. 70	95. 55	93. 64	88. 43	86. 47	17. 41	83. 60	55. 00	1. 69	35. 72	14. 32	69. 32	0. 15	19. 47
管理学	85. 23	81. 98	66. 68	75. 61	91. 32	78. 94	78. 49	82. 24	28. 95	80. 40	56. 12	1. 66	52. 33	35. 95	55. 50	0. 85	8. 61
经济学	84. 59	73. 77	63. 42	76. 59	92. 94	83. 24	80. 09	85. 61	25. 98	82. 45	59. 79	1. 80	55. 69	37. 76	49. 64	0. 51	11. 99
艺术学	84. 74	83. 41	65. 73	75. 92	78. 14	72. 85	75. 01	82. 51	34. 29	82. 39	51. 54	2. 53	39. 03	16. 80	54. 53	1. 00	4. 86

（二）研究生学科评估

附表 3-6 湖南省普通高校 2024 届毕业生研究生学科就业质量评估指标明细表

专业大类	落实率	协议率	相关度	期待度	社保比	职业稳定性	单位质量	工作稳定性	工作压力	工作自主性	薪资满意度	基层比	产业比	重点单位比	高校就业比	创业比	升学比
农学	88. 83	80. 97	74. 02	83. 24	93. 30	80. 17	84. 36	87. 23	23. 04	87. 85	61. 31	2. 15	45. 39	27. 65	57. 23	0. 41	5. 17
医学	90. 23	81. 71	96. 26	89. 27	98. 03	91. 44	91. 63	86. 72	13. 20	82. 78	60. 14	0. 62	61. 91	7. 19	62. 36	0. 11	12. 02
历史学	94. 32	75. 30	91. 67	93. 33	100. 00	91. 67	98. 33	93. 08	18. 33	86. 67	65. 00	0. 00	10. 00	5. 00	24. 80	0. 00	11. 36
哲学	87. 84	74. 11	76. 60	89. 36	100. 00	95. 74	93. 62	90. 74	21. 28	91. 49	76. 60	1. 20	12. 77	17. 02	44. 58	0. 00	13. 73
工学	93. 53	84. 53	81. 14	88. 37	98. 67	91. 46	86. 30	89. 16	18. 80	87. 41	71. 70	0. 90	73. 62	69. 31	38. 05	0. 11	8. 27
教育学	92. 24	92. 71	93. 36	91. 67	97. 40	84. 11	91. 54	88. 77	12. 50	85. 03	70. 05	0. 76	17. 97	4. 56	51. 33	0. 33	2. 03
文学	90. 91	86. 99	79. 27	88. 62	98. 17	88. 62	87. 40	89. 21	16. 46	85. 37	71. 14	0. 86	30. 49	25. 20	41. 80	0. 06	4. 13
法学	89. 68	84. 22	88. 84	89. 15	95. 44	89. 78	91. 35	88. 95	19. 65	88. 52	62. 89	2. 19	29. 87	20. 60	50. 62	0. 20	5. 11
理学	91. 69	76. 71	85. 62	87. 88	96. 77	95. 15	86. 75	89. 21	18. 26	87. 72	68. 01	0. 31	53. 15	25. 20	44. 15	0. 12	10. 81
管理学	92. 77	92. 77	75. 92	84. 53	97. 85	74. 59	88. 93	85. 87	26. 13	84. 02	62. 77	0. 98	47. 23	47. 44	58. 27	0. 52	2. 80
经济学	95. 39	88. 27	77. 86	88. 16	99. 22	95. 15	87. 18	91. 18	21. 17	87. 77	63. 11	1. 26	53. 98	55. 15	37. 84	0. 07	6. 85
艺术学	90. 52	78. 95	76. 12	85. 82	89. 93	85. 82	82. 46	88. 21	31. 34	89. 18	63. 06	0. 85	28. 36	23. 51	43. 12	0. 53	1. 58

三、专业评估

（一）专科专业

附表 3-7　湖南省普通高校 2024 届高职专科毕业生分专业就业质量评估指标明细表

专业代码	专业	落实率	协议率	相关度	期待度	社保比	职业稳定性	单位质量	工作稳定性	工作压力	工作自主性	薪资满意度	基层比	产业比	重点单位比	高校就业比	创业比	升学比
410101	种子生产与经营	87.12	82.61	46.88	75.00	71.88	68.75	87.50	93.98	25.00	84.38	71.88	9.62	50.00	34.38	64.21	0.76	8.33
410103	现代农业技术	94.79	54.95	85.23	90.72	93.25	83.97	96.20	95.20	38.40	96.62	71.73	7.09	43.04	9.70	74.00	0.00	1.88
410104	生态农业技术	61.32	46.15	61.54	84.62	82.05	79.49	84.62	91.99	25.64	92.31	79.49	8.45	64.10	15.38	50.00	0.00	0.94
410105	园艺技术	89.58	48.00	52.08	71.88	84.38	62.50	85.42	87.71	41.67	88.54	65.62	4.32	37.50	10.42	65.91	0.65	10.75
410106	植物保护与检疫技术	82.86	68.97	0.00	20.00	100.00	40.00	80.00	90.00	40.00	80.00	40.00	0.00	60.00	20.00	65.00	0.00	25.71
410107	茶叶生产与加工技术	100.00	0.00	55.56	85.19	100.00	92.59	100.00	91.20	25.93	92.59	77.78	25.93	37.04	7.41	0.00	0.00	0.00
410113	现代农业装备应用技术	95.79	39.56	71.30	85.22	91.30	82.61	95.65	95.24	36.52	94.78	69.57	10.14	39.13	11.30	50.00	0.00	1.58
410115	绿色食品生产技术	91.80	60.71	23.08	61.54	53.85	53.85	61.54	88.08	23.08	76.92	61.54	3.33	38.46	23.08	89.71	22.95	7.38
410118	休闲农业经营与管理	78.46	68.63	21.05	73.68	78.95	42.11	89.47	90.26	36.84	89.47	89.47	2.70	52.63	15.79	71.43	3.08	15.38
410119	现代农业经济管理	89.36	95.24	50.00	62.50	62.50	62.50	70.83	84.48	33.33	79.17	70.83	7.84	50.00	25.00	13.75	2.13	1.06
410120	农村新型经济组织管理	93.79	87.50	84.00	76.00	30.00	78.00	72.00	81.00	40.00	84.00	36.00	7.58	24.00	4.00	85.71	4.83	4.14
410201	林业技术	92.77	87.01	35.29	58.82	58.82	41.18	70.59	68.24	29.41	64.71	58.82	3.33	23.53	5.88	58.21	1.20	9.64
410202	园林技术	85.84	80.14	47.32	66.37	63.39	45.24	75.89	82.60	34.23	83.63	56.25	4.85	43.15	13.39	57.71	0.34	14.08
410206	森林和草原资源保护	96.15	92.00	33.33	66.67	66.67	0.00	100.00	70.00	100.00	100.00	33.33	0.00	0.00	0.00	73.91	0.00	7.69
410208	野生动植物资源保护与利用	78.12	100.00	76.92	76.92	69.23	53.85	76.92	86.92	15.38	84.62	69.23	0.00	53.85	30.77	84.00	0.00	0.00
410210	森林生态旅游与康养	83.74	94.17	47.50	70.00	57.50	37.50	80.00	79.69	45.00	80.00	52.50	3.85	52.50	20.00	68.04	0.00	4.07

续表

专业代码	专业	落实率	协议率	相关度	期待度	社保比	职业稳定性	单位质量	工作稳定性	工作压力	工作自主性	薪资满意度	基层比	产业比	重点单位比	高校就业比	创业比	升学比
410301	动物医学	87. 63	88. 81	79. 08	78. 72	69. 86	48. 94	81. 21	84. 52	36. 17	86. 17	58. 51	4. 10	55. 67	21. 99	60. 39	1. 50	5. 39
410302	动物药学	88. 89	93. 18	67. 65	82. 35	58. 82	44. 12	76. 47	76. 69	29. 41	82. 35	41. 18	1. 72	55. 88	14. 71	67. 07	0. 00	6. 06
410303	畜牧兽医	85. 27	85. 70	75. 44	82. 51	75. 09	59. 19	84. 81	85. 66	36. 75	86. 04	64. 31	4. 55	55. 12	30. 21	62. 18	0. 26	3. 52
410305	宠物医疗技术	83. 33	94. 87	89. 06	82. 81	64. 06	32. 81	78. 12	83. 24	40. 62	79. 69	50. 00	2. 38	65. 62	18. 75	47. 57	0. 00	1. 28
410306	动物防疫与检疫	88. 24	88. 00	52. 38	80. 95	66. 67	57. 14	85. 71	90. 36	52. 38	90. 48	71. 43	2. 50	47. 62	33. 33	74. 24	0. 00	8. 24
410309	宠物养护与驯导	86. 52	93. 85	64. 49	74. 77	49. 53	47. 66	77. 57	79. 70	40. 19	73. 83	45. 79	0. 60	56. 07	14. 95	58. 52	0. 71	3. 19
410401	水产养殖技术	96. 33	19. 05	80. 95	93. 65	98. 41	93. 65	98. 41	95. 63	31. 75	98. 41	69. 84	12. 16	34. 92	6. 35	65. 00	0. 00	1. 83
420102	地质调查与矿产普查	91. 38	84. 91	65. 38	88. 46	88. 46	65. 38	96. 15	92. 60	38. 46	96. 15	69. 23	7. 89	38. 46	30. 77	71. 11	0. 00	8. 62
420107	宝玉石鉴定与加工	87. 62	90. 22	53. 06	81. 63	79. 59	44. 90	89. 80	92. 14	59. 18	95. 92	63. 27	2. 74	40. 82	18. 37	44. 58	0. 00	8. 57
420201	工程地质勘查	80. 68	90. 14	73. 91	82. 61	86. 96	47. 83	86. 96	89. 78	47. 83	91. 30	73. 91	6. 06	26. 09	34. 78	45. 31	0. 00	1. 14
420204	钻探工程技术	93. 75	90. 00	55. 56	66. 67	44. 44	66. 67	66. 67	81. 94	44. 44	88. 89	55. 56	12. 50	22. 22	22. 22	85. 19	0. 00	3. 12
420205	岩土工程技术	89. 55	80. 00	60. 71	78. 57	75. 00	50. 00	96. 43	88. 57	21. 43	96. 43	71. 43	2. 38	42. 86	42. 86	70. 83	2. 99	11. 94
420208	环境地质工程	96. 05	78. 08	65. 38	73. 08	84. 62	50. 00	84. 62	93. 65	53. 85	96. 15	84. 62	2. 33	50. 00	23. 08	77. 19	3. 95	14. 47
420301	工程测量技术	90. 53	80. 70	62. 91	78. 81	76. 16	52. 32	84. 77	84. 22	37. 75	87. 42	62. 91	5. 56	38. 41	27. 15	54. 47	0. 21	12. 63
420302	测绘工程技术	89. 81	87. 63	62. 92	78. 65	74. 16	65. 17	87. 64	86. 46	31. 46	83. 15	60. 67	5. 37	40. 45	26. 97	65. 29	0. 00	6. 94
420303	测绘地理信息技术	89. 33	81. 09	70. 00	76. 25	67. 50	50. 00	73. 75	84. 03	33. 75	81. 25	61. 25	4. 83	42. 50	27. 50	60. 74	0. 00	11. 56
420306	国土空间规划与测绘	92. 44	66. 04	70. 00	72. 50	77. 50	52. 50	80. 00	84. 38	32. 50	87. 50	52. 50	2. 78	40. 00	27. 50	76. 19	1. 74	26. 74
420307	无人机测绘技术	78. 95	83. 33	66. 67	55. 56	77. 78	66. 67	66. 67	80. 83	44. 44	77. 78	44. 44	0. 00	77. 78	33. 33	56. 00	2. 63	5. 26
420401	油气储运技术	83. 33	92. 50	86. 21	89. 66	93. 10	51. 72	86. 21	86. 81	13. 79	93. 10	72. 41	3. 03	55. 17	68. 97	21. 62	0. 00	2. 08
420601	矿山智能开采技术	87. 05	90. 91	56. 52	72. 46	89. 86	56. 52	86. 96	90. 33	37. 68	86. 96	62. 32	5. 49	50. 72	44. 93	32. 73	0. 00	5. 04

续表

专业代码	专业	落实率	协议率	相关度	期待度	社保比	职业稳定性	单位质量	工作稳定性	工作压力	工作自主性	薪资满意度	基层比	产业比	重点单位比	高校就业比	创业比	升学比
420602	矿物加工技术	90.32	85.71	68.75	85.42	91.67	52.08	89.58	92.66	39.58	97.92	77.08	4.35	60.42	47.92	37.50	0.00	10.75
420801	环境监测技术	91.08	85.57	79.91	85.71	90.18	63.84	84.82	88.23	30.36	87.95	68.75	2.80	69.64	45.54	65.96	0.70	9.62
420802	环境工程技术	92.55	83.05	71.48	78.34	88.09	53.07	83.75	86.56	40.43	88.45	62.82	3.99	70.04	27.80	53.83	0.98	11.37
420804	生态环境大数据技术	89.11	86.67	40.00	56.00	64.00	56.00	72.00	82.50	36.00	84.00	52.00	5.41	52.00	8.00	79.49	0.00	9.90
420805	环境管理与评价	93.69	90.43	70.08	81.89	81.10	64.57	82.68	88.58	40.16	88.98	62.20	1.17	63.78	29.92	70.98	0.00	8.31
420806	生态环境修复技术	82.61	87.97	74.44	91.11	84.44	61.11	85.56	94.17	32.22	94.44	63.33	1.71	73.33	27.78	63.25	1.24	7.45
420808	资源综合利用技术	87.50	92.86	65.91	88.64	93.18	59.09	86.36	89.09	45.45	88.64	75.00	0.00	75.00	25.00	58.24	0.00	5.36
420809	水净化与安全技术	92.68	78.95	80.00	85.71	82.86	62.86	88.57	80.64	28.57	82.86	51.43	3.51	82.86	34.29	71.67	6.10	10.98
420901	安全技术与管理	82.31	89.17	69.17	83.79	82.61	60.87	81.82	90.06	35.57	90.12	73.52	3.25	45.45	35.18	58.76	0.73	6.43
420903	工程安全评价与监理	85.11	75.00	68.42	78.95	89.47	47.37	78.95	86.18	31.58	89.47	73.68	5.56	57.89	36.84	56.67	2.13	6.38
420904	安全智能监测技术	90.00	91.67	40.00	40.00	66.67	60.00	80.00	84.00	73.33	100.00	73.33	3.57	73.33	20.00	66.67	0.00	2.50
420905	应急救援技术	93.41	94.12	70.73	85.37	82.93	58.54	87.80	87.26	51.22	87.80	70.73	1.82	51.22	24.39	77.50	1.10	1.10
420906	消防救援技术	92.00	82.61	66.67	72.22	83.33	44.44	88.89	86.25	50.00	88.89	61.11	4.76	44.44	11.11	68.42	4.00	0.00
420908	职业健康安全技术	91.71	93.37	62.96	80.56	78.70	47.22	78.70	84.63	39.81	85.19	49.07	3.50	62.96	12.96	59.35	0.00	2.76
430101	发电厂及电力系统	93.10	88.89	95.42	95.42	97.71	87.79	97.71	97.08	35.11	96.18	89.31	3.35	58.02	74.05	61.46	0.00	7.33
430103	水电站与电力网技术	89.80	84.09	70.83	95.83	95.83	62.50	91.67	93.02	50.00	95.83	62.50	10.53	66.67	41.67	51.35	0.00	8.16
430104	分布式发电与智能微电网技术	90.79	94.20	84.78	84.78	100.00	91.30	97.83	91.25	52.17	93.48	73.91	3.08	73.91	69.57	56.92	0.00	3.95
430105	电力系统自动化技术	91.43	88.69	88.31	91.04	94.53	78.36	93.53	90.91	31.84	94.28	74.88	3.55	61.94	63.68	67.79	0.14	6.39
430107	输配电工程技术	98.58	99.52	100.00	98.84	100.00	96.53	99.42	97.15	18.50	97.11	73.99	4.21	44.51	84.97	96.14	0.00	0.00

续表

专业代码	专业	落实率	协议率	相关度	期待度	社保比	职业稳定性	单位质量	工作稳定性	工作压力	工作自主性	薪资满意度	基层比	产业比	重点单位比	高校就业比	创业比	升学比
430108	供用电技术	96.10	95.95	95.73	94.31	98.10	93.84	95.73	95.56	20.38	94.31	81.04	0.74	48.34	81.99	86.27	0.00	2.92
430201	热能动力工程技术	90.59	94.81	95.92	91.84	93.88	91.84	95.92	91.68	30.61	91.84	75.51	0.00	57.14	81.63	52.05	0.00	4.71
430204	太阳能光热技术与应用	83.53	71.83	22.22	58.33	69.44	27.78	80.56	82.99	47.22	86.11	50.00	12.50	72.22	27.78	50.98	1.18	18.82
430205	发电运行技术	93.42	92.96	82.61	95.65	97.83	91.30	93.48	94.40	32.61	91.30	73.91	3.03	65.22	67.39	53.03	0.00	6.58
430301	光伏工程技术	87.60	81.86	48.11	67.92	87.74	48.11	71.70	74.06	46.23	81.13	50.94	4.66	76.42	27.36	41.62	0.00	11.63
430302	风力发电工程技术	90.86	87.42	83.16	85.26	86.32	54.74	84.21	82.34	33.68	90.53	61.05	5.30	84.21	34.74	46.04	0.00	6.29
430501	有色金属智能冶金技术	91.18	95.16	82.93	87.80	95.12	70.73	80.49	79.51	24.39	82.93	73.17	0.00	70.73	87.80	42.94	0.00	1.47
430504	储能材料技术	91.75	91.01	70.11	74.71	91.95	59.77	83.91	72.70	33.33	80.46	65.52	5.88	86.21	56.32	30.25	0.00	6.19
430505	稀土材料技术	92.31	88.89	71.43	85.71	85.71	71.43	100.00	95.00	42.86	100.00	71.43	0.00	71.43	57.14	25.00	2.56	7.69
430601	材料工程技术	91.78	36.57	40.91	59.09	68.18	72.73	77.27	58.41	36.36	72.73	45.45	7.04	59.09	36.36	59.18	0.00	53.42
430602	高分子材料智能制造技术	89.40	85.19	73.91	84.06	91.30	85.51	89.86	88.70	31.88	89.86	75.36	2.15	76.81	81.16	41.74	0.66	6.62
430603	复合材料智能制造技术	98.44	85.71	76.32	78.95	94.74	94.74	84.21	78.95	18.42	73.68	31.58	5.26	89.47	84.21	40.74	0.00	12.50
430701	建筑材料工程技术	83.82	73.68	47.62	61.90	76.19	66.67	85.71	68.10	38.10	85.71	52.38	5.00	57.14	52.38	64.29	0.00	16.18
440101	建筑设计	89.86	81.56	41.67	54.17	65.10	43.23	73.44	78.76	35.94	82.81	46.88	3.21	39.58	20.83	59.57	0.58	10.92
440102	建筑装饰工程技术	92.09	89.11	61.74	74.50	60.40	43.18	78.52	82.94	31.54	84.79	53.02	7.45	42.06	21.25	67.69	0.48	5.30
440104	园林工程技术	89.85	84.75	40.98	47.54	59.02	44.26	70.49	77.62	47.54	75.41	44.26	2.02	42.62	21.31	76.67	0.00	12.69
440105	风景园林设计	90.83	78.44	28.00	56.00	66.67	56.00	76.00	74.47	38.67	81.33	57.33	2.88	50.67	17.33	76.61	0.83	15.42
440106	建筑室内设计	90.07	90.76	65.32	73.40	54.04	48.10	76.37	83.16	40.14	83.49	46.56	4.04	38.00	16.98	70.54	0.48	5.49
440107	建筑动画技术	92.99	84.25	43.08	58.46	69.23	40.00	76.92	78.12	46.15	76.92	49.23	5.83	60.00	26.15	59.35	0.00	11.46

续表

专业代码	专业	落实率	协议率	相关度	期待度	社保比	职业稳定性	单位质量	工作稳定性	工作压力	工作自主性	薪资满意度	基层比	产业比	重点单位比	高校就业比	创业比	升学比
440201	城乡规划	76. 27	55. 56	75. 00	56. 25	75. 00	56. 25	87. 50	87. 97	25. 00	81. 25	56. 25	2. 78	56. 25	43. 75	68. 00	0. 00	30. 51
440301	建筑工程技术	85. 62	83. 86	61. 72	72. 43	71. 57	59. 63	78. 58	81. 71	38. 03	82. 71	58. 65	6. 27	40. 18	29. 42	52. 34	0. 93	7. 58
440302	装配式建筑工程技术	84. 72	81. 97	47. 62	66. 67	71. 43	61. 90	80. 95	78. 10	42. 86	76. 19	61. 90	2. 63	47. 62	23. 81	56. 00	0. 00	13. 89
440304	智能建造技术	91. 67	92. 73	65. 22	69. 57	69. 57	56. 52	73. 91	83. 59	26. 09	78. 26	60. 87	2. 78	39. 13	17. 39	78. 43	0. 00	0. 00
440305	地下与隧道工程技术	94. 92	93. 58	77. 61	88. 06	86. 57	65. 67	91. 04	93. 73	34. 33	94. 03	76. 12	9. 38	38. 81	52. 24	40. 57	0. 00	4. 57
440306	土木工程检测技术	93. 88	89. 86	54. 55	75. 76	72. 73	54. 55	87. 88	81. 67	48. 48	84. 85	66. 67	4. 65	54. 55	6. 06	54. 03	0. 68	2. 72
440401	建筑设备工程技术	91. 70	84. 48	55. 84	67. 53	76. 62	74. 03	79. 22	84. 25	41. 56	81. 82	63. 64	9. 70	42. 86	31. 17	64. 29	0. 00	8. 70
440402	建筑电气工程技术	88. 33	84. 91	71. 43	71. 43	85. 71	78. 57	78. 57	69. 64	21. 43	71. 43	42. 86	3. 45	64. 29	42. 86	46. 67	0. 00	8. 33
440403	供热通风与空调工程技术	93. 94	90. 32	52. 50	70. 00	82. 50	57. 50	75. 00	77. 44	45. 00	80. 00	57. 50	7. 81	45. 00	20. 00	60. 00	2. 42	0. 61
440404	建筑智能化工程技术	97. 02	80. 37	59. 02	57. 38	86. 89	57. 38	73. 77	79. 02	32. 79	80. 33	59. 02	7. 22	55. 74	34. 43	57. 25	0. 60	8. 93
440405	工业设备安装工程技术	88. 89	89. 58	71. 43	71. 43	78. 57	57. 14	64. 29	77. 50	28. 57	78. 57	64. 29	2. 86	50. 00	28. 57	58. 14	0. 00	5. 56
440406	建筑消防技术	95. 09	88. 04	77. 06	84. 40	80. 73	47. 71	92. 66	89. 45	33. 03	87. 16	66. 06	8. 43	48. 62	28. 44	61. 11	0. 00	5. 17
440501	工程造价	89. 28	79. 32	56. 92	70. 98	71. 75	60. 30	78. 50	82. 18	39. 35	82. 99	51. 65	4. 76	38. 86	22. 63	60. 85	0. 49	14. 59
440502	建设工程管理	84. 92	81. 66	46. 04	63. 94	62. 15	50. 13	77. 24	80. 72	38. 62	80. 31	55. 24	6. 24	44. 25	27. 37	51. 49	1. 16	7. 62
440503	建筑经济信息化管理	87. 84	86. 67	55. 13	74. 36	73. 08	55. 13	79. 49	84. 68	32. 05	88. 46	50. 00	5. 26	46. 15	21. 79	67. 46	0. 90	7. 66
440504	建设工程监理	93. 33	71. 43	85. 71	100. 00	100. 00	85. 71	85. 71	81. 43	42. 86	85. 71	42. 86	0. 00	28. 57	85. 71	35. 00	0. 00	20. 00
440601	市政工程技术	92. 50	88. 11	58. 62	65. 52	79. 31	74. 14	68. 97	70. 34	44. 83	70. 69	50. 00	6. 59	31. 03	20. 69	42. 94	0. 00	9. 00
440602	给排水工程技术	92. 91	61. 83	78. 33	85. 83	90. 00	89. 17	93. 33	89. 38	28. 33	89. 17	60. 83	3. 75	44. 17	42. 50	49. 38	0. 35	8. 16
440701	房地产经营与管理	92. 86	91. 35	34. 78	63. 04	73. 91	39. 13	78. 26	81. 14	43. 48	80. 43	58. 70	4. 29	45. 65	28. 26	67. 37	0. 89	6. 25

续表

专业代码	专业	落实率	协议率	相关度	期待度	社保比	职业稳定性	单位质量	工作稳定性	工作压力	工作自主性	薪资满意度	基层比	产业比	重点单位比	高校就业比	创业比	升学比
440703	现代物业管理	90. 20	95. 65	63. 64	77. 27	81. 82	77. 27	90. 91	83. 30	50. 00	68. 18	54. 55	3. 33	36. 36	40. 91	90. 91	0. 00	3. 92
450102	水政水资源管理	91. 30	97. 62	61. 54	61. 54	92. 31	69. 23	76. 92	68. 27	30. 77	84. 62	69. 23	0. 00	23. 08	23. 08	90. 24	0. 00	0. 00
450201	水利工程	91. 73	67. 21	92. 50	92. 50	91. 25	80. 00	96. 25	94. 28	28. 75	96. 25	71. 25	7. 87	36. 25	16. 25	85. 98	0. 75	10. 15
450203	水利水电工程技术	87. 50	89. 29	81. 48	94. 44	90. 74	62. 96	79. 63	90. 51	22. 22	92. 59	77. 78	5. 88	55. 56	22. 22	64. 80	0. 00	3. 75
450204	水利水电工程智能管理	92. 38	60. 19	83. 33	87. 50	87. 50	79. 17	89. 58	85. 99	39. 58	85. 42	60. 42	12. 33	33. 33	20. 83	72. 58	1. 35	11. 66
450205	水利水电建筑工程	90. 24	74. 59	76. 74	83. 72	76. 74	62. 79	79. 07	89. 88	34. 88	86. 05	67. 44	2. 99	41. 86	16. 28	68. 12	0. 98	16. 10
450206	机电排灌工程技术	100. 00	40. 00	100. 00	91. 30	100. 00	95. 65	100. 00	92. 28	34. 78	91. 30	69. 57	26. 09	30. 43	4. 35	100. 00	0. 00	0. 00
450401	水土保持技术	100. 00	0. 00	0. 00	0. 00	0. 00	0. 00	0. 00	0. 00	0. 00	0. 00	0. 00	0. 00	0. 00	0. 00	0. 00	0. 00	0. 00
460101	机械设计与制造	90. 61	87. 50	62. 96	72. 69	84. 72	61. 11	84. 72	79. 13	31. 94	80. 79	59. 26	18. 80	65. 28	50. 46	55. 26	0. 44	5. 79
460102	数字化设计与制造技术	94. 64	86. 79	54. 17	66. 67	87. 50	45. 83	83. 33	83. 12	29. 17	83. 33	58. 33	0. 00	62. 50	29. 17	34. 78	1. 79	3. 57
460103	数控技术	89. 19	87. 54	67. 60	74. 64	84. 13	56. 76	85. 36	81. 27	36. 87	82. 79	57. 88	4. 77	74. 75	47. 93	40. 43	0. 47	5. 17
460104	机械制造及自动化	91. 92	86. 53	72. 50	75. 39	85. 79	47. 89	85. 66	81. 68	33. 82	83. 82	61. 71	5. 55	71. 71	41. 97	44. 66	0. 35	6. 67
460105	工业设计	88. 51	80. 92	53. 49	69. 77	79. 07	48. 84	79. 07	82. 47	56. 98	83. 72	47. 67	2. 92	61. 63	16. 28	51. 89	0. 00	12. 50
460106	工业工程技术	87. 56	77. 37	58. 33	72. 92	87. 50	50. 00	91. 67	85. 10	27. 08	87. 50	62. 50	2. 08	77. 08	43. 75	51. 02	0. 92	14. 75
460107	材料成型及控制技术	90. 16	95. 15	66. 67	77. 19	96. 49	57. 89	96. 49	91. 14	35. 09	91. 23	57. 89	5. 06	73. 68	63. 16	38. 85	1. 09	1. 09
460110	智能焊接技术	93. 01	90. 36	71. 35	81. 58	84. 21	64. 04	84. 21	83. 44	31. 29	86. 26	59. 65	4. 40	68. 13	62. 28	48. 82	0. 30	3. 65
460112	增材制造技术	93. 62	80. 68	43. 75	66. 25	78. 75	63. 75	92. 50	80. 84	47. 50	86. 25	58. 75	2. 56	56. 25	26. 25	55. 63	2. 13	13. 30
460113	模具设计与制造	86. 86	89. 68	59. 91	72. 12	81. 34	48. 62	82. 72	79. 63	32. 72	78. 34	57. 83	6. 97	64. 06	33. 64	31. 86	0. 10	2. 82
460117	内燃机制造与应用技术	93. 94	100. 00	47. 06	70. 59	100. 00	70. 59	94. 12	87. 35	5. 88	82. 35	64. 71	3. 85	70. 59	70. 59	48. 39	0. 00	0. 00
460118	机械装备制造技术	89. 62	83. 16	85. 00	77. 50	85. 00	50. 00	75. 00	76. 00	30. 00	75. 00	50. 00	8. 47	75. 00	25. 00	54. 43	0. 00	9. 43

续表

专业代码	专业	落实率	协议率	相关度	期待度	社保比	职业稳定性	单位质量	工作稳定性	工作压力	工作自主性	薪资满意度	基层比	产业比	重点单位比	高校就业比	创业比	升学比
460119	工业产品质量检测技术	93.39	82.30	55.79	75.79	88.42	47.37	84.21	77.84	40.00	77.89	56.84	6.12	63.16	40.00	55.38	2.07	9.50
460120	理化测试与质检技术	92.63	92.90	58.93	76.79	77.98	54.17	83.33	76.68	44.64	79.17	51.79	3.29	56.55	35.12	42.81	0.53	1.58
460201	智能制造装备技术	88.98	84.96	64.56	71.52	81.01	47.47	84.81	77.56	39.24	79.75	59.49	7.21	77.85	43.67	49.65	0.00	6.30
460202	机电设备技术	88.57	78.06	47.17	56.60	84.91	56.60	77.36	71.51	33.96	79.25	52.83	5.49	67.92	39.62	49.59	1.71	8.00
460203	电机与电器技术	86.33	84.17	52.27	77.27	86.36	59.09	81.82	80.00	22.73	79.55	59.09	1.37	59.09	52.27	27.72	0.72	9.35
460204	新能源装备技术	87.10	85.19	60.87	80.43	84.78	60.87	69.57	74.73	26.09	78.26	60.87	6.94	91.30	47.83	69.57	0.00	7.53
460205	制冷与空调技术	94.44	93.14	44.44	70.37	88.89	77.78	85.19	76.02	37.04	74.07	62.96	2.63	40.74	66.67	65.26	0.00	3.70
460206	电梯工程技术	90.02	91.50	74.90	79.15	82.63	65.64	86.10	77.84	31.27	82.24	50.58	4.52	49.81	61.39	46.46	0.33	1.66
460301	机电一体化技术	89.52	89.07	76.28	80.45	84.70	50.52	87.14	83.85	34.28	85.10	63.54	6.81	68.96	45.17	40.37	0.38	4.33
460303	智能控制技术	90.01	88.57	56.28	71.16	86.71	51.40	83.49	79.95	36.51	82.09	61.40	5.72	63.95	38.84	45.32	0.61	4.74
460304	智能机器人技术	94.44	88.24	50.00	75.00	83.33	91.67	100.00	98.75	41.67	100.00	83.33	0.00	58.33	16.67	10.00	8.33	2.78
460305	工业机器人技术	89.56	87.05	53.29	68.12	80.49	46.87	81.21	77.97	37.75	80.81	59.21	6.11	70.74	38.94	38.75	0.37	5.58
460306	电气自动化技术	92.90	85.00	71.53	80.09	86.46	59.13	86.03	84.37	34.32	86.46	64.98	10.86	63.67	44.10	42.69	0.37	8.31
460307	工业过程自动化技术	91.26	92.34	74.07	82.72	89.51	64.81	91.36	89.03	37.04	91.36	70.99	2.56	66.67	61.73	31.12	1.05	2.45
460401	铁道机车车辆制造与维护	93.99	90.70	77.42	75.27	94.62	89.25	93.55	83.74	25.81	78.49	77.42	3.45	53.76	84.95	27.56	0.55	4.92
460501	船舶工程技术	98.70	93.42	71.74	84.78	91.30	56.52	89.13	81.47	32.61	91.30	58.70	1.82	73.91	60.87	32.39	1.30	1.30
460508	游艇设计与制造	97.30	88.89	54.17	83.33	95.83	70.83	87.50	84.38	45.83	95.83	66.67	6.06	70.83	50.00	21.88	0.00	0.00
460601	飞行器数字化制造技术	91.42	87.56	69.41	80.59	95.88	75.29	90.59	85.50	32.35	89.41	67.06	15.20	78.82	58.82	33.33	0.93	4.18
460603	航空发动机制造技术	89.94	85.09	64.56	78.48	86.08	53.16	87.34	81.33	31.65	77.22	55.70	10.71	81.01	56.96	31.39	0.00	6.15

续表

专业代码	专业	落实率	协议率	相关度	期待度	社保比	职业稳定性	单位质量	工作稳定性	工作压力	工作自主性	薪资满意度	基层比	产业比	重点单位比	高校就业比	创业比	升学比
460604	航空发动机装配调试技术	92.80	87.42	69.33	75.33	93.33	68.67	86.00	84.52	25.33	83.33	62.00	29.60	82.00	65.33	18.94	0.19	2.14
460605	飞机机载设备装配调试技术	63.16	66.67	100.00	83.33	100.00	33.33	100.00	91.67	16.67	83.33	66.67	16.67	100.00	66.67	25.00	0.00	5.26
460607	飞行器维修技术	97.55	95.75	88.68	87.74	98.11	90.57	96.23	86.04	23.58	82.08	64.15	29.41	83.02	73.58	63.31	0.19	2.26
460608	航空发动机维修技术	97.03	98.69	80.77	86.54	100.00	88.46	92.31	88.32	19.23	84.62	57.69	41.67	86.54	67.31	67.26	0.00	0.85
460609	无人机应用技术	88.90	84.53	52.08	65.42	76.67	53.33	78.33	80.05	31.25	81.25	54.58	16.99	71.67	31.25	49.93	0.69	5.70
460610	航空材料精密成型技术	75.68	85.71	38.46	76.92	92.31	38.46	92.31	91.35	23.08	100.00	84.62	7.14	53.85	38.46	37.50	2.70	0.00
460611	导弹维修技术	98.48	98.97	83.33	92.59	98.15	98.15	94.44	92.36	18.52	96.30	74.07	51.82	57.41	44.44	92.45	0.00	0.25
460701	汽车制造与试验技术	91.59	88.39	62.24	72.29	72.93	48.46	81.52	80.60	34.85	80.71	59.16	13.57	67.10	36.63	57.22	0.62	3.03
460702	新能源汽车技术	91.56	88.05	59.24	70.86	77.47	45.38	80.02	80.61	32.72	83.12	58.84	6.18	75.72	39.73	47.33	0.56	4.34
460703	汽车电子技术	88.35	84.97	54.36	69.13	78.52	45.64	89.26	84.14	34.23	82.55	67.79	9.18	68.46	47.65	50.18	0.54	4.34
460704	智能网联汽车技术	93.48	91.86	35.05	60.82	76.29	45.36	76.29	81.37	30.93	81.44	64.95	0.83	64.95	30.93	42.41	0.00	4.89
460705	汽车造型与改装技术	82.52	89.41	70.69	75.86	68.97	50.00	75.86	81.51	39.66	86.21	44.83	1.41	56.90	34.48	64.47	0.97	1.94
470101	食品生物技术	83.33	92.14	55.38	72.31	86.15	50.77	76.92	77.04	41.54	83.08	52.31	2.22	64.62	33.85	52.71	0.60	4.76
470201	应用化工技术	93.59	92.69	92.86	94.12	97.06	82.35	93.70	90.58	19.75	92.44	77.73	2.05	70.59	81.51	49.26	0.43	4.06
470202	石油炼制技术	87.50	85.71	85.71	85.71	95.24	85.71	80.95	83.21	14.29	85.71	71.43	3.85	38.10	90.48	25.00	0.00	2.08
470203	精细化工技术	91.03	91.55	79.55	87.50	92.05	75.00	89.77	88.64	28.41	92.05	79.55	1.83	68.18	69.32	34.62	0.64	5.13
470204	石油化工技术	90.88	93.44	91.10	92.15	98.95	75.39	95.81	92.70	19.90	92.93	77.23	1.56	64.66	84.29	34.24	0.12	1.58
470208	分析检验技术	91.46	93.85	77.48	87.79	88.93	69.08	88.93	85.33	32.44	90.08	69.47	1.60	69.47	54.58	47.33	0.21	4.17
470209	化工智能制造技术	84.09	77.03	68.52	81.48	85.19	68.52	83.33	80.83	29.63	88.89	68.52	2.56	61.11	57.41	36.84	0.00	7.95

续表

专业代码	专业	落实率	协议率	相关度	期待度	社保比	职业稳定性	单位质量	工作稳定性	工作压力	工作自主性	薪资满意度	基层比	产业比	重点单位比	高校就业比	创业比	升学比
470210	化工装备技术	88. 65	85. 37	72. 84	75. 31	95. 06	77. 78	91. 36	89. 29	32. 10	86. 42	74. 07	3. 77	76. 54	74. 07	24. 29	0. 00	5. 41
470213	烟花爆竹技术与管理	90. 32	94. 64	73. 33	90. 00	63. 33	50. 00	93. 33	90. 58	40. 00	86. 67	73. 33	2. 56	40. 00	20. 00	81. 13	0. 00	1. 61
480101	化妆品技术	95. 83	96. 27	43. 93	63. 55	72. 90	62. 62	78. 50	80. 70	40. 19	81. 31	58. 88	2. 19	68. 22	27. 10	33. 55	0. 60	2. 38
480201	包装工程技术	100. 00	75. 00	0. 00	0. 00	0. 00	0. 00	0. 00	0. 00	0. 00	0. 00	0. 00	0. 00	0. 00	0. 00	66. 67	0. 00	25. 00
480202	包装策划与设计	92. 45	77. 55	40. 74	44. 44	62. 96	37. 04	74. 07	72. 04	48. 15	85. 19	40. 74	2. 44	37. 04	22. 22	47. 37	0. 00	18. 87
480301	数字印刷技术	100. 00	87. 50	83. 33	66. 67	83. 33	33. 33	83. 33	83. 33	33. 33	100. 00	66. 67	0. 00	100. 00	50. 00	42. 86	12. 50	0. 00
480302	印刷媒体技术	94. 64	92. 45	63. 16	84. 21	57. 89	57. 89	78. 95	81. 32	42. 11	78. 95	42. 11	3. 70	63. 16	26. 32	61. 22	1. 79	0. 00
480303	印刷数字图文技术	100. 00	100. 00	33. 33	66. 67	66. 67	66. 67	100. 00	38. 33	66. 67	33. 33	33. 33	0. 00	33. 33	33. 33	40. 00	0. 00	0. 00
490101	食品智能加工技术	80. 56	94. 83	75. 00	80. 36	66. 07	48. 21	91. 07	86. 25	39. 29	80. 36	62. 50	1. 18	50. 00	35. 71	83. 64	0. 69	2. 78
490102	食品质量与安全	89. 53	92. 64	67. 20	74. 40	76. 00	49. 60	87. 20	88. 08	40. 00	88. 00	63. 20	4. 43	62. 40	20. 80	75. 70	0. 00	4. 65
490104	食品检验检测技术	90. 99	91. 05	67. 16	71. 64	78. 36	45. 52	84. 33	83. 00	41. 04	81. 34	64. 18	2. 02	48. 51	26. 12	77. 89	0. 29	6. 69
490201	药品生产技术	90. 39	89. 37	65. 69	74. 51	89. 22	60. 78	84. 31	78. 87	32. 84	82. 35	61. 27	1. 02	75. 49	43. 14	54. 86	0. 44	6. 77
490202	生物制药技术	89. 00	91. 01	69. 23	82. 69	73. 08	42. 31	88. 46	88. 22	40. 38	86. 54	59. 62	2. 60	73. 08	25. 00	54. 32	0. 00	8. 00
490203	药物制剂技术	88. 89	97. 50	76. 47	91. 18	91. 18	35. 29	88. 24	91. 54	58. 82	91. 18	73. 53	1. 96	58. 82	17. 65	82. 05	0. 00	1. 11
490206	药品质量与安全	87. 04	93. 13	65. 35	71. 29	89. 11	64. 36	89. 11	84. 98	36. 63	84. 16	54. 46	4. 46	78. 22	45. 54	75. 41	0. 00	4. 32
490208	药品经营与管理	90. 24	93. 10	54. 97	68. 94	76. 09	60. 25	81. 06	82. 42	39. 75	84. 47	50. 93	2. 07	62. 11	32. 92	72. 03	0. 43	3. 97
490209	食品药品监督管理	78. 57	90. 91	48. 94	68. 09	59. 57	34. 04	76. 60	88. 35	38. 30	82. 98	55. 32	1. 64	48. 94	10. 64	67. 50	0. 89	4. 46
490210	智能医疗装备技术	87. 34	94. 20	43. 48	63. 04	93. 48	71. 74	84. 78	84. 51	36. 96	84. 78	50. 00	3. 03	69. 57	30. 43	64. 62	1. 27	2. 53
490213	医疗器械维护与管理	95. 18	96. 20	51. 22	78. 05	92. 68	63. 41	90. 24	86. 22	34. 15	85. 37	53. 66	1. 67	68. 29	21. 95	57. 89	0. 00	0. 00
490214	医疗器械经营与服务	82. 19	98. 33	61. 54	73. 08	84. 62	50. 00	76. 92	84. 90	38. 46	84. 62	65. 38	0. 00	80. 77	19. 23	69. 49	1. 37	0. 00

续表

专业代码	专业	落实率	协议率	相关度	期待度	社保比	职业稳定性	单位质量	工作稳定性	工作压力	工作自主性	薪资满意度	基层比	产业比	重点单位比	高校就业比	创业比	升学比
490217	化妆品经营与管理	89.00	96.14	65.32	72.83	71.68	52.60	77.46	84.71	38.15	82.66	58.38	2.39	58.38	19.65	55.82	0.34	2.41
490302	粮食储运与质量安全	96.30	96.15	28.57	57.14	71.43	50.00	71.43	76.07	42.86	64.29	42.86	4.35	42.86	35.71	60.00	3.70	0.00
500101	铁道工程技术	94.77	95.64	87.24	92.18	95.47	93.83	96.71	93.87	24.69	94.65	83.95	2.76	32.51	85.60	18.26	0.00	2.92
500102	高速铁路施工与维护	92.20	85.89	72.27	83.19	86.55	79.83	91.60	88.57	34.45	90.76	72.27	5.85	36.97	67.23	23.72	0.00	7.51
500103	铁道桥梁隧道工程技术	92.93	95.65	75.00	66.67	100.00	66.67	100.00	93.54	25.00	91.67	75.00	0.00	25.00	91.67	20.45	0.00	2.02
500105	铁道机车运用与维护	92.53	95.96	88.48	93.62	98.05	94.68	98.58	92.27	14.01	89.36	80.50	2.28	33.33	91.67	14.37	0.09	1.73
500106	铁道车辆技术	92.49	96.69	82.47	89.00	97.59	94.85	95.19	93.45	27.15	91.07	84.88	1.97	40.55	87.63	16.64	0.28	1.11
500107	铁道供电技术	91.52	91.17	87.34	92.14	96.94	91.70	94.76	89.81	31.00	92.58	78.17	2.68	38.86	81.66	23.73	0.00	5.05
500108	动车组检修技术	95.72	95.05	84.24	87.53	97.88	93.65	93.65	90.48	19.76	89.88	80.24	1.74	41.41	83.06	18.71	0.23	2.14
500109	高速铁路综合维修技术	96.60	96.83	83.67	92.86	95.92	92.86	94.90	91.79	31.63	94.90	75.51	1.83	35.71	86.73	13.45	0.00	0.68
500110	铁道信号自动控制	90.67	97.13	85.98	92.52	96.26	97.20	97.20	96.38	28.04	96.26	85.05	1.42	29.91	80.37	17.24	0.22	1.08
500111	铁道通信与信息化技术	94.66	92.58	74.84	83.65	94.97	93.08	92.45	91.01	29.56	94.34	76.10	0.96	51.57	80.50	24.36	0.00	4.49
500112	铁道交通运营管理	95.45	97.72	91.14	92.19	97.05	94.51	95.36	92.10	24.47	90.30	76.16	1.12	47.05	86.71	14.75	0.21	1.24
500113	高速铁路客运服务	90.65	95.68	38.61	61.61	73.54	49.02	77.44	81.37	39.91	86.12	61.39	3.76	53.15	29.50	53.58	0.00	1.91
500201	道路与桥梁工程技术	88.51	79.05	73.79	80.00	72.41	69.66	76.55	81.78	27.59	83.68	56.32	4.70	33.79	42.30	48.30	0.84	12.18
500203	智能工程机械运用技术	91.79	89.53	70.90	82.77	86.44	58.47	82.49	87.07	31.07	87.29	66.67	5.50	58.47	55.65	36.66	0.26	6.15
500205	道路工程造价	94.67	54.93	63.64	77.27	81.82	68.18	63.64	79.66	40.91	81.82	59.09	0.00	40.91	27.27	48.72	0.00	40.00
500206	道路养护与管理	96.25	92.21	100.00	97.44	64.10	84.62	94.87	98.97	30.77	100.00	87.18	4.84	35.90	38.46	64.79	0.00	7.50
500207	智能交通技术	92.63	79.60	32.74	67.26	63.72	47.79	79.65	86.68	40.71	92.92	66.37	6.10	53.10	24.78	58.75	0.00	8.29
500209	交通运营管理	94.74	82.22	40.00	69.09	72.73	58.18	78.18	84.32	38.18	83.64	63.64	4.05	52.73	25.45	60.81	2.11	13.68

续表

专业代码	专业	落实率	协议率	相关度	期待度	社保比	职业稳定性	单位质量	工作稳定性	工作压力	工作自主性	薪资满意度	基层比	产业比	重点单位比	高校就业比	创业比	升学比
500210	汽车技术服务与营销	91.12	89.91	58.10	75.71	74.29	44.76	79.76	86.95	33.10	90.24	61.43	4.51	63.10	29.05	68.35	0.83	3.62
500211	汽车检测与维修技术	85.52	85.41	61.60	74.91	73.62	46.88	83.39	85.49	34.86	85.04	61.60	8.01	66.43	34.86	56.94	0.86	3.44
500302	港口与航道工程技术	82.35	52.38	50.00	75.00	83.33	66.67	83.33	86.25	25.00	83.33	66.67	8.57	50.00	50.00	68.18	1.96	23.53
500303	轮机工程技术	93.98	85.90	41.67	70.83	62.50	68.75	87.50	91.56	43.75	91.67	68.75	0.00	45.83	31.25	55.22	0.00	4.82
500307	港口与航运管理	92.11	85.71	41.18	76.47	64.71	52.94	82.35	89.56	58.82	94.12	64.71	17.86	47.06	23.53	46.67	0.00	7.89
500401	民航运输服务	95.84	89.60	58.92	74.59	78.38	55.14	83.24	85.95	31.35	81.62	58.38	3.42	56.22	41.08	42.90	0.55	7.20
500402	民航通信技术	100.00	85.71	76.19	85.71	90.48	57.14	95.24	92.62	23.81	90.48	57.14	4.35	95.24	90.48	12.50	0.00	3.57
500405	空中乘务	91.83	87.91	57.59	71.58	78.65	57.29	86.92	86.55	40.15	86.47	61.35	1.98	58.50	43.91	56.75	0.91	8.17
500406	民航安全技术管理	93.94	90.32	74.39	81.71	79.27	58.54	86.59	90.12	31.71	85.37	60.98	2.46	60.98	62.20	37.86	0.61	5.45
500408	机场运行服务与管理	93.79	92.65	68.14	76.11	79.65	62.83	82.30	79.76	33.63	84.96	53.98	4.14	59.29	64.60	38.10	0.00	5.86
500409	飞机机电设备维修	87.47	82.03	70.00	87.22	94.44	59.44	94.44	89.11	30.56	90.00	67.78	19.10	77.78	66.67	17.78	0.46	2.96
500410	飞机电子设备维修	93.78	93.11	75.65	78.26	92.17	74.78	90.43	82.89	25.22	84.35	65.22	36.56	75.65	56.52	53.70	0.00	2.87
500412	通用航空器维修	97.51	96.72	69.14	79.01	92.59	81.48	90.12	80.25	20.99	77.78	62.96	43.68	70.37	46.91	11.70	0.00	1.42
500416	通用航空航务技术	75.86	77.27	50.00	50.00	100.00	50.00	100.00	82.50	50.00	50.00	50.00	0.00	50.00	50.00	5.88	0.00	3.45
500601	城市轨道交通工程技术	92.44	86.16	67.80	78.81	83.05	61.86	78.81	83.28	37.29	87.29	59.32	5.58	50.00	42.37	39.05	0.00	7.85
500602	城市轨道车辆应用技术	90.91	91.96	88.36	93.45	97.82	92.73	97.45	93.45	20.73	93.09	75.64	2.29	44.73	90.18	13.65	0.00	3.39
500603	城市轨道交通机电技术	88.16	93.39	61.98	73.38	92.78	80.99	86.31	82.64	38.02	84.41	56.27	4.82	50.19	70.72	39.04	0.19	2.82
500604	城市轨道交通通信信号技术	94.14	95.74	83.05	89.83	98.31	92.37	97.46	93.90	31.36	94.07	82.20	0.00	36.44	85.59	18.84	0.00	2.47
500605	城市轨道交通供配电技术	90.10	86.81	84.78	89.13	86.96	82.61	89.13	88.21	30.43	91.30	60.87	0.00	30.43	60.87	40.51	0.99	5.94

续表

专业代码	专业	落实率	协议率	相关度	期待度	社保比	职业稳定性	单位质量	工作稳定性	工作压力	工作自主性	薪资满意度	基层比	产业比	重点单位比	高校就业比	创业比	升学比
500606	城市轨道交通运营管理	94.34	93.13	66.85	79.01	86.92	78.45	90.42	89.24	35.91	89.87	67.96	2.82	50.28	60.41	34.79	0.18	3.92
500701	邮政快递运营管理	82.39	85.50	68.75	72.50	70.00	51.25	85.00	82.19	41.25	83.75	60.00	4.55	48.75	32.50	73.21	0.00	6.29
510101	电子信息工程技术	91.06	82.23	54.07	70.33	81.71	48.98	79.27	83.05	35.77	84.55	61.38	4.84	70.93	34.76	51.36	0.57	12.03
510102	物联网应用技术	89.98	81.39	38.94	63.36	74.16	52.04	81.77	80.90	43.54	81.95	55.93	4.85	66.19	25.49	49.90	0.61	10.32
510103	应用电子技术	91.36	88.95	58.78	74.39	83.17	62.93	82.68	79.68	34.15	79.27	56.10	12.52	72.44	49.27	51.52	0.62	5.71
510104	电子产品制造技术	100.00	100.00	0.00	0.00	0.00	0.00	0.00	0.00	0.00	0.00	0.00	0.00	0.00	0.00	0.00	0.00	0.00
510106	移动互联应用技术	86.38	85.26	41.29	65.59	72.47	48.17	75.91	80.66	41.72	82.15	54.62	2.93	63.44	21.29	58.75	0.24	9.59
510107	汽车智能技术	90.97	86.35	52.17	73.04	80.87	49.57	85.65	85.17	31.30	88.26	70.43	3.86	77.39	40.43	45.98	0.90	5.64
510108	智能产品开发与应用	84.62	90.91	100.00	100.00	100.00	50.00	100.00	100.00	100.00	50.00	100.00	0.00	100.00	100.00	20.00	0.00	7.69
510201	计算机应用技术	87.55	84.84	44.30	60.89	69.62	47.47	76.69	79.19	41.61	80.23	55.03	4.42	55.34	19.22	52.62	0.66	8.23
510202	计算机网络技术	91.04	84.75	46.86	65.82	74.07	51.46	79.63	82.28	41.81	84.29	59.88	6.41	62.07	18.46	57.27	0.71	9.27
510203	软件技术	89.75	81.98	42.12	63.12	75.19	45.72	77.53	79.65	39.16	81.62	55.88	4.27	64.69	21.12	53.67	0.55	11.13
510204	数字媒体技术	89.76	87.96	70.74	73.70	68.71	40.37	77.06	80.12	41.79	82.87	52.91	2.57	64.63	11.01	64.87	0.51	8.00
510205	大数据技术	91.35	84.02	37.72	59.54	76.39	47.65	78.19	79.32	42.34	81.18	52.69	5.13	60.14	18.48	54.95	0.56	8.59
510206	云计算技术应用	86.04	81.31	30.00	49.05	76.19	53.33	77.14	80.01	50.48	79.05	54.29	3.74	60.00	21.43	56.31	0.53	12.01
510207	信息安全技术应用	90.88	86.62	42.00	64.00	76.00	51.00	85.00	84.52	46.00	85.00	59.00	2.58	58.00	19.00	63.52	1.01	10.14
510208	虚拟现实技术应用	87.38	85.17	51.02	73.47	71.43	50.00	81.63	83.80	39.80	83.67	60.20	1.28	59.18	14.29	65.18	1.33	7.31
510209	人工智能技术应用	88.07	80.27	35.87	52.47	74.44	49.33	76.68	77.28	43.05	80.27	47.53	4.90	63.68	18.83	59.62	0.76	13.44
510210	嵌入式技术应用	92.13	78.05	55.81	62.79	69.77	44.19	65.12	74.77	23.26	76.74	44.19	2.99	79.07	30.23	46.88	0.00	16.85
510211	工业互联网技术	92.44	72.96	57.58	69.70	77.27	43.94	77.27	80.98	31.82	78.79	60.61	1.64	68.18	34.85	64.66	0.00	19.77

续表

专业代码	专业	落实率	协议率	相关度	期待度	社保比	职业稳定性	单位质量	工作稳定性	工作压力	工作自主性	薪资满意度	基层比	产业比	重点单位比	高校就业比	创业比	升学比
510212	区块链技术应用	88.06	88.14	14.29	28.57	100.00	28.57	71.43	77.86	42.86	57.14	71.43	5.88	0.00	0.00	61.54	0.00	8.96
510213	移动应用开发	92.04	83.36	36.18	57.29	73.37	50.75	74.87	79.30	46.23	74.87	53.77	4.50	58.29	16.08	59.28	0.77	11.49
510215	动漫制作技术	88.94	84.95	65.84	68.56	69.31	47.28	75.00	81.24	39.60	79.21	49.50	3.10	57.92	12.38	66.24	0.19	10.86
510301	现代通信技术	92.14	83.41	49.82	68.20	76.33	44.88	81.27	84.15	38.87	87.99	62.54	3.98	65.37	26.15	55.39	1.43	10.00
510302	现代移动通信技术	90.49	87.46	60.00	75.38	75.38	47.69	73.85	84.40	36.92	84.62	58.46	4.46	73.85	33.85	64.73	0.92	7.98
510305	通信工程设计与监理	88.89	83.75	77.50	87.50	97.50	45.00	97.50	91.38	30.00	95.00	75.00	4.76	75.00	40.00	68.66	1.11	6.67
510306	通信系统运行管理	100.00	100.00	0.00	0.00	0.00	0.00	0.00	0.00	0.00	0.00	0.00	0.00	0.00	0.00	100.00	0.00	0.00
510307	智能互联网络技术	90.83	85.10	42.86	63.39	69.64	36.61	75.89	78.17	42.86	83.93	56.25	5.26	64.29	24.11	53.11	1.75	6.55
510308	网络规划与优化技术	97.22	100.00	74.07	88.89	77.78	85.19	77.78	82.22	59.26	88.89	48.15	0.00	92.59	55.56	74.29	0.00	0.00
510309	电信服务与管理	94.25	92.68	65.85	85.37	85.37	43.90	90.24	92.44	31.71	90.24	78.05	3.33	63.41	19.51	81.58	0.00	4.60
510401	集成电路技术	100.00	93.48	33.33	50.00	83.33	66.67	75.00	55.00	33.33	83.33	50.00	10.53	66.67	41.67	58.14	0.00	2.17
520101	临床医学	82.60	70.96	91.32	86.49	70.81	88.95	83.33	85.80	20.41	84.91	48.22	8.49	47.44	10.65	76.41	0.06	6.41
520102	口腔医学	83.07	89.81	98.65	87.39	58.33	77.48	75.90	80.01	33.11	80.41	45.27	1.12	55.63	7.88	71.27	0.07	6.35
520201	护理	87.06	78.26	67.94	71.69	71.01	80.36	72.53	82.37	35.65	82.85	51.56	1.81	51.32	13.05	70.02	0.35	15.54
520202	助产	89.07	81.60	58.06	64.24	66.23	83.89	67.33	79.12	39.96	83.00	49.23	0.56	54.30	15.23	65.68	0.43	13.52
520301	药学	90.29	85.64	73.62	75.29	84.84	64.29	81.71	84.36	30.54	84.99	51.53	3.07	67.42	33.53	68.44	0.31	9.02
520401	中医学	86.64	79.95	97.43	91.26	85.35	93.57	86.89	86.36	19.79	86.89	43.70	10.09	48.84	6.17	89.91	0.21	6.68
520402	中医骨伤	77.78	82.14	53.85	61.54	84.62	92.31	69.23	86.92	53.85	69.23	53.85	0.00	46.15	7.69	84.06	0.00	10.19
520403	针灸推拿	90.03	75.00	92.68	88.62	85.37	79.67	83.74	81.18	30.08	82.93	52.85	3.62	52.85	11.38	88.19	0.00	21.37
520410	中药学	90.03	89.18	76.59	77.43	84.77	58.11	79.83	84.41	35.68	82.37	51.06	2.68	63.75	26.52	72.58	0.35	5.36

续表

专业代码	专业	落实率	协议率	相关度	期待度	社保比	职业稳定性	单位质量	工作稳定性	工作压力	工作自主性	薪资满意度	基层比	产业比	重点单位比	高校就业比	创业比	升学比
520414	中药材生产与加工	90. 70	100. 00	84. 62	92. 31	84. 62	34. 62	92. 31	90. 87	26. 92	96. 15	69. 23	9. 38	65. 38	38. 46	79. 49	0. 00	0. 00
520415	中药制药	91. 44	94. 74	73. 68	78. 95	80. 70	49. 12	82. 46	83. 90	50. 88	89. 47	54. 39	3. 12	64. 91	35. 09	65. 43	0. 00	3. 21
520416	中医康复技术	87. 46	93. 01	61. 17	72. 82	54. 37	74. 76	72. 82	77. 40	45. 63	83. 50	51. 46	3. 23	50. 49	7. 77	79. 05	0. 00	5. 14
520417	中医养生保健	83. 22	95. 80	46. 51	62. 79	69. 77	44. 19	67. 44	83. 84	46. 51	86. 05	37. 21	1. 18	55. 81	27. 91	52. 63	0. 70	2. 80
520501	医学检验技术	85. 04	76. 88	58. 33	62. 43	71. 20	83. 04	72. 66	80. 86	39. 18	80. 41	45. 91	3. 16	60. 38	16. 96	69. 44	0. 26	13. 05
520502	医学影像技术	82. 95	78. 43	64. 60	71. 68	70. 35	80. 97	71. 24	81. 76	46. 46	86. 73	48. 23	3. 43	42. 48	13. 27	70. 63	0. 00	14. 75
520504	口腔医学技术	90. 07	86. 03	62. 31	72. 36	77. 39	66. 33	78. 39	82. 24	37. 19	81. 91	46. 23	3. 90	52. 26	21. 11	47. 86	0. 00	4. 64
520507	医学美容技术	91. 53	96. 92	67. 90	77. 29	74. 02	39. 30	79. 69	83. 53	31. 66	83. 62	53. 28	1. 54	56. 99	14. 85	51. 59	0. 50	1. 51
520601	康复治疗技术	88. 47	73. 35	76. 55	77. 90	78. 71	80. 59	78. 71	84. 14	35. 31	86. 25	46. 90	3. 25	50. 67	11. 59	72. 66	0. 37	15. 04
520603	言语听觉康复技术	90. 53	89. 54	51. 61	77. 42	77. 42	80. 65	80. 65	88. 79	35. 48	87. 10	58. 06	0. 00	32. 26	3. 23	56. 93	0. 00	7. 69
520702	卫生信息管理	79. 63	88. 37	45. 83	62. 50	79. 17	83. 33	75. 00	84. 48	41. 67	83. 33	62. 50	4. 26	33. 33	20. 83	63. 16	0. 00	5. 56
520703	预防医学	82. 23	60. 23	78. 57	84. 07	84. 07	90. 66	89. 01	90. 05	32. 42	90. 66	55. 49	4. 56	43. 96	6. 04	77. 86	0. 19	6. 99
520801	健康管理	86. 96	90. 71	38. 17	56. 49	74. 81	53. 44	74. 05	82. 48	47. 33	81. 68	51. 15	2. 89	50. 38	21. 37	63. 78	0. 62	2. 17
520802	婴幼儿托育服务与管理	83. 28	96. 64	82. 52	81. 97	51. 04	71. 71	70. 46	82. 93	37. 03	82. 94	41. 19	1. 11	23. 16	8. 32	72. 60	0. 00	2. 05
520803	老年保健与管理	83. 17	87. 79	51. 16	72. 87	84. 50	68. 99	81. 40	85. 10	43. 41	86. 05	56. 59	2. 31	46. 51	25. 58	50. 43	2. 86	3. 49
520804	心理咨询	98. 12	80. 86	54. 79	63. 01	69. 86	61. 64	72. 60	80. 58	42. 47	80. 82	56. 16	2. 06	50. 68	9. 59	68. 05	0. 00	17. 84
520901	眼视光技术	94. 69	88. 50	84. 91	83. 02	87. 74	74. 53	79. 25	85. 14	27. 36	82. 08	50. 00	1. 94	49. 06	24. 53	78. 33	0. 28	9. 22
520903	视觉训练与康复	94. 74	83. 33	100. 00	100. 00	100. 00	71. 43	85. 71	98. 93	42. 86	100. 00	57. 14	0. 00	42. 86	28. 57	26. 67	0. 00	13. 16
530102	资产评估与管理	90. 91	88. 33	65. 22	78. 26	91. 30	56. 52	95. 65	87. 39	39. 13	95. 65	56. 52	7. 50	60. 87	21. 74	73. 58	0. 00	7. 58
530103	政府采购管理	100. 00	20. 00	0. 00	100. 00	100. 00	100. 00	0. 00	100. 00	100. 00	100. 00	100. 00	0. 00	0. 00	0. 00	0. 00	0. 00	60. 00

续表

专业代码	专业	落实率	协议率	相关度	期待度	社保比	职业稳定性	单位质量	工作稳定性	工作压力	工作自主性	薪资满意度	基层比	产业比	重点单位比	高校就业比	创业比	升学比
530201	金融服务与管理	90. 03	78. 70	46. 62	64. 22	72. 92	52. 22	77. 76	82. 67	41. 59	82. 40	58. 61	2. 14	63. 64	20. 70	64. 66	0. 15	17. 66
530202	金融科技应用	82. 41	84. 27	67. 65	70. 59	82. 35	52. 94	70. 59	81. 40	20. 59	82. 35	50. 00	5. 56	64. 71	32. 35	56. 00	1. 85	7. 41
530203	保险实务	93. 33	73. 13	72. 31	78. 46	77. 69	55. 38	78. 46	87. 60	26. 92	87. 69	56. 92	1. 65	57. 69	52. 31	47. 91	2. 86	18. 41
530205	财富管理	89. 64	83. 56	37. 21	58. 14	70. 93	56. 98	73. 26	81. 45	45. 35	83. 72	60. 47	1. 36	52. 33	16. 28	61. 17	0. 80	12. 35
530207	国际金融	96. 20	92. 11	25. 93	55. 56	77. 78	44. 44	74. 07	79. 91	33. 33	81. 48	40. 74	2. 27	59. 26	22. 22	65. 71	1. 27	3. 80
530301	大数据与财务管理	91. 08	83. 64	56. 42	68. 91	69. 15	53. 78	80. 55	82. 39	46. 34	83. 31	57. 02	1. 81	53. 30	12. 97	60. 01	0. 96	12. 62
530302	大数据与会计	90. 13	84. 60	61. 77	71. 46	68. 72	55. 78	79. 88	82. 46	43. 33	83. 66	56. 31	1. 51	52. 67	11. 14	59. 52	0. 49	12. 16
530303	大数据与审计	88. 45	86. 60	55. 67	63. 40	64. 43	58. 25	76. 29	80. 09	38. 66	80. 93	50. 52	2. 43	59. 28	14. 43	60. 32	0. 00	10. 94
530304	会计信息管理	90. 02	90. 15	58. 94	71. 54	67. 89	50. 00	79. 67	82. 71	39. 02	85. 77	52. 44	1. 71	55. 69	12. 20	59. 56	0. 22	8. 20
530402	统计与会计核算	93. 20	82. 29	52. 63	55. 26	81. 58	34. 21	71. 05	66. 97	42. 11	63. 16	36. 84	3. 03	65. 79	7. 89	60. 76	0. 97	14. 56
530501	国际经济与贸易	91. 87	80. 34	59. 59	71. 22	79. 07	47. 97	79. 94	83. 36	34. 88	84. 30	54. 36	2. 33	52. 33	13. 37	58. 10	1. 58	13. 88
530502	国际商务	91. 16	82. 39	62. 83	76. 21	76. 58	51. 67	79. 18	81. 50	37. 17	85. 87	56. 13	2. 39	46. 47	15. 61	52. 35	0. 59	13. 70
530503	关务与外贸服务	84. 44	84. 21	52. 00	64. 00	80. 00	52. 00	96. 00	85. 50	48. 00	84. 00	56. 00	8. 82	44. 00	16. 00	56. 25	0. 00	8. 89
530601	工商企业管理	89. 29	81. 93	39. 41	60. 10	74. 38	55. 17	74. 38	77. 89	36. 45	74. 88	61. 08	5. 62	56. 16	19. 70	63. 51	1. 21	11. 92
530602	连锁经营与管理	87. 36	85. 53	38. 46	75. 00	78. 85	48. 08	73. 08	81. 78	40. 38	78. 85	50. 00	1. 09	48. 08	19. 23	76. 92	0. 00	10. 92
530603	商务管理	88. 92	81. 64	55. 26	69. 74	72. 37	46. 71	76. 32	79. 51	38. 82	73. 68	51. 32	2. 19	57. 24	24. 34	68. 67	0. 58	13. 70
530604	中小企业创业与经营	100. 00	82. 93	63. 16	63. 16	68. 42	52. 63	89. 47	86. 97	52. 63	89. 47	73. 68	0. 00	63. 16	10. 53	61. 76	0. 00	14. 63
530605	市场营销	91. 42	88. 08	71. 15	76. 99	70. 09	44. 37	80. 27	84. 75	38. 96	87. 04	61. 40	2. 60	53. 85	19. 94	60. 23	1. 33	6. 84
530701	电子商务	89. 40	87. 68	67. 60	75. 52	67. 47	44. 74	78. 61	82. 90	40. 42	84. 81	56. 94	3. 07	51. 94	14. 02	58. 19	1. 17	7. 43
530702	跨境电子商务	92. 37	90. 81	70. 33	77. 03	75. 00	44. 72	80. 69	84. 88	40. 45	86. 18	59. 76	3. 14	51. 42	16. 06	54. 04	0. 86	5. 82

续表

专业代码	专业	落实率	协议率	相关度	期待度	社保比	职业稳定性	单位质量	工作稳定性	工作压力	工作自主性	薪资满意度	基层比	产业比	重点单位比	高校就业比	创业比	升学比
530703	移动商务	87.85	89.38	64.32	68.65	75.68	42.16	76.22	79.96	39.46	82.70	59.46	1.94	56.76	22.16	70.17	1.08	7.16
530704	网络营销与直播电商	86.05	92.24	80.34	81.46	66.85	45.51	80.90	84.55	43.26	85.96	62.36	2.42	57.30	15.17	68.56	1.57	3.73
530705	农村电子商务	92.81	92.25	57.14	69.84	71.43	53.97	69.84	77.90	30.16	71.43	63.49	4.65	41.27	12.70	69.75	0.00	4.32
530706	商务数据分析与应用	97.09	68.00	66.67	83.33	81.25	60.42	89.58	87.03	52.08	89.58	79.17	2.70	64.58	10.42	64.71	0.00	30.10
530801	物流工程技术	83.50	92.22	48.42	70.53	76.84	64.21	80.00	79.95	44.21	83.16	63.16	4.79	50.53	26.32	48.70	0.00	1.50
530802	现代物流管理	89.61	86.76	53.67	70.27	71.53	50.58	79.44	79.98	41.99	82.82	55.31	2.99	46.62	23.36	52.96	0.49	8.58
530803	航空物流管理	76.36	95.24	36.00	80.00	68.00	28.00	72.00	84.40	56.00	88.00	56.00	9.38	48.00	24.00	42.50	0.00	0.00
530804	铁路物流管理	86.79	87.50	75.00	82.89	93.42	88.16	89.47	86.84	40.79	90.79	73.68	1.87	30.26	67.11	24.22	0.00	9.43
530805	冷链物流技术与管理	87.37	84.34	43.64	61.82	83.64	63.64	76.36	79.32	43.64	83.64	56.36	5.06	54.55	25.45	74.29	0.00	7.37
530806	港口物流管理	94.96	89.82	42.15	70.25	75.21	52.07	85.12	83.88	38.02	89.26	61.16	3.95	47.93	20.66	46.31	0.84	6.30
530807	工程物流管理	91.67	91.61	37.78	57.78	68.89	41.11	81.11	80.28	53.33	78.89	56.67	4.55	45.56	17.78	55.73	2.56	1.28
530808	采购与供应管理	83.33	93.33	58.33	70.83	70.83	58.33	70.83	79.90	50.00	79.17	54.17	3.03	37.50	33.33	57.14	1.85	1.85
530809	智能物流技术	76.92	91.82	50.98	72.55	72.55	45.10	82.35	85.78	31.37	90.20	47.06	6.10	52.94	29.41	50.50	0.00	2.10
540101	旅游管理	88.22	88.80	56.45	72.82	66.78	54.24	78.75	82.89	42.16	85.37	60.74	2.18	51.92	22.88	67.00	0.35	8.29
540102	导游	90.70	96.41	48.11	58.49	62.26	34.91	75.47	76.27	46.23	82.08	50.00	3.73	56.60	13.21	80.85	0.47	2.33
540104	定制旅行管理与服务	100.00	100.00	0.00	0.00	0.00	100.00	100.00	100.00	100.00	100.00	100.00	0.00	0.00	0.00	0.00	0.00	0.00
540106	酒店管理与数字化运营	88.25	87.44	65.97	73.95	73.95	49.24	81.56	80.96	44.49	82.51	54.94	1.95	55.70	28.33	67.46	0.73	8.08
540107	民宿管理与运营	100.00	93.33	50.00	69.23	46.15	61.54	76.92	76.06	26.92	76.92	50.00	0.00	42.31	30.77	16.67	0.00	6.67
540109	茶艺与茶文化	89.77	92.41	51.43	62.86	68.57	34.29	85.71	79.21	42.86	88.57	60.00	0.00	51.43	20.00	83.56	4.55	2.27
540110	智慧景区开发与管理	82.98	82.05	53.33	53.33	73.33	53.33	60.00	87.67	26.67	80.00	46.67	0.00	40.00	20.00	59.38	2.13	8.51

续表

专业代码	专业	落实率	协议率	相关度	期待度	社保比	职业稳定性	单位质量	工作稳定性	工作压力	工作自主性	薪资满意度	基层比	产业比	重点单位比	高校就业比	创业比	升学比
540112	会展策划与管理	85.43	78.29	38.24	73.53	76.47	61.76	82.35	87.65	35.29	88.24	38.24	1.59	58.82	20.59	70.30	0.00	17.22
540113	休闲服务与管理	91.33	86.03	48.44	68.75	68.75	43.75	82.81	81.52	43.75	90.62	56.25	2.61	65.62	17.19	70.13	0.51	11.22
540201	餐饮智能管理	95.06	95.20	53.03	71.97	70.45	37.88	77.27	80.51	37.88	80.30	53.79	3.94	46.97	17.42	74.37	1.14	2.28
540202	烹饪工艺与营养	92.83	94.59	77.88	88.46	61.54	52.88	90.38	88.03	35.58	88.46	73.08	7.41	46.15	28.85	73.47	0.00	1.79
540203	中西面点工艺	88.10	98.20	70.00	78.75	55.00	60.00	88.75	85.72	45.00	83.75	57.50	2.06	35.00	15.00	78.90	0.00	0.00
540204	西式烹饪工艺	86.15	87.50	64.52	87.10	77.42	35.48	93.55	92.98	35.48	93.55	77.42	3.77	67.74	41.94	69.39	0.00	6.15
540205	营养配餐	97.30	88.89	51.61	77.42	67.74	51.61	77.42	94.19	45.16	90.32	58.06	2.04	48.39	16.13	87.50	0.00	10.81
550101	艺术设计	89.83	85.42	64.04	72.66	71.01	48.26	80.55	80.73	38.72	82.20	53.21	2.52	44.95	13.94	63.87	0.00	11.49
550102	视觉传达设计	89.68	80.78	68.73	77.71	73.68	45.82	77.71	81.53	36.53	86.69	53.56	1.78	45.51	12.69	64.92	0.19	15.77
550103	数字媒体艺术设计	90.52	86.27	73.91	76.63	70.11	51.90	77.99	81.70	42.12	85.33	50.54	3.23	65.22	11.96	61.91	0.00	11.05
550104	产品艺术设计	88.10	77.61	57.45	67.02	73.40	55.32	75.53	80.51	43.62	80.85	47.87	2.78	42.55	12.77	71.14	0.00	19.05
550105	服装与服饰设计	89.70	90.93	67.74	70.97	68.82	58.28	78.71	80.53	38.49	80.00	55.91	2.28	30.97	16.13	34.22	0.22	6.64
550106	环境艺术设计	89.55	81.12	57.75	71.51	54.07	41.47	74.03	81.55	34.11	83.72	42.25	3.79	37.21	15.89	69.93	0.73	13.06
550109	游戏艺术设计	82.35	78.57	68.42	78.95	68.42	57.89	73.68	90.26	21.05	89.47	57.89	0.00	68.42	21.05	70.45	1.47	13.24
550110	展示艺术设计	96.00	91.67	54.55	63.64	45.45	63.64	72.73	79.32	63.64	90.91	45.45	0.00	36.36	9.09	45.45	0.00	4.00
550112	工艺美术品设计	85.29	86.21	22.58	51.61	67.74	54.84	70.97	79.92	45.16	67.74	54.84	5.45	32.26	6.45	66.67	0.98	8.82
550113	广告艺术设计	88.28	87.47	66.67	71.03	70.04	46.23	76.19	78.24	40.48	80.75	52.18	2.06	48.81	11.71	63.95	0.51	9.45
550114	室内艺术设计	88.01	83.71	68.16	72.09	52.71	56.10	75.47	82.38	35.77	81.03	43.50	3.33	38.48	15.18	70.04	0.05	11.57
550116	动漫设计	83.71	85.09	56.98	60.85	70.93	50.00	69.38	75.26	36.82	73.64	42.64	3.23	54.26	13.18	62.39	0.15	10.20
550117	人物形象设计	89.41	91.45	61.67	83.33	51.67	55.00	81.67	85.04	35.00	88.33	56.67	3.09	45.00	20.00	71.94	0.00	7.06

续表

专业代码	专业	落实率	协议率	相关度	期待度	社保比	职业稳定性	单位质量	工作稳定性	工作压力	工作自主性	薪资满意度	基层比	产业比	重点单位比	高校就业比	创业比	升学比
550119	雕刻艺术设计	92.31	66.67	50.00	50.00	50.00	100.00	100.00	57.50	50.00	50.00	50.00	0.00	100.00	0.00	62.50	0.00	23.08
550120	皮具艺术设计	88.52	98.15	53.66	68.29	78.05	60.98	78.05	83.11	29.27	90.24	53.66	0.00	43.90	17.07	45.28	0.00	1.64
550121	包装艺术设计	92.17	91.50	40.79	61.84	67.11	56.58	77.63	79.74	35.53	76.32	53.95	2.42	47.37	18.42	57.86	0.00	6.63
550122	陶瓷设计与工艺	89.20	73.25	50.00	86.36	81.82	68.18	95.45	89.55	59.09	95.45	54.55	2.33	36.36	13.64	66.96	0.00	21.02
550123	首饰设计与工艺	93.22	87.27	80.00	100.00	40.00	100.00	60.00	98.50	60.00	80.00	80.00	0.00	40.00	20.00	54.17	1.69	10.17
550125	刺绣设计与工艺	93.10	91.36	73.33	88.89	80.00	80.00	86.67	86.00	35.56	84.44	51.11	4.69	42.22	13.33	54.05	0.00	6.90
550201	音乐表演	90.42	59.30	45.90	65.57	61.75	68.85	73.77	84.28	40.98	83.61	60.11	2.31	37.70	19.67	80.10	1.23	34.20
550202	舞蹈表演	91.17	70.50	81.48	84.72	54.63	58.80	77.31	87.38	40.28	91.20	60.19	2.56	27.31	15.28	75.40	0.21	26.08
550203	戏曲表演	90.16	100.00	90.00	86.67	80.00	86.67	86.67	80.92	20.00	80.00	40.00	0.00	33.33	13.33	98.18	0.00	0.00
550204	表演艺术	83.59	63.55	58.33	70.83	50.00	41.67	62.50	70.00	37.50	83.33	37.50	0.00	37.50	12.50	76.47	0.00	28.12
550205	戏剧影视表演	89.47	85.88	73.17	82.93	80.49	58.54	75.61	85.91	41.46	82.93	75.61	3.08	48.78	19.51	75.34	1.05	9.47
550206	歌舞表演	16.67	0.00	0.00	0.00	0.00	100.00	0.00	0.00	100.00	0.00	0.00	0.00	0.00	0.00	0.00	0.00	8.33
550208	音乐剧表演	87.27	81.25	70.59	64.71	52.94	64.71	58.82	69.56	23.53	58.82	35.29	0.00	41.18	17.65	89.74	0.00	14.55
550209	国际标准舞	84.24	85.61	81.97	95.08	57.38	54.10	96.72	93.73	40.98	96.72	80.33	4.76	34.43	14.75	75.63	0.61	10.30
550210	现代流行音乐	92.86	75.00	52.94	58.82	41.18	76.47	94.12	98.38	52.94	100.00	70.59	4.65	47.06	17.65	89.74	0.00	23.21
550211	戏曲音乐	100.00	100.00	100.00	100.00	100.00	100.00	100.00	100.00	0.00	100.00	66.67	0.00	66.67	0.00	100.00	0.00	0.00
550212	音乐制作	100.00	87.50	42.86	57.14	71.43	28.57	85.71	72.50	42.86	71.43	42.86	14.29	71.43	14.29	85.71	0.00	8.33
550214	钢琴调律	100.00	100.00	33.33	33.33	33.33	66.67	100.00	93.33	66.67	100.00	33.33	0.00	33.33	0.00	62.50	0.00	0.00
550216	音乐传播	81.12	62.93	60.42	72.92	66.67	47.92	89.58	92.60	52.08	83.33	66.67	0.83	39.58	8.33	95.89	2.10	24.48
550218	舞台艺术设计与制作	91.30	85.71	66.67	66.67	33.33	44.44	66.67	70.00	22.22	66.67	33.33	0.00	66.67	0.00	94.44	0.00	13.04

续表

专业代码	专业	落实率	协议率	相关度	期待度	社保比	职业稳定性	单位质量	工作稳定性	工作压力	工作自主性	薪资满意度	基层比	产业比	重点单位比	高校就业比	创业比	升学比
550401	文化创意与策划	88. 11	90. 48	71. 15	73. 08	71. 15	38. 46	80. 77	77. 12	32. 69	75. 00	28. 85	0. 00	48. 08	3. 85	80. 70	0. 00	8. 39
550403	公共文化服务与管理	90. 00	91. 67	46. 43	71. 43	75. 00	67. 86	82. 14	87. 86	53. 57	89. 29	46. 43	0. 00	32. 14	3. 57	81. 82	0. 00	7. 50
550404	文物修复与保护	85. 42	92. 68	63. 64	59. 09	50. 00	72. 73	59. 09	79. 55	54. 55	72. 73	45. 45	2. 63	31. 82	4. 55	52. 63	0. 00	6. 25
560101	数字图文信息处理技术	100. 00	0. 00	0. 00	0. 00	0. 00	0. 00	0. 00	0. 00	0. 00	0. 00	0. 00	0. 00	0. 00	0. 00	0. 00	0. 00	100. 00
560102	网络新闻与传播	90. 48	86. 84	77. 42	70. 97	74. 19	58. 06	70. 97	81. 13	45. 16	90. 32	51. 61	0. 00	51. 61	16. 13	78. 79	0. 00	11. 90
560105	数字出版	85. 71	79. 17	46. 15	57. 69	80. 77	69. 23	65. 38	60. 96	53. 85	69. 23	46. 15	0. 00	73. 08	34. 62	77. 19	0. 00	16. 67
560201	播音与主持	85. 42	63. 82	86. 59	82. 93	76. 83	46. 34	78. 05	79. 21	45. 12	79. 27	59. 76	2. 91	42. 68	13. 41	82. 80	1. 39	28. 47
560202	广播影视节目制作	87. 31	79. 49	80. 00	73. 33	73. 33	41. 90	71. 43	75. 07	33. 33	79. 05	47. 62	1. 62	64. 76	17. 14	75. 27	0. 37	14. 55
560203	数字广播电视技术	93. 02	75. 00	82. 35	82. 35	70. 59	58. 82	70. 59	93. 38	47. 06	82. 35	64. 71	3. 33	47. 06	11. 76	73. 33	2. 33	20. 93
560204	影视编导	90. 66	77. 58	91. 67	80. 00	81. 67	53. 33	73. 33	78. 04	30. 00	81. 67	53. 33	2. 48	61. 67	18. 33	65. 62	0. 00	18. 13
560205	新闻采编与制作	90. 87	78. 31	75. 36	69. 57	73. 91	59. 42	69. 57	75. 65	31. 88	79. 71	46. 38	0. 69	50. 72	10. 14	72. 30	0. 00	19. 71
560206	影视动画	92. 52	89. 71	64. 29	72. 86	74. 29	67. 14	71. 43	76. 11	48. 57	82. 86	42. 86	2. 91	54. 29	10. 00	68. 03	0. 00	8. 84
560208	影视多媒体技术	95. 00	84. 21	66. 67	73. 33	66. 67	66. 67	66. 67	74. 83	53. 33	66. 67	26. 67	0. 00	73. 33	13. 33	87. 50	0. 00	5. 00
560209	影视照明技术与艺术	86. 96	95. 00	33. 33	44. 44	77. 78	55. 56	44. 44	66. 94	22. 22	55. 56	33. 33	10. 53	33. 33	11. 11	78. 95	0. 00	4. 35
560212	摄影摄像技术	80. 20	71. 60	92. 31	96. 15	73. 08	50. 00	80. 77	83. 85	46. 15	73. 08	69. 23	5. 56	76. 92	19. 23	87. 93	2. 97	15. 84
560215	传播与策划	94. 27	85. 14	85. 19	82. 41	74. 07	51. 85	73. 15	79. 26	42. 59	84. 26	50. 93	1. 12	40. 74	11. 11	64. 68	0. 32	12. 74
570101	早期教育	87. 13	96. 79	76. 08	75. 08	55. 81	60. 13	63. 79	77. 63	29. 57	78. 41	42. 19	0. 90	35. 55	11. 96	78. 61	0. 00	2. 66
570102	学前教育	87. 34	90. 24	81. 20	78. 93	62. 60	70. 18	74. 49	81. 20	30. 67	81. 47	39. 51	1. 09	27. 33	9. 07	80. 07	0. 15	4. 89
570103	小学教育	92. 12	89. 99	90. 32	86. 23	80. 06	88. 13	82. 59	85. 11	15. 66	84. 23	43. 95	1. 47	27. 51	8. 85	90. 22	0. 05	3. 27
570104	小学语文教育	82. 24	80. 46	70. 18	67. 28	50. 13	75. 20	59. 89	77. 22	32. 19	77. 57	50. 40	0. 63	34. 04	5. 28	71. 34	0. 20	15. 67

续表

专业代码	专业	落实率	协议率	相关度	期待度	社保比	职业稳定性	单位质量	工作稳定性	工作压力	工作自主性	薪资满意度	基层比	产业比	重点单位比	高校就业比	创业比	升学比
570105	小学数学教育	83.94	85.60	74.86	70.29	48.00	78.29	65.14	80.03	35.43	80.00	48.57	1.23	26.86	8.00	76.27	0.17	9.60
570106	小学英语教育	89.30	69.21	69.81	75.94	63.92	70.28	72.17	84.82	35.85	85.85	54.95	0.75	37.97	8.25	75.89	0.00	26.76
570107	小学科学教育	74.25	81.75	59.82	66.96	58.04	75.00	69.64	82.19	29.46	84.82	47.32	1.14	27.68	7.14	83.93	0.54	12.74
570108	音乐教育	90.07	64.57	60.78	67.97	59.48	69.93	67.97	78.61	37.25	79.74	53.59	3.79	26.80	11.76	79.27	0.00	31.03
570109	美术教育	81.12	88.87	72.50	75.00	51.00	69.50	69.00	78.59	35.00	80.00	49.00	1.82	20.50	8.50	84.97	0.16	8.21
570110	体育教育	87.90	67.44	77.35	82.48	53.85	56.84	75.21	84.34	35.47	84.62	61.11	7.13	32.48	13.25	77.78	0.86	21.17
570111	小学道德与法治教育	61.22	90.00	73.33	86.67	73.33	80.00	80.00	93.83	40.00	73.33	60.00	0.00	53.33	6.67	100.00	0.00	4.08
570112	舞蹈教育	92.31	73.08	86.21	84.48	58.62	70.69	70.69	86.98	31.03	82.76	53.45	1.96	22.41	12.07	89.47	0.59	23.67
570113	艺术教育	95.34	90.76	83.74	93.50	70.73	76.42	86.99	90.81	43.09	93.50	64.23	0.65	14.63	4.88	80.84	0.52	8.29
570114	特殊教育	86.67	97.07	86.14	88.12	85.15	81.19	81.19	87.25	20.79	86.14	53.47	1.37	15.84	4.95	74.72	0.00	2.22
570115	现代教育技术	78.23	92.17	70.42	71.83	52.58	75.12	65.26	80.50	28.17	81.69	54.93	1.30	36.15	9.86	84.20	0.00	4.76
570116	心理健康教育	97.67	61.90	71.43	42.86	42.86	71.43	42.86	44.64	28.57	50.00	28.57	3.03	42.86	0.00	100.00	0.00	37.21
570201	商务英语	91.11	77.92	58.72	74.74	76.29	56.46	79.60	84.19	39.66	84.19	57.80	0.89	51.45	15.53	54.00	0.24	19.47
570202	应用英语	87.28	84.98	64.08	75.08	63.75	64.40	79.29	82.62	43.37	85.76	52.10	0.84	43.69	12.62	68.28	0.26	11.95
570203	旅游英语	94.81	87.67	60.00	83.33	66.67	46.67	83.33	87.33	53.33	86.67	73.33	2.27	56.67	13.33	79.69	0.00	11.69
570204	应用韩语	87.58	88.06	30.51	59.32	71.19	49.15	76.27	78.39	37.29	84.75	55.93	0.00	50.85	6.78	67.80	0.00	6.54
570205	商务日语	89.51	86.21	60.29	75.00	85.29	54.41	86.76	81.36	29.41	85.29	60.29	0.00	44.12	16.18	60.00	4.94	6.17
570206	应用日语	89.91	80.45	34.56	54.41	76.47	47.06	75.74	80.81	41.91	83.09	51.47	2.49	49.26	16.18	66.93	0.86	13.54
570208	应用外语	91.18	93.55	52.38	80.95	66.67	57.14	85.71	96.43	47.62	90.48	66.67	4.00	28.57	9.52	44.83	0.00	2.94
570209	中文	93.83	97.37	50.00	33.33	66.67	33.33	83.33	66.67	0.00	66.67	33.33	15.38	16.67	0.00	77.03	0.00	2.47

续表

专业代码	专业	落实率	协议率	相关度	期待度	社保比	职业稳定性	单位质量	工作稳定性	工作压力	工作自主性	薪资满意度	基层比	产业比	重点单位比	高校就业比	创业比	升学比
570210	应用俄语	92. 59	88. 00	50. 00	85. 71	71. 43	57. 14	92. 86	91. 43	57. 14	92. 86	71. 43	5. 26	35. 71	14. 29	68. 18	0. 00	0. 00
570211	应用法语	84. 97	86. 15	45. 68	66. 67	75. 31	59. 26	80. 25	83. 61	33. 33	85. 19	59. 26	0. 98	46. 91	18. 52	57. 14	0. 00	7. 19
570212	应用西班牙语	89. 92	79. 31	67. 31	88. 46	82. 69	51. 92	80. 77	88. 56	26. 92	90. 38	73. 08	2. 53	48. 08	13. 46	46. 74	0. 78	11. 63
570213	应用德语	88. 00	90. 91	66. 67	91. 67	91. 67	58. 33	100. 00	80. 42	58. 33	100. 00	50. 00	0. 00	41. 67	25. 00	25. 00	0. 00	8. 00
570216	应用阿拉伯语	90. 00	88. 89	85. 71	100. 00	100. 00	42. 86	85. 71	97. 14	14. 29	85. 71	71. 43	0. 00	57. 14	28. 57	25. 00	0. 00	0. 00
570301	社会体育	91. 58	70. 11	90. 00	95. 00	65. 00	65. 00	90. 00	95. 75	30. 00	100. 00	70. 00	7. 69	60. 00	25. 00	73. 77	0. 00	21. 05
570302	休闲体育	92. 31	91. 67	90. 00	100. 00	70. 00	70. 00	100. 00	95. 75	60. 00	90. 00	80. 00	20. 00	50. 00	30. 00	90. 91	0. 00	7. 69
570303	运动训练	93. 38	38. 00	78. 64	84. 47	55. 34	71. 84	79. 61	89. 61	36. 89	88. 35	56. 31	15. 04	33. 01	19. 42	86. 44	0. 60	9. 02
570304	民族传统体育	85. 32	78. 49	66. 67	87. 88	60. 61	54. 55	78. 79	84. 02	33. 33	90. 91	60. 61	7. 35	36. 36	3. 03	73. 97	0. 92	10. 09
570306	体育保健与康复	91. 97	86. 51	68. 97	79. 31	72. 41	60. 34	81. 03	88. 36	29. 31	86. 21	63. 79	11. 36	51. 72	8. 62	67. 89	0. 00	8. 03
570307	健身指导与管理	85. 71	76. 85	92. 31	90. 38	53. 85	46. 15	88. 46	90. 05	32. 69	94. 23	69. 23	9. 76	38. 46	17. 31	74. 70	1. 59	14. 29
570311	体育运营与管理	91. 86	86. 08	50. 00	81. 25	62. 50	37. 50	93. 75	94. 22	43. 75	93. 75	75. 00	17. 07	50. 00	12. 50	64. 71	0. 00	8. 14
570312	电子竞技运动与管理	91. 89	88. 24	50. 00	66. 67	87. 50	33. 33	75. 00	85. 31	45. 83	91. 67	54. 17	4. 88	62. 50	16. 67	78. 33	1. 35	4. 05
570313	高尔夫球运动与管理	58. 74	90. 48	72. 73	77. 27	68. 18	31. 82	81. 82	89. 09	31. 82	95. 45	59. 09	7. 69	54. 55	40. 91	26. 32	0. 00	2. 10
580201	刑事科学技术	0. 00	0. 00	0. 00	0. 00	0. 00	0. 00	0. 00	0. 00	0. 00	0. 00	0. 00	0. 00	0. 00	0. 00	0. 00	0. 00	0. 00
580401	法律事务	76. 85	47. 60	40. 00	50. 00	80. 00	65. 00	70. 00	71. 13	50. 00	75. 00	55. 00	1. 59	45. 00	10. 00	70. 64	0. 00	38. 59
580402	法律文秘	76. 77	56. 58	55. 56	55. 56	77. 78	77. 78	77. 78	70. 00	22. 22	66. 67	33. 33	4. 76	55. 56	0. 00	86. 05	1. 01	31. 31
580501	刑事执行	70. 83	97. 06	87. 88	93. 94	100. 00	100. 00	93. 94	96. 59	9. 09	100. 00	84. 85	2. 22	9. 09	3. 03	77. 27	0. 00	2. 08
580503	行政执行	78. 72	94. 59	75. 00	81. 25	93. 75	87. 50	93. 75	83. 12	6. 25	81. 25	87. 50	8. 70	25. 00	12. 50	74. 29	0. 00	2. 13
580504	司法警务	88. 54	66. 27	37. 50	54. 17	75. 00	70. 83	79. 17	87. 19	50. 00	87. 50	50. 00	3. 77	25. 00	0. 00	65. 68	0. 35	27. 08

续表

专业代码	专业	落实率	协议率	相关度	期待度	社保比	职业稳定性	单位质量	工作稳定性	工作压力	工作自主性	薪资满意度	基层比	产业比	重点单位比	高校就业比	创业比	升学比
580505	社区矫正	64. 21	55. 74	28. 57	71. 43	85. 71	71. 43	100. 00	100. 00	57. 14	100. 00	85. 71	5. 56	42. 86	14. 29	58. 82	0. 00	23. 16
580601	刑事侦查技术	79. 17	94. 74	90. 91	93. 18	97. 73	90. 91	95. 45	92. 78	20. 45	93. 18	86. 36	3. 33	31. 82	9. 09	84. 72	0. 00	1. 04
580603	司法鉴定技术	87. 36	73. 68	25. 00	66. 67	100. 00	83. 33	83. 33	95. 62	58. 33	83. 33	75. 00	3. 57	41. 67	8. 33	56. 25	0. 57	20. 11
580604	司法信息安全	62. 22	92. 86	76. 47	88. 24	94. 12	94. 12	94. 12	96. 62	17. 65	94. 12	88. 24	0. 00	29. 41	11. 76	88. 46	0. 00	4. 44
590101	社会工作	94. 15	78. 11	30. 71	53. 54	64. 57	51. 97	76. 38	83. 94	44. 88	84. 25	53. 54	2. 26	47. 24	8. 66	60. 61	0. 28	18. 66
590104	社区管理与服务	82. 59	88. 11	49. 37	77. 22	73. 42	51. 90	88. 61	88. 70	53. 16	92. 41	62. 03	1. 67	41. 77	16. 46	65. 03	0. 00	8. 48
590201	民政服务与管理	92. 11	73. 71	43. 75	65. 62	68. 75	62. 50	64. 06	79. 69	42. 19	81. 25	51. 56	1. 68	37. 50	14. 06	48. 84	0. 53	21. 58
590202	人力资源管理	91. 95	88. 55	62. 24	74. 05	77. 43	42. 62	79. 75	79. 26	38. 40	83. 76	54. 85	1. 52	54. 43	17. 93	63. 12	0. 10	9. 49
590203	劳动与社会保障	95. 79	89. 01	37. 14	54. 29	68. 57	20. 00	68. 57	71. 50	54. 29	77. 14	37. 14	5. 36	45. 71	11. 43	72. 84	1. 05	7. 37
590205	公共事务管理	85. 81	72. 44	31. 58	47. 37	68. 42	57. 89	68. 42	77. 11	52. 63	89. 47	47. 37	0. 00	57. 89	10. 53	66. 30	1. 35	19. 59
590206	行政管理	91. 37	71. 67	40. 91	57. 58	74. 24	56. 06	77. 27	74. 51	31. 82	66. 67	45. 45	3. 15	51. 52	16. 67	68. 22	1. 02	19. 80
590301	现代家政服务与管理	92. 50	81. 98	56. 52	80. 43	71. 74	60. 87	80. 43	89. 46	36. 96	80. 43	65. 22	0. 00	47. 83	8. 70	76. 92	0. 83	15. 83
590302	智慧健康养老服务与管理	87. 03	93. 50	47. 92	72. 22	75. 69	58. 33	79. 17	85. 61	38. 19	86. 81	63. 19	3. 42	47. 22	17. 36	50. 14	0. 94	4. 01
590304	婚庆服务与管理	89. 53	88. 96	57. 89	75. 00	65. 79	44. 74	77. 63	82. 24	42. 11	76. 32	43. 42	0. 98	55. 26	11. 84	55. 47	0. 00	8. 72
590305	现代殡葬技术与管理	92. 89	95. 63	96. 34	85. 37	95. 12	75. 61	76. 83	83. 17	36. 59	87. 80	64. 63	2. 00	52. 44	30. 49	20. 00	1. 02	2. 03
590307	陵园服务与管理	93. 67	95. 95	88. 89	74. 07	88. 89	59. 26	55. 56	66. 20	40. 74	62. 96	44. 44	0. 00	51. 85	11. 11	28. 17	0. 00	3. 80
590401	现代文秘	90. 98	93. 10	70. 93	77. 91	67. 44	54. 65	81. 40	80. 78	54. 65	87. 21	53. 49	4. 03	47. 67	11. 63	48. 15	0. 39	5. 49

注：此表专业按照“普通高等学校专科专业目录”顺序排序。

（二）本科专业

附表 3-8　湖南省普通高校 2024 届本科毕业生分专业就业质量评估指标明细表

专业代码	专业	落实率	协议率	相关度	期待度	社保比	职业稳定性	单位质量	工作稳定性	工作压力	工作自主性	薪资满意度	基层比	产业比	重点单位比	高校就业比	创业比	升学比
01SY01	人文科学试验班	100.00	0.00	0.00	0.00	0.00	0.00	0.00	0.00	0.00	0.00	0.00	0.00	0.00	0.00	0.00	0.00	92.00
020101	经济学	83.29	64.49	53.88	77.14	90.61	86.94	81.63	87.68	31.02	86.94	61.63	1.56	55.10	34.69	46.85	0.38	17.93
020102	经济统计学	81.93	60.29	42.31	61.54	100.00	84.62	84.62	78.85	26.92	76.92	53.85	0.00	57.69	42.31	68.29	1.20	19.28
020105	商务经济学	83.12	64.06	63.16	73.68	94.74	89.47	68.42	88.82	26.32	84.21	52.63	11.11	47.37	21.05	68.29	0.00	10.39
020201	财政学	91.02	66.82	73.03	79.78	89.89	93.26	85.39	89.27	28.09	85.39	67.42	1.27	50.56	38.20	55.03	0.00	18.37
020202	税收学	95.00	65.79	62.50	93.75	81.25	100.00	75.00	94.69	43.75	100.00	68.75	0.00	31.25	31.25	88.00	0.00	15.00
020301	金融学	84.07	65.51	64.88	76.28	93.32	90.04	82.57	87.62	24.38	81.65	63.56	1.34	55.83	49.41	56.04	0.40	13.93
020302	金融工程	83.71	85.12	62.07	75.40	91.26	85.29	82.07	87.27	25.06	88.05	61.84	2.52	63.13	39.63	56.97	0.52	7.75
020303	保险学	84.13	64.15	68.29	82.93	97.56	92.68	82.93	90.37	19.51	87.80	68.29	1.05	70.73	58.54	50.00	0.00	17.46
020304	投资学	79.57	75.94	56.67	70.00	90.00	86.67	78.33	89.96	40.00	80.00	56.67	3.25	60.00	48.33	50.00	1.70	10.64
020305	金融数学	85.00	75.94	66.23	72.73	94.81	88.31	84.42	87.53	35.06	83.12	62.34	0.67	62.34	37.66	64.79	2.27	14.55
020308	精算学	82.86	31.03	75.00	100.00	100.00	100.00	100.00	95.00	0.00	75.00	100.00	0.00	50.00	75.00	44.44	0.00	31.43
020309	互联网金融	88.00	90.91	59.09	86.36	100.00	73.91	82.61	84.89	8.70	73.91	68.18	5.56	50.00	31.82	77.50	2.00	4.00
020401	国际经济与贸易	85.40	81.17	65.34	77.45	93.72	74.68	76.52	82.19	25.32	79.30	54.62	1.86	52.50	28.28	40.28	0.49	8.97
020402	贸易经济	92.11	81.43	50.00	68.42	94.74	86.84	78.95	84.61	21.05	86.84	63.16	3.39	55.26	39.47	63.16	0.00	7.89
030101	法学	80.37	78.98	79.95	82.31	82.71	89.37	82.47	86.80	30.19	86.04	59.82	2.23	39.69	13.88	66.07	0.14	10.97
030102	知识产权	83.05	61.22	71.43	71.43	91.43	94.29	82.86	82.43	22.86	88.57	45.71	1.52	57.14	25.71	44.17	0.42	19.49
030104	信用风险管理与法律防控	81.54	45.28	100.00	100.00	50.00	100.00	100.00	90.00	0.00	100.00	100.00	0.00	50.00	0.00	58.33	0.00	30.77

续表

专业代码	专业	落实率	协议率	相关度	期待度	社保比	职业稳定性	单位质量	工作稳定性	工作压力	工作自主性	薪资满意度	基层比	产业比	重点单位比	高校就业比	创业比	升学比
030201	政治学与行政学	90.00	50.00	66.67	88.89	100.00	100.00	88.89	89.72	22.22	88.89	66.67	0.00	22.22	33.33	37.04	0.00	30.00
030301	社会学	83.87	53.85	25.00	81.25	93.75	93.75	93.75	93.44	50.00	81.25	81.25	0.00	43.75	37.50	33.33	0.00	26.88
030302	社会工作	85.15	80.93	40.12	66.05	77.78	74.69	72.84	83.04	35.80	84.57	46.30	3.46	45.68	11.73	59.26	0.93	11.83
030304	女性学	88.89	90.62	31.58	63.16	84.21	78.95	78.95	90.00	52.63	94.74	78.95	0.00	47.37	26.32	51.72	5.56	2.78
030305	家政学	88.00	92.21	30.43	60.87	80.43	64.13	66.30	70.22	38.04	75.00	45.65	1.43	57.61	27.17	48.59	1.14	3.43
030306	老年学	86.36	73.68	35.29	52.94	88.24	70.59	64.71	76.03	17.65	88.24	35.29	0.00	70.59	35.29	64.29	6.82	13.64
030502	中国共产党历史	89.19	6.06	100.00	100.00	0.00	0.00	0.00	0.00	0.00	0.00	0.00	0.00	0.00	0.00	0.00	0.00	64.86
030503	思想政治教育	90.93	56.99	93.21	90.94	94.43	94.25	84.32	85.51	15.85	82.58	56.27	1.52	22.47	5.23	75.20	0.00	16.71
030601	治安学	100.00	99.33	97.62	98.41	100.00	98.41	100.00	98.55	12.70	98.41	90.48	0.00	20.63	4.76	95.95	0.00	0.00
030602	侦查学	96.04	95.88	98.55	100.00	100.00	97.10	100.00	98.44	13.04	100.00	91.30	0.00	23.19	4.35	98.92	0.00	2.97
030604	禁毒学	100.00	100.00	97.56	100.00	100.00	95.12	100.00	99.02	14.63	100.00	92.68	0.00	36.59	4.88	89.80	0.00	0.00
030606	经济犯罪侦查	98.00	100.00	95.45	100.00	97.73	93.18	100.00	98.64	6.82	97.73	84.09	0.00	29.55	11.36	93.88	0.00	0.00
030615	警务指挥与战术	100.00	100.00	97.56	100.00	100.00	97.56	100.00	99.02	7.32	100.00	92.68	2.38	14.63	0.00	95.92	0.00	0.00
040101	教育学	82.04	55.22	89.66	84.48	91.38	89.66	62.07	75.73	8.62	79.31	58.62	2.07	36.21	6.90	63.96	0.41	25.31
040102	科学教育	94.37	35.52	91.97	87.59	95.62	89.78	89.78	91.82	12.41	90.51	54.74	1.63	30.66	9.49	77.31	0.56	9.01
040103	人文教育	90.00	84.44	86.36	86.36	81.82	90.91	54.55	79.09	18.18	81.82	63.64	2.17	27.27	0.00	81.58	0.00	6.00
040104	教育技术学	88.03	36.40	86.61	85.04	97.64	95.28	88.98	85.43	14.17	80.31	40.94	0.00	30.71	6.30	86.75	0.00	8.88
040106	学前教育	85.07	75.47	80.93	81.46	90.37	88.24	76.47	83.83	21.21	80.04	51.16	1.18	25.67	6.95	54.63	0.20	8.06
040107	小学教育	94.28	34.74	96.49	91.93	96.14	95.09	89.65	88.70	12.98	85.79	53.33	1.86	23.68	7.19	59.52	0.09	6.15
040108	特殊教育	85.71	50.00	75.00	75.00	100.00	75.00	100.00	100.00	0.00	75.00	100.00	0.00	50.00	0.00	66.67	0.00	28.57

续表

专业代码	专业	落实率	协议率	相关度	期待度	社保比	职业稳定性	单位质量	工作稳定性	工作压力	工作自主性	薪资满意度	基层比	产业比	重点单位比	高校就业比	创业比	升学比
040201	体育教育	86.16	74.91	85.81	87.57	79.59	83.51	79.32	88.70	20.95	87.70	62.43	7.28	30.14	10.14	70.34	0.67	8.46
040202	运动训练	87.32	73.82	81.65	89.91	84.40	85.32	83.49	91.97	29.36	90.83	67.89	4.10	25.69	18.35	59.00	1.43	10.54
040203	社会体育指导与管理	88.53	79.31	69.06	81.61	70.85	72.65	73.54	86.09	30.94	84.75	56.05	7.20	41.26	13.90	77.36	1.89	10.11
040204	武术与民族传统体育	92.11	51.43	100.00	75.00	100.00	100.00	100.00	100.00	25.00	100.00	75.00	0.00	50.00	0.00	63.89	1.32	17.11
040205	运动人体科学	100.00	42.11	66.67	100.00	100.00	100.00	100.00	100.00	33.33	100.00	100.00	25.00	33.33	33.33	12.50	0.00	15.79
040206	运动康复	86.96	87.50	90.32	74.19	80.65	83.87	77.42	73.71	35.48	77.42	41.94	1.37	61.29	19.35	78.57	1.09	3.26
040207	休闲体育	91.91	81.76	57.14	65.08	73.02	73.02	63.49	83.69	42.86	84.13	42.86	6.45	49.21	14.29	73.08	2.89	9.25
050101	汉语言文学	82.76	72.35	86.09	86.17	89.88	89.09	81.15	85.58	18.10	82.73	56.40	1.53	27.83	9.80	69.77	0.12	7.94
050103	汉语国际教育	79.64	61.08	74.03	79.22	81.82	88.31	61.04	82.53	20.78	77.92	67.53	1.21	28.57	11.69	50.23	0.23	23.08
050107	秘书学	86.70	89.95	62.32	78.26	84.06	89.86	76.81	82.79	36.23	84.06	55.07	0.68	49.28	18.84	50.00	0.00	4.59
050201	英语	84.60	73.23	78.70	79.66	88.98	84.56	75.69	82.33	21.76	80.70	53.74	1.44	37.24	15.36	58.60	0.18	9.75
050202	俄语	92.00	65.22	69.57	86.96	100.00	86.96	95.65	97.28	26.09	91.30	78.26	2.56	47.83	30.43	50.00	0.00	20.00
050203	德语	91.55	73.85	57.69	80.77	96.15	84.62	61.54	76.83	23.08	80.77	50.00	0.00	61.54	53.85	22.92	0.00	18.31
050204	法语	87.10	58.52	59.57	82.98	91.49	82.98	72.34	87.34	34.04	87.23	59.57	1.35	51.06	34.04	26.58	0.00	18.06
050205	西班牙语	90.00	70.71	80.77	80.77	92.31	88.46	73.08	79.33	15.38	69.23	73.08	0.00	76.92	34.62	17.14	0.00	14.55
050207	日语	85.91	70.05	46.24	71.05	86.84	78.20	72.56	78.98	37.97	82.71	56.39	2.67	47.37	22.93	41.39	0.12	10.01
050209	朝鲜语	85.37	80.00	27.54	69.57	89.86	71.01	82.61	84.24	36.23	85.51	60.87	3.77	46.38	20.29	48.81	0.00	8.13
050261	翻译	88.34	70.97	64.53	78.11	92.45	84.91	78.49	87.26	30.19	81.13	61.13	1.12	49.43	33.58	37.81	0.26	18.78
050262	商务英语	87.23	86.58	78.27	78.70	90.23	64.98	72.67	79.83	28.65	78.16	51.81	1.06	50.38	20.64	40.11	0.18	8.38
050301	新闻学	85.62	71.09	68.80	78.20	89.85	86.09	80.08	85.84	28.57	81.58	57.14	0.73	38.72	33.46	52.32	0.18	14.92

续表

专业代码	专业	落实率	协议率	相关度	期待度	社保比	职业稳定性	单位质量	工作稳定性	工作压力	工作自主性	薪资满意度	基层比	产业比	重点单位比	高校就业比	创业比	升学比
050302	广播电视学	77.48	76.07	66.67	76.19	100.00	85.71	76.19	86.19	23.81	90.48	61.90	3.57	38.10	9.52	62.92	0.00	14.57
050303	广告学	86.13	79.27	64.25	75.98	91.06	77.09	76.54	78.74	29.05	77.09	50.28	0.00	47.49	27.37	42.25	0.41	11.95
050305	编辑出版学	88.89	70.83	45.45	54.55	81.82	90.91	81.82	68.41	18.18	90.91	54.55	5.00	27.27	9.09	38.24	0.00	14.81
050306	网络与新媒体	85.76	80.55	75.72	79.84	90.12	64.61	72.84	83.79	29.63	80.66	51.85	1.32	50.62	20.16	55.08	0.68	8.29
050307	数字出版	85.88	49.32	75.00	100.00	100.00	100.00	50.00	73.12	25.00	50.00	75.00	0.00	50.00	75.00	47.22	0.00	30.59
060101	历史学	89.48	46.68	93.91	91.57	95.55	94.38	88.52	86.52	15.22	82.44	55.50	2.31	21.55	7.49	74.59	0.00	12.07
070101	数学与应用数学	90.53	55.63	94.74	92.23	96.20	94.51	90.48	87.95	12.27	85.69	55.26	1.20	27.86	6.78	77.36	0.08	10.45
070102	信息与计算科学	81.96	69.39	50.64	67.87	92.03	87.15	79.69	82.20	32.90	79.69	59.13	2.08	62.98	38.82	49.44	0.52	15.19
070201	物理学	92.59	54.03	97.63	94.85	97.63	94.15	93.87	89.79	14.35	85.38	53.06	2.48	25.21	7.24	84.31	0.05	18.26
070202	应用物理学	90.03	50.34	86.73	87.76	94.90	98.98	86.73	89.13	19.39	83.67	66.33	0.88	55.10	28.57	80.00	0.00	38.07
070203	核物理	88.24	31.11	62.50	87.50	87.50	75.00	87.50	77.81	37.50	62.50	62.50	0.00	62.50	37.50	42.86	0.00	58.82
070300	化学类	100.00	66.67	100.00	100.00	100.00	100.00	100.00	100.00	100.00	100.00	100.00	0.00	100.00	100.00	50.00	0.00	33.33
070301	化学	90.39	51.74	95.65	92.24	95.19	95.03	91.61	87.79	14.60	84.78	56.37	1.87	29.19	10.40	77.41	0.06	21.90
070302	应用化学	87.79	58.26	82.35	83.01	96.08	93.46	84.31	84.95	28.76	83.99	66.01	1.26	65.36	46.73	54.47	0.09	31.99
070303	化学生物学	87.50	54.29	88.89	66.67	88.89	100.00	88.89	89.72	44.44	100.00	77.78	0.00	77.78	77.78	73.68	0.00	37.50
070501	地理科学	92.17	41.12	96.29	93.04	98.14	94.90	90.95	85.03	12.06	81.67	50.58	2.07	25.29	4.41	77.75	0.00	9.65
070503	人文地理与城乡规划	82.29	50.00	43.40	66.04	79.25	88.68	81.13	83.77	37.74	83.02	56.60	2.17	39.62	28.30	59.49	0.00	23.44
070504	地理信息科学	87.39	49.83	53.42	75.34	95.89	93.15	75.34	84.11	27.40	75.34	52.05	1.68	47.95	41.10	30.34	0.90	28.23
070601	大气科学	73.33	4.55	100.00	100.00	50.00	100.00	100.00	100.00	0.00	100.00	100.00	0.00	50.00	0.00	0.00	0.00	70.00
070602	应用气象学	66.67	0.00	0.00	0.00	0.00	0.00	0.00	0.00	0.00	0.00	0.00	0.00	0.00	0.00	0.00	0.00	66.67

续表

专业代码	专业	落实率	协议率	相关度	期待度	社保比	职业稳定性	单位质量	工作稳定性	工作压力	工作自主性	薪资满意度	基层比	产业比	重点单位比	高校就业比	创业比	升学比
070801	地球物理学	88.57	22.58	41.67	83.33	100.00	100.00	83.33	84.17	16.67	91.67	66.67	2.08	50.00	41.67	28.57	0.00	48.57
071001	生物科学	90.57	45.90	93.14	89.63	96.32	94.65	87.29	84.80	14.72	82.44	50.33	1.90	33.11	8.70	80.70	0.06	24.12
071002	生物技术	87.73	53.40	71.53	76.64	89.05	94.16	81.75	86.61	27.01	86.86	48.18	0.30	61.31	17.52	58.91	0.00	29.30
071003	生物信息学	88.07	43.75	70.00	70.00	80.00	75.00	75.00	85.38	25.00	70.00	45.00	4.35	90.00	20.00	54.76	0.00	42.20
071004	生态学	88.65	51.20	50.00	66.67	87.50	91.67	70.83	81.67	41.67	79.17	54.17	2.13	54.17	20.83	53.12	0.00	36.17
071101	心理学	82.31	55.14	80.56	94.44	97.22	100.00	91.67	92.85	22.22	91.67	80.56	0.00	16.67	2.78	50.85	0.00	22.31
071102	应用心理学	84.60	60.48	75.79	72.11	95.26	90.00	84.21	78.28	23.68	75.79	43.16	2.09	36.32	8.95	71.43	0.78	10.42
071201	统计学	86.15	47.66	57.78	70.00	93.33	91.11	78.89	83.94	22.22	78.89	54.44	0.51	52.22	44.44	34.36	0.25	28.97
071202	应用统计学	87.32	69.89	49.21	68.25	95.24	85.71	79.37	82.02	31.75	73.02	66.67	3.57	63.49	38.10	49.23	0.00	23.47
07SY01	理科试验班	100.00	0.00	100.00	100.00	50.00	100.00	100.00	100.00	50.00	100.00	100.00	6.67	50.00	0.00	0.00	0.00	90.91
080102	工程力学	90.77	50.85	80.65	83.87	96.77	95.16	80.65	87.94	17.74	80.65	72.58	1.20	33.87	85.48	19.17	0.00	41.92
080202	机械设计制造及其自动化	88.83	74.16	82.04	82.78	95.94	87.03	85.13	85.11	23.36	83.52	65.28	1.93	73.08	57.57	43.34	0.24	17.52
080203	材料成型及控制工程	88.32	66.00	75.41	78.69	95.90	88.52	84.02	83.42	22.95	78.28	59.43	1.23	75.00	55.33	37.07	0.25	21.98
080204	机械电子工程	88.23	75.03	75.57	81.11	97.72	86.97	83.71	82.43	25.08	81.76	61.24	2.86	73.29	54.40	41.11	0.09	18.17
080205	工业设计	87.48	68.94	56.29	78.44	93.41	83.83	83.23	85.27	28.74	79.64	62.87	0.93	63.47	40.12	36.74	0.19	17.92
080206	过程装备与控制工程	87.04	75.53	87.80	82.93	97.56	95.12	82.93	86.77	31.71	85.37	70.73	4.11	73.17	60.98	56.34	0.00	18.52
080207	车辆工程	92.78	75.30	73.59	84.86	95.77	89.08	84.15	88.68	20.07	83.45	68.31	1.80	77.11	57.39	46.72	0.00	18.19
080208	汽车服务工程	83.99	83.28	66.38	74.14	89.66	81.03	83.62	81.92	23.28	72.41	59.48	3.54	75.86	52.59	49.40	0.56	8.71
080209	机械工艺技术	94.00	85.11	96.55	93.10	100.00	100.00	93.10	86.29	24.14	89.66	44.83	2.78	44.83	24.14	77.50	0.00	12.00
080213	智能制造工程	90.10	70.83	77.65	77.65	95.29	91.76	82.35	83.59	16.47	82.35	58.82	3.89	80.00	57.65	41.18	0.34	20.48

续表

专业代码	专业	落实率	协议率	相关度	期待度	社保比	职业稳定性	单位质量	工作稳定性	工作压力	工作自主性	薪资满意度	基层比	产业比	重点单位比	高校就业比	创业比	升学比
080301	测控技术与仪器	89.63	59.52	76.83	84.15	97.56	96.34	93.90	90.67	26.83	90.24	64.63	1.22	85.37	71.95	32.57	0.00	31.10
080400	材料类	92.68	55.26	50.00	75.00	100.00	100.00	75.00	100.00	0.00	100.00	25.00	0.00	100.00	50.00	23.81	0.00	36.59
080401	材料科学与工程	88.27	38.96	73.48	79.01	93.92	94.48	80.66	82.00	18.78	79.56	64.09	0.74	75.69	54.70	34.10	0.35	45.77
080402	材料物理	85.31	51.64	87.50	87.50	75.00	87.50	87.50	96.56	25.00	100.00	50.00	0.00	87.50	25.00	47.62	0.00	37.06
080403	材料化学	88.22	53.39	77.78	77.78	91.85	86.67	83.70	78.69	28.15	74.81	57.04	0.65	84.44	51.11	47.13	0.19	35.91
080404	冶金工程	92.27	45.55	85.37	92.68	87.80	97.56	85.37	86.04	29.27	87.80	53.66	1.14	70.73	58.54	45.98	0.00	44.93
080405	金属材料工程	88.76	65.82	81.13	83.02	96.23	92.45	92.45	86.89	32.08	83.02	62.26	2.15	83.02	71.70	48.08	0.00	29.21
080406	无机非金属材料工程	91.28	62.80	73.08	77.88	93.27	85.58	79.81	81.37	31.73	83.65	64.42	0.94	64.42	59.62	49.46	0.00	31.15
080407	高分子材料与工程	87.64	62.93	78.65	83.71	95.51	95.51	87.08	86.26	25.28	83.71	66.29	2.17	84.27	52.25	42.24	0.16	27.73
080408	复合材料与工程	88.60	60.40	73.53	82.35	85.29	91.18	85.29	91.47	32.35	91.18	64.71	1.30	79.41	50.00	49.18	0.00	28.95
080409	粉体材料科学与工程	90.30	25.62	100.00	100.00	66.67	100.00	100.00	100.00	0.00	100.00	83.33	0.00	100.00	66.67	35.48	0.00	63.43
080411	焊接技术与工程	85.71	72.22	58.33	91.67	100.00	91.67	91.67	88.54	16.67	91.67	75.00	0.00	75.00	75.00	51.28	0.00	23.81
080412	功能材料	87.72	62.00	76.47	82.35	94.12	94.12	100.00	84.56	41.18	82.35	64.71	0.00	88.24	23.53	38.71	0.00	33.33
080414	新能源材料与器件	94.44	28.92	71.43	82.86	91.43	97.14	80.00	76.43	20.00	71.43	60.00	0.00	85.71	57.14	50.85	0.00	61.57
080501	能源与动力工程	88.69	67.86	81.62	87.50	96.69	92.65	91.91	89.93	23.90	86.03	72.43	1.28	68.38	77.94	40.04	0.11	24.89
080503	新能源科学与工程	90.50	76.39	84.11	87.85	98.13	97.20	90.65	90.91	28.97	88.79	69.16	0.00	85.98	79.44	33.48	0.00	20.77
080601	电气工程及其自动化	89.27	80.24	91.28	90.41	97.99	92.82	92.09	90.61	21.33	89.47	73.71	0.96	63.45	75.72	43.76	0.10	14.47
080701	电子信息工程	86.22	76.03	69.14	78.11	93.89	78.89	81.21	83.71	28.38	81.83	59.01	2.48	78.27	38.13	42.52	0.42	15.44
080702	电子科学与技术	86.64	53.96	82.95	87.60	96.90	95.35	92.25	90.06	25.58	86.82	74.42	0.69	88.37	51.94	28.16	0.00	34.35
080703	通信工程	84.19	73.93	67.05	81.79	96.39	87.28	86.13	86.05	26.45	85.69	64.74	1.53	77.60	48.70	43.84	0.39	16.64

续表

专业代码	专业	落实率	协议率	相关度	期待度	社保比	职业稳定性	单位质量	工作稳定性	工作压力	工作自主性	薪资满意度	基层比	产业比	重点单位比	高校就业比	创业比	升学比
080704	微电子科学与工程	87. 57	52. 16	64. 95	77. 32	96. 91	92. 78	83. 51	80. 49	29. 90	75. 26	62. 89	1. 42	87. 63	47. 42	32. 54	0. 00	34. 05
080705	光电信息科学与工程	89. 44	59. 24	64. 58	75. 00	94. 79	86. 46	80. 21	75. 81	25. 00	79. 17	61. 46	0. 75	82. 29	54. 17	47. 37	0. 00	28. 88
080706	信息工程	92. 97	73. 84	70. 00	78. 75	98. 75	93. 75	85. 00	79. 16	17. 50	72. 50	57. 50	3. 28	87. 50	56. 25	33. 86	0. 00	21. 08
080710	集成电路设计与集成系统	100. 00	0. 00	0. 00	0. 00	0. 00	0. 00	0. 00	0. 00	0. 00	0. 00	0. 00	0. 00	0. 00	0. 00	0. 00	0. 00	100. 00
080711	医学信息工程	83. 00	83. 13	61. 11	77. 78	94. 44	100. 00	77. 78	92. 08	55. 56	88. 89	50. 00	0. 00	83. 33	44. 44	65. 22	0. 00	14. 00
080714	电子信息科学与技术	84. 97	65. 01	70. 51	80. 18	95. 85	86. 64	85. 25	84. 62	22. 58	82. 03	68. 20	1. 47	76. 96	45. 16	43. 44	0. 65	23. 03
080716	应用电子技术教育	96. 55	94. 05	100. 00	88. 89	100. 00	97. 22	100. 00	87. 01	19. 44	91. 67	55. 56	2. 44	30. 56	11. 11	91. 14	0. 00	5. 75
080717	人工智能	84. 69	69. 04	45. 58	64. 19	92. 56	79. 07	80. 47	82. 69	32. 09	77. 21	55. 35	2. 28	76. 28	34. 42	52. 18	0. 46	17. 98
080801	自动化	89. 52	69. 39	81. 98	84. 28	96. 61	89. 84	87. 13	85. 89	25. 61	82. 93	61. 52	1. 20	77. 78	62. 06	33. 54	0. 64	22. 12
080802	轨道交通信号与控制	83. 62	52. 58	77. 27	86. 36	100. 00	97. 73	88. 64	89. 72	22. 73	86. 36	65. 91	4. 12	59. 09	72. 73	39. 22	1. 72	31. 03
080803	机器人工程	89. 44	65. 92	75. 89	83. 04	97. 32	88. 39	84. 82	91. 61	24. 11	89. 29	73. 21	0. 43	85. 71	53. 57	39. 86	0. 20	25. 30
080901	计算机科学与技术	82. 92	79. 27	65. 90	76. 23	91. 37	78. 57	78. 29	83. 35	28. 47	83. 02	57. 27	2. 09	69. 80	32. 03	51. 14	0. 55	9. 92
080902	软件工程	84. 42	84. 95	68. 35	77. 67	91. 03	71. 79	78. 92	83. 43	28. 74	82. 42	55. 46	1. 90	72. 15	31. 95	46. 90	0. 51	8. 66
080903	网络工程	85. 91	85. 09	64. 73	81. 16	89. 37	83. 09	78. 74	84. 79	28. 02	81. 16	59. 90	1. 52	76. 09	30. 68	51. 17	0. 60	6. 32
080904	信息安全	82. 78	73. 50	63. 75	82. 50	95. 00	86. 25	86. 25	86. 00	37. 50	85. 00	56. 25	2. 81	68. 75	46. 25	48. 84	0. 00	16. 51
080905	物联网工程	83. 13	82. 47	64. 39	78. 79	91. 29	81. 06	80. 87	84. 08	26. 14	83. 14	60. 04	1. 94	77. 84	34. 85	46. 30	0. 35	7. 79
080906	数字媒体技术	78. 56	79. 53	68. 10	65. 52	92. 24	66. 38	66. 38	78. 47	37. 93	69. 83	52. 59	1. 64	71. 55	12. 07	57. 11	0. 77	5. 36
080907	智能科学与技术	89. 88	59. 39	75. 90	81. 93	92. 77	93. 98	81. 93	84. 55	28. 92	78. 31	74. 70	0. 00	87. 95	40. 96	35. 63	0. 00	26. 07
080910	数据科学与大数据技术	85. 30	70. 79	55. 33	75. 38	93. 40	79. 44	79. 44	84. 80	30. 20	82. 74	62. 18	2. 13	67. 77	33. 25	52. 51	0. 26	16. 28
081001	土木工程	86. 21	73. 16	83. 45	84. 22	95. 70	93. 14	82. 68	85. 81	16. 34	80. 64	64. 04	2. 43	26. 02	74. 44	40. 88	0. 27	17. 26

续表

专业代码	专业	落实率	协议率	相关度	期待度	社保比	职业稳定性	单位质量	工作稳定性	工作压力	工作自主性	薪资满意度	基层比	产业比	重点单位比	高校就业比	创业比	升学比
081002	建筑环境与能源应用工程	90.73	60.43	80.71	79.29	96.43	92.14	85.00	89.20	21.43	87.86	62.14	1.35	53.57	70.71	28.52	0.00	28.76
081003	给排水科学与工程	92.74	59.90	78.66	82.32	96.34	96.95	83.54	88.55	15.24	80.49	63.41	0.59	25.00	75.61	35.92	0.00	31.97
081004	建筑电气与智能化	86.47	82.61	82.98	74.47	95.74	95.74	80.85	80.48	19.15	72.34	63.83	1.28	42.55	59.57	52.63	0.00	9.77
081005	城市地下空间工程	86.56	64.18	80.39	77.78	96.73	94.77	81.05	81.44	15.69	75.16	58.82	2.36	20.92	75.16	26.51	0.00	23.26
081006	道路桥梁与渡河工程	91.06	65.48	89.91	88.99	98.17	92.66	89.91	88.05	20.18	77.06	71.56	1.00	24.77	86.24	25.91	0.00	24.39
081007	铁道工程	83.19	65.96	72.22	72.22	94.44	94.44	83.33	73.75	5.56	77.78	50.00	1.92	22.22	55.56	38.71	0.00	23.89
081101	水利水电工程	92.31	63.73	90.06	90.61	98.34	92.82	92.82	88.67	27.07	88.95	58.01	5.46	30.39	47.51	48.46	0.00	19.46
081102	水文与水资源工程	89.66	69.23	96.88	93.75	96.88	96.88	96.88	95.94	18.75	96.88	59.38	3.85	31.25	15.62	86.11	1.72	24.14
081103	港口航道与海岸工程	90.27	66.67	93.10	91.38	98.28	100.00	84.48	91.38	17.24	84.48	67.24	0.00	22.41	81.03	22.06	0.00	28.32
081201	测绘工程	86.55	57.77	83.06	80.65	94.35	91.94	77.42	83.55	20.16	77.42	64.52	1.60	31.45	68.55	37.39	0.00	23.74
081202	遥感科学与技术	79.17	15.79	50.00	50.00	100.00	100.00	75.00	100.00	25.00	100.00	75.00	0.00	75.00	50.00	33.33	0.00	45.83
081301	化学工程与工艺	86.37	60.15	82.17	83.29	96.10	94.43	88.58	85.25	28.41	84.12	65.46	1.59	71.31	53.20	42.94	0.32	30.04
081302	制药工程	85.48	62.12	78.89	78.89	97.99	88.44	76.88	77.85	31.16	76.38	51.26	1.28	81.41	39.70	51.57	0.00	28.21
081304	能源化学工程	81.13	48.84	63.64	63.64	100.00	100.00	90.91	95.00	54.55	90.91	63.64	0.00	81.82	72.73	42.86	0.00	35.85
081401	地质工程	90.48	28.95	62.50	62.50	100.00	100.00	75.00	75.94	12.50	62.50	62.50	3.70	50.00	62.50	9.09	0.00	54.76
081402	勘查技术与工程	77.50	35.48	100.00	100.00	100.00	100.00	75.00	91.25	25.00	50.00	25.00	0.00	0.00	100.00	13.64	0.00	48.75
081403	资源勘查工程	94.40	57.63	69.70	84.85	96.97	96.97	87.88	91.21	15.15	78.79	75.76	0.00	27.27	72.73	30.88	0.00	32.80
081501	采矿工程	91.61	52.67	82.76	86.21	100.00	100.00	96.55	84.57	17.24	93.10	65.52	1.32	24.14	100.00	15.94	0.00	35.66
081503	矿物加工工程	93.75	59.17	88.24	70.59	100.00	88.24	94.12	81.18	41.18	82.35	76.47	3.57	35.29	76.47	30.99	0.00	36.72
081505	矿物资源工程	94.68	76.40	81.82	81.82	100.00	86.36	95.45	84.55	31.82	81.82	63.64	0.00	27.27	72.73	39.71	0.00	21.28

续表

专业代码	专业	落实率	协议率	相关度	期待度	社保比	职业稳定性	单位质量	工作稳定性	工作压力	工作自主性	薪资满意度	基层比	产业比	重点单位比	高校就业比	创业比	升学比
081601	纺织工程	94.89	70.00	77.27	75.76	89.39	96.97	84.85	87.08	53.03	78.79	57.58	1.72	63.64	53.03	35.16	0.73	26.28
081602	服装设计与工程	95.31	75.41	69.44	58.33	94.44	77.78	69.44	83.75	30.56	66.67	50.00	0.00	38.89	47.22	23.91	1.56	18.75
081701	轻化工程	94.17	77.32	95.83	79.17	100.00	91.67	91.67	80.31	41.67	75.00	62.50	2.63	70.83	58.33	21.33	0.97	19.42
081702	包装工程	80.50	72.16	78.31	79.52	96.39	81.93	83.13	82.23	22.89	75.90	60.24	0.63	62.65	60.24	21.43	0.83	19.92
081703	印刷工程	85.07	73.68	84.21	84.21	100.00	100.00	89.47	75.92	15.79	73.68	42.11	0.00	31.58	42.11	9.52	0.00	20.90
081705	化妆品技术与工程	82.50	66.67	70.00	70.00	80.00	90.00	80.00	76.50	20.00	80.00	30.00	3.45	50.00	30.00	59.09	0.00	25.00
081801	交通运输	81.11	54.62	59.72	80.56	97.22	94.44	91.67	81.28	25.00	80.56	59.72	1.05	38.89	75.00	18.38	0.00	29.97
081802	交通工程	81.91	65.58	68.52	75.93	94.44	94.44	81.48	82.96	20.37	81.48	57.41	0.88	33.33	70.37	37.62	0.00	24.47
081806	交通设备与控制工程	86.00	53.49	62.90	80.65	96.77	96.77	88.71	86.85	19.35	80.65	54.84	1.71	70.97	62.90	22.83	0.50	34.00
081901	船舶与海洋工程	100.00	77.42	100.00	91.67	100.00	100.00	91.67	91.88	33.33	91.67	75.00	0.00	66.67	83.33	29.17	0.00	22.58
082001	航空航天工程	91.94	12.28	100.00	80.00	60.00	100.00	80.00	86.00	80.00	60.00	60.00	0.00	80.00	20.00	28.57	0.00	66.13
082004	飞行器动力工程	80.95	11.76	100.00	100.00	100.00	100.00	100.00	100.00	100.00	100.00	100.00	0.00	100.00	100.00	0.00	0.00	71.43
082103	探测制导与控制技术	85.96	34.69	100.00	100.00	100.00	100.00	75.00	95.00	0.00	100.00	50.00	0.00	75.00	75.00	23.53	0.00	49.12
082201	核工程与核技术	89.75	53.15	96.83	95.24	98.41	100.00	100.00	94.76	25.40	90.48	73.02	1.75	85.71	76.19	14.07	0.00	40.64
082202	辐射防护与核安全	89.19	75.76	89.47	89.47	100.00	100.00	94.74	87.89	42.11	84.21	73.68	0.00	63.16	84.21	18.00	0.00	21.62
082204	核化工与核燃料工程	96.83	78.69	76.92	92.31	100.00	84.62	92.31	88.08	23.08	84.62	84.62	0.00	84.62	84.62	10.42	0.00	17.46
082302	农业机械化及其自动化	95.83	58.70	100.00	66.67	100.00	66.67	66.67	45.83	33.33	66.67	66.67	0.00	66.67	66.67	74.07	0.00	39.58
082401	森林工程	83.02	56.82	83.33	72.22	100.00	94.44	94.44	77.92	16.67	72.22	33.33	2.08	88.89	77.78	36.00	0.00	30.19
082402	木材科学与工程	88.50	54.00	60.53	71.05	100.00	97.37	78.95	85.00	23.68	78.95	55.26	4.59	68.42	68.42	20.37	0.88	34.51
082403	林产化工	89.47	70.59	72.22	100.00	100.00	88.89	100.00	93.47	33.33	88.89	66.67	0.00	83.33	61.11	12.50	0.00	26.32

续表

专业代码	专业	落实率	协议率	相关度	期待度	社保比	职业稳定性	单位质量	工作稳定性	工作压力	工作自主性	薪资满意度	基层比	产业比	重点单位比	高校就业比	创业比	升学比
082502	环境工程	86. 21	56. 16	65. 62	74. 65	90. 62	87. 85	80. 56	83. 06	34. 72	81. 60	59. 72	2. 05	58. 68	37. 50	53. 43	0. 49	32. 04
082503	环境科学	87. 30	50. 70	58. 82	80. 39	94. 12	82. 35	82. 35	87. 75	29. 41	80. 39	60. 78	1. 81	70. 59	29. 41	69. 44	0. 00	38. 11
082504	环境生态工程	85. 91	62. 50	53. 06	67. 35	91. 84	81. 63	69. 39	82. 81	26. 53	77. 55	59. 18	2. 61	67. 35	42. 86	41. 25	0. 00	25. 50
082505	环保设备工程	86. 67	46. 15	0. 00	100. 00	100. 00	100. 00	50. 00	100. 00	50. 00	100. 00	50. 00	0. 00	50. 00	100. 00	83. 33	0. 00	46. 67
082601	生物医学工程	87. 43	50. 68	68. 18	77. 27	86. 36	100. 00	81. 82	92. 16	31. 82	86. 36	77. 27	2. 02	63. 64	13. 64	50. 00	0. 00	39. 52
082701	食品科学与工程	84. 89	55. 57	71. 19	84. 75	93. 22	86. 86	85. 17	87. 92	29. 24	83. 90	60. 59	1. 09	59. 32	39. 41	59. 91	0. 31	31. 04
082702	食品质量与安全	81. 23	56. 72	73. 68	78. 95	94. 74	91. 23	87. 72	88. 11	28. 07	85. 96	73. 68	3. 70	47. 37	40. 35	51. 11	0. 34	31. 06
082703	粮食工程	93. 55	48. 28	81. 82	72. 73	100. 00	81. 82	90. 91	83. 86	27. 27	72. 73	54. 55	0. 00	63. 64	45. 45	50. 00	0. 00	45. 16
082801	建筑学	84. 65	63. 99	50. 00	69. 07	92. 78	85. 57	80. 41	80. 72	29. 90	78. 35	56. 70	1. 81	28. 87	38. 14	42. 92	0. 33	21. 25
082802	城乡规划	86. 60	61. 71	46. 43	74. 29	92. 14	91. 43	85. 00	85. 64	34. 29	80. 00	53. 57	2. 67	31. 43	35. 00	50. 80	0. 34	25. 09
082803	风景园林	82. 02	63. 56	35. 26	67. 95	85. 90	83. 97	78. 21	82. 26	30. 13	82. 69	51. 92	1. 77	37. 82	28. 21	59. 06	1. 81	22. 25
082804	历史建筑保护工程	75. 86	77. 27	75. 00	100. 00	100. 00	100. 00	100. 00	100. 00	25. 00	100. 00	100. 00	0. 00	0. 00	25. 00	23. 53	0. 00	13. 79
082901	安全工程	89. 12	67. 44	88. 31	87. 90	98. 39	94. 76	84. 27	85. 90	20. 97	77. 82	67. 74	0. 64	40. 32	73. 39	38. 63	0. 12	26. 24
083001	生物工程	85. 94	49. 06	58. 70	73. 91	87. 68	86. 23	79. 71	85. 42	32. 61	79. 71	59. 42	1. 60	72. 46	36. 23	48. 96	0. 29	38. 51
083002	生物制药	80. 51	43. 16	46. 43	60. 71	92. 86	89. 29	67. 86	65. 36	32. 14	57. 14	39. 29	1. 96	82. 14	28. 57	65. 85	0. 00	41. 53
083101	刑事科学技术	97. 32	100. 00	95. 16	98. 39	100. 00	97. 58	100. 00	97. 78	12. 10	96. 77	82. 26	0. 78	19. 35	2. 42	93. 10	0. 00	0. 00
083102	消防工程	94. 87	45. 95	100. 00	100. 00	100. 00	100. 00	100. 00	80. 00	100. 00	100. 00	100. 00	0. 00	0. 00	0. 00	17. 65	0. 00	41. 03
083103	交通管理工程	98. 99	100. 00	89. 89	98. 88	100. 00	97. 75	100. 00	99. 10	15. 73	100. 00	89. 89	1. 10	19. 10	3. 37	92. 86	0. 00	0. 00
083108	网络安全与执法	100. 00	100. 00	87. 36	97. 70	100. 00	98. 85	100. 00	98. 28	12. 64	96. 55	89. 66	0. 00	19. 54	10. 34	94. 95	0. 00	0. 00
090101	农学	93. 93	40. 62	78. 57	84. 69	96. 94	90. 82	92. 86	92. 45	31. 63	90. 82	64. 29	4. 35	35. 71	9. 18	77. 27	0. 00	42. 20

续表

专业代码	专业	落实率	协议率	相关度	期待度	社保比	职业稳定性	单位质量	工作稳定性	工作压力	工作自主性	薪资满意度	基层比	产业比	重点单位比	高校就业比	创业比	升学比
090102	园艺	90.55	49.28	40.54	59.46	85.14	85.14	79.73	88.21	31.08	86.49	56.76	1.59	52.70	25.68	62.04	0.65	38.76
090103	植物保护	86.11	41.94	55.17	68.97	100.00	79.31	79.31	86.38	27.59	86.21	62.07	2.70	55.17	37.93	58.46	0.56	44.44
090105	种子科学与工程	92.94	34.18	61.54	84.62	76.92	69.23	53.85	78.46	15.38	76.92	61.54	3.39	38.46	38.46	70.37	1.18	56.47
090106	设施农业科学与工程	96.00	45.83	100.00	100.00	50.00	100.00	100.00	100.00	100.00	100.00	0.00	0.00	50.00	0.00	72.73	0.00	36.00
090107	茶学	89.41	57.89	70.59	100.00	94.12	94.12	88.24	82.50	23.53	70.59	52.94	0.00	47.06	23.53	61.36	0.00	34.12
090108	烟草	85.48	33.96	55.56	66.67	88.89	88.89	77.78	83.33	55.56	77.78	66.67	0.00	44.44	44.44	44.44	0.00	50.00
090201	农业资源与环境	92.41	20.55	25.00	100.00	100.00	100.00	100.00	100.00	0.00	100.00	75.00	0.00	75.00	75.00	66.67	0.00	70.89
090203	水土保持与荒漠化防治	90.62	27.59	55.56	100.00	88.89	100.00	88.89	87.78	44.44	66.67	66.67	7.14	33.33	22.22	37.50	0.00	56.25
090301	动物科学	83.33	44.08	90.70	81.40	95.35	90.70	90.70	93.95	23.26	83.72	67.44	1.32	46.51	44.19	57.41	0.00	36.73
090401	动物医学	88.21	55.08	86.11	83.33	86.11	94.44	75.00	81.67	36.11	77.78	55.56	0.96	72.22	38.89	68.93	0.00	37.74
090402	动物药学	81.48	54.55	100.00	100.00	100.00	100.00	33.33	64.17	33.33	33.33	66.67	0.00	66.67	33.33	50.00	0.00	37.04
090403	动植物检疫	88.41	37.70	69.23	69.23	76.92	84.62	76.92	81.35	15.38	84.62	61.54	0.00	92.31	46.15	69.57	0.00	53.62
090501	林学	87.11	44.90	60.00	73.33	84.44	84.44	77.78	84.39	31.11	82.22	60.00	1.12	48.89	37.78	65.91	0.00	39.11
090502	园林	87.55	65.03	34.11	66.67	80.62	70.54	75.97	78.43	32.56	80.62	51.94	2.24	41.09	22.48	52.69	0.61	25.92
090503	森林保护	87.50	25.00	83.33	100.00	83.33	83.33	100.00	100.00	33.33	100.00	66.67	0.00	50.00	33.33	71.43	0.00	62.50
090504	经济林	89.29	46.00	41.67	50.00	83.33	91.67	83.33	75.42	41.67	83.33	50.00	1.89	41.67	41.67	52.17	0.00	42.86
090601	水产养殖学	91.22	58.29	67.80	76.27	89.83	71.19	71.19	87.08	35.59	84.75	61.02	3.68	47.46	18.64	64.22	0.00	34.15
090603	水族科学与技术	82.35	50.00	50.00	100.00	100.00	100.00	100.00	100.00	50.00	100.00	100.00	8.33	100.00	50.00	85.71	0.00	29.41
090701	草业科学	96.00	20.83	75.00	75.00	75.00	100.00	75.00	91.25	25.00	100.00	75.00	11.11	50.00	0.00	60.00	0.00	68.00
100101	基础医学	100.00	20.83	50.00	100.00	100.00	100.00	100.00	50.00	50.00	50.00	50.00	0.00	50.00	50.00	60.00	0.00	79.17

续表

专业代码	专业	落实率	协议率	相关度	期待度	社保比	职业稳定性	单位质量	工作稳定性	工作压力	工作自主性	薪资满意度	基层比	产业比	重点单位比	高校就业比	创业比	升学比
100201	临床医学	84.69	55.79	93.84	89.70	85.17	94.94	87.95	87.74	20.15	85.83	58.47	1.05	47.56	8.92	73.14	0.00	35.14
100202	麻醉学	60.78	57.45	100.00	86.21	96.55	100.00	82.76	91.21	10.34	82.76	58.62	0.00	41.38	13.79	74.07	0.00	25.43
100203	医学影像学	87.98	78.45	91.49	90.78	95.04	98.58	87.23	88.99	16.31	85.82	51.06	0.00	44.68	11.35	59.07	0.37	17.97
100205	精神医学	62.07	22.22	100.00	100.00	100.00	100.00	100.00	100.00	0.00	100.00	100.00	0.00	100.00	0.00	0.00	0.00	48.28
100207	儿科学	91.67	51.52	100.00	100.00	66.67	100.00	100.00	100.00	33.33	100.00	100.00	0.00	66.67	33.33	100.00	0.00	41.67
100301	口腔医学	85.91	83.35	96.59	89.77	79.55	92.42	79.55	86.63	26.14	84.85	48.48	0.73	46.97	9.85	59.20	0.00	13.68
100401	预防医学	85.27	35.38	83.78	81.08	94.59	86.49	83.78	81.15	21.62	86.49	62.16	0.00	43.24	10.81	68.50	0.00	47.98
100402	食品卫生与营养学	89.36	80.95	62.50	68.75	93.75	87.50	75.00	75.62	50.00	62.50	62.50	2.38	50.00	25.00	79.41	0.00	14.89
100403	妇幼保健医学	84.62	78.79	71.43	57.14	100.00	100.00	71.43	97.14	57.14	100.00	85.71	0.00	14.29	0.00	69.23	0.00	12.82
100501	中医学	88.84	54.95	87.35	81.82	87.35	96.05	89.33	85.05	29.25	83.79	53.75	0.56	56.13	5.93	74.61	0.09	36.71
100502	针灸推拿学	86.88	70.26	80.60	81.09	79.10	93.53	73.63	83.52	30.35	81.59	59.70	0.43	54.23	12.94	70.00	0.00	24.82
100511	中医养生学	86.79	39.13	71.43	71.43	42.86	85.71	57.14	91.79	71.43	85.71	57.14	2.08	71.43	42.86	94.44	0.00	52.83
100601	中西医临床医学	88.74	58.82	86.67	86.67	73.33	91.67	83.33	85.83	31.67	86.67	55.00	0.42	56.67	5.00	80.53	0.00	35.16
100701	药学	84.87	68.12	88.03	84.31	92.02	81.38	77.13	83.23	28.46	85.37	55.59	0.91	80.05	38.30	67.34	0.31	24.72
100702	药物制剂	85.37	78.57	86.67	90.00	100.00	70.00	93.33	90.08	23.33	83.33	63.33	1.54	86.67	50.00	61.82	0.00	18.29
100703	临床药学	61.11	27.27	100.00	100.00	100.00	100.00	100.00	100.00	0.00	100.00	100.00	0.00	100.00	0.00	100.00	0.00	38.89
100705	药物分析	83.33	93.33	90.00	80.00	100.00	80.00	100.00	92.25	50.00	90.00	50.00	0.00	90.00	10.00	64.29	0.00	5.56
100801	中药学	82.68	72.91	87.85	78.50	94.39	77.57	76.64	80.21	31.78	80.37	45.79	1.12	85.05	34.58	70.88	0.00	21.25
100802	中药资源与开发	88.54	42.35	69.23	80.77	92.31	84.62	76.92	91.44	38.46	92.31	65.38	0.00	73.08	34.62	41.67	1.04	38.54
100901	法医学	85.00	35.29	75.00	75.00	100.00	100.00	100.00	70.00	25.00	75.00	75.00	0.00	25.00	25.00	66.67	0.00	45.00

续表

专业代码	专业	落实率	协议率	相关度	期待度	社保比	职业稳定性	单位质量	工作稳定性	工作压力	工作自主性	薪资满意度	基层比	产业比	重点单位比	高校就业比	创业比	升学比
101001	医学检验技术	79.65	77.44	79.26	72.34	80.32	94.68	65.43	78.72	35.11	80.32	49.47	2.49	69.15	17.55	72.79	0.08	14.65
101003	医学影像技术	79.90	92.29	86.09	79.13	84.35	95.65	82.61	78.26	33.04	85.22	49.57	1.31	44.35	9.57	59.34	0.16	4.38
101004	眼视光学	89.23	100.00	98.00	98.00	96.00	100.00	94.00	98.60	26.00	96.00	60.00	0.00	56.00	48.00	75.86	0.00	0.00
101005	康复治疗学	84.46	89.11	84.42	80.95	82.25	86.15	76.62	79.83	24.68	83.98	49.78	2.17	54.55	13.85	69.19	0.13	6.74
101007	卫生检验与检疫	85.11	62.00	69.23	76.92	92.31	92.31	76.92	90.00	42.31	84.62	53.85	0.00	53.85	23.08	70.97	0.00	31.49
101101	护理学	82.44	93.17	90.75	82.51	92.19	94.48	80.86	85.92	12.76	79.14	47.53	0.97	47.10	10.18	55.39	0.08	4.02
101102	助产学	75.22	90.59	90.32	87.10	90.32	100.00	90.32	90.81	6.45	77.42	48.39	0.00	58.06	12.90	42.86	0.00	4.42
120101	管理科学	83.24	93.06	74.00	82.00	86.00	82.00	82.00	90.95	34.00	90.00	72.00	5.77	62.00	32.00	39.55	0.00	2.89
120102	信息管理与信息系统	89.53	74.10	53.61	66.87	90.96	84.34	76.51	83.87	30.12	76.51	56.02	2.10	66.27	41.57	56.31	0.48	14.81
120103	工程管理	86.23	72.56	69.70	78.82	95.07	92.86	78.57	84.52	16.75	80.54	59.61	2.31	31.03	63.55	42.04	0.62	14.86
120104	房地产开发与管理	93.84	72.26	44.19	72.09	90.70	83.72	79.07	79.30	37.21	72.09	55.81	3.85	53.49	25.58	64.65	0.68	6.85
120105	工程造价	86.45	77.75	74.93	81.53	91.03	93.67	82.06	86.71	31.40	83.91	56.99	1.57	26.91	49.87	53.54	0.37	9.62
120201	工商管理	85.53	83.70	59.62	72.50	92.53	81.56	79.01	82.00	28.62	79.33	57.23	1.95	53.42	35.14	51.24	1.11	6.99
120202	市场营销	87.97	89.01	71.45	76.57	92.42	73.31	73.08	82.33	24.71	80.54	56.99	1.56	56.64	38.69	53.18	1.03	5.11
120203	会计学	81.92	81.26	76.05	77.44	90.98	82.91	81.74	82.33	31.50	80.48	57.27	0.97	53.80	35.53	60.40	0.95	8.12
120204	财务管理	85.04	86.48	72.98	76.95	90.93	78.16	80.31	82.96	31.45	82.19	56.85	1.68	54.70	31.12	58.93	1.03	5.65
120205	国际商务	88.14	69.23	65.96	80.85	95.74	82.98	87.23	87.50	21.28	82.98	61.70	1.28	68.09	31.91	44.44	0.00	13.56
120206	人力资源管理	83.11	84.11	71.45	81.58	92.45	78.27	81.95	81.99	32.04	81.22	57.27	1.58	56.91	37.38	52.69	0.91	8.03
120207	审计学	89.30	67.71	84.13	85.71	96.83	92.06	82.54	83.21	30.16	79.37	65.08	2.34	57.14	39.68	56.15	4.65	16.28
120208	资产评估	91.49	90.70	60.00	80.00	100.00	100.00	100.00	90.50	0.00	80.00	60.00	0.00	40.00	40.00	41.03	0.00	6.38

续表

专业代码	专业	落实率	协议率	相关度	期待度	社保比	职业稳定性	单位质量	工作稳定性	工作压力	工作自主性	薪资满意度	基层比	产业比	重点单位比	高校就业比	创业比	升学比
120209	物业管理	88. 41	77. 05	75. 00	71. 88	93. 75	78. 12	84. 38	83. 20	15. 62	68. 75	50. 00	3. 70	65. 62	59. 38	44. 68	0. 00	10. 14
120210	文化产业管理	91. 67	85. 38	53. 92	67. 65	86. 27	69. 61	66. 67	79. 58	33. 33	86. 27	51. 96	1. 03	52. 94	31. 37	60. 19	0. 00	8. 33
120212	体育经济与管理	100. 00	58. 82	50. 00	80. 00	100. 00	70. 00	90. 00	85. 75	20. 00	80. 00	70. 00	5. 67	60. 00	10. 00	95. 00	0. 00	35. 29
120301	农林经济管理	80. 91	64. 62	45. 95	62. 16	90. 54	94. 59	74. 32	87. 03	32. 43	77. 03	59. 46	1. 39	47. 30	48. 65	30. 95	0. 00	19. 09
120302	农村区域发展	91. 30	76. 19	40. 00	45. 00	95. 00	95. 00	80. 00	86. 50	25. 00	90. 00	60. 00	3. 03	40. 00	30. 00	34. 38	0. 00	15. 22
120400	公共管理类	80. 00	75. 00	0. 00	0. 00	0. 00	0. 00	0. 00	0. 00	0. 00	0. 00	0. 00	0. 00	0. 00	0. 00	100. 00	0. 00	20. 00
120401	公共事业管理	85. 47	71. 10	47. 66	64. 49	88. 79	84. 11	72. 90	76. 75	32. 71	73. 83	47. 66	2. 58	51. 40	30. 84	51. 79	0. 24	14. 77
120402	行政管理	85. 34	68. 81	53. 28	71. 04	93. 05	79. 92	78. 76	84. 40	27. 80	82. 24	57. 92	2. 73	42. 47	32. 43	60. 92	0. 87	14. 27
120403	劳动与社会保障	94. 62	55. 68	48. 65	67. 57	94. 59	86. 49	81. 08	85. 68	32. 43	78. 38	51. 35	2. 30	64. 86	40. 54	60. 20	0. 00	18. 82
120404	土地资源管理	83. 06	55. 83	25. 71	58. 57	88. 57	74. 29	70. 00	81. 64	37. 14	82. 86	50. 00	2. 00	45. 71	24. 29	70. 43	1. 61	24. 60
120405	城市管理	92. 09	84. 38	22. 86	57. 14	97. 14	80. 00	74. 29	82. 79	28. 57	71. 43	62. 86	2. 86	60. 00	34. 29	62. 04	0. 72	7. 19
120410	健康服务与管理	81. 19	81. 71	34. 62	42. 31	76. 92	84. 62	53. 85	65. 67	42. 31	73. 08	38. 46	4. 62	65. 38	26. 92	49. 25	0. 00	9. 90
120501	图书馆学	100. 00	63. 33	44. 44	55. 56	100. 00	100. 00	77. 78	75. 56	55. 56	66. 67	55. 56	0. 00	33. 33	44. 44	60. 53	0. 00	31. 67
120502	档案学	90. 32	57. 14	100. 00	100. 00	100. 00	0. 00	100. 00	100. 00	100. 00	100. 00	100. 00	0. 00	0. 00	0. 00	31. 25	0. 00	32. 26
120601	物流管理	86. 07	88. 24	63. 67	75. 53	92. 16	73. 42	78. 39	84. 38	25. 81	80. 50	61. 76	1. 00	51. 24	44. 74	46. 70	0. 40	7. 29
120602	物流工程	83. 90	81. 14	76. 30	85. 19	98. 52	90. 37	82. 96	86. 52	12. 59	80. 74	60. 00	2. 21	40. 00	54. 81	22. 41	0. 28	14. 12
120604	供应链管理	92. 11	65. 71	87. 50	75. 00	100. 00	100. 00	87. 50	80. 16	25. 00	75. 00	56. 25	0. 00	62. 50	50. 00	52. 17	0. 00	26. 32
120701	工业工程	90. 35	75. 21	84. 27	86. 52	94. 38	95. 51	85. 39	90. 22	22. 47	88. 76	67. 42	2. 24	79. 78	70. 79	33. 52	0. 00	18. 92
120801	电子商务	89. 77	88. 07	73. 53	78. 78	90. 89	62. 80	74. 91	80. 17	25. 47	78. 28	50. 06	1. 47	49. 69	21. 35	55. 18	1. 41	5. 87
120802	电子商务及法律	90. 74	97. 96	75. 00	75. 00	100. 00	50. 00	83. 33	86. 25	41. 67	83. 33	58. 33	0. 00	41. 67	16. 67	58. 33	0. 00	0. 00

续表

专业代码	专业	落实率	协议率	相关度	期待度	社保比	职业稳定性	单位质量	工作稳定性	工作压力	工作自主性	薪资满意度	基层比	产业比	重点单位比	高校就业比	创业比	升学比
120901	旅游管理	83. 99	82. 36	39. 98	68. 85	86. 52	73. 75	73. 15	78. 45	30. 43	78. 64	51. 43	1. 98	55. 37	27. 45	62. 32	0. 54	8. 11
120902	酒店管理	88. 73	89. 96	50. 78	66. 67	91. 28	70. 09	75. 08	75. 44	31. 78	77. 88	44. 55	2. 06	58. 57	33. 02	52. 38	0. 26	5. 64
120903	会展经济与管理	86. 96	70. 00	39. 29	85. 71	96. 43	96. 43	89. 29	85. 98	17. 86	85. 71	64. 29	3. 03	64. 29	25. 00	60. 71	0. 00	17. 39
130201	音乐表演	86. 17	73. 38	50. 00	65. 14	67. 61	61. 27	64. 79	79. 69	36. 97	77. 11	43. 31	1. 98	39. 08	11. 62	74. 66	1. 46	7. 04
130202	音乐学	81. 56	80. 14	59. 06	74. 70	74. 31	81. 00	73. 03	84. 76	33. 86	84. 35	53. 25	2. 95	29. 13	11. 02	56. 32	0. 87	5. 30
130204	舞蹈表演	89. 82	90. 25	80. 43	90. 22	61. 96	69. 57	77. 72	82. 19	34. 24	88. 59	58. 15	2. 11	26. 63	11. 96	65. 58	0. 61	5. 09
130205	舞蹈学	86. 19	89. 09	78. 69	80. 76	66. 67	74. 23	73. 54	84. 37	38. 49	85. 57	56. 01	1. 92	25. 43	11. 00	54. 34	0. 69	2. 64
130206	舞蹈编导	92. 55	88. 14	66. 15	81. 54	60. 00	63. 08	69. 23	84. 15	60. 00	84. 62	47. 69	1. 75	35. 38	12. 31	53. 85	4. 71	1. 96
130208	航空服务艺术与管理	89. 87	90. 14	75. 00	92. 86	89. 29	89. 29	96. 43	94. 29	28. 57	96. 43	75. 00	0. 00	50. 00	57. 14	6. 25	3. 80	0. 00
130301	表演	88. 54	84. 17	43. 14	70. 59	80. 39	66. 67	82. 35	90. 83	37. 25	90. 20	64. 71	5. 83	39. 22	29. 41	35. 90	2. 55	0. 64
130304	戏剧影视文学	86. 78	66. 67	60. 00	90. 00	100. 00	80. 00	100. 00	94. 25	30. 00	80. 00	55. 00	2. 00	45. 00	35. 00	41. 43	0. 00	10. 74
130305	广播电视编导	82. 83	71. 95	72. 63	76. 84	92. 63	58. 95	68. 42	75. 13	34. 74	77. 89	45. 26	3. 33	34. 74	17. 89	65. 42	1. 21	9. 90
130309	播音与主持艺术	88. 54	82. 06	78. 51	83. 33	87. 28	71. 93	78. 95	86. 62	31. 58	89. 47	65. 35	2. 33	42. 54	25. 44	67. 30	1. 52	5. 39
130310	动画	78. 36	92. 05	73. 33	70. 00	70. 00	60. 00	70. 00	72. 25	33. 33	63. 33	40. 00	3. 88	50. 00	3. 33	68. 64	0. 98	3. 61
130311	影视摄影与制作	90. 00	81. 48	71. 43	71. 43	100. 00	28. 57	85. 71	91. 79	14. 29	85. 71	28. 57	0. 00	57. 14	0. 00	77. 27	3. 33	6. 67
130401	美术学	84. 81	71. 45	72. 66	77. 09	79. 56	81. 28	77. 09	84. 06	27. 59	82. 27	51. 48	2. 56	30. 54	9. 11	51. 58	0. 62	4. 20
130402	绘画	82. 58	71. 09	42. 86	61. 90	85. 71	85. 71	90. 48	83. 57	23. 81	76. 19	76. 19	3. 23	19. 05	9. 52	59. 34	0. 00	9. 03
130403	雕塑	87. 50	71. 43	66. 67	100. 00	100. 00	100. 00	66. 67	100. 00	33. 33	100. 00	66. 67	0. 00	33. 33	33. 33	40. 00	0. 00	25. 00
130404	摄影	91. 80	85. 71	80. 00	88. 00	76. 00	76. 00	92. 00	86. 00	56. 00	84. 00	60. 00	4. 00	40. 00	16. 00	45. 83	1. 64	4. 92
130405	书法学	83. 43	84. 77	90. 00	86. 67	76. 67	76. 67	76. 67	86. 83	26. 67	83. 33	63. 33	0. 00	30. 00	3. 33	58. 59	0. 00	8. 84

续表

专业代码	专业	落实率	协议率	相关度	期待度	社保比	职业稳定性	单位质量	工作稳定性	工作压力	工作自主性	薪资满意度	基层比	产业比	重点单位比	高校就业比	创业比	升学比
130501	艺术设计学	83.98	76.74	57.14	65.71	91.43	74.29	74.29	80.07	40.00	65.71	62.86	0.00	37.14	31.43	45.45	0.39	12.11
130502	视觉传达设计	83.53	85.12	73.14	76.60	83.93	69.48	78.13	81.54	33.16	82.81	50.46	2.34	48.93	19.13	53.86	0.91	3.64
130503	环境设计	85.46	86.68	55.72	72.09	74.70	69.68	72.69	80.93	34.84	79.92	46.69	3.10	37.55	18.98	56.08	1.09	4.33
130504	产品设计	89.88	86.23	62.88	77.53	84.85	72.73	77.53	79.56	38.13	81.57	48.48	1.85	41.92	25.76	36.68	1.17	6.86
130505	服装与服饰设计	89.69	91.34	63.24	70.36	86.17	73.12	73.91	83.32	32.02	78.66	56.13	2.14	33.99	22.13	48.10	0.28	3.95
130507	工艺美术	76.69	90.06	42.11	68.42	84.21	73.68	52.63	80.53	26.32	84.21	63.16	0.00	52.63	21.05	64.42	0.00	5.93
130508	数字媒体艺术	85.05	89.68	76.75	78.23	83.03	72.69	76.75	80.27	32.84	80.07	46.13	2.44	78.23	14.76	53.05	1.34	4.03
130509	艺术与科技	78.08	98.25	75.00	75.00	75.00	50.00	75.00	64.38	50.00	75.00	50.00	0.00	25.00	0.00	50.00	0.00	0.00
130510	陶瓷艺术设计	83.64	86.96	50.00	50.00	75.00	50.00	50.00	75.00	75.00	75.00	50.00	0.00	50.00	0.00	40.00	1.82	7.27
130512	包装设计	78.17	87.31	82.93	97.56	92.68	82.93	87.80	90.49	34.15	95.12	65.85	0.00	48.78	39.02	31.98	1.19	5.56
120901	旅游管理	83.99	82.36	39.98	68.85	86.52	73.75	73.15	78.45	30.43	78.64	51.43	1.98	55.37	27.45	62.32	0.54	8.11
120902	酒店管理	88.73	89.96	50.78	66.67	91.28	70.09	75.08	75.44	31.78	77.88	44.55	2.06	58.57	33.02	52.38	0.26	5.64
120903	会展经济与管理	86.96	70.00	39.29	85.71	96.43	96.43	89.29	85.98	17.86	85.71	64.29	3.03	64.29	25.00	60.71	0.00	17.39
130201	音乐表演	86.17	73.38	50.00	65.14	67.61	61.27	64.79	79.69	36.97	77.11	43.31	1.98	39.08	11.62	74.66	1.46	7.04
130202	音乐学	81.56	80.14	59.06	74.70	74.31	81.00	73.03	84.76	33.86	84.35	53.25	2.95	29.13	11.02	56.32	0.87	5.30
130204	舞蹈表演	89.82	90.25	80.43	90.22	61.96	69.57	77.72	82.19	34.24	88.59	58.15	2.11	26.63	11.96	65.58	0.61	5.09
130205	舞蹈学	86.19	89.09	78.69	80.76	66.67	74.23	73.54	84.37	38.49	85.57	56.01	1.92	25.43	11.00	54.34	0.69	2.64
130206	舞蹈编导	92.55	88.14	66.15	81.54	60.00	63.08	69.23	84.15	60.00	84.62	47.69	1.75	35.38	12.31	53.85	4.71	1.96
130208	航空服务艺术与管理	89.87	90.14	75.00	92.86	89.29	89.29	96.43	94.29	28.57	96.43	75.00	0.00	50.00	57.14	6.25	3.80	0.00
130301	表演	88.54	84.17	43.14	70.59	80.39	66.67	82.35	90.83	37.25	90.20	64.71	5.83	39.22	29.41	35.90	2.55	0.64

续表

专业代码	专业	落实率	协议率	相关度	期待度	社保比	职业稳定性	单位质量	工作稳定性	工作压力	工作自主性	薪资满意度	基层比	产业比	重点单位比	高校就业比	创业比	升学比
130304	戏剧影视文学	86. 78	66. 67	60. 00	90. 00	100. 00	80. 00	100. 00	94. 25	30. 00	80. 00	55. 00	2. 00	45. 00	35. 00	41. 43	0. 00	10. 74
130305	广播电视编导	82. 83	71. 95	72. 63	76. 84	92. 63	58. 95	68. 42	75. 13	34. 74	77. 89	45. 26	3. 33	34. 74	17. 89	65. 42	1. 21	9. 90
130309	播音与主持艺术	88. 54	82. 06	78. 51	83. 33	87. 28	71. 93	78. 95	86. 62	31. 58	89. 47	65. 35	2. 33	42. 54	25. 44	67. 30	1. 52	5. 39
130310	动画	78. 36	92. 05	73. 33	70. 00	70. 00	60. 00	70. 00	72. 25	33. 33	63. 33	40. 00	3. 88	50. 00	3. 33	68. 64	0. 98	3. 61
130311	影视摄影与制作	90. 00	81. 48	71. 43	71. 43	100. 00	28. 57	85. 71	91. 79	14. 29	85. 71	28. 57	0. 00	57. 14	0. 00	77. 27	3. 33	6. 67
130401	美术学	84. 81	71. 45	72. 66	77. 09	79. 56	81. 28	77. 09	84. 06	27. 59	82. 27	51. 48	2. 56	30. 54	9. 11	51. 58	0. 62	4. 20
130402	绘画	82. 58	71. 09	42. 86	61. 90	85. 71	85. 71	90. 48	83. 57	23. 81	76. 19	76. 19	3. 23	19. 05	9. 52	59. 34	0. 00	9. 03
130403	雕塑	87. 50	71. 43	66. 67	100. 00	100. 00	100. 00	66. 67	100. 00	33. 33	100. 00	66. 67	0. 00	33. 33	33. 33	40. 00	0. 00	25. 00
130404	摄影	91. 80	85. 71	80. 00	88. 00	76. 00	76. 00	92. 00	86. 00	56. 00	84. 00	60. 00	4. 00	40. 00	16. 00	45. 83	1. 64	4. 92
130405	书法学	83. 43	84. 77	90. 00	86. 67	76. 67	76. 67	76. 67	86. 83	26. 67	83. 33	63. 33	0. 00	30. 00	3. 33	58. 59	0. 00	8. 84
130501	艺术设计学	83. 98	76. 74	57. 14	65. 71	91. 43	74. 29	74. 29	80. 07	40. 00	65. 71	62. 86	0. 00	37. 14	31. 43	45. 45	0. 39	12. 11
130502	视觉传达设计	83. 53	85. 12	73. 14	76. 60	83. 93	69. 48	78. 13	81. 54	33. 16	82. 81	50. 46	2. 34	48. 93	19. 13	53. 86	0. 91	3. 64
130503	环境设计	85. 46	86. 68	55. 72	72. 09	74. 70	69. 68	72. 69	80. 93	34. 84	79. 92	46. 69	3. 10	37. 55	18. 98	56. 08	1. 09	4. 33
130504	产品设计	89. 88	86. 23	62. 88	77. 53	84. 85	72. 73	77. 53	79. 56	38. 13	81. 57	48. 48	1. 85	41. 92	25. 76	36. 68	1. 17	6. 86
130505	服装与服饰设计	89. 69	91. 34	63. 24	70. 36	86. 17	73. 12	73. 91	83. 32	32. 02	78. 66	56. 13	2. 14	33. 99	22. 13	48. 10	0. 28	3. 95
130507	工艺美术	76. 69	90. 06	42. 11	68. 42	84. 21	73. 68	52. 63	80. 53	26. 32	84. 21	63. 16	0. 00	52. 63	21. 05	64. 42	0. 00	5. 93
130508	数字媒体艺术	85. 05	89. 68	76. 75	78. 23	83. 03	72. 69	76. 75	80. 27	32. 84	80. 07	46. 13	2. 44	78. 23	14. 76	53. 05	1. 34	4. 03
130509	艺术与科技	78. 08	98. 25	75. 00	75. 00	75. 00	50. 00	75. 00	64. 38	50. 00	75. 00	50. 00	0. 00	25. 00	0. 00	50. 00	0. 00	0. 00
130510	陶瓷艺术设计	83. 64	86. 96	50. 00	50. 00	75. 00	50. 00	50. 00	75. 00	75. 00	75. 00	50. 00	0. 00	50. 00	0. 00	40. 00	1. 82	7. 27
130512	包装设计	78. 17	87. 31	82. 93	97. 56	92. 68	82. 93	87. 80	90. 49	34. 15	95. 12	65. 85	0. 00	48. 78	39. 02	31. 98	1. 19	5. 56

注：此表专业按照“普通高等学校本科专业目录”顺序排序。

（三）研究生专业

附表 3-9 湖南省普通高校 2024 届研究生分专业就业质量评估指标明细表

专业代码	专业	落实率	协议率	相关度	期待度	社保比	职业稳定性	单位质量	工作稳定性	工作压力	工作自主性	薪资满意度	基层比	产业比	重点单位比	高校就业比	创业比	升学比
010100	哲学	77.32	74.74	83.89	86.05	86.37	86.76	86.96	86.54	84.69	87.10	88.23	80.51	72.87	76.76	78.86	79.23	85.44
020200	应用经济学	82.20	79.00	84.03	85.94	85.98	86.90	85.71	86.35	83.66	86.00	85.66	81.45	81.77	91.51	76.06	79.23	82.95
020204	金融学	83.72	82.97	85.05	86.34	86.37	87.89	84.11	87.64	77.19	86.81	87.25	78.36	85.68	92.06	78.60	79.23	80.73
025100	金融	82.86	84.84	84.93	84.95	86.37	86.58	85.46	86.47	84.45	85.70	83.52	80.21	85.16	90.83	80.19	79.23	76.88
025200	应用统计	83.28	84.39	80.04	84.03	86.07	86.37	82.58	86.04	85.58	85.09	82.51	30.04	86.21	90.59	73.45	79.23	77.55
025300	税务	83.19	82.91	85.05	87.33	86.37	87.89	86.11	87.49	79.21	86.81	82.69	78.36	86.83	92.06	75.19	79.23	76.97
025400	国际商务	85.64	85.02	82.83	86.52	86.37	86.45	84.48	86.47	78.29	85.89	83.73	83.16	84.22	90.82	70.94	79.23	74.18
025500	保险	86.26	88.60	79.35	88.33	86.37	87.89	88.10	85.66	92.54	88.85	83.15	78.36	86.14	86.02	72.02	79.23	73.46
030100	法学	78.43	79.91	86.85	84.80	84.93	85.50	85.69	85.89	82.92	87.14	83.70	78.36	81.35	82.29	84.10	79.76	77.93
030500	马克思主义理论	79.60	80.00	87.86	86.32	85.92	84.83	87.02	85.90	80.97	85.86	83.68	81.80	74.21	76.45	80.59	79.23	79.80
035101	法律（非法学）	81.57	83.19	86.14	85.77	84.60	84.81	85.36	85.39	84.62	86.24	83.23	80.26	80.53	81.14	81.07	79.93	75.87
035102	法律（法学）	80.02	84.02	86.87	85.71	85.20	86.69	85.69	85.65	82.93	85.36	84.21	80.44	77.47	80.87	79.95	79.23	75.62
040102	课程与教学论	77.99	86.38	89.13	88.33	86.37	84.92	88.10	87.43	73.15	88.85	90.68	78.36	69.58	72.84	81.73	79.23	76.61
045102	学科教学（思政）	78.40	87.74	88.63	86.62	85.66	84.01	86.88	86.08	79.58	85.36	85.72	78.36	73.53	73.51	77.06	79.23	74.28
045103	学科教学（语文）	85.37	86.23	88.84	87.50	86.10	85.43	86.72	86.99	77.05	86.04	87.49	81.82	74.66	75.49	83.87	79.92	73.80
045104	学科教学（数学）	84.91	87.14	89.13	88.33	86.37	82.27	88.10	86.97	73.15	86.92	90.50	78.36	73.21	73.70	84.43	79.23	74.23
045105	学科教学（物理）	84.05	87.79	89.13	88.33	86.37	86.76	88.10	86.33	77.77	85.36	90.19	78.36	70.90	72.84	80.11	79.23	73.46
045106	学科教学（化学）	82.44	88.60	89.13	83.84	86.37	87.89	83.61	85.65	79.21	82.75	87.25	78.36	69.58	72.84	80.61	79.23	73.46

续表

专业代码	专业	落实率	协议率	相关度	期待度	社保比	职业稳定性	单位质量	工作稳定性	工作压力	工作自主性	薪资满意度	基层比	产业比	重点单位比	高校就业比	创业比	升学比
045108	学科教学（英语）	83.29	84.75	86.90	85.72	86.37	84.65	86.14	85.09	77.56	83.75	86.63	80.66	75.35	74.04	80.87	79.23	73.74
045109	学科教学（历史）	86.26	88.60	89.13	86.56	86.37	86.13	87.22	86.57	76.74	85.23	84.97	78.36	73.67	72.84	74.90	79.23	73.46
045115	小学教育	80.51	85.26	86.19	85.46	85.44	81.24	84.27	86.05	74.12	86.89	85.88	78.36	77.31	76.13	81.31	79.23	73.46
045117	科学与技术教育	61.70	88.60	64.68	64.37	63.18	64.15	64.17	63.66	73.15	64.45	66.71	78.36	69.58	72.84	68.88	79.23	73.46
045201	体育教学	82.23	87.46	87.46	87.24	85.32	83.57	86.47	87.13	85.27	88.85	85.39	78.36	73.35	75.08	87.68	81.55	74.04
045300	汉语国际教育	85.12	82.00	86.41	85.67	86.37	87.89	88.10	83.62	73.15	80.72	81.93	78.36	75.71	76.50	70.87	79.23	73.46
050100	中国语言文学	81.01	82.30	87.12	86.37	85.99	85.55	86.53	86.34	82.69	84.85	87.37	80.37	73.65	76.08	78.88	79.23	78.33
050102	语言学及应用语言学	86.26	85.79	85.05	84.34	86.37	83.93	84.11	85.62	73.15	84.78	84.97	78.36	69.58	83.82	76.96	79.23	77.99
050200	外国语言文学	76.43	81.26	84.91	85.44	85.97	85.84	84.39	85.97	79.00	86.32	86.54	78.36	79.57	81.36	79.09	80.00	76.83
055100	翻译	79.47	83.53	82.67	85.34	85.08	85.58	85.11	85.89	83.92	85.8	88.02	82.59	80.70	84.28	79.93	79.23	75.09
055101	英语笔译	80.12	86.51	83.94	85.91	86.37	85.25	84.96	85.40	80.99	85.89	86.08	79.74	77.39	80.16	81.88	79.23	74.34
055200	新闻与传播	81.38	85.19	81.58	84.49	85.8	83.49	82.78	85.16	81.53	85.23	85.65	79.89	81.85	87.08	78.39	79.23	74.43
060200	中国史	83.34	78.53	87.66	86.89	86.37	85.99	87.62	86.70	78.97	85.43	85.34	78.36	71.79	74.15	72.19	79.23	81.23
070100	数学	81.39	79.24	88.05	87.07	86.17	87.27	87.68	86.24	80.38	86.07	87.37	78.36	76.12	75.73	77.57	79.23	82.78
070200	物理学	79.41	75.94	86.04	85.54	86.15	86.97	85.08	86.66	82.57	85.29	86.39	80.52	82.44	79.88	77.53	79.23	83.98
070300	化学	82.73	78.10	85.03	84.89	85.81	86.61	84.09	85.42	82.15	85.92	86.72	78.36	89.41	86.65	77.00	79.67	80.69
071000	生物学	79.95	73.03	83.44	83.87	83.94	86.51	82.53	84.32	81.04	85.73	80.41	78.36	86.59	80.50	84.59	79.23	83.73
071400	统计学	81.12	79.72	85.63	86.05	86.37	84.50	86.96	87.16	82.39	87.69	87.58	78.36	81.41	83.82	81.53	79.23	80.80
077400	电子科学与技术	86.26	83.97	86.41	88.33	86.37	87.89	82.78	87.56	78.54	83.43	84.97	78.36	97.18	83.82	83.80	79.23	80.93

续表

专业代码	专业	落实率	协议率	相关度	期待度	社保比	职业稳定性	单位质量	工作稳定性	工作压力	工作自主性	薪资满意度	基层比	产业比	重点单位比	高校就业比	创业比	升学比
078401	教育技术学	81.07	84.61	89.13	88.33	86.37	87.89	88.10	85.00	89.31	80.72	84.97	78.36	78.78	72.84	76.56	79.23	73.46
080100	力学	78.92	76.34	81.88	84.78	84.65	86.13	85.44	84.82	85.72	83.43	88.02	78.36	93.09	97.25	81.60	79.23	85.20
080200	机械工程	82.34	82.93	85.00	86.08	86.37	86.70	84.66	85.69	81.03	85.95	88.79	78.36	94.42	96.32	78.59	79.23	80.35
080400	仪器科学与技术	80.12	79.03	85.05	88.33	86.37	83.93	80.12	87.90	81.23	84.78	89.54	106.32	92.58	100.30	68.25	79.23	80.47
080500	材料科学与工程	81.38	79.23	84.31	85.97	85.85	86.81	84.48	85.88	81.96	86.26	87.25	79.40	94.88	92.81	75.48	79.23	82.34
080600	冶金工程	83.97	73.49	80.98	80.35	86.37	87.89	88.10	84.07	89.31	80.72	71.28	78.36	87.98	89.32	69.26	79.23	93.07
080700	动力工程及工程热物理	85.42	81.33	86.07	86.53	86.37	84.33	85.11	87.30	84.06	87.02	91.36	78.36	94.42	99.20	74.81	79.23	79.24
080800	电气工程	85.18	85.46	88.80	88.33	86.37	86.47	87.46	87.61	80.26	87.71	90.45	79.40	88.53	103.38	76.88	79.23	75.95
080900	电子科学与技术	82.31	79.09	85.52	87.55	85.99	86.33	85.35	86.68	77.92	87.25	84.67	80.63	93.56	90.67	77.94	80.14	80.22
081000	信息与通信工程	80.29	79.03	84.60	85.67	86.37	86.57	85.44	85.08	83.03	85.68	85.48	82.89	92.07	95.42	78.15	80.09	84.97
081001	通信与信息系统	81.76	88.60	83.69	88.33	86.37	85.25	82.78	86.04	83.92	80.72	78.88	78.36	87.98	87.48	86.29	79.23	73.46
081100	控制科学与工程	81.16	83.31	83.41	86.76	86.37	86.11	82.96	86.41	80.85	85.43	88.47	79.70	94.34	98.71	74.07	79.23	77.23
081200	计算机科学与技术	80.24	81.36	85.81	85.37	85.23	86.13	83.08	85.42	83.92	83.12	87.68	78.36	91.04	94.81	75.03	79.23	78.56
081400	土木工程	80.62	78.53	82.68	85.96	85.86	86.59	85.21	86.58	80.08	87.24	87.78	79.62	82.92	95.65	75.15	79.23	79.51
0814Z1	土木工程规划与管理	82.04	72.65	64.68	88.33	86.37	87.89	88.10	83.55	121.64	88.85	94.10	78.36	97.18	105.80	70.87	79.23	73.46
0814Z2	消防工程	86.26	75.84	83.01	82.34	86.37	87.89	88.10	82.77	97.39	82.75	87.25	78.36	83.38	81.08	70.23	79.23	73.46
081500	水利工程	86.26	80.62	89.13	85.94	86.37	86.70	83.31	85.94	75.57	86.41	83.15	78.36	77.86	89.32	82.47	79.23	77.75
081700	化学工程与技术	83.28	79.34	83.34	84.55	86.37	87.27	83.69	85.78	92.29	86.28	85.45	81.58	91.37	92.79	77.63	79.23	81.27
081802	地球探测与信息技术	86.26	77.55	64.68	88.33	86.37	76.02	88.10	85.10	73.15	76.65	80.41	78.36	83.38	89.32	77.83	79.23	79.39

续表

专业代码	专业	落实率	协议率	相关度	期待度	社保比	职业稳定性	单位质量	工作稳定性	工作压力	工作自主性	薪资满意度	基层比	产业比	重点单位比	高校就业比	创业比	升学比
081900	矿业工程	83.99	73.64	83.01	86.08	86.37	87.15	85.11	87.63	88.30	88.09	88.97	87.44	82.52	91.38	73.05	79.23	86.92
082300	交通运输工程	80.37	77.58	83.01	84.05	85.54	86.19	85.54	84.95	85.27	85.36	86.28	87.18	82.39	95.20	76.36	79.23	80.58
082502	航空宇航推进理论与工程	86.26	88.6	64.68	64.37	63.18	64.15	64.17	63.66	73.15	64.45	66.71	78.36	69.58	72.84	98.72	79.23	73.46
083000	环境科学与工程	78.64	74.77	79.27	83.70	85.25	85.21	83.47	84.75	80.97	85.30	81.29	78.36	86.94	87.19	78.05	79.23	82.95
083500	软件工程	80.39	83.59	85.72	86.10	86.37	84.58	85.88	85.65	88.94	86.58	83.91	78.36	90.12	87.40	79.83	79.23	80.17
085400	电子信息	81.15	83.23	85.71	85.96	86.18	85.94	85.34	85.55	83.72	86.34	86.32	78.93	94.56	96.03	80.45	79.45	79.84
085401	新一代电子信息技术（含量子技术等）	82.66	77.14	83.01	87.13	86.37	87.89	83.31	87.40	85.27	87.63	91.36	78.36	93.04	97.56	76.80	79.23	89.91
085402	通信工程（含宽带网络、移动通信等）	86.26	78.13	86.68	85.94	86.37	83.14	83.31	87.84	82.85	83.97	91.36	78.36	94.42	92.61	80.61	79.23	87.92
085403	集成电路工程	83.26	83.04	85.75	86.68	86.37	86.25	87.28	86.94	79.84	88.00	87.49	78.36	94.32	85.34	79.48	79.23	82.03
085404	计算机技术	82.74	85.60	84.62	83.92	86.19	84.72	83.13	84.47	81.90	84.73	83.36	79.48	89.60	91.97	79.18	79.68	76.47
085405	软件工程	85.65	82.46	89.13	86.68	86.37	84.62	83.98	85.14	86.53	86.32	88.43	78.36	92.42	96.70	74.90	79.23	78.36
085406	控制工程	81.07	83.28	86.19	86.41	86.37	85.99	85.23	84.82	82.85	83.97	86.43	78.36	92.76	99.20	82.40	79.23	77.42
085408	光电信息工程	86.26	71.20	76.90	82.34	86.37	87.89	88.10	87.28	85.27	88.85	80.41	78.36	90.28	105.8	83.80	79.23	94.49
085410	人工智能	84.82	83.40	86.55	86.65	86.37	87.06	79.28	85.99	82.51	85.85	90.26	81.03	93.30	97.70	69.85	79.23	79.21
085500	机械	83.58	84.00	86.04	86.86	86.31	85.96	85.42	86.82	80.35	86.66	88.58	78.36	94.09	97.49	77.40	79.23	79.23
085501	机械工程	84.86	79.44	86.3	85.57	86.37	85.15	85.34	84.6	75.02	83.22	80.41	78.36	92.93	96.92	84.06	79.23	84.70
085510	机器人工程	86.26	84.25	85.63	81.49	86.37	84.5	81.26	85.33	80.08	88.85	82.36	78.36	89.29	96.38	81.31	79.23	80.47

续表

专业代码	专业	落实率	协议率	相关度	期待度	社保比	职业稳定性	单位质量	工作稳定性	工作压力	工作自主性	薪资满意度	基层比	产业比	重点单位比	高校就业比	创业比	升学比
085600	材料与化工	83.28	81.74	81.40	85.16	86.07	86.06	84.01	85.74	80.20	85.20	86.49	80.26	94.34	96.92	75.60	79.40	80.62
085601	材料工程	79.51	86.83	79.96	85.34	86.37	87.89	86.61	86.15	88.30	84.27	83.83	78.36	97.18	101.68	79.30	79.23	76.03
085700	资源与环境	80.34	76.24	80.37	82.61	84.99	87.18	85.24	84.87	86.18	84.11	83.47	81.43	85.64	92.02	74.01	79.70	83.95
085703	地质工程	81.60	70.87	74.46	88.33	86.37	87.89	88.10	87.53	92.54	83.97	77.67	78.36	69.58	86.02	72.09	79.23	84.10
085800	能源动力	84.45	83.34	85.83	85.86	86.00	84.87	86.01	85.90	83.54	85.75	87.80	78.36	91.70	100.83	77.48	79.23	79.39
085801	电气工程	86.26	86.44	88.75	87.72	86.37	85.21	87.49	87.46	80.61	87.35	90.31	78.36	88.26	103.60	79.90	79.23	75.72
085900	土木水利	82.87	82.14	83.25	84.09	86.08	85.19	85.07	85.17	84.81	83.29	86.47	78.36	85.30	96.62	74.02	79.62	78.30
085901	土木工程	80.93	81.14	82.57	83.07	85.99	86.15	85.18	84.86	82.22	84.28	81.63	82.50	78.56	99.10	77.58	79.56	76.98
086000	生物与医药	78.51	77.99	81.91	84.40	83.71	83.22	82.61	84.97	85.07	86.05	82.43	78.36	88.13	84.72	79.37	80.73	79.37
086100	交通运输	83.72	80.90	86.74	83.66	86.37	84.42	85.18	85.48	89.71	87.06	84.08	78.36	83.72	96.95	75.04	79.23	81.79
095132	资源利用与植物保护	81.01	78.34	83.44	84.99	86.37	77.40	84.20	86.80	82.17	86.58	83.27	84.57	78.57	79.73	84.04	80.17	76.23
095136	农业工程与信息技术	83.25	83.68	84.40	86.01	86.37	79.47	82.70	82.97	91.92	86.48	84.38	85.99	82.04	83.47	91.10	79.23	77.59
095137	农业管理	76.05	85.03	78.07	82.75	86.05	78.78	87.12	86.57	84.44	86.17	85.47	83.02	79.79	81.87	78.39	81.51	74.58
095138	农村发展	85.24	82.68	80.58	86	85.47	78.67	85.31	85.89	83.04	86.00	85.33	80.81	83.51	84.36	79.06	80.82	74.25
100700	药学	77.37	75.30	88.36	85.34	84.92	86.41	84.36	84.95	82.24	85.80	83.83	78.36	95.45	86.22	81.43	79.23	83.95
105100	临床医学	81.01	86.30	88.53	85.76	86.14	86.27	86.82	85.54	76.93	84.56	84.35	79.43	86.95	74.12	91.99	79.23	75.05
105101	内科学	78.41	78.53	89.13	86.03	86.37	87.43	87.64	86.34	76.88	83.22	80.41	78.36	88.16	74.11	86.53	79.84	85.12
105400	护理	85.20	85.93	89.13	86.69	86.14	84.16	87.40	85.89	77.90	84.78	83.90	78.36	86.90	74.77	88.88	79.23	75.88
120100	管理科学与工程	80.48	81.88	80.45	83.31	85.25	87.12	83.47	84.71	84.88	83.73	84.82	78.36	85.16	91.97	74.32	80.06	80.06

续表

专业代码	专业	落实率	协议率	相关度	期待度	社保比	职业稳定性	单位质量	工作稳定性	工作压力	工作自主性	薪资满意度	基层比	产业比	重点单位比	高校就业比	创业比	升学比
120200	工商管理	78. 34	79. 24	81. 65	84. 67	85. 83	86. 77	85. 00	85. 96	83. 99	84. 26	84. 44	81. 18	81. 27	89. 12	75. 08	79. 75	79. 49
120201	会计学	82. 23	85. 18	84. 40	86. 01	86. 37	86. 36	87. 33	86. 00	88. 79	84. 91	81. 73	78. 36	82. 94	87. 72	76. 40	79. 23	76. 91
120400	公共管理	74. 62	76. 91	82. 93	84. 18	85. 75	86. 94	85. 87	85. 56	85. 43	85. 27	83. 15	79. 79	78. 41	82. 50	79. 75	79. 81	79. 53
125100	工商管理	85. 38	87. 33	83. 69	85. 67	85. 55	73. 14	85. 68	85. 05	82. 94	85. 52	85. 94	79. 13	84. 91	90. 82	88. 33	81. 10	73. 63
125200	公共管理	83. 49	88. 19	85. 40	85. 08	86. 37	75. 42	86. 89	82. 61	83. 83	85. 13	81. 57	82. 84	76. 60	75. 07	88. 49	79. 56	73. 46
125300	会计	80. 45	86. 47	85. 05	84. 49	86. 22	84. 77	85. 49	85. 23	89. 00	85. 09	83. 22	80. 16	83. 20	91. 96	85. 79	79. 61	74. 48
125500	图书情报	76. 49	84. 55	80. 53	84. 45	85. 12	84. 68	85. 51	85. 30	84. 94	86. 21	84. 48	78. 36	84. 50	83. 53	75. 02	80. 26	74. 98
125601	工程管理	84. 94	87. 64	81. 60	84. 65	86. 37	73. 28	85. 34	84. 65	84. 34	83. 22	86. 73	78. 36	87. 62	90. 59	80. 24	79. 23	73. 46
125604	物流工程与管理	82. 64	86. 80	76. 90	82. 34	86. 37	84. 33	86. 90	86. 56	85. 27	82. 75	80. 41	78. 36	86. 14	92. 61	81. 65	79. 23	76. 21
130100	艺术学理论	80. 12	74. 24	76. 90	84. 34	86. 37	83. 93	88. 10	83. 24	89. 31	88. 85	84. 97	97. 00	87. 98	83. 82	73. 85	79. 23	73. 46
130500	设计学	80. 34	83. 69	82. 46	83. 98	82. 68	84. 11	82. 66	84. 74	90. 78	86. 63	84. 76	78. 36	80. 87	86. 32	76. 34	79. 23	75. 71
135100	艺术	86. 26	81. 76	85. 05	88. 33	86. 37	87. 89	88. 10	88. 52	89. 31	84. 78	94. 10	78. 36	92. 58	100. 30	63. 90	79. 23	76. 21
135108	艺术设计	79. 68	82. 95	82. 02	84. 43	84. 75	84. 30	82. 81	85. 55	87. 81	86. 01	83. 91	79. 40	78. 89	82. 04	78. 98	79. 93	73. 81

注：此表专业按照“普通高等学校研究生专业目录”顺序排序；部分专业可能在培养类型、专业研究领域与方向、教学内容等方面有所不同，因此存在专业名称相同但专业代码不同的情况。

后　记

习近平总书记在2024年中共中央政治局第十四次集体学习时强调，促进高质量充分就业，是新时代新征程就业工作的新定位、新使命。湖南省教育厅始终坚持以习近平新时代中国特色社会主义思想为指导，深入贯彻落实党的二十大和全国教育大会精神，着力推动我省高校毕业生就业创业工作高质量发展，促进高校毕业生高质量充分就业。

高校毕业生就业是人才培养的重要内容。就业质量年度报告为高等教育的招生计划调整、学科专业设置、教育教学改革、就业创业服务等提供了重要参考。湖南省教育厅按照《教育部办公厅关于编制发布高校毕业生就业质量年度报告的通知》（教学厅函〔2013〕25号）和《教育部关于做好2024届全国普通高校毕业生就业创业工作的通知》（教就业〔2023〕4号）等文件要求，结合湖南省2024届普通高校毕业生就业创业工作实际，广泛征求意见、认真开展调研、深入分析数据，精心组织编制完成了《湖南省普通高校2024届毕业生就业质量年度报告》。

本报告以教育部规定的指标体系为基础，通过对全省2024届普通高校毕业生整体情况、就业特点及就业质量的总结与分析，比较全面地反映了我省2024届高校毕业生就业工作的实际，体现了毕业生就业的主要特点、发展趋势。

本报告由夏智伦同志担任顾问，兰勇、柴世钦同志负责审阅、定稿，周韶峰、彭艳霞负责统稿，陈汉光、陈衡、李希敏、曾静、李昌维、胡媛承担组织协调和文稿修改工作。各章执笔人员如下：第一至三章聂亮、陶永峰、周麟；第四至第五章李浩平、马子涵；第六章向军、贺阳；第七章贺佐杰、史石峰；第八章田园、王欢；第九章罗魏、张斌；第十章聂亮、殷章馨、张燕源；第十一章聂亮、周麟、马子涵。

本报告较为全面地反映了我省普通高校2024届毕业生就业状况，可供有关政府部门、高校、用人单位以及高考考生、大学生及其家长参考阅读。同时本报告以数据为模型，从不同维度进行一般性分析并详尽罗列结果，为学术机构或专家学者提供了极具价值的拓展研究工具书。由于时间仓促，在数据分析、文字描述、就业质量评估模型建立等内容中，本报告难免存在不妥之处，敬请读者批评指正。